De Rome à Jérusalem

D. G. Hanscomb

Les Traducteurs du Roi

en partenariat avec :
Coopérative de littérature française

Cet ouvrage est la traduction française du livre
From Rome to Jerusalem (9ᵉ édition) de D. G. Hanscomb.
Copyright © 2023 de l'édition originale
par D. G. Hanscomb. Tous droits réservés.

Traduction : Anne Marie Van den Berg
Révision : Liane R. Grant, traductrice agréée, et S. Jessica K. d'Almeida
Mise en page : Jared Grant

Copyright © 2024 de l'édition française
Préparé par les Traducteurs du Roi,
une filiale du Centre de mission de la capitale
445, rue Bienvenue, Québec (Québec) Canada G1G 2V8

Ce livre est sous la protection des lois sur les droits d'auteurs.
Il est interdit de reproduire ce livre dans son intégralité ou en
partie pour des fins commerciales sans la permission de l'auteur.

ISBN 978-1-62880-299-3

Maison d'édition :
Ideas into Books® Westview
P.O. Box 605
Kingston Springs, TN 37082
www.publishedbywestview.com

Cette œuvre divinement inspirée par Dieu nous rappelle à tous que la quête tenace de connaître Dieu peut être naviguée avec succès uniquement par ceux qui le recherchent avec sincérité et humilité. Vous serez élevé alors que le Saint-Esprit libère des liens de la captivité religieuse, et vous serez encouragé par la Parole de Dieu qui illumine l'unicité de sa nature monothéiste. Ce parcours à travers les pages d'histoire théologique fournit un regard perspicace de l'héritage apostolique et promeut l'unité de foi qui doit être atteinte au sein de nos organisations apostoliques durant ces dernières heures. Si vous cherchez une perspective unique pour acquérir une meilleure compréhension spirituelle, cet ancien séminariste catholique l'a fournie.

— Rév. Jeremy B. Tyler

Nota bene :

Sauf indication contraire, les citations bibliques sont tirées de la version Nouvelle Édition de Genève 1979.

Dans ce document, le masculin est souvent utilisé pour alléger le texte, et comprend le féminin, au besoin.

Sauf indication contraire, les citations provenant d'une source anglaise ont été traduites par la traductrice de ce livre.

Les dates entre parenthèses après les noms des papes représentent leur mandat papal. Toutes les autres dates entre parenthèses indiquent l'existence de la personne, sauf indication contraire. Nous avons supprimé la mention « apr. J.-C. » lorsqu'il s'agit de la période après l'an 1000 apr. J.-C.

Les termes « *Église universelle* » et « *Église apostolique* » font référence aux croyants unicitaires de la Sainte Église qui appartient à Dieu : ceux qui ont refusé de compromettre la Divinité ou leur doctrine apostolique, et qui seront enlevés pour rencontrer Jésus dans les airs.

À propos de l'auteur

D. G. Hanscomb est né à l'hôpital Hotel Dieu à Perth dans la province du Nouveau-Brunswick au Canada. Sa quête de connaître Dieu l'a conduit à un séminaire catholique dès le jeune âge.

Par une intervention divine après des années d'études pour le sacerdoce, il a été dirigé vers un autel apostolique à Plaster Rock au Nouveau-Brunswick. C'était dans cette église qu'il s'est repenti, a été baptisé au nom de Jésus-Christ, et a été rempli du Saint-Esprit.

Après avoir travaillé dans un centre de réinsertion des toxicomanes à l'extérieur de la ville de Genève en Suisse, il a émigré aux États-Unis d'Amérique. C'était là qu'il a rencontré sa future femme, Mary Frances Buquo. Sœur Buquo fréquentait l'*Apostolic Church* de Nashville dans le Tennessee, sous le pastorat du Rév. C. M. Becton, un homme très estimé parmi les pentecôtistes de partout.

L'union du Révérend et de Madame Hanscomb a paru complète avec la naissance de leurs deux enfants, Kevin Douglas et Kimberly Michelle. Tous les deux servent le Seigneur dans la beauté de la sainteté.

« Je n'ai pas de plus grande joie que d'apprendre que mes enfants marchent dans la vérité. »

III Jean 1 : 4

Dédicace

Après beaucoup de prières et de considération, j'ai choisi de dédier cet ouvrage à ma chère femme, Mary Frances (Buquo) Hanscomb. Elle a été mon vrai soutien, se tenant inconditionnellement à mes côtés chez nous, et de même mon aide donnée par Dieu dans la maison du Seigneur. Je dédie ce livre également à la mémoire des dirigeants apostoliques à travers les âges, des hommes et des femmes qui ont défié les ténèbres intimidantes en tenant haut le flambeau éternel et inébranlable du monothéisme.

J'espère que leurs souffrances et leurs sacrifices nous interpellent, nous qui connaissons Dieu dans la puissance de sa résurrection. Je prie pour que la flamme persistante de grand prix soit tenue bien serrée dans les mains des gens à qui a été confiée la connaissance divinement révélée de l'identité réelle de Jésus-Christ.

D. G. Hanscomb

Préface

Je prie, par la grâce de Dieu, que cette lettre à l'Église soit un guide d'étude pour l'avancement du monothéisme dans son intégralité. Je prie pour qu'elle soit une source de compréhension pour ceux qui ont trouvé refuge dans l'Église apostolique pure de Dieu et une lumière pour guider tous ceux qui veulent franchir triomphalement ses portes.

Je voudrais insérer ici quelques commentaires concernant la photo sur la couverture arrière de ce livre. En regardant pour la première fois la photo, j'ai cru que l'image en forme de feu derrière ma tête était peut-être le résultat de l'exposition de la pellicule. Après avoir examiné de plus près la photo, il m'a semblé que le feu était réel.

En 1972, à l'âge de vingt-deux ans, j'étais en train d'étudier la théologie en Californie quand cette photo a été prise. Les séminaristes catholiques avec moi dans la photo étaient également engagés dans l'étude de Dieu. À cette époque, mes prières et ma vénération à l'égard de la mère de Dieu étaient inébranlables. Puis, il s'est passé quelque chose. Mon flot de louanges, pour une raison quelconque, semblait se tourner vers son fils Jésus. Dans un coin sombre et silencieux, je me suis retrouvé seul avec le Seigneur. J'ai simplement demandé d'être guidé divinement dans ma vie.

Dans mon esprit religieux, j'espérais que Jésus-Christ interviendrait en ma faveur auprès du Père. Tout en invoquant les puissances du ciel, je n'étais pas conscient du fait que c'était en fait au Père que je parlais. Le Père a répondu par le feu.

Environ trois mois plus après le moment de la prise de la photo, Dieu m'a rempli du Saint-Esprit devant un autel apostolique à l'ancienne. J'ai parlé en langues comme les 120 saints de Dieu dans la chambre haute le jour de la Pentecôte. J'étais alors persuadé et je le suis encore aujourd'hui que j'ai été dirigé par l'Esprit de Dieu vers cette merveilleuse vérité pentecôtiste.

Bien que les propagandistes profitent d'un avantage injuste, nous devons avoir la courtoisie de reconnaître la vérité quand elle se présente. C'est par ce livre que j'ai l'intention sincère de bénir le travail continu du seul vrai Dieu vivant d'Abraham, sans dénigrer les personnes de toute confession craignant Dieu. Nous devons aussi être conscients du fait que les vérités historiques se présentent parfois comme des inconvénients pour des théologies variées, alors qu'elles résonnent à travers les siècles obscurs du temps. L'histoire documentée est défiée, mais rarement changée.

Je prie pour que ce livre soit correct pour l'érudit et compréhensible pour le laïc, tout en prenant une ferme position, sachant que le Seigneur ne fait point de favoritisme et que sa Parole n'est pas un objet d'interprétation particulière.

D. G. Hanscomb

De Rome à Jérusalem

Chapitre un
Chez soi et au-delà

Ayant grandi dans les grands espaces d'une large ferme de pommes de terre dans la région est du Canada, nous avons appris à apprécier la proximité que notre grande famille a fournie. Avec mes frères et sœurs, nous étions sept enfants qui aimaient tellement l'air pur et frais et la beauté autour de nous, et profitaient pleinement de la province sauvage du Nouveau-Brunswick.

La province est une région de collines boisées et ondulantes et de ruisseaux rapides et bouillonnants. Cet habitat époustouflant fait de la province l'un des meilleurs coins de chasse dans le pays. Durant l'hiver, on peut voir le fleuve Saint-Jean, tantôt calme, tantôt déchaîné, transporter le froid de la glace fondante à travers l'étendue blanche vers la baie de Fundy, puis vers l'Océan Atlantique.

L'été, la province est aussi un endroit spectaculaire. Le bétail paît sur des terres agricoles vallonées dans des tons de vert, tandis que les pêcheurs et les bûcherons sont de plus en plus nombreux à parcourir la campagne à la recherche d'aventures.

L'histoire de ma famille, telle qu'elle a été transmise au fil des années, illustre un style de vie rustique de la vie dans une ferme. En tant que jeune homme, mon père a reconnu toujours le grand potentiel agricole de la région qui attirait des gens qui voulaient la cultiver.

La vie agricole au Nouveau-Brunswick n'était pas toujours facile, mais elle était salubre. Mon père et ma mère, avec des dispositions amicales, travaillaient de longues heures pour subvenir aux besoins de leur large famille, pour que notre vie soit agréable.

Des valeurs morales hautes et une intégrité distincte étaient les caractéristiques du couple qui dirigeait notre maisonnée. En pensant aux jours passés, je me souviens de plusieurs matins au printemps où je me préparais à une longue marche pour l'école. Le repas du matin chez nous n'était jamais un simple plat, mais c'était une expérience, le moins qu'on puisse dire. On dirait que Maman avait toujours préparé le meilleur des mets : du beurre fait maison, du jus de fruits frais, et un tas de ses conserves maison. Il y en avait tout le temps et toujours suffisamment pour tout le monde. Personne ne quittait la table de Maman sans être rassasié.

Mon père n'était pas seulement un bon pourvoyeur pour sa large famille, mais aussi an ancien soldat de l'Armée royale canadienne. Il a combattu aux côtés de ses alliés contre la dictature agressive de Hitler en Europe durant la Seconde Guerre mondiale. De son vivant, il a insisté que nous apprenions à être responsables tout en appréciant la vie d'un jour à l'autre tel qu'elle se présentait. Il avait un dicton qui n'a eu de mérite que plus tard. Il disait : « Quand tu es jeune, économise ton argent, et quand tu es vieux tu pourras te permettre des plaisirs que seuls les jeunes peuvent apprécier. »

L'été était effectivement une période agréable, mais seul le bon Seigneur sait comment c'est de se réveiller l'hiver, sachant qu'il doit faire 25 degrés en dessous de zéro dehors. Bien que les flocons de neige blancs cristallisés couvrent les collines canadiennes majestueuses, les fenêtres recouvertes de givre empêchaient la vue de la beauté de l'extérieur.

La maison qui hébergeait l'école élémentaire qui se trouvait à environ un kilomètre et demi de notre maison était loin d'avoir les équipements modernes de nos jours. Il n'y avait pas de toilettes dans le bâtiment qui contenait une seule pièce, et notre eau potable était placée dans un coin gauche dans une glacière portable. Un vieux poêle à bois se trouvait au fond de la pièce et servait de chauffage en plus de plateau pour décongeler nos sandwiches de beurre de cacahuète surgelés.

L'enseignante de cette communauté rurale avait la tâche de superviser six niveaux dans une seule salle. Elle était protestante et lisait la Bible et priait chaque matin avant de commencer les classes. La plupart des élèves catholiques se bouchaient les oreilles avec leurs doigts ou attendaient dehors pendant qu'elle le faisait, croyant que le curé était la seule autorité à prêcher la Parole du Seigneur.

Mon ami d'à côté voulait devenir prêtre. Comme dans la majorité de maisons, le Rosaire était prié quotidiennement de concert avec la radio. Je me souviens avoir joué l'église avec lui et quelques autres enfants du voisinage. Nous ne jouions jamais au tambourin ou louions Dieu avec un prédicateur qui s'était élu debout au milieu, mais un vote a toujours été fait pour désigner un prêtre pour présider le troupeau modeste.

À mon avis, mon ami n'avait aucune autorité. Ce dictateur rustre de dix ans ne perdait pas son temps pour profiter des défavorisés, alors que moi, j'ai été réduit au silence, victime de la démocratie. Bien qu'il n'ait pas poursuivi son rêve de prêtrise, il m'a rejoint plus tard pour une courte durée au *Grand Seminary of Theology* au Nouveau-Brunswick.

Quand j'avais environ quatorze ans, ma mère m'a demandé si je voulais prendre des cours d'art enseignés par les religieuses à Perth. On aurait dit que j'étais toujours prêt pour un défi et avais un énorme désir de connaître Dieu à ce jeune âge. L'Église catholique, dans le village proche d'Aroostook, était supervisée à cette époque par Père Sam. Il était un ministre âgé et avait besoin de faire nettoyer sa grande bibliothèque. J'ai accepté la tâche et je me souviens du fait que j'ai été peu payé pour avoir brossé les étagères et enlevé des livres la poussière accumulée probablement chaque année depuis le XVIe siècle.

Un jour, lors d'un match de baseball à l'école secondaire *Southern Victoria Regional*, je me suis blessé au genou droit et j'ai été admis à l'hôpital Hotel Dieu à Perth. Cet hôpital n'était pas seulement un endroit pour réparer mon genou à cette époque, mais aussi l'endroit de ma naissance il y avait quinze ans.

C'était pendant cette hospitalisation que j'ai rencontré un étudiant de Haïti des îles Antillaises. J'étais très intéressé par ses études. Il s'appelait Gaston et était en deuxième année de théologie. Ce séminariste était hospitalisé à cause d'une pneumonie. Durant cette semaine, je me suis accroché à chaque mot qu'il disait sur son service dans l'église en tant que futur prêtre. Oh, comme je voulais connaître Dieu. Le fait de faire quelque chose pour lui serait pour moi le plus grand honneur que la vie puisse apporter.

Lorsque mon nouvel ami Gaston est sorti de l'hôpital, il m'a invité au séminaire et a tout arrangé pour que le directeur me rencontre sur le campus. À mon arrivée, je me suis senti ravi de me trouver en la compagnie de séminaristes de partout dans le monde.

Le séminaire était un effort international pour former et qualifier des hommes à servir la Mère Église dans le monde. Il y avait des étudiants apparemment de tous les coins du monde dans ce séminaire. Leur ambition dans la vie était si familière, la prêtrise catholique ; les mêmes buts semblables aux miens. Pour un jeune homme de poursuivre ses ambitions vers la prêtrise et d'être un intercesseur pour ses semblables était probablement le meilleur compliment qu'il puisse faire à sa famille.

Le directeur m'a désigné une pièce privée pour mes visites de fin de semaine ou si je préférais durant les jours de semaine. Ce directeur qui est maintenant le directeur général de l'institution a mis à ma disposition l'utilisation personnelle des centres d'apprentissage. J'ai passé des heures à consulter des livres dans la bibliothèque bien organisée dans le sous-sol de l'église. Une soif de connaissance brûlait en moi qui ne pouvait pas être étanchée. À mesure que j'étudiais, je savourais l'idée que, qui sait, Dieu appellerait un garçon de ferme à sortir de son état rugueux pour devenir un serviteur dans son Royaume.

J'ignorais où Dieu me conduisait, ni même s'il me conduisait du tout. Il y avait pourtant une chose certaine et c'était que je voulais faire quelque chose pour le Seigneur. J'avais un désir accablant d'être dans sa volonté. Quelque chose brûlait dans les profondeurs de mon âme.

Le don du désir brûle encore aujourd'hui dans mon être. Ce don de Dieu, il ne faut jamais le laisser vieillir durant notre existence. Sans un désir de manger, on va périr. Sans un désir d'accomplir la volonté de Dieu dans notre vie, nous mourons aussi spirituellement, quelles que soient nos années de service dans son royaume.

Douglas G. Hanscomb et Gaston Pierre Louis
Grand séminaire de théologie

J'arrive tant bien que mal à visualiser une petite partie de ce que le prophète Jérémie a vu dans la maison du potier dans le chapitre dix-huit de son livre. Bien que je n'aie eu aucune idée de ce que je recherchais à l'époque, je comprends maintenant que l'Éternel des armées avait ses mains sacrées sur ma vie, et voulait faire sur sa propre roue un vase d'honneur immortel, pour sa gloire éternelle.

Un jour d'été au séminaire, je discutais avec un ami qui est maintenant prêtre ordonné. J'ai mentionné nonchalamment qu'un jour je voudrais être prêtre dans l'Église. Il avait l'air de me comprendre, mais était réticent d'intercéder en mon nom. Sachant que je voulais me dévouer aux besoins des gens autour de moi, il m'a fait savoir que le directeur général du séminaire serait dans le comté de Victoria cette fin de semaine et que je devrais prendre rendez-vous avec lui. En tant qu'adolescent, je n'avais jamais rencontré un officiel haut placé d'Église et franchement, l'idée de le faire me rendait anxieux.

Mon rendez-vous avec le père fondateur de l'institut a été l'une de ces rencontres fortuites qui se comptent au mieux par demi-douzaine au cours de ma vie. Assis dans un grand bureau dont le plancher était recouvert de moquette et ne sachant pas exactement à quoi m'attendre, je regardais respectueusement lorsque le prêtre vêtu d'une longue soutane noire et portant un col romain blanc est entré dans la salle. Il a serré ma main et s'est présenté comme le directeur. Au bout de quelques minutes de conversation avec cette personne, j'ai trouvé qu'il était un francophone aimable avec un fardeau pour son église.

Le prêtre voulait savoir ce que je voulais de lui et je lui ai vite fait part de mon désir d'entrer dans la prêtrise. Je lui ai cependant dit que je n'avais pas les moyens d'aller au collège et d'étudier dans ce but. Le prêtre, après avoir réfléchi à ma déclaration pendant un petit moment, m'a regardé par-dessus ses lunettes, et m'a dit : « Je t'invite à venir étudier dans mon séminaire dans la province du Québec. »

Il a expliqué que je terminerais mes études secondaires et poursuivrais ensuite mes études en vue de la prêtrise. J'ai dit au prêtre qu'il ne m'avait pas bien compris ; je n'avais pas les moyens pour ces études. Il m'a alors informé que c'était moi qui avais mal compris. Le prêtre m'a dit qu'il m'invitait à son séminaire et que mes études seraient prises en charge par l'Église catholique. Qu'aurais-je pu dire ? Je l'ai remercié et j'ai quitté le bureau de luxe. Je lui serai toujours reconnaissant de m'avoir accordé sans hésitation une telle chance. Il a été effectivement très encourageant dès le début et surtout d'un grand soutien en aidant à démêler les fils emmêlés d'un avenir incertain.

Alors que je me tenais à l'extérieur du bureau du directeur, j'ai remarqué une lumière rouge de sortie au bout du long couloir. La lumière était floue. Des larmes avaient rempli mes yeux et à travers elles je pouvais voir une porte de possibilités s'ouvrir devant moi. Avec mon chapelet dans la main, je suis sorti du bâtiment et suis allé directement au sanctuaire de l'église. Seul là, je me suis agenouillé devant la statue de la Sainte Vierge Marie. Avec le cœur rempli de gratitude, j'ai prié pour qu'elle fasse de moi le meilleur prêtre, tout en me guidant à travers mes études.

Chapitre deux
L'intervention divine

La théologie est essentiellement l'étude de Dieu, des doctrines religieuses, et évidemment ce qui est lié à la Divinité. Le terme « théologie » dérive de deux mots grecs « *Theos* » (Dieu) et « *Logos* » (Parole). J'ai eu le privilège distinct d'étudier la théologie ainsi que la philosophie pendant que j'étais dans l'Église catholique, deux matières obligatoires pour ceux qui voulaient poursuivre une carrière dans le ministère.

Toutefois, le fait que quelqu'un se dit théologien ne le qualifie pas pour autant de chrétien connaissant la vérité. Sans Dieu il n'y a pas d'espoir, et sans la doctrine des apôtres il n'y a pas non plus d'espoir. Il y a eu des théologiens qui n'ont jamais reconnu l'existence d'un Dieu vivant.

Dans les années soixante, une théologie de l'athéisme chrétien a fleuri pendant un moment. Cette théologie suggérait que la réalité d'un Dieu transcendant au mieux ne pouvait pas être connue, et au pire, n'existait pas du tout. Il existe une variation dans la définition de la théologie de la mort de Dieu, mais il est dit que Dieu est mort dans le sens qu'il a cessé d'exister comme un être transcendant surnaturel. Cette théologie a rapidement disparu de la scène chrétienne de manière spectaculaire. Bibliquement et réalistement parlant, il faudrait considérer que l'ensemble de cette théologie est absurde, même si elle est catégorisée comme théologie chrétienne.

Une autre théologie est celle de l'annihilationisme qui considère que certains, voire toutes les âmes humaines cesseront d'exister après cette vie, croyant que tous les êtres humains sont naturellement mortels. Dieu donne aux rachetés le don de l'immortalité et permet au reste de l'humanité de sombrer dans le néant.

« *Hypostasis* » est un mot grec signifiant la substance, la nature ou l'essence de quelque chose. Ce mot est utilisé par les philosophes ainsi que les théologiens. Dans le domaine de la philosophie, il signifie la partie essentielle de toute chose. Comme terme théologique, nous l'utilisons pour décrire n'importe laquelle des trois substances distinctes dans la substance unique indivisible de Dieu.

Le moment était venu de visiter la ville de Trois-Rivières dans la province du Québec au Canada. Ici, j'allais continuer mes études et axer mon ambition sur la prêtrise. Je n'ai pas aimé mon départ du Nouveau-Brunswick anglophone, mais j'étais enthousiaste à l'égard du défi qui m'attendait.

J'ai fait mes adieux chaleureux à ma famille un matin printanier et me suis embarqué dans un endroit inconnu. Je faisais partie d'un groupe de seize passagers dans la camionnette, en plus de nos bagages. Aussitôt que nous nous sommes engagés sur la bretelle d'accès qui menait à l'autoroute Transcanadienne, nous avons sorti nos chapelets et avons commencé à prier ensemble à la Vierge Marie pour un voyage sain et sauf à la ville au Québec. On nous a avertis que le trajet serait long. Aussi intimidant que le voyage avec tous les séminaristes promette d'être, je me suis senti en sécurité parmi des amis.

Sur l'autoroute vers Trois-Rivières, contents d'éprouver un sentiment de sécurité réconfortant, nous avons failli vivre notre Waterloo. Le chauffeur roulant à 110 km par heure a décidé de dépasser une fourgonnette pendant que l'homme au volant dans la véhicule derrière nous avait la même idée. Avant de pouvoir évaluer ce qui se passait réellement, nous avons vu un camion à notre droite et une fourgonnette bleue à notre gauche. La fourgonnette nous a serrés sur la droite essayant d'éviter un accident. Nous nous sommes tous retrouvés dans un fossé, roulant à environ 100 km par h.

Nous sommes sortis par la porte latérale, atterrissant dans les mauvaises herbes le long de la route. Sous le choc, j'ai attrapé mon chapelet avec l'espoir que Marie calmerait les battements rapides de mon cœur d'une manière quelconque. J'avais une grosse bosse sur ma tête, mais heureusement, personne n'a été blessé sérieusement. Une grande camionnette du séminaire a réussi à nous récupérer tous et nous avons continué notre voyage.

Pour arriver au Séminaire de philosophie à Trois-Rivières, il fallait prendre une route caillouteuse sur plusieurs kilomètres. Cette route poussiéreuse et pleine d'ornières ne semblait pas avoir de fin, nous donnant l'impression d'être dans un safari quelque part dans un coin sauvage d'Afrique.

Les premiers mois au séminaire étaient remplis d'optimisme et d'aventures. L'enthousiasme des séminaristes des pays étrangers était en fait contagieux. Avoir les lumières dans la bibliothèque à deux heures du matin était une chose courante à cette époque.

En entrant dans les salles de classe et les amphithéâtres, nous nous sentions très zélés et confiants après avoir conquis les barrières linguistiques et culturelles. Nous croyions en notre mission et n'avions pas vu de raison de cacher ce que nous allions devenir. Le côté international de l'institut a été pour l'évêque un vaste réseau missionnaire. J'ai terminé mes études secondaires avant mon dix-septième anniversaire, attendant mon tour à la philosophie.

L'une des religieuses dévouées de l'église était professeure de philosophie au séminaire. Elle nous a informés fermement qu'il était interdit de parler dans sa classe, mais elle avait un sens de l'humeur. Nous avons apprécié ce dernier, mais nous avons toujours respecté son courage intellectuel. Même si nous avions des cours magistraux, il était essentiellement attendu que nous nous servions de nos propres sources d'informations privées.

Je me souviens pourtant très bien du côté obscur de la vie au séminaire dans la province du Québec. Je n'avais jamais connu le drame de la vie loin de chez moi, bien que je sois arrivé avec un désir ardent de plaire. Mon éducation dans le comté de Victoria anglophone ne m'a pas préparé aux sensations surprenantes parmi les francophones. Toutefois, les séminaristes de partout dans le monde qui étaient arrivés avant moi avec les mêmes sentiments avaient l'air d'avoir survécu l'expérience.

Une nuit au séminaire, j'ai vécu quelque chose d'inhabituel. J'étais seul dans une chapelle en grande partie obscure en train de réciter mon Rosaire, quand tout à coup, j'ai senti la présence de quelqu'un. Sachant que j'étais seul, l'expérience a été surprenante, le moins qu'on puisse dire. Puis, j'ai pu entendre quelqu'un respirer près de moi. Je me suis retourné et n'ai vu personne. J'ai vite allumé la chapelle, et à mon grand désarroi, cette dernière était vide. Incapable de trouver une explication raisonnable, je suis allé directement dans ma chambre, expliquant l'incident en me disant que c'était le fruit de mon imagination.

Une fois dans ma chambre, j'étais prêt pour une bonne nuit de sommeil. J'ai éteint la lumière et j'ai essayé de trouver une position confortable dans le petit lit. Moins de cinq minutes plus tard, j'ai entendu mon nom appelé dans la chambre. Je ne suis pas du genre à avoir peur facilement, mais cette nuit-là, j'ai blanchi quand j'ai entendu la voix mystérieuse, allongé dans mon lit et essayant de ne pas respirer ou de faire du bruit. Il m'est venu à l'esprit que peut-être un autre séminariste est entré dans ma chambre pour me faire une sorte de blague. Puis, j'ai encore entendu mon nom. Du fond de moi-même, j'ai su que ce n'était pas une invention de mon imagination comme je l'avais pensé dans la chapelle, mais qu'en fait je suis entré en contact avec le surnaturel. Quelqu'un quelque part était en train d'intervenir pour moi. Paralysé par la peur, j'ai enfin pris le courage de me lever en m'appuyant sur mon coude. Avalant doucement ma salive, je me suis dirigé vers l'interrupteur. Une fois de plus, il n'y avait personne dans la chambre. En espérant trouver le farceur, j'ai regardé sous le lit et dans la garde-robe, mais il n'y avait que moi debout dans la pièce. La voix était divine.

Certaines théologies indiquent que le Saint-Esprit ne parlera pas aux pécheurs. Même si je connaissais bien la religion, dans les parties les plus secrètes de mon âme immortelle, je savais que je n'étais pas encore prêt à rencontrer le Seigneur. Il y avait des choses telles que celle-ci pendant que j'étudiais que je ne pouvais pas expliquer à l'époque ni maintenant, à moins que ce soit Dieu lui-même désireux de briser les chaînes du ritualisme de ma vie pour mettre en mouvement la liberté. Le Saint-Esprit était en train de confirmer sa Parole. Assez ironiquement, notre institution d'enseignement supérieur a été élevée à « association de la perfection » le dimanche de la Pentecôte, le 6 juin 1965. La promotion a été encouragée par l'évêque Romeo Gagnon d'Edmundston.

L'INTERVENTION DIVINE

Après avoir terminé mon programme, je devais quitter le Canada pour rejoindre un ordre bénédictin en Californie aux États-Unis. Sous peu, je me suis retrouvé à Riverside, une ville contenant une population d'environ 171 000 à l'époque. Le changement a été frappant entre la région du Canada dominée par les francophones, à laquelle je me suis habituée, et la ville de Riverside.

Bien que l'esprit d'acceptation ait été évident, je ressentais de plus en plus de l'isolement, consterné par tant de restrictions. Ce style de vie ne favorisait pas la procrastination. Avec le fardeau de refléter les vies des soldats chrétiens qui ont combattu pour préserver l'Église à travers les tempêtes de l'histoire, je me suis une fois de plus retrouvé avec un désir écrasant d'accomplir ce que je pensais être la volonté de Dieu pour ma vie.

Mon temps passé à Riverside s'est avéré être une vraie épreuve de tolérance. Un jour, lors d'une réunion dans l'église, nous avons sorti nos chapelets et avons commencé à prier à la Vierge Marie, quand le directeur est arrivé dans le sanctuaire. Chaque séminariste à tour de rôle a mentionné une requête de prière. Quand c'était mon tour, j'ai été évidemment trop lent, d'après le directeur, pour présenter ma requête et on m'a dit brusquement de me dépêcher. J'ai commis l'erreur de changer ma requête en demandant « d'être patient les uns avec les autres » croyant que le retournement de situation était juste, et considérant l'audace du directeur. Cette demande humble a eu un effet négatif qui a semblé réveiller un esprit indésirable chez le directeur. Ma requête a invariablement causé des ennuis. Ce directeur particulier était un homme de routine méticuleuse avec peu d'imagination, à mon avis.

Le lendemain matin, j'ai entendu mon nom dit à voix haute depuis son fameux porte-documents. Debout devant le chef d'église, j'espérais trouver ce matin-là un caractère aimable, mais ses joues creuses, ses pommettes saillantes et ses sourcils profondément froncés indiquaient qu'il était de mauvaise humeur. Son air sentait l'intimidation. Puisque j'avais été averti par mes camarades séminaristes des conséquences possibles, je n'étais pas pressé de découvrir la punition. Je n'avais aucune intention de tomber en disgrâce avec ce chef et j'étais persuadé que cela ne valait pas la peine de m'opposer au chargé d'affaires.

Les devoirs supplémentaires qu'il m'a attribués semblaient être sans fin, ajoutant à ma charge de travail déjà lourde. Bien que la tension soit évidente alors qu'il m'a attribué la tâche de planter un grand jardin de cactus, j'ai fait de mon mieux pour coopérer. Alors que j'enlevais des épines de cactus de mes mains, je pensais qu'il faisait trop d'une simple requête de prière.

Malgré mon franc-parler et le fait que j'ai été réprimandé quelques fois, j'ai essayé désespérément de mettre de l'ordre dans ma vie émotionnelle. Parmi les séminaristes, la soumission était comme étant l'essence même de l'accomplissement de la volonté de Dieu. L'une des grandes ambitions dans ma vie était d'avoir une marche complètement inébranlable avec Dieu. Mon plus grand désir était de travailler de concert avec l'Église et ses dignitaires. Après ma rencontre avec le directeur, un cher séminariste aux manières douces, qui est maintenant prêtre à Anaheim en Californie, a admiré ma jeunesse débridée et a tenté d'inculquer en moi un potentiel caché, passant des heures assidues à discuter avec moi la philosophie. Non désireux d'abriter l'esprit de rébellion, mais d'interroger chaque action, je me suis trouvé comme un aveugle cherchant à tâtons dans l'obscurité profonde pour trouver la lumière.

Les bâtiments de l'enceinte en Californie étaient beaux, bâtis en pierre et exposant des poutres en bois solide. Le séminaire prospérait grâce aux dons de l'élite de la ville. Que nous le voulions ou pas, nous étions envahi par notre cause. Les cols romains, les soutanes formelles, l'histoire et la connaissance des séminaristes ne devaient pas être interrogés. Toute notre existence était consacrée à notre cause, nous préoccupant des études et de la méditation, aspirant au jour des vœux perpétuels, mais sans faille.

Le vin était utilisé cérémonieusement dans l'église. Le vin fermenté pour la messe était conservé dans une armoire haute et bien construite dans un coin. À l'insu du directeur, elle a été pillée assez souvent pour égayer les soirées qui ont parfois paru trop longues. Une nuit, si je me souviens bien, sept litres et demi du jus inspirant ont été libérés de la structure en bois.

Douglas G. Hanscomb
"Auctor trinitatis, Patris, Fili, Sanctique Spiritus"
(Défenseur de la trinité : Père, Fils et Saint-Esprit.)

Avec le recul, je me souviens aussi des moments sombres dans le séminaire. Ce n'est pas mon intention d'apporter une note discordante, mais je réalise qu'on peut être réveillé brutalement depuis les coulisses, en explorant les possibilités que le ritualisme peut offrir.

Un jour d'été, j'ai été invité à participer à une cérémonie de mariage à l'église catholique Sainte-Catherine. Elle était l'une de nos églises connues à Riverside. J'ai été secoué par ce que j'ai vu. Durant la réception, le prêtre officiant est devenu complètement ivre. Bien que ce prêtre particulier ait démontré par moments de l'amour à l'égard de la Mère Église, j'ai pensé sur le moment qu'il aurait pu être sociable sans se donner en spectacle dans un état d'ivresse. Aussi, j'ai éprouvé le sentiment qu'un tel acte indésirable n'était pas flatteur pour la prêtrise et finirait par causer des reproches à ma foi catholique. Son comportement irrégulier, bien qu'accepté par certains, a certainement mis d'autres dans l'embarras.

Au fur et à mesure que la soirée s'avançait, j'ai vu des signes des niveaux les plus bas dans l'existence humaine qui trouvent les moyens de pénétrer le monde de la prêtrise. Pas moins qu'une profondeur d'envoûtement spirituel pharisaïque, au nom de notre Dieu. Personnellement, j'aurais préféré voir mes efforts échouer du côté des pécheurs au lieu du côté des Pharisiens. En raison de la personne que je suis, je choisis de ne pas écrire des affaires qui sont soumises rarement à l'examen public, pourtant ces ombres demandent d'être éclairées. Des âmes éternelles se perdent dans le crépuscule des fables.

Afin de devenir un prêtre, un moine ou une religieuse de l'Église catholique, il faut faire trois vœux, notamment de pauvreté, de chasteté et d'obéissance. Le vœu de pauvreté signifie que le séminariste ne peut rien posséder dans ce monde présent. La chasteté veut dire qu'on ne peut pas se marier, et l'obéissance signifie la soumission totale à l'autorité de l'église. Pendant notre durée au séminaire en Californie, on nous encourageait à nous confesser régulièrement.

Laissez-moi dire ceci en passant. Durant le sacrement de la confession, le prêtre est tenu par un vœu de ne pas répéter la confession d'une personne. Si un prêtre choisit, après avoir donné l'absolution, de révéler le péché de quelqu'un, ce prête est excommunié de l'église.

L'absolution, dérivant du mot latin « *absolvo* » signifiant délier ou libérer, est le terme utilisé par la doctrine de l'Église catholique pour la rémission des péchés, seulement réservé à l'Église et ses sacrements.

C'est mon opinion que nous qui connaissons Dieu par la puissance du Saint-Esprit, tant ceux dans le ministère que ceux de la laïcité, avons une leçon à tirer de cet enseignement. Nous devons comprendre complètement le sens du mot confidentiel.

Le vrai esprit de la démocratie possède un droit fort à la confidentialité ainsi qu'au respect prudent à son égard. Cependant, tardivement, nous exposons régulièrement ce trésor aux éléments au nom de l'ouverture d'esprit et d'expression de soi. Les gens de nos jours subissent les résultats ultimes du fait de considérer des secrets comme s'ils étaient des choses profondément obscures, malsaines à garder, corrosives jusqu'à l'exposition au public. Quiconque réclamant maintenant la confidentialité est considéré comme un suspect qui a quelque chose à cacher. Avec cet esprit, entourés de confesseurs sans remords et compulsifs, qui contribuent seulement la lumière aux œuvres des ténèbres continuelles, il nous faut nous rappeler que nous avons le droit dans cette démocratie de garder la paix et de cultiver une zone de confidentialité, sans confirmer, ni nier, ni expliquer.

Toutefois, beaucoup de fois lorsqu'une personne se confie à nous, au lieu de faire preuve d'amour et de compassion, nous avons tendance à donner rapidement des conseils, des opinions ou à simplement bavarder pour seulement réduire notre anxiété face aux souffrances de quelqu'un d'autre. Au lieu des conseils, la meilleure chose à faire est simplement d'écouter. Toutefois, nous alimentons souvent notre ego de la possibilité d'être appelé « psychologue conseiller appelé par Dieu » et partageons en même temps notre connaissance de la situation avec d'autres personnes. Ce faisant, nous ne tenons pas compte du bien-être de la personne qui souffre. Ma question est simple. Est-ce que la blessure des personnes saintes devient non pertinente lorsque nous, dans notre esprit, confrontons avec bravoure l'ennemi au nom du Seigneur ?

Il faut que les chrétiens protègent la vie privée des autres comme nous le faisons pour nous-mêmes. Il est impératif que les gens entrant dans le ministère apostolique comprennent que la confiance que les autres ont à leur égard ne doit pas être trahie. Si nous, ministres de la foi apostolique optons de donner un coup de hache proverbial dans toute la maison du Seigneur, tout en proclamant le nom de Jésus, ne soyons pas surpris que les gens viennent vers nous souffrant et saignant.

Un soir, agenouillé et le pouce sur mon chapelet et vénérant la Vierge Marie, aussi étrange que cela ait pu paraître, j'ai senti que quelqu'un quelque part était en train de prier pour moi. J'étais certain que quelqu'un, tout en saisissant avec ferveur les cornes d'un autel apostolique à l'ancienne, cherchait une percée au Divin en mon nom. Et pourtant, pour quelqu'un totalement pris dans le ritualisme et le culte formel, ne connaissant pas la puissance du Saint-Esprit et se croyant être dans la volonté de Dieu, je ne pouvais pas comprendre la raison.

Plus tard, après avoir reçu le baptême du Saint-Esprit, j'ai appris qu'il y avait une église apostolique à Riverside intercédant en faveur des âmes de leur ville. Les saints de Dieu invoquaient le sang du Calvaire sur les gens qui ne le connaissaient pas dans la puissance de sa résurrection.

Alors que je contemplais ce sentiment et méditais sur la possibilité de faire un jour mes vœux perpétuels, tout à coup, j'ai entendu une sorte de voix insistante me disant « Ne fais pas ces vœux. » C'était indubitablement la voix de Dieu dirigeant ma vie à travers les ténèbres épaisses vers son admirable lumière. J'ai ressenti un picotement partout dans mon corps pendant que j'entendais la voix inébranlable.

J'ai été absolument surpris par la voix et secoué par le message. J'ai vite allumé la pièce, mais n'ai vu personne. Me souvenant de l'Écriture où Saul a rencontré le Seigneur sur son chemin vers Damas, mon cœur s'emballait. J'ai éteint la lumière et j'ai continué ma prière et ma méditation. À nouveau, j'ai entendu la voix forte et intransigeante dire : « Ne fais pas ces vœux. » Je ne me suis pas levé cette fois-ci, sachant qu'il y avait une force quelque part qui était plus puissante que moi. Entre la peur et la confusion, j'ai commencé à pleurer et à plier sous la main du Tout-Puissant. Ayant succombé à l'Esprit que je ressentais, le rituel a été pendant un moment soit ignoré soit oublié. La voix était divine.

Le lendemain matin, je suis entré dans le bureau du directeur, me sentant meurtri émotionnellement et professionnellement par la rencontre mystérieuse et épuisante. J'ai annoncé ma décision de rentrer au Canada pour poursuivre la volonté de Dieu pour ma vie.

Le directeur, me voyant comme étant un séminariste fatigué, m'a informé que j'étais déjà dans la volonté de Dieu et m'a suggéré d'aller dans un centre de retraite à Banning en Californie pour quelques jours de repos. À mon tour, je l'ai informé que je n'étais pas fatigué, mais avais besoin de quelques réponses pour ma vie. Il a accepté ma demande à contrecœur.

Les signaux de Dieu devenaient plus brusques et plus difficiles à ignorer. Dans ma confusion, je sentais que Marie, Jean, Joseph, Saint Bénédict, Dieu ou quelqu'un était désespérément en train de me pousser dans une autre direction.

J'avais le distinct privilège d'étudier, à mon avis, avec certains des plus grands théologiens du monde. Ils étaient sincères et consacraient leurs vies entières à l'objectif de la Mère Église.

Un homme nommé David, qui est maintenant prêtre ordonné travaillant en Californie, a été probablement mon meilleur ami durant mon séjour à Riverside. Il possédait une stupéfiante richesse de connaissances couvrant des sujets s'étalant sur l'histoire de l'Église aux principales exportations de Bangkok, aux précipitations annuelles dans le bassin amazonien. Durant nos fréquentes discussions théologiques, il avait les pieds sur terre, attribuant souvent mon insensibilité à l'égard des sujets d'Église à mon inexpérience.

David et moi avons reçu tous les deux des billets de Los Angeles à Montréal. Même si nous étions de bons amis et parfois, il nous arrivait de nous insulter pour plaisanter, j'ai senti qu'on lui avait demandé de m'encourager à retourner à Riverside. En arrivant à l'aéroport international Dorval, il a presque insisté pour que je rentre avec lui. Je lui avais déjà expliqué ce qui s'était passé dans ma chambre en Californie et l'avais informé que j'allais au monastère Oka à l'ouest de cette ville pour me reposer un peu. Je l'ai rassuré que tout allait bien pendant que l'avion s'approchait du terminal.

Après un repas modeste, mais savoureux, le jeune ministre flamboyant, à ma grande surprise, m'a fait plein de compliments. Il m'a souhaité le mieux de tout, en secouant sa tête et me serrant la main en même temps.

Ma perception a été que Dieu me guidait vers de plus grandes profondeurs alors que je marchais d'un pas vif dans le vent glacial qui soufflait à travers les espaces ouverts du grand aéroport. À l'avance, par souci d'empressement, j'ai essayé de contrôler à un certain degré mes sentiments. Bien que le monastère Oka ait été ma destination immédiate, j'étais indépendamment sur le chemin, ne sachant pas vraiment comment tout finirait.

En arrivant au monastère Oka, j'ai constaté que le monastère était aussi silencieux que son histoire passée. La cordialité de notre relation passée au monastère a été honorée tandis que j'entrais dans l'établissement.

Le 8 octobre 2008, le pape Benoît XVI a accepté la démission de l'évêque Clément Fecteau et a nommé Yvon Joseph Moreau comme remplaçant. Ayant atteint ses 75 ans, le droit canonique exigeait qu'il prenne sa retraite. Son remplacement, le Révérend Moreau, était un abbé du monastère Oka.

Me voilà donc, jeune homme avec des moines trappistes, chantant les Psaumes. À l'époque, je pensais que toutes les théologies devraient être prouvées de manière logique et rationnelle, à savoir par la Parole du Seigneur. Je révère la Parole du Seigneur et crois qu'elle sera établie dans le ciel après que ce monde brûle. À ce jour, je refuse de poser un autre livre sur la Sainte Bible, et bien qu'il n'y ait pas de conséquences éternelles, cela me dérange lorsque quelqu'un choisit de le faire.

Le commencement du monachisme chrétien a eu lieu en Égypte en 271 apr. J.-C., lorsque Saint Antoine de Thèbes est parti seul dans le désert pour mener une vie isolée et sainte. Le monachisme est devenu spécialement influent en Europe durant le début du Moyen âge. À cette époque de l'histoire, l'Europe avait des milliers de monastères.

Il existe plusieurs monastères trappistes dans le monde, mais seulement sept ont leurs propres brasseries. La bière trappiste est très célèbre dans plusieurs régions de l'Europe. Pour que la bière trappiste corresponde aux critères, il faut qu'elle soit brassée à l'intérieur des murs d'une abbaye trappiste, par ou sous le contrôle des moines trappistes. À un certain moment, les brasseries monastères existaient partout en Europe. Aujourd'hui, il y a six brasseries monastères en Belgique et une seule aux Pays-Bas. Le taux d'alcool varie d'un monastère à l'autre.

Le monachisme chrétien contient un élément extrêmement important appelé la règle, un ensemble de règles de vie que les membres d'un groupe monastique doivent respecter. La règle de Saint Benoît de Nursie, rédigée dans les années 500 apr. J.-C, est le modèle pour tous les groupes cloîtrés catholiques (séparés).

En plus de la stricte observation à la lettre de la règle, les moines et les religieuses prononcent les trois vœux : de pauvreté, de chasteté et d'obéissance. La vie dans la communauté monastique est consacrée au travail, à la prière et à la méditation. Le monastère Oka était rempli de théologiens cloîtrés à l'écart du monde. Ces hommes et femmes consacrent totalement leurs vies à étudier et à écrire. Beaucoup de transcriptions bibliques d'origine ont été traduites par les moines bénédictins.

Un monastère ou couvent pouvait être situé dans des zones rurales ou en ville, mais a pour but d'isoler ses membres d'un monde rempli d'esprits à l'extérieur de ses murs.

Bien qu'il soit impossible de nous isoler de la réalité, il nous faut être conscients du fait que les esprits des ténèbres, dès le commencement, ont été actifs dans le monde. Le cultisme n'est pas un extrême comme certains le pensent, mais un plan de Satan de tromper l'Église universelle pour croire aux mensonges. Si un groupe de gens accepte l'esprit de dictature dans son église, il faut l'avertir de la possibilité de fraternisation avec le cultisme.

À travers l'histoire, l'Église catholique est connue pour son esprit de dominance sur ses sujets, mais l'Église catholique dont j'étais membre n'est pas, et de loin, la seule église à avoir des esprits indésirables. Avec tout respect dû au ministère, les seigneurs ou les dictateurs n'ont pas leurs places dans l'Église universelle de Dieu. La logique derrière la reconnaissance de tels dictateurs comme ministres dans les chaires apostoliques de l'Évangile me dépasse.

La Bible nous met en garde contre les faux prophètes et les faux christs dans l'ère de l'Église. Nous lisons dans le livre de Matthieu ce genre d'avertissements.

« Si quelqu'un vous dit alors : Le Christ est ici, ou : Il est là, ne le croyez pas. Car il s'élèvera de faux christs et de faux prophètes ; ils feront de grands prodiges et des miracles, au point de séduire, s'il était possible, même les élus. Voici, je vous l'ai annoncé d'avance. Si donc on vous dit : Voici, il est dans le désert, n'y allez pas ; voici, il est dans les chambres, ne le croyez pas. Car, comme l'éclair part de l'orient et se montre jusqu'en occident, ainsi sera l'avènement du Fils de l'homme. »

Matthieu 24 : 23-27

On pourrait dire que cet incident est une coïncidence si l'on veut, mais ceci à mon avis, est indubitablement, l'accomplissement de la Parole de Dieu concernant les faux prophètes et les faux christs.

« Vingt-quatre enfants sont présumés morts. Soixante-deux adultes sont présumés être morts à leurs côtés. » C'étaient des mots terrifiants en première page d'un journal américain le 20 avril 1993. Waco au Texas était la scène où le chef de secte David Koresh et ses sujets ont mis le feu à leur enceinte. Koresh croyait qu'il était « le fils de Dieu ». Ce n'était pas une exagération ; il se référait également à lui-même comme « l'Agneau de Dieu ».

Ce messie autoproclamé a conduit ses adeptes à la mort, des hommes, des femmes et des enfants, invoquant Jéhovah. David Koresh a péri lui-même dans le feu, à l'âge de trente-trois ans, le même âge que Jésus avait lorsqu'il a été conduit sur la colline du Golgotha, portant une croix cruelle pour nous tous.

David Koresh est seulement un homme parmi plusieurs à prendre la position de seigneur dans le royaume de Dieu. À Jonestown à la Guyane en 1978, il y a eu un suicide collectif de plus de neuf cents membres de secte, mené par Jimmy Jones. Bien qu'il se présentait au nom du Seigneur, l'esprit conduisant cet homme est sorti des portails de l'enfer. Dieu n'autorise pas cette sorte de contrôle humain dans son Église universelle apostolique.

La vie monastique est l'ultime conservatisme. Les moines qui ne parlent pas (par choix) vivent dans une atmosphère du XIIIe siècle, refusant de moderniser, tandis que leur vie est souvent dépouillée de leur vraie crédibilité par des personnes de l'extérieur. Avec tout le respect dû, les apostoliques doivent reconnaître la sincérité parmi ces gens de différentes fois telle qu'elle se présente.

Les moines d'Oka commencent leur journée vers trois heures du matin. Ils prient à la Vierge Marie et chantent les Psaumes pendant deux heures avant de manger. Ils n'ont aucun contact avec le monde extérieur. Pas de télé, pas de radio, pas de téléphone, pas de journaux ou de communication verbale avec les laïcs. En cas de décès d'un membre de famille, le moine n'a pas le droit d'aller aux funérailles et ne peut entendre les faits qu'à travers un écran sombre qui les sépare du messager. Si quelques personnes parmi nous ont des problèmes à payer la dîme pour soutenir la pure vérité apostolique, elles devraient envisager de vivre dans un monastère et de donner 100 % de tout comme soutien à la religion chrétienne.

Durant mon séjour dans le monastère Oka, le Seigneur m'a honoré d'une expérience en dehors du corps. J'accueille effectivement le scepticisme. Quand je me suis avancé plus tard vers la porte d'une église apostolique pour la première fois dans ma vie et suis entré dans un service pentecôtiste, j'ai été moi aussi sceptique.

En l'occurrence, j'étais dans le sanctuaire, à la barre de l'autel, récitant mon Rosaire. Alors que j'étais à genoux au pied de la statue de la Sainte Vierge Marie, j'ai entendu une fois de plus la voix de Dieu. Le Seigneur m'a dit « Monte plus haut ». La voix était divine. Immédiatement, je me suis trouvé à 150 mètres au-dessus du monastère trappiste. Comme j'étais en la présence d'un ange saint, je pouvais voir tout ce qui se passait en bas. L'ange a dit « Regarde ». J'ai regardé et j'ai vu un cercueil et mon corps dans le cercueil. Il y avait un grand rassemblement de gens aux funérailles. Je savais que ma mère ne voulait pas s'approcher du cercueil. Finalement, deux femmes l'ont menée dans la pièce. Elle avait un torchon sur son visage pendant qu'elles l'amenaient vers mon corps. J'essayais frénétiquement de communiquer avec elle, mais apparemment elle ne pouvait pas me voir ni m'entendre. Je voulais lui dire que je n'étais pas mort, mais que Dieu avait séparé mon âme de mon corps et que j'étais bien vivant.

Puis, l'ange a dit « Regarde » et voici un champ de blé à perte de vue en feu et dont les flammes étaient attisées par le vent, mais sans consumer le blé. L'ange a dit « Regarde », en montrant du doigt les portes de l'enfer. Les anges saints du Père entraient et sortaient de cette place avec une grâce naturelle. Il n'y avait absolument pas de résistance, les anges se déplaçaient en contrôle total. J'ai demandé au Seigneur comment les anges saints pouvaient marcher dans un endroit si terrible. L'ange a répondu que l'enfer est le jugement de Dieu sur les désobéissants, pas le jugement par Satan. Il a dit que celui qui tient les clés de la maison est le maître de la maison. Alors que le corps mortel du Père était suspendu entre l'humanité et la divinité, le Seigneur marchait librement dans l'enfer qu'il avait créé. Puis, l'ange a dit que Satan sera le prisonnier de l'enfer pour l'éternité et ne sera pas celui qui le contrôlera. Il a dit que c'était Dieu qui a créé l'enfer pour le diable et pour les anges qui ont choisi de le suivre, et à cause de la méchanceté Inquisition, c'était Dieu qui a élargi ses limites.

Puis l'ange a dit : « Regarde ». En regardant, j'ai vu une très longue file de gens attendant leur tour pour entrer dans le tourment éternel. J'ai tout de suite regardé leurs visages pour voir la douleur et l'effroi indescriptibles dans leurs yeux. Leurs genoux se heurtaient l'un contre l'autre comme ceux du roi Belschatsar de Babylone en voyant l'écriture de Dieu sur le mur. Immédiatement, je me suis retrouvé avec l'ange. Je ne peux pas dire que tout s'est passé en une fraction de seconde, parce que les secondes n'existent pas dans l'éternité. J'ai demandé à l'ange l'identité des gens debout dans la file à l'extérieur de l'enfer. Il m'a répondu qu'ils étaient ceux parmi ses pasteurs oints qui ont choisi d'être des seigneurs sur l'héritage de Dieu et sur son sang. J'ai crié fort « Non ! » J'essayais de protéger le sacerdoce, en entendant mon « Non » résonner à travers l'éternité. J'ai demandé à l'ange s'ils étaient des prêtres ou des moines, bien que chacun portait un complet. L'ange a dit qu'ils n'étaient pas des prêtres ou des moines. Ce n'était qu'après que Dieu m'ait rempli du Saint-Esprit quelques jours plus tard à l'autel d'une église apostolique qu'il m'a donné cette prise de conscience : les gens que j'ai vus étaient ceux qui, à un moment donné, ont fait partie de ses ministres apostoliques, qui se sont proclamés seigneurs sur son héritage et sur son sang. (Est-il possible qu'un ministre apostolique oint par Dieu encourage la ségrégation apostolique ?)

L'ange m'a alors dit de monter encore plus haut. Je me suis immédiatement trouvé à 300 mètres au-dessus du monastère. La distance n'a pas été mesurée, mais simplement sue. Rien n'aurait pu être plus clair. La seule différence que je pouvais voir entre les anges saints et moi-même était qu'ils bougeaient librement alors que je bougeais quand la puissance de Dieu me déplaçait.

L'ange du Seigneur a dit « Regarde », et voici un bel ange debout sur le bord de mer. J'ai posé la question, « Qui est-ce, Seigneur ? » L'ange a répondu qu'il était l'ange qui poserait un jour un pied Inquisition et un pied sur la mer et que le temps serait fini. Immédiatement, pas dix mille, mais des dizaines de milliers d'anges sont apparus. Les anges créés par Dieu sont innombrables. Ces anges étaient si beaux, chacun avec une identité unique. Ils étaient enthousiastes et si impatients pour l'enlèvement des rachetés, et si prêts pour accueillir le Seigneur des armées comme époux de l'Église. Puis, l'ange a dit que le temps n'est pas encore venu. Les anges, aussi vite qu'ils sont apparus, se sont retirés.

Dieu me donnait un aperçu du futur enlèvement de son Église. Derrière l'armée d'anges, je pouvais entendre une mer de langues. On aurait dit qu'elles chantaient, alors j'ai demandé si c'étaient des prêtres ou des moines. Il a répondu que c'étaient des âmes de tous les âges qui m'ont précédé dans la mort. Et j'ai dit, « Mais, Seigneur, elles n'ont pas de visage. » L'ange a répondu que dans la résurrection, elles auraient des visages glorifiés. Malgré mon ignorance de la puissance dans le nom de Jésus, Dieu était en train de me présenter à une famille éternelle que je n'avais jamais connue. Même si je n'avais pas le Saint-Esprit, j'étais entouré d'un esprit similaire.

L'ange a dit ensuite « Regarde » et j'ai vu une très grande horloge qui n'avait pas d'aiguilles. L'ange sur le bord de mer est apparu une fois de plus devant moi. J'ai dit : « Seigneur, l'horloge n'a pas d'aiguilles. » L'ange a dit que bientôt le temps n'existerait plus et que le Père recueillerait les âmes du ciel et de la terre qui ont pris son nom.

Dès que l'ange a annoncé le retour proche du Seigneur, je me suis trouvé à la barre de l'autel regardant les perles du chapelet d'une main tremblante. Il n'y avait pas une seule partie de mon corps qui n'ait pas été consumée. Des larmes coulaient sur mon visage et dégoulinaient de mon menton comme des ruisseaux d'eau douce.

Nous chantons parfois cette chanson dans notre culte :

> Oh Seigneur, tu sais que je n'ai pas d'ami comme toi
> Si le ciel n'est pas ma demeure, que dois-je faire alors ?
> Les anges m'appellent depuis la porte ouverte du ciel
> Et je ne me sens plus chez moi dans ce monde.

Je suis maintenant un homme marié. Dieu m'a donné une femme sainte et deux enfants remplis d'Esprit. Je ne pouvais pas remplir mes enfants du Saint-Esprit, parce que c'est l'œuvre de Dieu, mais je chéris le joyeux souvenir de les baptiser tous les deux au nom de Jésus. J'apprécie tant ma vie avec ce merveilleux Saint-Esprit. J'ai toutes les raisons de vivre. Si le Seigneur ne revient pas en mon temps, j'aimerais tant marquer ma centaine en utilisant mon dernier souffle pour déclarer la vérité sur l'homme de Galilée. En même temps, sachant ce que je sais et ayant vu ce que j'ai vu, je dois dire que je suis dix millions de fois plus enthousiasmé par l'idée de mourir que je ne l'ai jamais été par l'idée de vivre ici-bas. Quand l'âme d'une personne remplie du Saint-Esprit quitte son corps mortel et tangible, cette âme se jette dans une mer de langues pareilles à l'eau douce.

Dans un coin ombragé de la cour d'Oka il y a des pierres modestes marquant les tombes des moines décédés. Je marchais parmi les morts récitant mon Rosaire, avec le soleil se reflétant fort dans mes yeux des pavés recouverts de gel. Je me suis mis à repenser aux priorités et à désirer accomplir une œuvre pour Dieu, quelque chose plus important que le rituel avait à offrir, quelque chose de spontané.

Le monastère Oka était ma demeure pendant une saison et après y avoir passé quelque temps, je me suis rendu compte que je devenais moins attentif aux activités des moines qu'à celles des séminaristes. Même si je ne devais jamais oublier ce que le Seigneur a fait pour moi au monastère Oka, je me sentais un peu claustrophobe. Je savais que cette place avait atteint son objectif en moi et qu'il était temps d'avancer maintenant. Avant de partir, j'ai discuté avec un moine trappiste et l'ai informé que quelque chose brûlait profondément en moi. Je voulais connaître Dieu personnellement et comme David d'antan, danser un jour pour lui. Je ne l'avais pas dit à Trois-Rivières ou au Grand séminaire de théologie, mais j'ai raconté à ce moine l'expérience en dehors du corps. Sa réponse a été que Dieu m'orientait. Nous pensions tous les deux à la prêtrise dans l'Église catholique. Toutefois, en moins d'une semaine depuis cette expérience en dehors du corps, Dieu m'a rempli du Saint-Esprit à l'autel d'une église apostolique.

Ni lui ni moi ne savions ce que Dieu avait prévu, mais le moine, de nature joviale, a souri et a fait un signe de tête affirmatif en retournant à son poste de travail. J'allais partir du monastère à l'aube. Après avoir préparé mes bagages, je suis parti au Nouveau-Brunswick.

Chapitre trois
Debout dans un carrefour

Me rendant au Nouveau-Brunswick, je me suis arrêté une fois de plus à Trois-Rivières, Québec. J'ai visité le Séminaire de philosophie et j'ai passé quelques jours au Cap-de-la-Madeleine. La basilique de plusieurs millions de dollars qui est située au centre de Cap-de-la-Madeleine s'appelle « Notre Dame du Cap ». C'est une croyance que durant l'hiver, Marie la mère de Jésus a guidé le peuple à travers le fleuve avec un petit édifice religieux alors que la glace brisait autour d'eux. La basilique a ainsi été bâtie en son honneur.

On peut être totalement envoûté par la beauté qui entoure la statue massive drapée de perles de la Madone dans le petit édifice religieux qui se trouve toujours sur la même propriété que la basilique. Tout au long de l'année, des neuvaines sont organisées en l'honneur de « Notre Dame du Cap ». J'ai observé des gens traverser le parc de stationnement de la basilique à genoux, puis monter l'escalier en béton de la même manière, récitant leur Rosaire, jusqu'à ce qu'ils atteignent l'image vénérée de Marie la mère de Jésus.

Tout en réalisant que nous serons jugés avec ces gens sincères, je me demande combien de personnes dans le monde vénèrent actuellement des images. Ces images n'entendent ni n'exaucent les prières. Les gens errent sans but dans les ténèbres rituelles, espérant plaire au Divin.

Au bout de quelques jours de visite dans la région de Trois-Rivières, j'ai continué mon voyage de retour chez moi. À mon arrivée, une atmosphère de pique-nique a régné pendant une saison. Cela m'a fait du bien de visiter ma famille et mes amis, mais il y avait une faim qui ne pouvait pas être satisfaite par les membres de ma famille. Dans mon état de confusion confessée, je ressentais tant bien que mal qu'il y avait quelque part une réponse à mon grand désir dans la vie de connaître Dieu.

Après avoir visité ma famille, je suis retourné au Grand séminaire de théologie. J'ai été encouragé par ma visite. Un prêtre et cher ami a été choqué de me voir dans la province. Avec sa main tendue, il a demandé : « Qu'est-ce que tu fais là ? »

Pour plaider ma cause, j'ai raconté en détail mes rencontres spirituelles concernant la voix que j'avais entendue à Trois-Rivières au Québec et à Riverside en Californie. En m'asseyant près du chef avec une calvitie précoce, j'ai remarqué que son sourire pouvait vite se transformer en mépris. Dans ma confusion, j'ai insisté que j'étais dans la volonté de Dieu, même si mon esprit s'est retourné souvent vers la Californie durant notre longue conversation. Le ministère a été ma vie. Je cherchais, mais qu'est-ce que je cherchais ? Je tendais la main, mais vers quoi ?

Cet homme était caractérisé par une grande originalité et un génie, étant doté d'une capacité à s'approprier et à bien utiliser toutes les méthodes d'observation et spéculations qui se présentaient à lui. Dans son anglais sommaire, mais reconnaissable, il a insisté que je cherchais quelque chose qui n'existait pas, tout en prenant avec satisfaction des bouffées de cigarettes *Export-A*.

J'ai écouté poliment, ma voix s'éteignant dans ma gorge alors que ma quête se désintégrait sous mes yeux. Connaissant la capacité d'analyser les faits de cet homme, ma lutte interne s'avérait difficile. Tout en émettant des réserves concernant mon retour à Riverside, j'ai fini par secouer ma tête en signe de soumission pendant que mon ami s'obstinait à me poser des questions sur mon état spirituel. Ayant trouvé qu'il était dur de contenir mon enthousiasme, j'ai perçu un sens du sérieux dans le visage du prêtre. Ma vision s'est soudainement obscurcie. Me sentant assez gêné, j'ai planifié de retourner à Riverside en Californie. Ma revendication spirituelle n'avait pas l'air d'être importante pour le prêtre. Au bout de plusieurs heures à interroger le prêtre, je me suis rendu compte que mon évaluation a été totalement rejetée. Alors que je me préparais à vivre avec ma destinée, je ressentais une contrainte d'une force supérieure. Du fond de moi-même, je savais que j'avais rejeté les conseils de l'homme.

Bien que les théologiens ne soient pas revenus au semestre d'automne, le prêtre ne pouvait pas me conduire au village voisinant de Perth à cause de ses responsabilités au séminaire. Je lui ai dit que j'allais descendre à la route afin de me faire conduire à Perth qui n'était qu'à une courte distance. Là, je prendrais un bus pour Montréal, ensuite je prendrais l'avion vers Los Angeles en Californie. Je m'arrangerais ensuite pour me faire conduire par les séminaristes de Riverside.

Une fois arrivé à la route avec ma valise, la nuit était déjà tombée. Il y avait très peu de voitures sur la route ce soir-là. En attendant en vain qu'on m'amène à Perth, je me suis souvenu avoir entendu quelqu'un parler d'une place appelée Plaster Rock, à quelques kilomètres plus loin, mais dans la direction opposée. Je n'avais jamais été à Plaster Rock, mais savais que c'était un village de pâte à papier qui embauchait de nombreux ouvriers. Je redoutais le long et pénible trajet en bus vers Montréal, et j'ai décidé de me rendre d'abord à Plaster Rock. Bien que j'aie été très déterminé à retourner en Californie, j'ai planifié de trouver un emploi dans le village de pâte à papier et d'acheter un billet d'avion à partir de Presque Isle dans le Maine, vers Montréal, puis vers Los Angeles.

Pendant que je marchais vers l'autre côté de la route, ma quête de la volonté de Dieu a spontanément resurgi en moi. Alors que j'ai vu le village comme un endroit de travail, le Seigneur l'a vu comme un coin de refuge. Jésus allait préparer une place pour moi, une station pour sauver mon âme. Je l'ignorais, mais un phare faisait signe à mon âme fatiguée qui avait été ballottée sur la mer religieuse et impitoyable de la vie.

Presque immédiatement, des phares d'une voiture ont percé l'obscurité tranquille. La voiture s'est arrêtée à côté de moi. J'ai ouvert la porte et le conducteur m'a demandé ma destination. Je lui ai vite dit Plaster Rock. Il m'a dit de monter, comme s'il savait exactement où j'allais. Assis silencieusement pendant le trajet, je n'ai pas arrêté de penser que je connaissais cet homme, je connaissais son visage. J'ai réfléchi et me suis dit que je l'ai déjà vu quelque part. C'était un samedi soir.

Ce n'était qu'après que Dieu m'ait rempli du Saint-Esprit le jour suivant que j'ai pris merveilleusement conscience de ce fait. L'homme conduisant la voiture n'était pas du tout un homme, mais plutôt, l'hôte angélique avec lequel j'avais parlé au-dessus du monastère Oka au Québec dans mon expérience en dehors du corps. Les anges sont très réels. Comme Dieu avait le pouvoir de s'incarner, les anges saints du Seigneur peuvent se transformer sur-le-champ en ce qui semble être un état mortel, puis se retransformer immédiatement à l'immortalité.

Quand nous sommes arrivés à Plaster Rock, qui était à seulement quelques kilomètres, le conducteur de la voiture m'a déposé au centre du village. Même s'il n'y a pas eu de dialogue entre nous, du séminaire à Plaster Rock, j'ai ressenti une paix distincte venant du Monsieur. J'avais aussi l'impression qu'il savait qui j'étais, avec son sourire insistant que tout irait bien.

Il y avait eu un petit groupe de jeunes où nous nous sommes arrêtés. Je leur ai demandé s'il y avait un motel pas cher pour passer la nuit. Finalement, l'un des jeunes hommes a pris la parole, m'informant que toutes les chambres des deux motels n'étaient pas disponibles à cause d'une convention de pâte à papier. Il a ajouté que son père avait une vieille cabane en bois à environ moins d'un kilomètre de là, dans la forêt. Il a insisté que je pouvais loger là aussi longtemps que je voulais. L'invitation m'a paru bonne. J'avais besoin d'une place tranquille pour mettre en ordre mes priorités. Tandis que certains adolescents, n'ayant pas pris leur ami au sérieux, ont douté de l'existence de la cabane, j'ai accepté de le suivre.

Il m'a conduit à travers les bois sur un petit sentier qui a finalement abouti à la cabane. Le jeune homme a dit bonsoir et est parti nonchalamment dans la direction opposée. Debout seul sur les marches de mon logis humble, je l'ai regardé disparaître dans la nuit.

Pendant un moment, en entrant dans la cabane, j'ai fixé dans le vide vers les murs. Mon hébergement était dépourvu du bon confort de la vie. Pour accorder du mérite à la cabane, l'environnement était primitif. Il n'y avait aucun signe de technologie moderne. On aurait dit que j'étais en train de prendre de l'élan comme un train fou sur des rails à flanc de montagne destiné à se détruire, et me demandant ce que je faisais dans cette situation désespérément inadéquate.

La cabane était remplie de cannettes de bière vides, vestiges des fêtes de motoneige d'antan. Il n'y avait pas d'électricité, pas de nourriture et pas de chauffage. Il y avait un lit avec seulement le ressort, dévoilant le sol.

Mon environnement n'avait cependant presque pas de conséquence. Je n'étais pas fatigué, je n'avais pas faim ni froid. J'avais besoin de quelques réponses concernant mon ministère. En baissant ma tête pour prier, le bruit du vent qui s'abattait contre la fenêtre m'a indiqué que l'hiver rigoureux n'allait pas tarder.

Vers deux heures du matin, après avoir prié pendant des heures à la Vierge Marie et lu mon bréviaire à la lueur des bougies, j'ai été contraint de rester immobile, car je sentais l'essence même de la vie s'effondrer autour de moi.

Quand les apostoliques prient, nous devons comprendre que les prières répétitives ne sont pas honorées par Dieu. Le Seigneur demande que nos prières soient sincères et spontanées, voulant que nos cérémonies et rituels externes deviennent des expériences internes.

« En priant, ne multipliez pas de vaines paroles, comme les païens, qui s'imaginent qu'à force de paroles ils seront exaucés. »

Matthieu 6 : 7

Sachant que peu de convertis sont gagnés par des discussions théologiques ou doctrinales, il nous faut être ultra-sensibles à la direction de l'Esprit de Dieu. Lorsque le Saint-Esprit commence à diriger, les cœurs sincères vont réagir automatiquement ; et ces personnes finiront par chercher à avoir une relation plus étroite avec leur Créateur qui est le soutien de leurs vies. Le pouvoir de l'Esprit de Dieu est sans égal.

« … Ce n'est ni par la puissance ni par la force, mais c'est par mon Esprit, dit l'Éternel des armées. »

Zacharie 4 : 6

Le rêve

J'ai posé mon bréviaire sur la table de chevet modeste, à côté de mon chapelet. Sans honte ni regret, je me suis agenouillé près du vieux lit et j'ai pleuré comme un bébé. C'était ma prière désespérée : « S'il y a un Dieu dans les cieux, j'ai besoin de réponses dans ma vie. » Je me sentais autant usé que la structure délabrée semblait être. Mes yeux brûlaient d'épuisement.

Quelques minutes plus tard, avec une petite valise en guise d'oreiller, je me suis endormi sur le ressort rouillé. La lutte farouche intérieure faisait rage comme une faim spirituelle qui se préparait apparemment à lutter jusqu'à la mort. Le Saint-Esprit était en train d'intimider l'emprise de Satan sur mon âme captive.

Après m'être endormi, j'ai fait un rêve. Je me trouvais dans un lac durant une grosse tempête. Les montagnes autour du lac étaient hautes et les nuages qui traversaient le ciel étaient terriblement noirs. J'ai essayé de nager vers le rivage, mais en arrivant, des personnes qui étaient au bord de l'eau m'ont poussé dans le lac en plaisantant. La tempête est devenue plus violente et les vagues m'ont enfoncé sous les eaux, et me voilà coulant pour la dernière fois. Tout à coup, j'ai vu une main géante surgir au-dessus des montagnes. La main était celle d'un homme, tendue avec force. J'ai tout de suite pensé que la grande main allait descendre sur moi pour me noyer. Au contraire, en s'approchant la grande main est devenue la grandeur d'une main d'un homme normal. La main forte, mais tendre, m'a touché et m'a sauvé de la violente tempête. Dieu m'a fait voir ma faiblesse afin de révéler sa force. Jésus-Christ m'a montré personnellement dans ce rêve que c'était la main de Dieu, faite chair, pour sauver l'homme mortel de la mer de la vie qui n'accorde aucune pitié.

Le lendemain matin, le Seigneur me ferait personnellement voir son incarnation en plaçant mes péchés sous son sang. Le rêve était divin. Après avoir cherché toute ma vie, en moins de huit heures depuis mon rêve, je me serais retrouvé à genoux devant l'autel d'une église apostolique. À cet autel, je verrais l'œuvre du sang de Christ et la révélation de son incarnation.

« Elle [*la Parole : Jésus*] était dans le monde, et le monde a été fait par elle, et le monde ne l'a point connue. »

Jean 1 : 10

« Les vingt-quatre vieillards se prosternent devant celui qui est assis sur le trône, ils adorent celui qui vit aux siècles des siècles, et ils jettent leurs couronnes devant le trône, en disant : Tu es digne, notre Seigneur et notre Dieu, de recevoir la gloire, l'honneur et la puissance ; car tu as créé toutes choses, et c'est par ta volonté qu'elles existent et qu'elles ont été créées. »

Apocalypse 4 : 10-11

Relativement tôt le lendemain, j'ai mis mon chapelet dans ma poche. Muni de ma confiance inébranlable et de ma loyauté sans faille, je restais un catholique fervent. Quelque chose m'arrivait, mais j'étais déterminé de ne pas trahir ma foi. J'ai quitté la cabane et suis sorti de la forêt, tenant mon bréviaire. J'allais à la messe. C'était un beau dimanche matin avec les rayons du soleil scintillant contre les branches couvertes de neige. Avant de me rendre à l'église, j'ai marché sur le pont qui traversait la rivière Tobique. En cet instant, j'ai été surpris par une pensée qui essayait éperdument de pénétrer mon esprit. Et si je tombais dans l'eau, jusqu'où en aval on retrouverait mon corps ? La sinistre faucheuse essayait de me fixer du regard. L'air était rempli d'intimidation. Qu'est-ce que le Seigneur essayait de faire et qu'est-ce que Satan essayait de faire ? Fixant au hasard le flot rapide de l'eau, j'ai tenté de ceindre les reins de mon entendement curieux. J'ignorais le fait que j'étais sur le point de me jeter dans l'étreinte surprenante du Maître. En bas de la route, j'allais bientôt rencontrer le narcisse de Saron. Ce matin-là, j'allais connaître personnellement le lis des vallées.

Au moment où j'allais atteindre le pied de la colline qui menait à l'église Saint Thomas Aquinas, j'ai remarqué que la messe avait déjà commencé. Un grand nombre de voitures étaient garées autour de l'église. Je me suis arrêté, les yeux larmoyants. J'ai dit au Seigneur que j'étais si fatigué du rituel et de la formalité. J'étais fatigué d'entrer dans une boîte confessionnelle, de me faire pardonner de mes péchés par le prêtre, puis d'en sortir et recommencer les mêmes choses encore et encore. J'étais prêt pourtant d'aller à la confession ce matin-là et de recevoir une fois de plus une pénitence pour mes transgressions.

Église catholique Saint Thomas Aquinas
Plaster Rock

Le mot pénitence dérive du terme latin « *poena* », signifiant pénalité. La pénitence est une mesure disciplinaire adoptée par l'Église catholique contre les offenseurs. Initialement, le terme s'appliquait seulement aux coupables d'offenses flagrantes tels que le meurtre ou l'adultère.

La croyance que le prêtre a l'autorité de pardonner les péchés et de donner une pénitence crée un « apaisement de la conscience » immédiat. Toutefois, ce matin-là, j'ai appris que Jésus n'est pas venu dans ce monde pour apaiser la conscience des gens, mais au contraire, il est venu dans ce monde pour sauver notre âme immortelle du péché.

À ce moment-là, un bras immortel s'est enroulé autour de mon âme appauvrie qui refusait de lâcher. Une bataille farouche avait été engagée pour ma libération miraculeuse de la profonde captivité spirituelle. Debout en plein milieu du carrefour de cette petite ville, une faim écrasante de connaître Dieu a envahi mon âme. J'avais besoin d'un pouvoir de vaincre dans ma vie. Je cherchais quelque chose pour m'y m'accrocher, quelque chose de réel.

C'était à cet instant que j'ai entendu la même voix que j'avais entendue au séminaire en Californie. Cette fois, la voix a dit : « En bas de la route, il y a une église pentecôtiste. » Je me suis retourné pour voir la personne derrière moi, mais je n'ai vu personne. J'avais l'impression de me trouver dans une autre dimension alors que j'écoutais la voix. Elle était divine. Je me suis mis à pleurer devant le Seigneur et j'ai admis que je ne savais rien sur le pentecôtisme. J'étais surpris sans comprendre, mais persuadé qu'il valait la peine d'explorer. Ne voulant pas rendre un mauvais service à la Mère Église, et éprouvant cependant qu'il y avait quelque chose de plus, je me suis rendu au bout de la route.

Le Seigneur parle en fait aux pécheurs, et parfois il le fait à haute voix. L'Esprit du Seigneur attire ceux qui ont une faim et une soif des choses qui sont justes. Nous ne pouvons rien faire pour nous sauver sauf de rechercher sa sainteté. Personne ne m'a invité à venir dans une église pentecôtiste. Mon invitation à la demeure de Dieu a été lancée par le Seigneur lui-même et a été aussi personnelle que possible.

Rév. et Madame W. J. Rolston

Après avoir passé devant plusieurs églises de la ville, j'ai été un peu découragé de ne pas trouver un panneau indiquant Pentecôtiste. J'étais sur le point de retourner à la messe, lorsque j'ai vu une église à l'écart dans une sorte de vallée. J'ai regardé le panneau. On pouvait lire *Holiness Apostolic Pentecostal Church*. C'était l'église apostolique de Plaster Rock, fondée par Frère et Sœur W. J. Rolston. C'était bien elle ! Leur service avait déjà commencé. Je ne savais pas si je devais entrer ou faire demi-tour.

J'étais enthousiaste, parce que je savais que ce que j'avais déjà vécu était réel et que Dieu avait prévu ma présence ici. Malgré mon enthousiasme, j'étais en même temps très prudent. Le catholicisme moderne enseigne le « *Magisterium* » (l'autorité pédagogique) de l'Église catholique, à savoir que le pape et ses évêques, sont les seuls autorisés à interpréter correctement la « Parole de Dieu ». Mon esprit me posait cette question : « Qui interprète la Parole de Dieu à l'intérieur de cette église ? »

Les gens prennent beaucoup de décisions dans leurs vies. Joseph a choisi de pardonner ; Moïse a choisi de ne pas se faire appeler le fils de la fille de Pharaon ; Abraham a choisi d'obéir au Seigneur. Ce dimanche matin, j'ai choisi d'y entrer. L'espoir et de grandes attentes accéléraient en moi alors que j'approchais la porte de l'église. N'ayant jamais été dans une église pentecôtiste, je me suis fait tout petit dans un banc du fond. Je n'avais pas besoin d'un programme ou d'être diverti par un spectacle. J'avais besoin que Dieu me touche vraiment.

À Dieu ne plaise qu'un spectacle ou un programme prenne la place de sa puissance dans nos services. Je crains que nous soyons en train de devenir trop sociaux et divertissants. Beaucoup de fois, dans nos efforts d'entrer dans la présence de Dieu, nous cherchons à faire ce qui plaît à la chair et négligeons ce qui satisfait l'Esprit.

À peine entré, j'ai remarqué qu'il n'y avait pas de statue dans le sanctuaire. L'église catholique la plus moderne a au moins une statue de la Madone. La deuxième chose que j'ai remarqué était l'absence d'un autel sur la plateforme où le sacrement de l'Eucharistie pourrait être offert. J'enseignais que l'actuel corps sacrifié, le sang, l'âme et la divinité de Christ se trouvaient dans chaque hostie eucharistique.

Étant au courant des insécurités et de l'instabilité que la religion a à offrir, essayant de ne pas être mélodramatique, j'ai sincèrement regardé à travers cette unique fenêtre d'opportunité.

Il y a eu un moment de silence lorsqu'un homme s'est tenu triomphalement derrière le petit podium. Il portait une tenue de ville au lieu d'habits traditionnels portés par les prêtres catholiques durant la messe. J'ai écouté avec une patience haletante ce que l'homme allait dire. À mon étonnement, au lieu de parler, il a ouvert sa bouche et s'est mis à chanter des chansons de Sion. Les gens se sont levés et je suis resté assis. Ils ont commencé à chanter d'une manière que je n'ai jamais entendu un groupe quelconque chanter auparavant, même pas les moines d'Oka. Je les regardais frapper des mains d'un même élan, sans effort et avec grâce. J'ai vu des larmes couler sur les visages des rachetés. Ce qui m'a frappé le plus a été l'unité des gens dans leur adoration. Leur lien de louange a été plus remarquable que je n'aurais jamais pu l'imaginer.

La première chanson chantée par les saints de Dieu ce dimanche matin était « *Jesus is Coming Down the Road* » [Jésus descend la route]. Bien que je n'aie pas pu comprendre tout ce qui s'est passé autour de moi, les paroles de la chanson ointe m'ont envoyé un message très clair :

> Il sauvera et il guérira
>
> Crois simplement et il le fera
>
> Jésus descend la route.

Immédiatement, Jésus, par le message de cette chanson, a touché mon cœur. J'ai compris que le Seigneur ne m'a pas seulement donné la direction parfaite de l'endroit où il a voulu me faire aller, quand j'étais à l'extérieur de l'église Saint Thomas Aquinas, mais il m'a aussi accompagné personnellement sur la route. Je n'oublierai jamais cette chanson chantée par les rachetés du Seigneur dans le sanctuaire du Tout-Puissant ce jour merveilleux de ma vie. Quand je ne savais pas où j'allais ou ce que je cherchais vraiment, Dieu m'a conduit en personne à la porte d'entrée de sa demeure.

En regardant lentement tout autour, j'ai remarqué que les hommes étaient proprement rasés et avaient les cheveux courts. Mon esprit religieux m'a tout de suite transporté dans l'histoire, au IIe siècle. Après que les prêtres de l'église ont commencé à porter les cheveux longs, le pape Anicet (155-166 apr. J.-C.) a interdit aux ministres d'église de porter les cheveux longs selon le précepte de l'apôtre Paul.

« La nature elle-même ne vous enseigne-t-elle pas que c'est une honte pour l'homme de porter de longs cheveux »

I Corinthiens 11 : 14

L'enthousiasme causé par le fait de connaître véritablement Dieu a englouti mon âme alors que je me tenais debout, pressé d'essayer d'interpréter avec sensibilité et précision l'Esprit attirant que je ressentais. Pour la première fois dans ma vie, j'avais le privilège de ressentir avec les gens de Dieu la gloire *Shekinah* du Seigneur. Debout dans la présence de Dieu, j'étais dans l'émerveillement de son Esprit. Je savais que j'avais été protégé par la source de toute vie. Dieu ne fait rien qui soit l'opposé de sa nature et il est qualifié pour gouverner tout ce qu'il a créé et fait vivre. Le Seigneur sait tout. Il connaît nos pensées intérieures et nos actes extérieurs. Il sait quand nous avons faim et quand nous ne le sommes pas.

Je pense souvent à la chanson écrite par le ministre unicitaire G. T. Haywood (1880-1931), « *I See a Crimson Stream of Blood* » :

> Je vois un flot de sang cramoisi
>
> Il coule du Calvaire
>
> Ses vagues qui atteignent le trône de Dieu
>
> Sont en train de me balayer.

Je sentais que mes yeux étaient flous, puis remplis de larmes. J'ai été surpris par ma propre sensibilité juste au début de ma conversion. Je n'avais jamais été du genre à pleurer ou à faire voir mes émotions en public ; pourtant, ce jour-là, des larmes ont coulé librement pendant que je me tenais devant lui avec un sentiment d'insuffisance. Cette expérience a été certainement la plus sensationnelle de ma vie à mesure que j'observais la lumière confronter les profondeurs insondables des ténèbres.

Douglas G. Hanscomb
«Auctor unius, Dei, veri vivique, Jesus Christus»
(Défenseur du seul vrai Dieu vivant : Jésus-Christ)

J'avais faim et j'étais content d'être là ; je savais que mon ministère était sur le point de faire un demi-tour. J'étais très enthousiaste quand j'ai finalement compris la nature de l'homme de Galilée. J'ai observé les gens retourner spontanément à leurs bancs pour prier à genoux. Je suis passionné aujourd'hui et j'ai l'intention d'être passionné à la fin de ce pèlerinage terrestre. Si vous choisissez de ne pas être chrétien après que vous avez reçu la révélation de la vraie identité de Jésus, n'insultez pas votre propre intelligence en vous abaissant pour être un roi dans un château charnel de pierres quelconque.

J'avais l'impression de me retrouver seul et une fois de plus je ne savais pas quoi faire. L'homme, qui portait un complet, a quitté la chaire et s'est dirigé vers moi. Quand il a posé sa main sur mon épaule, des larmes ont littéralement jailli de mes yeux.

L'homme, ne me connaissant pas ni d'où je venais, a demandé : « Fils, veux-tu aller à l'autel ? » J'ai répondu : « Monsieur, je ne sais pas où se trouve l'autel, mais oui, je veux y aller. »

Tranquillement confiant, calmement et sans honte, j'ai marché à côté de l'homme vers le devant du sanctuaire. On m'a demandé de m'agenouiller par terre. Dès que mes genoux ont touché le sol, Dieu a enlevé le lourd fardeau des souffrances de mes épaules fatiguées. Ma familiarité avec la prêtrise m'avait permis de comprendre que je n'étais pas dans une boîte confessionnelle agenouillé devant un prêtre mortel, mais plutôt devant le Souverain sacrificateur, le Roi des rois, et le Seigneur de tous les seigneurs.

Lorsque le pontificat de Rome parle « *ex-cathedra* » (depuis le trône), on croit qu'il parle dans une langue infaillible. J'ai vite appris à cet autel pentecôtiste et suis persuadé maintenant qu'il n'y a qu'un seul qui soit infaillible. Ce n'est pas le pape sur son trône à Rome ni un monarque sur son trône à Londres. L'infaillible est le grand Dieu Jéhovah qui a osé devenir le sacrifice suprême. Il s'agit du Messie qui s'assied sur le trône dans les cieux. Il révèle bravement aux anges qu'il a créés seul les blessures qu'il a souffertes au Calvaire. Je le connais aujourd'hui comme l'Agneau de Dieu immolé dès la fondation du monde.

Jamais, dans mon imagination la plus folle, je n'aurais pensé qu'en ce jour-là, je me trouverais devant un autel de repentance à l'ancienne.

J'avais prévu d'aller à la confession ce dimanche matin à l'église catholique Saint Thomas Aquinas, et au lieu de cela, j'ai été présenté au Souverain sacrificateur.

J'ai été baptisé au nom de Jésus pour la rémission de mes péchés et j'ai reçu le baptême du Saint-Esprit avec l'évidence du parler en langues selon que l'Esprit de Dieu me donnait de m'exprimer. Il s'agit de la même expérience vécue par cent vingt personnes à Jérusalem, comme décrite dans le second chapitre du livre des Actes. Symboliquement, moi aussi, j'avais enfin fait mon voyage personnel de Rome à Jérusalem.

Comme mon rêve fait la veille avec le Seigneur s'est réalisé, je suis vite devenu une nouvelle créature en Jésus-Christ. J'ai immédiatement connu l'incarnation de Dieu. Le titre attaché à son nom éternel était « Père éternel » (Ésaïe 9 : 5). Jésus était le Père incarné.

« Car en lui habite corporellement toute la plénitude de la divinité. »
Colossiens 2 : 9

Sous l'égide du christianisme, nous avons reçu un choix très clair : nous pouvons interpréter la Bible, qui a été écrite par des hommes inspirés par le Saint-Esprit, avec ou sans ce même Esprit. L'éternité révélera que votre choix de suivre ceux qui sont inspirés ou de suivre les dirigeants non inspirés fera toute la différence dans votre marche quotidienne avec le Seigneur.

Je puise ma motivation de répandre la vérité apostolique des nombreuses années passées dans les ténèbres spirituelles sans le Saint-Esprit.

Après mon long parcours de recherche, j'ai reçu ce que le monde et la religion **créée par l'homme** ne pouvaient pas donner, et je sais aujourd'hui qu'ils ne peuvent pas le prendre. Qu'est-ce qui pourrait compenser les années vécues sans connaître le Seigneur dans le pouvoir du Saint-Esprit ? Rien, absolument rien. Les années vécues en dehors de sa volonté sont simplement des années gaspillées. Une heure dans la volonté parfaite de Dieu est bien plus importante par rapport à la longévité insensée de tout être mortel à vivre en dehors de sa volonté.

« J'ai vu tout ce qui se fait sous le soleil ; et voici, tout est vanité et poursuite du vent. »
Ecclésiastes 1 : 14

Chapitre quatre
La religion chrétienne contre le salut apostolique

Ceux parmi nous dans la foi apostolique, tout comme ceux le jour de la Pentecôte, n'adorent pas comme nous le faisons en raison d'être attachés aux traditions de l'église. Nous adorons de cette manière parce que nous avons été divinement délivrés de l'esclavage du péché.

Je n'avais jamais été une personne insatisfaite dans l'Église catholique. Je frappais simplement à la porte de la compréhension spirituelle et je crois que par le biais de l'intercession persistante des prières des saints de Dieu, il m'a ouvert cette porte. Je n'ai pas éprouvé la piqûre de l'excommunication par l'Église catholique comme certains l'ont éprouvé dans le passé. Je l'ai quitté de mon plein gré. Une personne ne peut pas rétrograder du christianisme avant de devenir chrétienne, et nul ne peut devenir chrétien avant d'obéir à la doctrine des apôtres. N'oubliez pas que l'obéissance vaut mieux que les sacrifices.

En matière d'obéissance à la sainteté biblique, les pasteurs peuvent apparemment dépenser une quantité énorme de temps et d'énergie. Si l'esprit du pasteur est fixé sur les murmures des gens désobéissants et insoumis, son devoir de paître les brebis et d'atteindre les perdus est gravement empêché. Ce n'est pas la volonté de Dieu que les pasteurs passent des années de leurs vies à essayer d'habiller les chèvres avec modestie. Au bout du compte, vous aurez toujours un champ de chèvres bien habillés. La sainteté doit arriver par la connaissance de Dieu et le désir de lui plaire, non pas de la connaissance des gens et de la volonté de leur plaire. Il faut que notre nature change. Ce changement ne sera possible qu'à travers une marche personnelle avec Jésus-Christ et l'acceptation de sa volonté dans la vie.

Dans le livre des Actes des apôtres, nous lisons dans le second chapitre qu'ils « persévéraient » dans l'enseignement des apôtres (la doctrine) et dans la communion fraternelle. Cela veut dire qu'ils ont agi selon l'instruction des apôtres.

Un jour, un prédicateur à Belfast en Irlande est allé au marché, a posé son pied sur une grosse pierre et a dit à la foule : « Repentez-vous, les gens, il y a une meilleure façon de vivre. »

Les gens au marché étaient stupéfaits. Ils ont écouté en silence. Au bout d'un moment, quelqu'un a rigolé. Lentement, les gens sont retournés à leurs achats.

Le prédicateur est revenu chaque semaine à la même place pour appeler les gens à se repentir. Sous peu, ils ont commencé à l'ignorer complètement.

Des années plus tard, un garçon s'est approché du prédicateur, tirant sur son manteau, a dit : « Pourquoi venez-vous ici toutes les semaines pour parler quand personne ne vous écoute ? » L'homme a répondu : « D'abord, je venais ici parce que je voulais que les gens changent, mais maintenant je viens pour que les gens ne me changent pas. »

Il est nécessaire que l'Église apostolique persévère, jour après jour, dans la doctrine des apôtres si nous voulons maintenir notre compréhension des voies de Dieu à propos de la sainteté. Dieu se fait connaître aux humains par révélation divine. Nous ne comprenons pas les choses de Dieu avec notre esprit seul. En fait, nous étions éloignés de Dieu et des ennemis dans notre esprit (Romains 8 : 7-8). Nous avons besoin d'un esprit renouvelé afin de comprendre les statuts les plus fondamentaux de Dieu et accomplir sa volonté parfaite pour notre vie. Ceci ne peut être réalisé que si nous choisissons, chaque jour, de ne pas nous conformer aux mœurs de ce monde actuel.

Dans le livre de Romains, l'apôtre Paul nous met en garde contre le danger de nous conformer à ce monde. Si nous voulons ne serait-ce que commencer à comprendre les voies de Dieu, il faut que nous changions notre façon de penser.

« Je vous exhorte donc, frères, par les compassions de Dieu, à offrir vos corps comme un sacrifice vivant, saint, agréable à Dieu, ce qui sera de votre part un culte raisonnable. Ne vous conformez pas au siècle présent, mais soyez transformés par le renouvellement de l'intelligence, afin que vous discerniez quelle est la volonté de Dieu, ce qui est bon, agréable et parfait. »

Romains 12 : 1-2

Le salut d'une personne ne commence pas avec nous ou ce dont nous sommes capables de faire. Seul Dieu sauve les perdus, et il faut lui donner la gloire du salut avec sincérité et sans condition. Un homme trompe-t-il Dieu ?

Il ne peut jamais s'agir de ce que j'ai fait. Il doit toujours s'agir de ce que Dieu a fait ! Le salut ne commence pas par un prédicateur apostolique, un saint de Dieu, une invitation à l'église, ou même une étude de la Sainte Bible. Le salut commence par un cœur affamé et la réaction du Seigneur envers la faim de la personne. La nouvelle naissance ne concerne pas ce que nous faisons, mais ce que Dieu fait à travers le sang mortel de l'Agneau.

Une faim incessante intérieure des rachetés du Seigneur est essentielle. Nous ne croyons pas en la doctrine de Jean Calvin — une fois sauvé, toujours sauvé. Par conséquent, plus on s'approche du monde, plus la faim intérieure diminue dans la vie et plus on devient sceptique du mouvement de Dieu dans les services à l'église. Ce n'est pas juste de s'attendre aux bénédictions à plein temps de Dieu en choisissant de jouer à mi-temps au christianisme.

Jésus-Christ est le « Père » créateur de l'Église qui porte son nom souverain. Tandis que la chute du christianisme religieux **fait par l'homme** est très proche, son Église ointe deviendra visible et sera rétablie à sa juste place avec les nuages de la pluie de l'arrière-saison se formant autour d'elle.

Les églises chrétiennes fabriquées portent les attributs des hommes mortels qui sont imparfaits dans tous les aspects de la nature faillible humaine. « L'Église apostolique pure » qui a été établie et mise en mouvement par le « Père » en 33 apr. J.-C., elle a les attributs du Père. C'est Dieu qui choisit de racheter les gens, et il place en eux son ADN. Cette Église ointe et sincère qui a duré deux millénaires est toujours une, toujours universelle, toujours sainte, et toujours très puissante !

Comme Dieu, son « Église apostolique pure » qui est passée par le feu détient toute la vérité et toute l'autorité. Les personnes remplies du Saint-Esprit qui ont pris son nom dans le baptême ne doivent pas céder ni se laisser intimider par les esprits incessants et décourageants du christianisme fabriqué par l'homme. L'Église apostolique ne peut pas fonctionner correctement sous une telle servitude.

Cette Église ancienne et monothéiste de Jésus-Christ a maintenant franchi le dernier seuil de l'existence humaine. Maintenant elle est dans une terre vierge qui ne connaît que les sons réverbérés des derniers jours du temps des mortels. La fin est proche !

Il y a littéralement des millions de gens sincères dans les traditions romaines et orthodoxes qui sont entièrement dévoués dans leur grande quête de connaître le Seigneur dans la puissance du Saint-Esprit.

Je sais d'où le Seigneur m'a fait venir et je n'ai aucun désir des rituels ou du culte formel. Ce n'est pas grâce aux vêpres, mais grâce aux louanges spontanées et à l'adoration dans « l'Esprit » et dans la « Vérité » que nous plaisons au Seigneur.

Oh ! La voix d'un seul cri à l'Église lavée de sang et sanctifiée peut être entendue quotidiennement résonner dans les collines de l'ancienne Judée. C'est le cri d'appel de notre premier amour.

J'ai découvert que la compréhension des choses spirituelles ne provient pas des études, des lectures ou des pensées à propos de Dieu. Elle ne provient pas non plus de la volonté et de l'exigence de le connaître, ni de l'ouverture des émotions pour le ressentir. On ne peut pas accéder à Dieu en suivant une formule ou un formulaire, en allant à une église ou vers un « homme saint ». Il n'y a pas d'intermédiaires ! Vous comprenez Dieu lorsqu'il se révèle à vous ! L'homme est composé d'un corps, d'une âme et d'un esprit. Seul l'esprit humain peut comprendre Dieu.

La volonté de Dieu est que les personnes portant le nom de Jésus recherchent dans leur propre esprit, explorant et exécutant leur potentiel inné, tout en s'identifiant avec le « soi » ainsi qu'avec le divin. Quand nous maîtrisons notre marche avec Dieu… il sera au contrôle de tout le reste.

« C'est l'Esprit qui vivifie ; la chair ne sert à rien. Les paroles que je vous ai dites sont Esprit et vie. »

Jean 6 : 63

« Dieu est Esprit, et il faut que ceux qui l'adorent l'adorent en esprit et en vérité. »

Jean 4 : 24

Je vais paraphraser : « L'essence de Dieu et l'Esprit, et ceux qui veulent communier avec lui doivent le faire avec leur esprit humain. » Voici l'essentiel de la vie chrétienne. Il ne s'agit pas des doctrines, des enseignements, d'agir d'une certaine façon, ou d'aller à l'église et à l'école du dimanche. Il s'agit d'avoir une relation avec Dieu ! Ce n'est pas question d'apprendre, d'étudier, de penser, ou de méditer. Il s'agit de toucher Dieu avec votre esprit humain.

Si un gant est fait à l'image d'une main, il ne sert à rien tant qu'il n'est pas rempli d'une main. Pareillement, l'homme est fait à l'image de Dieu (Genèse 1 : 26), mais l'homme n'a aucune raison d'être tant que « ce vide en forme de Dieu » — l'esprit humain — n'est pas rendu vivant et occupé par lui ! À cause du péché et de la chute de l'homme, la troisième partie de notre être, l'esprit humain, est morte.

Alors, que se passe-t-il quand nous sommes sauvés ? Notre esprit humain est vivifié et l'esprit humain est littéralement « né de nouveau », car l'Esprit de Dieu ranime l'esprit humain et y demeure. Quand cela est fait, nous avons la révélation divine à l'intérieur de nous. Soudain, notre condition humaine et ce que Dieu a fait dans l'homme-Dieu Jésus-Christ a du sens. Nous nous trouvons attirés à lui, reconnaissants et amoureux de lui. Il y a un changement, une étincelle de vie que chaque jeune chrétien connaît. Il ne s'agit pas d'une expérience intellectuelle, ni d'une expérience émotionnelle, mais d'une expérience spirituelle qui ne peut pas être expliquée rationnellement.

Avec la révélation de l'Esprit en nous, plus nous lisons la Bible, plus elle a du sens. Avant, quand nous la lisions, rien n'avait de sens. Maintenant, oui. Nous comprenons le plan et le dessein éternels de Dieu, comment dès le début de l'Ancien Testament, il avait un plan de ramener l'homme à la communion avec lui.

Prenez l'exemple du gant. À quoi sert-il, le remplir de sel ? Non, il est évident que le gant a son utilité et son sens quand une main humaine l'enfile. Aucun autre animal n'a été fait à l'image de Dieu — seul l'homme ! Mais l'homme orgueilleux et arrogant essaie de remplir ce « vide en forme de Dieu » de tout sauf de Dieu — la connaissance, les possessions, le plaisir, etc. Nous essayons de créer Dieu à l'image de l'homme. Nous sentons qu'il y a peut-être un « Être suprême » là-haut, et faisons donc de Dieu ce que nous pensons qu'il devrait être. L'homme vénère le soleil, la lune, les éléments, les enseignements et les doctrines. J'ai constaté que si nous n'acceptons pas le plan de Dieu et ne lui permettons pas d'animer notre esprit humain, nous n'avons que notre imagination vaine et peut-être la religion, mais pas la vraie révélation.

La Bible dit : « ceux qui me cherchent me trouvent » (Proverbes 8 : 17). Si vous le cherchez, vous le trouverez sûrement. Personne ne peut le faire pour vous. Ce n'est pas question d'adhérer à une église, ou de croire en une série d'enseignements, ou de changer votre comportement. Il s'agit d'ouvrir votre cœur, de lui demander de se révéler à vous, de l'accepter sans réserve ainsi que son plan pour votre vie, et de vous donner complètement à lui. Si vous voulez savoir ce que la Bible signifie et connaître son auteur, il faut que votre esprit humain soit animé en étant « né de nouveau ». Puis, vous aurez la révélation intérieure et vous aurez une relation avec Dieu lui-même ! Le christianisme est question de « relation », non pas de « religion ». La religion, c'est faire simplement des choses, essayer d'être bon, et vivre à la hauteur d'une norme. Le christianisme, c'est avoir une relation avec Dieu et le laisser vous changer jour après jour. La religion vous mettra à l'aise. Le salut à travers le sang de Jésus libérera votre esprit captif.

Cela ne veut pas dire que l'homme n'a pas réduit le christianisme à une religion morte. Franchement, le système du clergé/laïcité, les bâtiments d'église majestueux avec leurs croix et leurs vitraux, les grandes chorales et les groupes d'adoration, « l'ordre du culte », n'ont presque rien à voir avec la vraie église. Pouvez-vous imaginer la première Église avec un bulletin imprimé, leur disant ce qu'ils devaient faire et quand le faire ? Où est la direction du Saint-Esprit dans tout cela ? Pouvons-nous anticiper son action la semaine précédente, lorsque le bulletin est imprimé et les chants et prières sont sélectionnés ? Non, ce n'est que de la religion, non pas le christianisme véritable !

Le christianisme religieux **fait par l'homme** marche très bien pour ceux qui veulent faire mieux, mais ne veulent pas changer. Le salut marche très bien pour ceux qui veulent faire mieux et sont disposés à changer intérieurement et extérieurement.

J'ai constaté que dans le christianisme, ce n'est pas toujours ce sur quoi on est d'accord ou pas d'accord, mais ce que l'on est disposé à faire ou à ne pas faire. Pour exceller dans les affaires de Dieu, ce que nous devrions tous vouloir faire, une personne doit reconnaître elle-même sa propre identité spirituelle, avec humilité, honnêteté et sincérité. C'est comme demander : « Est-ce que le vrai moi se lèvera ? » En réalité, on porte un costume pour faire semblant d'être une certaine personne. Quand quelqu'un met un vrai uniforme, ce dernier devient son identité !

Pour le salut, le fait d'abandonner les voies du monde n'est pas facultatif. Personnellement, je pense que la bonne question est très simple : Voulons-nous le vieil homme ou voulons-nous la nouvelle naissance ?

La première Église comprenait des hommes et des femmes ordinaires qui étaient tellement enthousiasmés par la nouvelle vie interne qu'ils avaient découverte, et entièrement prêts à tout laisser tomber, y compris leurs vies, pour l'amour de leur Sauveur. Aujourd'hui, le problème avec la religion chrétienne est qu'elle ne fait que suivre un rite. Les chants de la congrégation et la prière pastorale sont à peine spontanés et ne correspondent pas à l'œuvre du Saint-Esprit dans son corps. Le prêtre ou le pasteur se lève pour prêcher et enseigner, et la personne moyenne se contente de s'asseoir respectueusement et écoute les mêmes choses semaine après semaine, mois après mois et année après année, restant indifférente et inchangée. Si tous les ministres étaient remplis du Saint-Esprit comme ils l'étaient au début de l'Église, ils transmettraient la vérité apostolique aux laïcs. Aucun ministre ne peut être le bon juge de la Parole de Dieu avant d'être revêtu du même Saint-Esprit comme les hommes d'antan qui ont écrit la Parole de Dieu.

Une fois que l'on connaît Dieu, tout viendra automatiquement. Quand nous entendons un message biblique, nous lui obéissons automatiquement parce que nous sommes amoureux du Seigneur. Nous serons obéissants à la Parole de Dieu et à ceux que Dieu a placés en autorité sur nous, parce que nous voulons un jour que le ciel soit notre demeure. Depuis que le Seigneur m'a rempli du Saint-Esprit, ma vie n'a plus jamais été la même. Quand je me tourne à droite, je sens les bénédictions du Seigneur, et quand je me tourne à gauche, il est aussi près que la mention de son nom. Quand je me tiens dans le sanctuaire, je ressens maintenant ce que les rachetés éprouvent. Je peux m'identifier à la puissance qui se trouve dans son nom, et je sais qui il est réellement. J'ai cherché toute ma vie pour ce que je possède maintenant et tiens comme une perle de grand prix. Je n'ai plus besoin de chercher plus loin. Je ne vise pas le confessionnalisme qui n'a jamais été dans l'esprit de Dieu. Je ne me tourne pas non plus vers les différentes religions du monde qui vénèrent les dieux qui ne peuvent pas entendre ni exaucer les prières.

Devant un autel apostolique à l'ancienne, j'ai reçu tout ce qu'il me fallait pour être heureux. Je suis convaincu que si je n'arrive pas à trouver le bonheur avec le seul vrai Dieu vivant qui a créé l'univers d'un geste de la main, alors pour moi le bonheur est inaccessible. La puissance de Dieu qui bouillonne comme une oasis intérieure suffit pour me soutenir dans cette vie et m'amener au ciel quand tout est fini. Tandis que je regrette d'avoir une seule vie à offrir au Seigneur, je me demande souvent où je serais aujourd'hui si je n'avais pas rencontré le narcisse de Saron un dimanche matin spécial.

Mon nouveau pasteur, le Rév. James D. McKillop, était un prince d'homme, qui a beaucoup peiné pour m'expliquer les détails de la foi pentecôtiste. Pendant que je vivais avec mon pasteur et son épouse Joyce, j'ai appris l'importance d'aimer la « maison du Seigneur ».

J'ai effectivement appris à aimer la maison de Dieu. C'est là que j'entends les instructions concernant ma marche avec Dieu. J'ai le droit de sentir sa présence dans une grande mesure, et dans la demeure du Seigneur je peux côtoyer des gens qui partagent une foi du même prix que la mienne. Je ne permettrai pas ni à moi-même ni à ma famille de rester dans la zone de confort de notre maison quand nous devons être dans sa maison. Les vrais apostoliques ne cherchent pas d'excuse pour rester chez eux comme les pécheurs et les chrétiens occasionnels le font ; ils acceptent leur devoir de ponctualité en tant que purs soldats de la croix.

Pasteur James D. McKillop

«Car les enfants d'Israël et les fils de Lévi apporteront dans ces chambres les offrandes de blé, de moût et d'huile; là sont les ustensiles du sanctuaire, et se tiennent les sacrificateurs qui font le service, les portiers et les chantres. C'est ainsi que nous résolûmes de ne pas abandonner la maison de notre Dieu.»

Néhémie 10 : 39

«Veillons les uns sur les autres, pour nous exciter à l'amour et aux bonnes œuvres. N'abandonnons pas notre assemblée, comme c'est la coutume de quelques-uns; mais exhortons-nous réciproquement, et cela d'autant plus que vous voyez s'approcher le jour.»

Hébreux 10 : 24-25

«Je fis des réprimandes aux magistrats, et je dis : Pourquoi la maison de Dieu a-t-elle été abandonnée...»

Néhémie 13 : 11

Ésaü, ayant mangé le potage de Jacob, a compris à contrecœur que lorsqu'on nourrit la chair, on perd le droit d'aînesse. Mon pasteur a souligné que la sainteté intérieure et extérieure n'était pas facultative dans la foi apostolique.

«Recherchez la paix avec tous, et la sanctification, sans laquelle personne ne verra le Seigneur.»

Hébreux 12 : 14

Dieu lui-même est appelé saint, parce qu'il est complètement séparé, unique, et sans égal dans toute sa création. Rien ne peut être comparé à lui parce qu'il est hors pair; il est le Créateur de l'univers et de toute existence. Il est donc différent de tout ce qui existe. C'est dans cette lumière que les rachetés de la terre sont séparés dans leur marche parmi les hommes et dans leur adoration de Dieu.

«Confessez maintenant votre faute à l'Éternel, le Dieu de vos pères, et faites sa volonté! Séparez-vous des peuples du pays et des femmes étrangères.»

Esdras 10 : 11

En 1961, le président John F. Kennedy des États-Unis, étant lui-même catholique, a demandé au cardinal de New York son opinion sur le président de Cuba. Était-ce vraiment le communisme ?

Le cardinal a répondu à la question de cette manière : « Quand je vois un oiseau qui ressemble à un canard, marche comme un canard, et cancane comme un canard, je suis sûr que c'est un canard. »

« Car la grâce de Dieu, source de salut pour tous les hommes, a été manifestée. Elle nous enseigne à renoncer à l'impiété et aux convoitises mondaines, et à vivre dans le siècle présent selon la sagesse, la justice et la piété, en attendant la bienheureuse espérance, et la manifestation de la gloire de notre grand Dieu et Sauveur Jésus-Christ. Il s'est donné lui-même pour nous, afin de nous racheter de toute iniquité, et de se faire un peuple qui lui appartienne, purifié par lui et zélé pour les bonnes œuvres. »

Tite 2 : 11-14

Les modes et les tendances vont et viennent dans le monde dans lequel nous vivons aujourd'hui, mais avec Dieu, la sainteté est toujours à la mode. Le pasteur McKillop a insisté qu'un esprit humble doit accompagner les normes de sainteté dans la vie. Il est possible de s'habiller modestement de la tête aux pieds, et de souffrir à la fois d'un esprit corrompu pharisaïque à l'intérieur.

Mon pasteur a aussi enseigné qu'il n'y a pas de « grands hommes de Dieu », mais seulement des serviteurs humbles qui réalisent de grandes choses pour leur Dieu. Tout en accordant du mérite là où il est dû, à Dieu ne plaise que je passe mes derniers jours sur terre, au cas où il s'attarde, à me vanter de mes accomplissements dans son Royaume. Je suis absolument apostolique par la grâce de Dieu. Le jour du jugement, notre héritage n'aura du mérite qu'à travers les yeux de Dieu.

« Afin de la sanctifier en la purifiant et en la lavant par l'eau de la parole, pour faire paraître devant lui cette Église glorieuse, sans tache, ni ride, ni rien de semblable, mais sainte et irréprochable. »

Éphésiens 5 : 26-27

À ce point, ma vie n'a été qu'une question d'étude, et mon étude de la Parole de Dieu était loin d'être terminée. Je voudrais partager quelques enseignements de mon pasteur.

Nous, pentecôtistes apostoliques, croyons que l'expérience du Saint-Esprit était la force motrice des apôtres durant la période de l'Église primitive. Il a été le carburant qui a fait fonctionner le zèle apostolique.

Dans le monde chrétien, le pentecôtisme est connu comme la troisième force du christianisme. Il est impossible d'adhérer à la foi pentecôtiste comme le prescrit les églises protestantes, catholiques ou orthodoxes. Une personne n'adhère pas à l'Église ; elle naît plutôt dans l'Église, notamment d'eau et d'Esprit.

Quiconque décide de s'identifier avec l'Église du premier siècle, qui a été établie par notre Seigneur lui-même, doit être préparée à s'identifier avec les mêmes enseignements de l'Église du premier siècle. L'Église apostolique ne change pas. Selon Actes 2 : 38, l'enseignement était et est encore la repentance, le baptême au nom du Seigneur Jésus-Christ pour le pardon des péchés, et le baptême du Saint-Esprit avec l'évidence du parler en langues.

Si une personne vit selon les enseignements des apôtres, elle sera automatiquement un disciple de l'Église qui appartient à Dieu, sachant que les voies de Dieu tiendront alors que celles des hommes continuent de chanceler.

Dans le cadre de l'Église apostolique, Dieu a plusieurs efforts organisés. Aucun d'eux n'a reçu la permission ou l'autorité de revendiquer un monopole sur la vérité de sa Parole. Même pas ceux qui revendiquent l'indépendance des organisations variées, qui sont elles-mêmes organisées dans leur propre réseau.

Il est impératif que les croyants nés de nouveau comprennent que le Seigneur n'a qu'une Église qui s'engage avec ferveur dans ce monde de plus en plus sombre pour atteindre des âmes éternelles, leur épargnant les tourments d'un enfer réel et vivant.

« Et moi, je te dis que tu es Pierre, et que sur ce roc je bâtirai mon Eglise, et que les portes du séjour des morts ne prévaudront point contre elle. »

Matthieu 16 : 18

Il est de même impératif que ceux qui connaissent Dieu dans la puissance de sa résurrection comprennent que les organisations au sein du mouvement apostolique sont des wagons de moyens, et non pas le fruit qu'ils portent. Bien que nous ayons un profond respect pour le rôle du wagon, nous ne mangeons pas ce dernier. Quand une âme tachée par le péché tend la main à la pureté et à la justice, elle mange le fruit que les wagons transportent.

La division est compréhensible dans ce monde de confessionnalisme avec ses doctrines **faites par les hommes**, mais c'est un péché flagrant devant Dieu de diviser son peuple qui partage une foi du même prix. D'une façon ou d'une autre, j'entends le cri de l'homme de Galilée tandis que sa voix résonne à travers les collines de l'ancienne Judée.

« Et je me sanctifie moi-même pour eux, afin qu'eux aussi soient sanctifiés par la vérité. Ce n'est pas pour eux seulement que je prie, mais encore pour ceux qui croiront en moi par leur parole, afin que tous soient un, comme toi, Père, tu es en moi, et comme je suis en toi, afin qu'eux aussi soient un en nous, pour que le monde croie que tu m'as envoyé. »

Jean 17 : 19-21

« Si un royaume est divisé contre lui-même, ce royaume ne peut subsister ; et si une maison est divisée contre elle-même, cette maison ne peut subsister. »

Marc 3 : 24-25

Dieu peut-il unir ses rachetés de la terre sous un seul toit, comme le jour de la Pentecôte, pour l'adorer ensemble d'un seul esprit et d'un commun accord ? La réponse se trouve dans II Chroniques.

« Si mon peuple sur qui est invoqué mon nom s'humilie, prie, et cherche ma face, et s'il se détourne de ses mauvaises voies, je l'exaucerai des cieux, je lui pardonnerai son péché, et je guérirai son pays. »

II Chroniques 7 : 14

Nous sommes reconnaissants dans notre monde moderne pour les organisations, actuelles et passées, qui ont préservé les feux du monothéisme depuis la naissance de l'Église apostolique. Pourtant, nous devons partager honnêtement la connaissance commune que les organisations, peu importe leurs tailles, apportent la vérité de l'identité de Jésus à une génération perdue et mourante. Chers ministres, nous essayons de toute notre force de le faire pour sa gloire. Il nous faut nous arrêter et prier, le laisser faire pour sa gloire. Tandis que l'humanité éprouve le besoin d'être au contrôle, Dieu dans son état immortel ressent le besoin de libérer. Le vieux bateau de Sion ne nous appartient pas, car le nom au-dessus de tous les noms est inscrit dans sa proue, et à sa barre, c'est le même feu du Saint-Esprit qui le guide depuis plus de deux mille ans.

Au sein de certains domaines ministériels, le besoin de dominer une personne remplie du Saint-Esprit est effectivement une maladie spirituelle qui appelle depuis les coins de plus en plus sombres, prenant des démarches tangibles pour éliminer l'évidence. Quand le Seigneur lui-même est éliminé de l'équation et on ne tient pas compte des effets durables et de grande portée de la parole qu'on prononce, tout en ignorant la possibilité de la redevabilité éternelle, les vues spirituelles sont éclipsées par le scandale et seront en effet déformées. Oh, considérons les âmes éternelles des gens sincères, qui se tournent vers nous en toute confiance, à la recherche d'une direction éternelle.

Il y a ces rachetés du Seigneur qui tombent dans la servitude spirituelle sous des pasteurs qui nourrissent et adoptent des motivations qui sont contraires à la Parole et au dessein de Dieu. Si le mouvement apostolique avait été nourri avec autant de soin au cours des siècles, alors qu'il était né dans la douleur, l'unité n'aurait jamais été un problème parmi les rachetés du Seigneur.

Sachant d'où Dieu m'a fait sortir et sachant comment ma vie a été enrichie par la présence du Saint-Esprit, ce problème de division me fait pleurer. C'est l'affaire de Dieu d'unifier. C'est l'affaire de Satan de diviser.

Les gens qui portent le nom de Jésus ont la possibilité de s'élever au-dessus de leur existence physique transitoire. La volonté de Dieu ne nous amènera jamais aux endroits où la grâce de Dieu ne peut pas nous garder.

Dieu veut que son Église monothéiste ait une seule vision. La fraternité apostolique est pure et doit demeurer sans tâche. Si en fait nous adoptons l'unité du cœur et l'unité de vision dans la promotion de la foi pure des apôtres de Christ, alors l'esprit de compétition ne trouvera pas de demeure parmi nous. Nous ne serons pas soucieux de prêcher, nous serons soucieux de nous humilier devant lui.

L'image globale est simple et assez transparente. Dieu a une forte aversion pour l'hypocrisie. Au nom de l'honnêteté, devriez-vous m'appeler votre frère dans le Seigneur si, de manière réaliste, vous ne me voyez pas comme votre frère dans le Seigneur ? Si en fait, vous me voyez comme votre frère apostolique dans le Seigneur, alors ne devrions-nous pas partager avec enthousiasme le même pupitre unicitaire ? La ségrégation parmi les vrais ministres apostoliques n'a jamais été et ne sera jamais dans l'esprit de Dieu pour son Église victorieuse. Il ne peut pas s'agir de moi et de ce que je veux ; il faut que ce soit à propos de lui et de ce qu'il veut. Je comprends fort bien d'où le Seigneur m'a fait venir. Nous sommes un peuple apostolique unicitaire qui a été greffé à l'Église par une intervention divine.

Je ne crois plus en l'infaillibilité du pape de Rome, ni à cet égard en l'infaillibilité de n'importe quel être humain Inquisition. Ne devrais-je pas donc me tourner vers la perfection de Dieu qui offre la vraie sainteté, au lieu de regarder les serviteurs mortels qui, comme nous tous, luttent avec l'imperfection ?

« Nous sommes tous comme des impurs, et toute notre justice est comme un vêtement souillé ; nous sommes tous flétris comme une feuille, et nos crimes nous emportent comme le vent. »

Ésaïe 64 : 5

Nous comprenons en même temps que la Parole de Dieu ne se contredit jamais. Par conséquent, la fraternité apostolique ne doit jamais être au détriment de l'Évangile. « Ainsi parle l'Éternel » est toujours la base de notre foi qui est enseignée, crue et renforcée au sein de l'Église sincère du Seigneur. Nous, pasteurs, ne pouvons absolument pas décréter un changement du cœur. Toutefois, dans l'amour et la patience et à travers les prières d'intercession, nous pouvons promouvoir une marche biblique avec Dieu qui encouragera la vraie sainteté. Sous la supervision du berger d'une église, l'Esprit de Dieu nous conduira avec la compréhension divine de sa Parole, et convaincra les cœurs affamés de la vérité dans leurs efforts d'atteindre la perfection en lui.

Si mes frères vivent selon les normes fondamentales de la sainteté établies dans la Parole de Dieu, il ne faut pas que je me sépare d'eux simplement parce que moi ou l'assemblée de mon église locale avons choisi une norme plus élevée de sainteté extérieure à respecter. Nous ne devons pas nous tromper en croyant aux mensonges. Je peux voir une distinction subtile entre la sainteté véritable et l'attitude moralisatrice. Sans adopter une attitude de supériorité, en tant qu'hommes et femmes de Dieu, tenons-nous fermes dans nos convictions spirituelles. Tandis que nous recherchons nous-mêmes la perfection, soyons des exemples craignant Dieu à ceux qui aiment aussi ce chemin apostolique.

CHAPITRE CINQ

Mes clés en or

Personnellement, je me sens à la fois honoré et humble d'écrire une portion de ce chapitre alors que je me trouve dans la mer Égée, sur l'île de Patmos.

C'était sur cette île que Jean, pendant qu'il était en exil, a reçu la révélation divine qu'il a décrite plus tard dans le livre de l'Apocalypse telle qu'elle est enregistrée dans la Parole sainte de Dieu. À cette époque, Patmos était l'Alcatraz de la Méditerranée.

Les clés que Jésus a données à Pierre n'étaient pas des clés au sens propre, mais elles représentaient plutôt le plan du salut pour tous ceux qui croiraient. Le livre de Matthieu rapporte la transaction entre Jésus et son apôtre oint Pierre.

« Et moi, je te dis que tu es Pierre, et que sur ce roc je bâtirai mon Église, et que les portes du séjour des morts ne prévaudront point contre elle. Je te donnerai les clés du royaume des cieux : ce que tu lieras Inquisition sera lié dans les cieux, et ce que tu délieras Inquisition sera délié dans les cieux. »

Matthieu 16 : 18-19

Lorsque Pierre prêchait à la foule à Jérusalem qui s'est rassemblée autour pour témoigner l'opération de l'Esprit de Dieu, les gens ont eu le cœur vivement touché. Ils ont réalisé qu'ils avaient saisi avec les mains méchantes le Fils de Dieu et l'avaient crucifié en spectacle. Ils ont alors demandé à Pierre ce qu'ils devaient faire pour être sauvés de leur transgression. En réalité, ils ont réclamé les clés du royaume de Dieu que Jésus lui avait données plus tôt. L'entrée dans ce Royaume signifie la délivrance de la puissance des ténèbres. Le Seigneur n'est pas venu pour nous sauver dans nos péchés, mais au contraire, il est venu pour nous sauver de nos péchés.

Examinons pendant un moment les clés que Pierre a révélées, comme elles m'ont été transmises. Mon pasteur a enseigné l'importance de comprendre Actes 2 : 38-39.

Clé n° 1 – La repentance

Le livre des Actes nous dit que la repentance n'est pas une alternative, mais un commandement. Afin de recevoir le pardon des péchés passés, il faut se repentir sérieusement aujourd'hui.

« Dieu, sans tenir compte des temps d'ignorance, annonce maintenant à tous les hommes, en tous lieux, qu'ils ont à se repentir »

Actes 17 : 30

Quand on se repent vraiment des péchés commis, il y aura un changement évident dans le style de vie. Ces personnes ne parleront plus de la même façon. Et elles ne fréquenteront plus les mêmes endroits, comme quand elles faisaient partie du monde. La personne née de nouveau devient une nouvelle créature en Jésus-Christ.

Quand nous nous repentons de nos transgressions, nous devons nous repentir avec sincérité! Être libéré du péché ne signifie pas simplement l'absence de la tyrannie et de l'oppression. Elle n'est pas non plus un permis de faire tout ce qui nous plaît. La liberté a une logique interne qui la différencie et qui l'habilite. Elle est ordonnée par la vérité, et est accomplie dans la quête d'une personne de connaître la vérité et d'aimer la vérité.

« Si quelqu'un est en Christ, il est une nouvelle création. Les choses anciennes sont passées ; voici, toutes choses sont devenues nouvelles. »

II Corinthiens 5 : 17

Clé n° 2 – Le baptême

Jésus le Messie, étant notre parfait exemple, a été baptisé dans le Jourdain par son cousin Jean-Baptiste. Il n'a pas été aspergé ou a eu de l'eau versé sur lui comme Léonardo da Vinci le suggère dans sa peinture « Le baptême de Christ ». Cet artiste des années 1400 connu pour son chef-d'œuvre « Mona Lisa », a été évidemment influencé par les traditions vaines des humains et non pas par la Parole sainte de

Dieu. Matthieu 3 : 16 rapporte l'évènement du baptême de Christ, par immersion dans le Jourdain.

« Dès que Jésus eut été baptisé, il sortit de l'eau… »

Mon pasteur m'a dit que le baptême était essentiel au salut de mon âme. Si nous choisissons d'obéir à la Bible, nous saurons que le baptême est en fait essentiel à notre salut. Le baptême tel qu'il est décrit dans le livre de Marc est strictement l'obéissance au commandement inconditionnel de Dieu.

« Celui qui croira et qui sera baptisé sera sauvé, mais celui qui ne croira pas sera condamné. »

Marc 16 : 16

Au premier siècle, le baptême était si important et sa façon était si particulière que beaucoup ont été rebaptisés au nom du Seigneur Jésus-Christ.

« Pendant qu'Apollos était à Corinthe, Paul, après avoir parcouru les hautes provinces de l'Asie, arriva à Éphèse. Ayant rencontré quelques disciples, il leur dit : Avez-vous reçu le Saint-Esprit, quand vous avez cru ? Ils lui répondirent : Nous n'avons pas même entendu dire qu'il y ait un Saint-Esprit. Il dit : De quel baptême avez-vous donc été baptisés ? Et ils répondirent : Du baptême de Jean. Alors Paul dit : Jean a baptisé du baptême de repentance, disant au peuple de croire en celui qui venait après lui, c'est-à-dire, en Jésus. Sur ces paroles, ils furent baptisés au nom du Seigneur Jésus. Lorsque Paul leur eut imposé les mains, le Saint-Esprit vint sur eux, et ils parlaient en langues et prophétisaient. »

Actes 19 : 1-6

Autant que le baptême soit essentiel au salut du croyant, le mode de baptême l'est aussi à ceux étant baptisés. Il n'y a eu absolument personne dans le Nouveau Testament qui ait été baptisé aux titres Père, Fils et Saint-Esprit. Ils ont toujours été baptisés au nom de Jésus-Christ pour le pardon de leurs péchés.

Jésus était le nom du Père. Le Fils a hérité du nom du Père. C'est pourquoi Jésus a dit : « Je suis venu au nom de mon Père. » Hébreux

1 : 4 dit : « Il est devenu d'autant supérieur aux anges qu'il a hérité d'un nom plus excellent que le leur. »

Les instructions du Messie à ses apôtres dans Matthieu 28 : 19 ont été très claires. Les ministres de l'Église du premier siècle connaissaient le nom du Père, du Fils et du Saint-Esprit. Ils ont toujours baptisé au nom de Jésus-Christ.

Les titres ne sont pas des noms. Si j'allais à la banque pour retirer de l'argent de mon compte, la transaction devrait être faite correctement. Je ne pourrais pas signer le chèque avec le nom fils, père ou mari, bien que je sois les trois. Ils sont des titres. Ce que la banque exigerait est mon nom. Les apôtres n'ont jamais baptisé au nom des titres. Ils baptisaient tout le temps au nom de Jésus-Christ pour le pardon des péchés. Pour Moïse, Dieu était le grand Je Suis, et pour Jean de Patmos, il était connu comme l'Alpha et l'Oméga. Dieu a plusieurs titres, mais un seul nom qui sauve.

« Il n'y a de salut en aucun autre ; car il n'y a sous le ciel aucun autre nom qui ait été donné parmi les hommes, par lequel nous devions être sauvés. »

Actes 4 : 12

Certains titres donnés à Dieu dans l'histoire hébraïque sont les suivants :

1. *Jehovah-Jireh*, le Seigneur qui pourvoit à nos besoins
2. *Jehovah-Ropheka*, le Seigneur qui nous guérit
3. *Jehovah-Nissi*, le Seigneur notre bannière
4. *Jehovah-Mekkaddishkem*, le Seigneur qui sanctifie
5. *Jehovah-Shalom*, le Seigneur de la paix
6. *Jehovah-Zebaoth*, le Seigneur des armées
7. *Jehovah-Zidkena*, le Seigneur notre justice
8. *Jehovah-Shammah*, le Seigneur est là
9. *Jehovah-'Eylon*, le Seigneur Très-Haut
10. *Jehovah-Roi*, le Seigneur mon berger

Trois manifestations de Dieu sont spécifiquement mentionnées dans la Bible dans trois dispensations différentes du temps, mais un seul Dieu, une seule personne, et un seul nom qui sauve.

Un soir, ma femme et moi avons reçu un coup de fil de la prison des femmes à Nashville dans le Tennessee. Cinq détenues voulaient se faire baptiser au nom de Jésus-Christ pour le pardon de leurs péchés. Toutes les cinq ont été baptisées, et quatre sont sorties de l'eau parlant en langues selon que l'Esprit leur donnait de s'exprimer. Le fait d'être baptisé au nom de Jésus n'est pas qu'une position unicitaire. C'est la position de la Sainte Bible.

Clé n° 3 – Le Saint-Esprit

Selon la tradition du rite latin de l'Église catholique, le port des vêtements rouges le dimanche de la Pentecôte symbolise les langues de feu, représentant l'effusion du Saint-Esprit. Les prières de la neuvaine ont tiré leur nom des neuf « *novem* » jours de prière continue, d'un commun accord, des apôtres et des disciples du Seigneur.

Le Seigneur savait que si les rachetés allaient mener une vie victorieuse pour lui, ils auraient besoin d'un pouvoir plus puissant que celui dans le monde actuel. Le prophète Joël, fils de Pethuel, a prophétisé sur l'effusion.

« Après cela, je répandrai mon Esprit sur toute chair ; vos fils et vos filles prophétiseront, vos vieillards auront des songes, et vos jeunes gens des visions. »

Joël 2 : 28

Le livre de Zacharie nous parle également de la grande effusion de la puissance de Dieu.

« Alors je répandrai sur la maison de David et sur les habitants de Jérusalem, un esprit de grâce et de supplication, et ils tourneront les regards vers moi, celui qu'ils ont percé. Ils pleureront sur lui comme on pleure sur un fils unique, ils pleureront amèrement sur lui comme on pleure sur un premier-né. »

Zacharie 12 : 10

Est-ce que le Saint-Esprit est essentiel au salut ? Oui, le Saint-Esprit est en effet essentiel au salut. Ce commandement inconditionnel a été donné directement à un homme appelé Nicodème par le Seigneur lui-même.

« Mais il y eut un homme d'entre les pharisiens, nommé Nicodème, un chef des Juifs, qui vint, lui, auprès de Jésus, de nuit, et lui dit : Rabbi, nous savons que tu es un docteur venu de Dieu ; car personne ne peut faire ces miracles que tu fais, si Dieu n'est avec lui. Jésus lui répondit : En vérité, en vérité, je te le dis, si un homme ne naît de nouveau, il ne peut voir le royaume de Dieu. Nicodème lui dit : Comment un homme peut-il naître quand il est vieux ? Peut-il rentrer dans le sein de sa mère et naître ? Jésus répondit : En vérité, en vérité, je te le dis, si un homme ne naît d'eau et d'Esprit, il ne peut entrer dans le royaume de Dieu. »

Jean 3 : 1-5

D'après Actes 2 : 38, nous comprenons que les trois clés mentionnées sont essentielles au salut. Toutefois, il y a une autre clé vitale qui n'est pas mentionnée dans ce verset. Un fait connu par tout le monde, peut-être, mais essentiel cependant au salut, c'est d'avoir pris une décision ferme.

Sans avoir pris une décision ferme, nous pouvons nous égarer du chemin resserré.

« Vous couriez bien : qui vous a arrêtés pour vous empêcher d'obéir à la vérité ? »

Galates 5 : 7

Il est vrai qu'après la repentance, le baptême au nom de Jésus et le baptême du Saint-Esprit, nous sommes encore capables de perdre notre relation avec le Seigneur si nous n'avons pas pris une décision ferme. Mais, cher ami, si vous avez pris une décision ferme, l'enfer ne peut pas entraver votre marche avec Dieu.

« Schadrac, Méschac et Abed-Nego répliquèrent au roi Nebucadnetsar : Nous n'avons pas besoin de te répondre là-dessus. Voici, notre Dieu que nous servons peut nous délivrer de la fournaise ardente, et il nous délivrera de ta main, ô roi. Sinon, sache, ô roi, que nous ne servirons pas tes dieux, et que nous n'adorerons pas la statue d'or que tu as élevée. »

Daniel 3 : 16-18

Personne ne veut vivre dans une maison où il n'y a pas de communication. S'il n'y a pas d'amour, et en plus il y a un manque de respect, on risque de se sentir rejeté et délaissé. Et c'est pareil avec le Seigneur. Il aurait demeurer en plusieurs temples, mais il a choisi de demeurer dans le vôtre. Cela veut dire que si vous avez le Saint-Esprit, c'est parce que quelque part dans votre vie vous avez trouvé la faveur de Dieu. Nous sommes honorés de l'héberger dans notre maison d'argile. Protégeons notre honneur et notre héritage comme des bijoux de grand prix. S'il a choisi de demeurer en vous, il a aussi choisi de communiquer et d'avoir une relation personnelle avec vous, comme il l'avait fait avec Adam et Ève dans le jardin d'Éden. Le Saint-Esprit n'a pas pu être plus personnel avec vous. Il est impératif que, dans notre marche avec le Seigneur, nous acceptions notre responsabilité de rendre personnelle aussi cette relation avec lui.

Alors que j'emprunte le chemin des souvenirs dans les bibliothèques et les séminaires d'antan, je me suis rendu compte qu'il n'y a vraiment qu'un seul Berger dans le mouvement apostolique. Ce Berger a conduit et guidé son peuple à travers divers endroits pendant plus de deux mille ans. Tandis que nous honorons et respectons les pasteurs locaux, il est vital de reconnaître le pouvoir divin qui les motive.

Les pasteurs apostoliques ne se considèrent pas comme des êtres super spirituels et n'hésitent pas à dire qu'ils ne sont pas parfaits. Toutefois, les pasteurs apostoliques prennent absolument Jésus-Christ pour un Dieu super puissant qui peut accomplir n'importe quoi ! Sa puissance transcende toutes les limites mortelles.

Peu après que Dieu m'a rempli du Saint-Esprit, Pasteur McKillop m'a mis en garde contre deux choses en particulier. Tout d'abord, il m'a dit de ne jamais laisser mes larmes évidentes se tarir. Jusqu'à ce jour, mes larmes coulent toujours librement dans la présence du Seigneur. Deuxièmement, il m'a dit de ne jamais laisser personne prendre ma couronne. Depuis, j'ai souhaité des milliers de fois que mon pasteur ait été plus spécifique. En tant que nouveau converti dans l'église pentecôtiste, je pensais à une possible persécution par le monde ou peut-être par les églises protestantes qui accueillent le confessionnalisme, mais je n'aurais jamais imaginé que cela pouvait venir des gens qui partagent une foi du même prix que la mienne. On dirait que j'étais destiné à apprendre une dure réalité.

Les luttes de pouvoir dans le monde religieux, ainsi que dans le monde séculier avec la presse libre et la libre entreprise, sont compréhensibles. Pourtant, les luttes de pouvoir au sein de l'Église apostolique sont totalement inacceptables à Dieu. Nous les pentecôtistes avions besoin d'être conduits par le Saint-Esprit pour savoir qui nos ennemis étaient dans le passé, et nous devons continuer à être conduits pour savoir qui nos ennemis sont aujourd'hui. J'espère que nous sommes unis comme les saints l'étaient le jour de la Pentecôte.

Croyant que le peuple apostolique était uni comme dans les premières heures de l'Église, j'ai versé beaucoup de larmes. La tête me tournait en essayant de percevoir l'idée que nous en tant que corps d'église essaierions de combattre l'ennemi à l'extérieur tout en l'entretenant à l'intérieur. Je n'écris pas ceci pour combler un esprit vindicatif. Ce n'est pas le cas. Pourtant, j'essaie de consoler des victimes apostoliques de telles atrocités en leur disant que le jugement de Dieu est proche. Ils n'échapperont pas au jugement de toute justice. Le souvenir de l'activité impénitente a le pouvoir de blesser. Aux yeux de Dieu, le mal est le mal et nous qui craignons le Seigneur avons peut-être besoin d'un rappel qu'il ne fait point de favoritisme. Dieu est saint. Il ne nous sauve pas du péché pour que nous participions au péché. De telles voies injustes ne produisent que l'envoûtement spirituel.

« Pourquoi voulez-vous décourager les enfants d'Israël de passer dans le pays que l'Éternel leur donne ? »

Nombres 32 : 7

« Ces hommes qui sont montés d'Égypte, depuis l'âge de vingt ans et au-dessus, ne verront point le pays que j'ai juré de donner à Abraham, à Isaac et à Jacob, car ils n'ont pas suivi pleinement ma voie »

Nombres 32 : 11

Dieu ne parlait pas aux gens qui ne le connaissaient pas. Il parlait à ceux qui décourageaient les uns les autres à faire sa volonté. Ceux parmi nous qui choisissent de prendre la place de Dieu subiront sans doute un jour les mêmes conséquences.

Si les gens qui portent le nom de Jésus négligent la volonté et l'appel de Dieu, ce serait la plus grande irresponsabilité de leur vie.

Quand j'étais dans l'Église catholique, le soutien moral n'était pas un problème. Nous avons peut-être mal agi en promulguant les doctrines des hommes, mais nous étions solidaires entre nous. L'unité peut faire du bien et l'unité peut s'opposer aux choses qui sont bien.

Cela fait maintenant plus de cinquante ans que je suis dans l'Église apostolique. J'ai été profondément blessé deux fois durant cette période. On dirait parfois que les gens que vous aimez le plus et en qui vous faites le plus confiance sont ceux qui sont capables de vous faire le plus de mal.

J'ai été une fois blessé par un ministre de l'Église Pentecôtiste Unie et une fois par un saint de Dieu. Je constate avec humilité qu'il y en a beaucoup d'autres qui ont été blessés davantage et plus souvent. Après l'incident avec le saint, une mère de Sion a prié pour une haie de protection autour de ma famille.

J'ai donc une question à vous poser. Comment une personne qui partage une foi du même prix peut-elle prier pour une haie de protection autour d'une famille qui partage une foi du même prix, afin de la protéger contre des personnes qui partagent une foi du même prix ? Je regarde sincèrement cet enjeu. Ai-je raté quelque chose ? Il faut que nous cessions de nous faire du mal les uns aux autres !

La fraternité et la sororité qui sont si courantes dans le monde chrétien sonnent superficielles parfois dans mes oreilles. En milieu naturel, les frères et les sœurs peuvent se faire exprès du mal les uns aux autres. Après que l'Esprit de Dieu m'a attiré à l'Église apostolique pure, j'avais l'habitude d'entendre « Frère » et « Sœur ». Ce matin-là, j'avais besoin d'un ami de confiance !

Quand les gens qui exercent les cinq ministères de Dieu se réunissent, il est impératif de le faire comme amis. S'ils sont distants et font de la concurrence entre eux, quel est l'objet de leur concurrence si ce n'est pas pour la gloire vaine ?

De même, quand les saints se rassemblent pour adorer au nom de Jésus, il faut qu'ils viennent à la maison de Dieu et franchissent la porte en tant qu'amis. Nous devons être amis avec tout le monde ! Si une personne est mince ou forte, grande ou petite, riche ou pauvre, jeune ou âgée — sauvée ou perdue même —, en tant que serviteurs du Seigneur, nous devons être amis et aimables avec tout le monde. Jésus l'a été. Si le Seigneur avait soutenu la ségrégation de quelque façon, il est possible que je ne sois pas assis aujourd'hui pour écrire sur le Dieu monothéiste d'Abraham.

« Celui qui a beaucoup d'amis les a pour son malheur, mais il [*Jésus-Christ*] est tel AMI plus attaché qu'un frère. »

Proverbes 18 : 24

Il est arrivé, dans le naturel et même dans le monde chrétien, que les frères et sœurs vous laisseront tomber parfois, mais un vrai ami ne vous laissera jamais tomber.

« Celui à qui appartient l'épouse, c'est l'époux ; mais l'AMI de l'époux [*l'épouse*], qui se tient là et qui l'entend, éprouve une grande joie à cause de la voix de l'époux... »

Jean 3 : 29

Parfois, le Seigneur utilisait la « fermeté affectueuse » envers les Juifs, les Romains et même Pierre et Judas, mais il était leur ami jusqu'à la fin. Le Maître de l'univers a beaucoup souffert du châtiment de sa propre création, mais il a choisi de garder son amitié jusqu'à la tombe. Jésus ne s'est pas moqué de Judas dans le jardin quand il l'a appelé ami.

« Jésus lui [*à Judas*] dit : Mon AMI, ce que tu es venu faire, fais-le... »

Matthieu 26 : 50

Je pense aux paroles du théologien français Sébastien Castellion (1515-1563) : « Nous pouvons vivre ensemble en paix seulement en maîtrisant notre intolérance. Bien qu'il y ait des différences d'opinions de temps à autre, nous pouvons toutefois arriver à comprendre de manière générale, nous pouvons nous aimer les uns et les autres, et nous pouvons entrer dans le lien de la paix, en attendant le jour où nous obtiendrons l'unité de la foi. »

« Seulement, conduisez-vous d'une manière digne de l'Évangile de Christ, afin que, soit que je vienne vous voir, soit que je reste absent, j'entende dire de vous que vous demeurez fermes dans un même esprit, combattant d'une même âme pour la foi de l'Évangile »
Philippiens 1 : 27

Des efforts organisés pour encourager l'enseignement des apôtres au cours des 2 000 ans passés ont été nécessaires pour faire avancer l'Église qui appartient à Dieu. Toutefois, tout effort organisé pour faire avancer l'œuvre du Seigneur doit être vu comme un wagon de moyens, et non pas du fruit qu'il produit. Une organisation n'est pas l'Église !

Avec une compréhension très claire que la fraternité ne doit jamais être faite au détriment de l'Évangile, il est de même important de comprendre que toute organisation doit faire avancer le royaume de Dieu sur terre au lieu de diviser le peuple qui partage une foi du même prix. N'oublions pas que le Dieu que nous servons déteste passionnément l'hypocrisie.

Nous disons qu'il existe des gens sauvés parmi tous les efforts organisés au sein de l'Église chrétienne ainsi que parmi les frères et sœurs qui choisissent personnellement de demeurer indépendants. Cette déclaration est absolument justifiée.

Mais s'il y a en effet des gens qui vivent selon la Parole de Dieu, n'est-il pas prudent et correct de dire que le Seigneur trouve du plaisir en marchant avec eux tous les jours ?

Si c'est en fait le cas, devrait-on nous interdire de marcher avec les hommes et les femmes avec qui Jésus Christ marche quotidiennement ? À Dieu ne plaise.

Il y a des esprits indésirés qui essaient désespérément de pénétrer l'Église apostolique pure qui est glorieuse et sans tâche aux yeux du Maître. Il y a des esprits jaloux, des esprits en colère, des esprits hautains, des esprits pharisaïques, ainsi que des esprits vindicatifs, juste pour en mentionner quelques-uns. Nous ne luttons pas contre la chair et le sang ici !

Toutefois, il existe aussi des gens pieux qui s'efforcent avec diligence, chaque jour, d'accueillir la direction de l'Esprit de Dieu dans leurs vies.

J'ai toujours appris à ma famille, par la parole et par l'action, à éviter les mauvais esprits et à accueillir les bons esprits, peu importe où elle se trouve dans la vie.

« Car nous n'avons pas à lutter contre la chair et le sang, mais contre les dominations, contre les autorités, contre les princes de ce monde de ténèbres, contre les esprits méchants dans les lieux célestes. »

Éphésiens 6 : 12

En voyageant dans les pays de l'Orient, je m'aperçois que le bouddhisme est divisé. L'humanité a divisé la foi hindoue comme elle l'a fait avec l'Islam. En Israël, je trouve que le judaïsme est divisé, et à Rome, le catholicisme que nous connaissons a été divisé depuis des siècles ainsi que ses branches.

Dans ma 50ᵉ année au service de Dieu, je me suis trouvé sur cette belle île grecque dans la mer Égée. Mais, même sur cette île appelée Patmos, on trouve que l'Église orthodoxe est en effet divisée. Toutes les institutions **faites par l'homme** sont destinées à cesser d'exister à la fin des temps.

L'Église apostolique pure du Seigneur qui a été achetée à un grand prix est sainte et indivisible comme elle l'était au jour de la Pentecôte. Dieu présentera à lui-même son Église qui est née de son propre corps marqué par les clous, sans tâche ni ride à la fin des temps. Son Église n'a pas été touchée par les théologies charnelles, les philosophies, les conseils et les idéologies des hommes mortels.

Si une institution de croyants est **faite par l'homme**, elle sera indubitablement divisée, mais qui s'abaisserait si bas pour essayer de diviser la maison des croyants, l'Église sincère de Dieu ? Je dis malheur… je dis malheur à cet individu. La conscience de l'humanité succombera-t-elle aux exigences de l'ego ? Ne craignons-nous pas Dieu ?

Il incombe aux vrais apostoliques de partout d'être sensibles au Saint-Esprit du Seigneur et de s'adhérer à sa Parole sainte. Il faut qu'il y ait un effort soutenu pour s'écouter mutuellement, apprendre les uns des autres, se respecter mutuellement, et ultimement chercher et communiquer un terrain d'entente purement apostolique.

« La mort et la vie sont au pouvoir de la langue ».

Proverbes 18 : 21

Oh, que les églises monothéistes de Christ soient des lieux privilégiés de développement humain et spirituel ! Qu'elles soient des endroits ouverts, accueillants où les prières sincères, le respect mutuel et la solidarité sont les normes et les forces attirantes pour l'activité pastorale.

Un jour, j'ai fait appel à Dieu au monastère Oka, agenouillé devant l'Eucharistie, et il m'a entendu. Comme il a entendu mon cri d'appel de l'extérieur ce jour-là, je crois que maintenant que je suis un membre de l'Église apostolique pure, il entendra mon cri d'appel à l'intérieur.

Si dans cette vie, nous choisissons de prendre le chemin de sainteté véritable, il est vital de mener en fait des vies saintes. Ne soyez pas trompés, saints de Dieu, c'est encore la doctrine des apôtres et c'est toujours la sainteté ou l'enfer. On n'est pas obligé de se contenter de la fumée du compromis si cette personne-là est née dans le feu du Saint-Esprit. Dieu a apporté l'Église dans le monde et Satan a essayé de faire entrer le monde dans l'Église.

Le peuple de Dieu dans le monde entier se précipite aux autels, secouant les portes de l'enfer en plaidant le sang du Calvaire sur ses bien-aimés perdus, dans une dernière tentative pour les conduire à Christ tandis qu'ils se préparent pour leur traversée du Jourdain.

La miséricorde de l'amour de Dieu a déployé ses ailes de patience sur le havre du temps. Pendant que le bateau où l'humanité fait la fête est en train de sombrer dans la dévastation, le vieux bateau de Sion qui navigue les sanctifiés à travers la mer de chair de cette génération classée R, rebelle et ahurissante, se prépare à se lancer dans la vaste mer de l'éternité.

La Sainte Bible est devenue pour moi la « Parole vivante de Dieu. » L'Écriture divine n'est pas juste un autre livre dans votre bibliothèque. Le Saint-Esprit m'a amené à voir la théologie catholique par le biais des normes de la Sainte Bible. La tradition est ce qu'on nous apprend. Le salut est ce qu'on expérience. La religion permettra à vos proches perdus de se sentir à l'aise. Le Saint-Esprit libérera vos proches.

CHAPITRE SIX

Sa volonté souveraine

Grâce aux notes du passé et avec maintenant la connaissance de la vraie identité de Jésus-Christ, j'ai créé un tableau couvrant le temps des mortels, pour nous aider à mieux comprendre les nombreux mouvements de l'Esprit de Dieu dans cette histoire du monde, et comment l'homme mortel les a interrompues à maintes reprises. À première vue, le tableau peut paraître compliqué, mais il est en fait remarquablement simple. Les deux côtés sont les périodes après Jésus-Christ et avant Jésus-Christ, reflétant le temps des mortels. Les cercles intérieurs sont explicites, alors que l'information extérieure représente les évènements historiques, indiquant la venue prochaine du Seigneur. **Ce tableau reflète les nombreuses choses que j'ai apprises durant mon parcours de Rome à Jérusalem, et se trouve à la fin de ce livre.** N'hésitez pas à élargir le tableau et à en faire des copies et de les distribuer. Il est conseillé de le plastifier.

Je ressens dans mon esprit le besoin de connaître mon héritage apostolique qui m'a été transmis à travers les âges. Ce flambeau fraternel et éternel a été passé lentement et avec amour au cours des siècles entre les mains intransigeantes des vrais saints de Dieu. Lorsque nous comprenons le christianisme d'hier, l'activité religieuse d'aujourd'hui devient souvent transparente.

« Mon peuple est détruit, parce qu'il lui manque la connaissance… »

Osée 4 : 6

« Efforce-toi de te présenter devant Dieu comme un homme éprouvé, un ouvrier qui n'a point à rougir, qui dispense droitement la parole de la vérité. »

II Timothée 2 : 15

L'Écriture prophétique a mis en garde contre le fait que le christianisme religieux **fait par l'homme** est condamné à cesser à la fin des temps. Après des siècles de compromis apostolique, beaucoup dans le monde chrétien restent déconnectés du passé apostolique.

Comme les annales de l'histoire sont entrouvertes, examinons notre « **héritage apostolique pure** » d'un point de vue académique sérieux.

Ce tableau n'est pas de nature prophétique, mais historique, indiquant le chemin vers le retour proche de notre Créateur et la source de toute vie, Jésus-Christ. La conception graphique a été faite dans le but d'être utilisée comme guide en lisant ce livre, « De Rome à Jérusalem ».

Certaines dates peuvent varier de quelques années parmi les historiens et les érudits bibliques, surtout durant les siècles avant la naissance du Messie. Si vous êtes prêt, commençons ce long parcours dans le temps avec Dieu lui-même, en priant, étant conduits et inspirés par le Saint-Esprit.

L'adoration de Jéhovah est la foi la plus ancienne Inquisition et entièrement monothéiste. Dieu, le créateur de toutes choses, est unique. Les personnes remplies du Saint-Esprit doivent comprendre que lui, le Seigneur, a créé et maintient l'univers par lui-même, comme le judaïsme l'enseigne. Jésus était, et est, Jéhovah. Il était dans le monde et le monde a été fait par lui.

Jéhovah étant un, et cela ne veut pas dire un comme dans une paire, ni un comme espèce (comprenant plusieurs individus), ni un comme un seul objet qui est infiniment divisible. Plutôt, Dieu est seul et unique. La Torah y fait référence : « Écoute, Israël ! L'Éternel, notre Dieu, est le seul Éternel. » (Deutéronome 6 : 4)

Le livre de la Genèse commence en disant qu'il n'y a qu'un seul vrai Dieu. Cette compréhension est maintenue dans les deux Testaments bibliques, avec la réalité de Dieu, pas comme une hypothèse spéculative quelconque, mais comme étant universellement manifeste, la raison et la conscience de l'homme, et la révélation divine.

Pendant des siècles, les érudits ont essayé de pénétrer les récits bibliques concernant le monothéisme d'Israël. Selon les interprétations traditionnelles de la Bible, le monothéisme faisait partie de l'alliance d'origine avec Yahvé sur le mont Sinaï. L'idolâtrie qui a été ensuite critiquée par les prophètes a été causée par la rétrogradation d'Israël par rapport à son propre héritage et son histoire avec Dieu.

« Ezéchias prit la lettre de la main des messagers, et la lut. Puis il monta à la maison de l'Éternel, et la déploya devant l'Éternel, à qui il adressa cette prière : Éternel, Dieu d'Israël, assis sur les chérubins ! C'est toi qui es le seul Dieu de tous les royaumes de la terre, c'est toi qui as fait les cieux et la terre. »

II Rois 19 : 14-15

« Souvenez-vous de ce qui s'est passé dès les temps anciens ; car je suis Dieu, et il n'y en a point d'autre, Je suis Dieu, et nul n'est semblable à moi. »

Ésaïe 46 : 9

De même que Dieu est seul, de même sa Parole soutient sa nature monothéiste, depuis le commencement, dans les écritures de Moïse dont Genèse 1 : 1 dit « Au commencement, Dieu… » jusqu'à celles de Jean de Patmos dans Apocalypse 22 : 13 qui dit « Je suis l'alpha et l'oméga, le premier et le dernier, le commencement et la fin. » Il y a un seul Dieu, il y a une seule Église, et il y a une seule lignée. L'univers et tout ce qui y habite ont été créés par la direction divine de Jéhovah.

Juste avant de quitter la Californie, j'ai terminé une étude sur l'évolution avec les séminaristes de l'*Immaculate Heart of Mary*. La question qu'on nous a posée à l'époque a été : Y a-t-il vraiment un Dieu qui aime tous et pardonne tout, ou suivons-nous un mirage qui n'aboutit qu'à la déception ? Est-ce que Dieu crée et soutient, ou notre réalité est-elle un processus de la nature même ?

Si on devait explorer la terre et son histoire, on se rendrait automatiquement aux domaines de la science. Il existe des études scientifiques que nous connaissons. Il y a l'étude des mathématiques et de la logique, les sciences physiques, les sciences biologiques et puis il y a les sciences sociales.

Les anthropologistes étudient l'évolution de la culture humaine depuis les tribus primitives aux sociétés industrialisées complexes. Dans le domaine de l'anthropologie, il y a deux types de scientifiques — les créationnistes et les évolutionnistes. Les créationnistes, étant de loin le groupe minoritaire, croient que la terre n'a pas des millions d'années, mais seulement quelques milliers d'années. Par exemple, l'année 1993 correspond à l'année 5760 du calendrier juif, alors que l'année 1993 est l'année 4630 du calendrier chinois. Ces dates seraient encore plus proches s'il n'y avait pas de variations dans les ères enregistrées par certains prophètes hébreux.

En 1795, un physicien et naturaliste, Erasmus Darwin, a mentalement conçu la théorie de l'évolution. La théorie n'a cependant pas été élaborée par Erasmus Darwin, mais par son petit-fils, le Dr Charles Darwin.

Charles Darwin a étudié la médecine à l'Université d'Édimbourg et la théologie à Cambridge. Bien que Charles Darwin ait étudié la théologie, une étude sur le divin, il a vite réfuté l'histoire de la création et en 1858, il a présenté sa théorie de l'évolution à un groupe de scientifiques renommés.

Darwin a rejeté le fait que chaque espèce a été créée par un acte divin séparé. La théorie de l'évolution croit en un processus par lequel chaque espèce évolue progressivement. C'est similaire à la manière que beaucoup d'astronomes croient que les étoiles et les planètes ont évolué à partir de nuages de gaz chauds.

Aux États-Unis d'Amérique, une grande partie de la controverse de l'évolution a concerné la question si la théorie devait être enseignée ou pas dans le système scolaire public. Quelques États de l'union ont résisté à la théorie de l'évolution et adopté des lois interdisant son enseignement dans ses écoles publiques.

En 1925, lors d'un célèbre procès au Tennessee, un professeur des études secondaires appelé John T. Scopes a été reconnu coupable d'avoir enseigné la théorie de Darwin. La Cour Suprême des États-Unis a jugé en 1968 que les lois contre la théorie de Darwin étaient inconstitutionnelles.

La Cour fédérale a défendu la théorie de Darwin parce qu'elle était considérée comme une science. L'histoire de la création est par contre interdite dans le système scolaire public parce qu'elle est considérée comme faisant partie de la religion.

Les homosexuels ont le droit de défiler librement dans notre capitale et les partisans de l'avortement peuvent bloquer les portes d'églises. (L'église ne s'oppose pas à l'homosexualité uniquement en raison de la moralité de la majorité, mais simplement parce que le style de vie s'oppose à la nature humaine.) Tandis que ces atrocités sont évidemment pratiquées, les chrétiens qui croient sincèrement au seul vrai Dieu vivant n'ont pas le droit de prier aux activités des écoles publiques, parce que c'est considéré contre la constitution américaine qui a été en fait créée par des hommes et des femmes qui priaient. Immédiatement après l'attaque terroriste du 11 septembre, le président George W. Bush a demandé aux Américains de rechercher sérieusement la face de Dieu. La chaîne de l'intercession apostolique reste intacte. Notre Dieu est toujours là et ne change jamais. Les pentecôtistes prient en temps de guerre et nous prions en temps de paix.

La théorie de l'évolution est simplement une croyance (une religion) du passé et est basée sur des paroles des hommes qui ne savent pas tout, qui n'étaient pas là, et qui essaient d'expliquer comment l'évidence qui n'existe que dans le présent est arrivée là ; un simple effort pour tout expliquer sans Dieu. Les évolutionnistes peuvent essayer de supprimer Dieu comme leur créateur, mais qu'ils prennent garde, car ils ne le supprimeront jamais comme leur juge.

L'histoire du singe du sud était très populaire dans les années 1800. Les premières créatures d'apparence humaine connues par les scientifiques qui croient en la théorie de l'évolution de Darwin sont connues sous le nom « australopithèques » ou les singes du sud. Il est dit que ces créatures existent depuis des millions d'années et sont devenues des êtres humains. Nul n'a cependant été capable d'expliquer le processus.

Certaines choses ne changent jamais. Au début des années 1600 av. J.-C., le roi Nebucadnetsar de Babylone a fait un rêve. Il a été si troublé par l'expérience qu'il n'arrivait pas à dormir. Ce roi a convoqué les astronomes et tous les hommes sages de Babylone pour révéler et interpréter son rêve. Tout ce que les astronomes ont pu dire a été : « Nous pensons que ». Ils n'ont pas compris le rêve et ne pouvaient qu'essayer de le deviner.

Daniel, l'un des captifs de Judée et un prophète de Jéhovah a rigolé de leur manque de connaissance, et a informé le roi qu'il y avait un Dieu d'Israël capable de révéler le rêve et de l'interpréter.

Si quelqu'un tente de découvrir l'âge de la terre, il n'a pas besoin de consulter un scientifique agnostique pour la direction, mais le Dieu qui était là dès le début.

« Au commencement, Dieu créa les cieux et la terre. »

Genèse 1 : 1

Tout ce que Charles Darwin pouvait faire était de dire, comme les astronomes et les sages du roi Nebucadnetsar : Je pense que le monde a cinq millions d'années, ou, je pense que l'homme a évolué à partir d'un seul organisme. Si Dieu le voulait, il pourrait créer un univers dans un instant qui semblerait avoir des milliards d'années.

Beaucoup de gens ont rejeté avec colère la théorie de l'évolution dans les années 1800, offensés par l'idée qu'ils ont évolué à partir des singes. Ils croyaient aussi que la théorie de l'évolution de Darwin a diminué le rôle de la direction divine dans l'univers.

L'évolutionniste Dr Charles Darwin a acquis une notoriété mondiale grâce à ses opinions controversées. En fait, une large ville en Australie porte son nom aujourd'hui. Charles Darwin est mort en 1882 et a été honoré en Angleterre en étant enterré à l'Abbaye de Westminster à Londres. Le 12 février 2009, plusieurs conclaves scientifiques dans le monde qui acceptent la théorie de l'évolution ont célébré le bicentenaire de Dr Charles Darwin.

Les êtres humains ont été créés à l'image de Dieu, pas à l'image des singes, et ont été ainsi élevés au-dessus de toutes les autres formes de vie. Les créationnistes scientifiques rejettent les théories de l'évolution chimique et organique. D'après le créationnisme scientifique, la terre et toutes les formes de vie, y compris les êtres humains, ont été créés tels qu'ils sont aujourd'hui.

Le péché a pénétré les domaines humains par le biais des premiers humains que Dieu avait créés et placés dans le joli jardin d'Éden.

Avec précaution et sans vouloir secouer les cages théologiques, je voudrais dire qu'il n'y a qu'un seul péché que les humains peuvent commettre et ce péché est la désobéissance. Si les enfants d'Israël avaient été obéissants et en accord avec leur Créateur, leur conscience ne leur aurait jamais permis de transgresser. Par conséquent, les Dix Commandements n'auraient jamais été nécessaires pour gouverner Israël. Dieu aurait pu épargner Moïse le temps de grimper la montagne.

Où a été le péché dans le jardin ? Était-ce le fait de manger le fruit défendu ou était-ce la désobéissance au Seigneur ? Si Adam et Ève avaient pris à cœur la voix du Tout-Puissant, ils ne se seraient jamais permis de faire ce qu'ils avaient fait. Le vrai péché qui sépare la Divinité de l'humanité est la désobéissance.

« Samuel dit : L'Éternel trouve-t-il du plaisir dans les holocaustes et les sacrifices, comme dans l'obéissance à la voix de l'Éternel ? Voici, l'obéissance vaut mieux que les sacrifices, et l'observation de sa parole vaut mieux que la graisse des béliers. Car la désobéissance est aussi coupable que la divination, et la résistance ne l'est pas moins que l'idolâtrie… »

I Samuel 15 : 22-23

Considérons la destruction de Dieu des cités de Sodome et Gomorrhe. La désobéissance parmi les habitants de ces villes les a aveuglés du jugement imminent de Dieu. Ils avaient compromis la Parole de Dieu et étaient spirituellement inconscients du danger qui approchait rapidement. C'est pour cette raison que la position des apostoliques à l'égard du péché de Sodome et Gomorrhe n'a pas varié par rapport à celle des apostoliques des jours de Paul, qui a clairement écrit sur le sujet dans son livre aux Romains.

« C'est pourquoi Dieu les a livrés à l'impureté, selon les convoitises de leurs cœurs ; ainsi ils déshonorent eux-mêmes leurs propres corps ; eux qui ont changé la vérité de Dieu en mensonge, et qui ont adoré et servi la créature au lieu du Créateur, qui est béni éternellement. Amen. C'est pourquoi Dieu les a livrés à des passions infâmes : car leurs femmes ont changé l'usage naturel en celui qui est contre nature ; et de même les hommes, abandonnant l'usage naturel de la femme, se sont enflammés dans leurs désirs les uns pour les autres, commettant homme avec homme des choses infâmes, et recevant en eux-mêmes le salaire que méritait leur égarement. Comme ils ne se sont pas souciés de connaître Dieu, Dieu les a livrés à leur sens réprouvé, pour commettre des choses indignes. »

Romains 1 : 24-28

Il convient de noter que le livre de Genèse dit que la femme de Lot et Abraham tous les deux ont regardé Sodome et Gomorrhe pendant que les villes brûlaient sous la colère de Dieu.

« Le soleil se levait Inquisition, lorsque Lot entra dans Tsoar. Alors l'Éternel fit pleuvoir du ciel sur Sodome et sur Gomorrhe du soufre et du feu, de par l'Éternel. Il détruisit ces villes, toute la plaine et tous les habitants des villes, et les plantes de la terre. La femme de Lot regarda en arrière, et elle devint une statue de sel. Abraham se leva de bon matin, pour aller au lieu où il s'était tenu en présence de l'Éternel. Il porta ses regards du côté de Sodome et de Gomorrhe, et sur tout le territoire de la plaine ; et voici, il vit s'élever de la terre une fumée, comme la fumée d'une fournaise. »

Genèse 19 : 23-28

Je me demande pourquoi Abraham n'est pas devenu une statue de sel comme la femme de Lot, étant donné qu'ils ont tous les deux regardé les villes qui brûlaient. Il semble qu'Abraham a regardé avec gratitude dans son cœur envers Dieu, alors que la femme de Lot s'est retournée pour regarder ces villes avec convoitise.

Dieu n'a pas détruit les villes seulement à cause de leur désobéissance. Dieu les a détruites parce que le peuple a refusé de se repentir de sa désobéissance envers lui. Comme Abraham, rendant grâce pour notre salut, mettons la main sur la charrue et ne regardons pas en arrière vers nos jours de désobéissance.

« Jésus lui répondit : Quiconque met la main à la charrue, et regarde en arrière, n'est pas propre au royaume de Dieu. »

Luc 9 : 62

L'homme a classé sa désobéissance dans une tentative de soulager la conscience de son âme troublée. Il l'a accompli en justifiant le degré de sa condition de pécheur. L'enseignement du péché impardonnable dans les domaines chrétiens provient des paroles de Jésus dans les trois Évangiles synoptiques (Matthieu 12 : 31-32, Marc 3 : 28-29 et

Luc 12 : 10). Le péché impardonnable n'est pas un acte particulier que la personne regretterait plus tard, mais plutôt une hostilité flagrante envers Dieu et un rejet sérieux de Jésus-Christ en tant que divin, après qu'on a connu la vérité apostolique éternelle à travers la révélation du Saint-Esprit.

L'Église catholique m'enseignait, puis je l'ai enseigné, qu'il y a deux types de péchés — véniels et mortels, le péché véniel ayant moins de conséquences que le péché mortel.

Véniel signifie pardonnable ou excusable. Si on meurt avec un péché véniel qui n'est pas pardonné, on ne peut pas aller au paradis ; Dieu, étant le Dieu miséricordieux, n'enverra pas cette âme dans l'enfer éternel. Est-ce que Dieu dans sa justice condamne une âme immortelle pour le vol d'une miche de pain ? Les catholiques croient que la grâce de Dieu couvrirait une telle transgression.

Or, cette compréhension du péché crée un problème. Si une âme ne peut pas aller au ciel à cause de l'impureté, mais elle n'est pas suffisamment souillée pour être envoyée en enfer, qu'arrivera-t-il à cette âme ? La compréhension de l'Église catholique est qu'il faut un endroit de purification quelque part entre les deux demeures éternelles. Cet endroit est ce que l'Église catholique ou « la Mère Église » appelle le purgatoire. L'Écriture utilisée pour justifier l'existence de cette place se trouve dans le livre de Matthieu.

« Je te le dis en vérité, tu ne sortiras pas de là que tu n'aies payé le dernier quadrant. »

Matthieu 5 : 26

L'Église catholique croit que le péché mortel ne peut pas être couvert par la grâce de Dieu après la mort. Si quelqu'un meurt sans avoir confessé un péché mortel, son âme court le danger d'aller dans l'enfer éternel. Un exemple du péché mortel serait le cas où on met fin à la vie d'une autre personne.

Un jour, une femme catholique fervente m'a posé une question au Séminaire de philosophie au Québec. Cette question concernait les prières pour les âmes au purgatoire. La question était, si quelqu'un paie le prêtre pour une messe pour un membre de famille au purgatoire et cette personne a déjà été purifiée et est montée au ciel, qu'advient-il du sacrifice ? J'ai répondu que le sacrifice servira aux âmes qui sont encore au purgatoire. La Réforme protestante, lancée par Martin Luther entre autres, a surtout concerné l'argent reçu par l'Église catholique, payé par des membres sincères pour que les prêtres prient pour faire sortir leurs bien-aimés du purgatoire.

En vérité, pour Dieu, il n'y a pas de grands péchés ni de petits péchés. Le Seigneur ne catégorise pas les transgressions. Aux yeux de Dieu, un péché est un péché. Avec le Seigneur, il s'agit moins de péché que d'être dans sa volonté ou de ne pas être dans sa volonté. Dans le livre de l'Apocalypse, il est question des meurtriers ainsi que des menteurs. Une âme souffrirait-elle les douleurs atroces de l'enfer à cause d'un simple mensonge ? Si la Bible est vraie, elle souffrira.

« Mais pour les lâches, les incrédules, les abominables, les meurtriers, les débauchés, les magiciens, les idolâtres, et tous les menteurs, leur part sera dans l'étang ardent de feu et de soufre, ce qui est la seconde mort. »

Apocalypse 21 : 8

Du trône de Dieu on peut être condamné à un enfer éternel pour avoir menti, tout comme pour avoir ôté la vie de quelqu'un.

Alors, qu'est-ce que le péché ? Le péché n'est ni plus ni moins que la désobéissance à Dieu lui-même. Dans le jardin d'Éden, le Seigneur a ordonné à Adam de ne pas manger le fruit défendu. Ce commandement était aussi important à Dieu que les Dix Commandements transmis aux enfants d'Israël par l'intermédiaire de Moïse au sommet du mont Sinaï.

Dans Romains 5 : 19, Paul explique les conséquences de la désobéissance des humains. « Car, comme par la désobéissance d'un seul homme beaucoup ont été rendus pécheurs » (il ne dit pas que c'était par un homme mangeant du fruit défendu).

Voyant qu'on nous avait transmis les lois de Dieu, il y a vraiment un seul péché qu'on peut commettre et il s'agit du péché de la désobéissance. Si une personne obéit aux lois de Dieu, elle ne mentira pas, ne tuera pas, ne volera pas, ne commettra pas l'adultère, etc. Alors, ce que nous appelons péché n'est pas du tout un péché, mais le fruit du vrai péché qui est la désobéissance. Une personne n'est pas tentée de commettre l'adultère ; une personne est tentée de désobéir au Seigneur. Si cette personne qui est tentée de désobéir au Seigneur se tourne vers Dieu avec un cœur obéissant, l'adultère ne sera pas commis. Dieu n'est pas impressionné par le fruit du péché ou le péché de désobéissance, il est impressionné quand les gens ont la volonté de vivre pour lui.

L'Écriture nous parle d'une issue de secours. Ce n'est pas nécessaire de désobéir au Seigneur.

« Aucune tentation ne vous est survenue qui n'ait été humaine, et Dieu, qui est fidèle, ne permettra pas que vous soyez tentés au-delà de vos forces ; mais avec la tentation il préparera aussi le moyen d'en sortir, afin que vous puissiez la supporter. »

I Corinthiens 10 : 13

On ne peut plus catégoriser le péché qu'on ne peut catégoriser les chrétiens. Récemment, j'ai entendu un jour une femme dans l'église dire : « Cet homme est un bon chrétien. » Nous comprenons qu'elle a utilisé une simple figure de rhétorique. Nous ne catégorisons cependant pas les gens dans les domaines chrétiens, vu que nous-mêmes sommes souvent de mauvais juges. Il n'y a pas de bons chrétiens, et il n'y a pas de mauvais chrétiens ni de chrétiens assez bons. On est soit un chrétien à la recherche de la perfection, soit on n'est pas du tout chrétien.

Nous avons tous entendu dire dans certains domaines confessionnels qu'une personne doit pécher un petit peu chaque jour. Avant de satisfaire cependant aux convoitises du cœur, il faut d'abord fermer l'issue de secours en disant : « Non Seigneur, je ne veux pas ton issue de secours. » Une fois de plus, il s'agit moins de péché que d'être dans la volonté de Dieu. Il s'agit de l'obéissance.

Quelle que soit son affiliation à l'église, on n'arrivera jamais, à plaire à Dieu en dehors de sa volonté. Malheureusement, il existe des gens dans des dénominations variées qui adorent Dieu, mais le font en vain. Ils veulent la volonté de Dieu dans leurs vies, mais veulent en même temps mouler le Seigneur selon les doctrines et les théologies des humains mortels. La Parole de Dieu décrit ces gens.

« Ce peuple m'honore des lèvres, mais son cœur est éloigné de moi. C'est en vain qu'ils m'honorent, en enseignant des préceptes qui sont des commandements d'hommes. »

Matthieu 15 : 8-9

Or, les doctrines sur le péché véniel et le péché mortel, que nous aimions l'idée ou pas, ont fait un grand impact sur notre société et sur l'Église apostolique. Tout en étant reconnaissant pour ce concept dans le domaine mortel, voyant notre besoin d'avoir des lois pour nous protéger des actes répréhensibles, cela ne marche pas dans le domaine de l'immortalité.

À cause de cette doctrine, nous catégorisons les transgressions. Si un homme tue quelqu'un, nous disons qu'il est mauvais. Si un homme tue dix personnes, nous disons qu'il est vraiment mauvais. Au commencement, lorsque Dieu a créé les cieux et la terre à partir de rien, il a fait l'homme et a dit que c'était très bon. Le péché ne rend pas une personne mauvaise, il la sépare de Dieu.

Si nous voulons atteindre nos proches perdus et les voir remplis de l'Esprit de Dieu, il faut que nous comprenions qu'ils ne sont pas mauvais, mais ils ont été jetés dans la mer déchaînée de la vie, séparés de la volonté de Dieu. Il nous faut réaliser où ils sont !

Lorsqu'Adam et Ève ont mangé le fruit défendu, est-ce que cela les a rendus mauvais ou les a séparés de Dieu ? Cela les a séparés de la volonté de Dieu et a mis leur âme en danger de passer l'éternité hors de sa présence. Le péché de la désobéissance fera aller les gens plus loin qu'ils veulent aller et les gardera là plus longtemps qu'ils veulent rester.

En 1475, un petit garçon est né, et s'appelait Michel-Ange Buonarroti. En son temps, Michel-Ange a créé la belle Pietà, probablement l'œuvre la plus importante de son enfance. La statue en marbre, qui présente la Vierge Marie embrassant le corps mort de Jésus après sa crucifixion, est exposée en Italie.

Michel-Ange a aussi peint le plafond de la chapelle Sixtine au Vatican à Rome. En tant qu'adolescent, non seulement il a été reconnu comme peintre et sculpteur par l'Église catholique, mais aussi par l'empereur de l'Empire romain. Aujourd'hui, les œuvres d'art de cet homme sont inestimables. À propos de ceux dans nos familles qui ne marchent pas selon Dieu, est-ce que nous les considérons comme mauvais, vu que la société nous a appris à catégoriser les péchés ?

Si par chance vous découvrez une peinture à huile originale de Michel-Ange Buonarroti dans votre grenier, aurait-elle moins de valeur que si elle avait été accrochée à un mur d'une galerie d'art célèbre ? Non, évidemment que non, il s'agit d'un original qui vaut des millions de dollars. Toutefois, quand Michel-Ange a peint le tableau, il ne voulait pas qu'il soit placé dans un grenier quelconque. L'artiste aurait voulu qu'il soit accroché sur un mur d'une galerie d'art célèbre, éclairé par des lumières vives. Ceci refléterait son énorme talent.

Que feriez-vous donc du tableau précieux qui se trouve dans votre grenier ? Après tout, la peinture est un « chef-d'œuvre dans l'obscurité. » Vous sortez la peinture à huile de l'obscurité, vous la nettoyez, et l'accrochez sur un mur d'une galerie d'art, où l'artiste a eu l'intention de la mettre. Puis, quand les gens passent devant elle, ils reconnaîtront et loueront l'artiste comme il se doit.

Le simple fait que le tableau a été dans l'obscurité d'un grenier ne signifie pas qu'il est devenu mauvais, ou en tout cas, qu'il a moins de valeur. C'était simplement hors de la volonté de l'artiste.

Quand Dieu a créé les hommes et les femmes, il n'a jamais voulu qu'ils soient dans les ombres obscures de ce vieux monde. Parce que ces gens sont dans le monde, est-ce que cela les rend mauvais ou cela leur crée une séparation de Dieu ? N'oubliez pas que lorsque Dieu a créé l'homme, c'était bon. Une fois de plus, permettez-moi de dire que la désobéissance à Dieu ne rend pas quelqu'un mauvais : elle le sépare de Dieu.

Jésus-Christ n'est pas venu dans ce monde pour rendre bons les mauvais gens, mais pour rendre vivants les gens qui étaient morts spirituellement. Les apostoliques ne doivent pas prendre les pécheurs pour des forces maléfiques à endurer, mais plutôt, des ressources uniques à développer. En cherchant les perdus dans nos familles et parmi ceux qui nous entourent dans cette vie, nous devons réaliser qu'ils ne sont pas aussi mauvais comme on le croit, mais, à cause de la désobéissance, ils sont devenus séparés de Dieu.

Alors, que faisons-nous de nos amis qui sont dans les ténèbres comme l'était la peinture de Michel-Ange ? Nous les aidons à sortir des ténèbres vers l'admirable lumière de Dieu, en comprenant qu'ils ne sont pas mauvais, mais séparés de l'Artiste qui les a créés. Nous donnons une opportunité au Seigneur de les nettoyer. Nous sommes incapables, mais si leur cœur est sincère, Dieu les nettoiera ! Bien que les tendances et les modes de ce vieux monde changent d'une génération à l'autre, nous ferons mieux de savoir qu'avec Dieu « La sainteté est encore à la mode. » Puis, ils se trouveront dans la maison du Seigneur, levant leurs mains pour louer Dieu. Après que cette personne a été unie avec Dieu, les gens loueront Dieu comme il le mérite pour le chef-d'œuvre qu'il a créé.

En voyant un alcoolique couché dans le caniveau, nous sommes tentés de dire : « Je ne m'abaisserais pas aussi bas ». Après une visite de la prison du coin, nous risquons de dire : « Je ne causerais jamais un tel opprobre à ma famille ». La vérité est que sans le Calvaire et le flot de sang cramoisi, vous et moi ne savons pas où nous serions aujourd'hui.

L'amour de Dieu à l'égard des perdus est pur, rejetant toute forme de dissimulation. Le Seigneur ne nous voit pas de la même façon que nous nous voyons. Aux yeux de Jéhovah, nous ne sommes pas vus comme des morceaux d'argile sur la roue du potier. Il nous voit comme des vases d'honneur dans sa demeure. Isaï a vu David comme un berger, mais Dieu l'a visualisé comme un monarque royal.

Avons-nous choqué Dieu par des œuvres d'iniquité ? Que pouvez-vous faire à travers la transgression qui n'a pas déjà été fait avant votre temps ? Commettre l'adultère ? C'est déjà fait. Tuer quelqu'un ? C'est déjà fait. Vous prostituer ? C'est déjà fait. Vous balader nu ? C'est déjà fait. Voler quelque chose ? C'est déjà fait. Les transgressions de l'homme ne sont pas uniques.

Rien n'est caché aux yeux du Seigneur. Dieu ne s'intéresse pas à nos transgressions ; il s'intéresse au fait que nous vivons pour lui. Jéhovah nous voit comme des vases d'honneur potentiels, faisant avancer son Royaume Inquisition.

Voyons les perdus tels qu'ils sont vraiment, pas mauvais, mais séparés. Réalisons qu'une main tendue vers la bouteille de scotch peut se transformer instantanément en une main tendue vers Dieu qui peut sauver parfaitement. Voyons que le pécheur est en fait un « chef-d'œuvre dans les ténèbres » et que le seul péché de la désobéissance l'empêche d'être ce que Dieu voulait à l'origine qu'il soit.

Ceci ne dit pas que l'individu vivant hors de la volonté de Dieu ne doit pas rendre des comptes. Le livre des Actes des apôtres écrit par Luc le physicien révèle que le Seigneur n'a pas tenu compte des temps d'ignorance, mais annonce maintenant qu'ils ont à se repentir. Jésus a personnellement parlé des gens laissés en arrière.

« Alors, de deux hommes qui seront dans un champ, l'un sera pris et l'autre laissé »

Matthieu 24 : 40

Un dimanche matin, une femme dans l'église a demandé à parler avec moi à propos de sa famille perdue. Sœur Pat a dit qu'elle savait que si le Seigneur devait arriver ce jour-là, ils seraient certainement laissés. Cette femme remplie du Saint-Esprit marchait vraiment avec le Seigneur. Je me rappelle lors d'un service en milieu de semaine, elle avait pris le bras de ma femme et elles ont dansé devant le Seigneur. Quand elle est partie ce dimanche matin, je lui ai promis de prier.

Ce même dimanche, au service du soir, elle est entrée dans le sanctuaire avec son mari. L'église était pleine et la puissance de Dieu était extraordinaire lorsque les saints ont commencé à prier. Le sourire de sœur Pat a montré qu'elle appréciait les prières de l'église.

Ce particulier dimanche soir, j'ai ressenti le besoin de prêcher sur le sujet de l'effusion imminente de la dernière pluie. Tout à coup, j'ai arrêté de prêcher sans comprendre pourquoi. Immédiatement, une explosion de langues s'est produite. J'ai cherché à savoir la volonté du Seigneur alors que le silence a envahi la salle. Ce soir-là, il s'est trouvé que j'ai été l'interprète. Le Seigneur a dit : « Ce soir, je vais exiger une âme parmi vous. » Le message a été si intense et difficile pour mon ministère. Qu'allait-il se passer ?

Les larmes ont coulé, l'autel a été immédiatement rempli de gens levant les mains avec grâce et sans effort. J'ai observé sœur Pat demander à son mari d'aller à l'autel. Il a refusé. On aurait dit que son âme était pesée dans la balance. Mes propres yeux larmoyants, j'ai demandé au Seigneur de ne pas le prendre avant qu'il n'ait reçu le Saint-Esprit et soit baptisé au nom de Jésus.

Après avoir prié avec une femme espagnole désirant le Saint-Esprit, sœur Pat s'est dirigée vers l'avant du sanctuaire. En arrivant à l'autel, elle a souri à sœur Hanscomb et à moi, comme pour dire « Tout va bien ». Puis, elle s'est allongée par terre et n'a plus jamais repris un autre souffle.

Sa tête était posée à environ 15 cm de mon pied droit tandis que je m'efforçais de prier pour les autres. Sœur Pat avait 42 ans et a toujours paru en parfaite santé.

Quelques jours plus tard lors d'un après-midi froid d'hiver, j'ai conduit le corps de sœur Pat à son lieu de repos. Un flot de larmes a coulé sur mon visage comme s'il s'agissait de l'eau douce.

Ce dimanche soir particulier à *Ashland City Apostolic Church*, Dieu a pris un et un autre est resté. Quelques années plus tard, son jeune mari est décédé. Son âme éternelle est tombée entre les mains d'un Dieu juste.

CHAPITRE SEPT

C'est une question de confiance

Dans notre tableau, la naissance de Moïse durant la période théocratique était une période de victoire et de tristesse. La vie de Moïse a été douce-amère. Dieu a appelé cet homme hors d'une vie dure pour faire une tâche extraordinaire pour lui. De l'expérience du buisson ardent aux années d'errance dans le désert, Moïse a combattu les dieux d'Égypte. Ces dieux qu'il a combattus n'étaient pas uniquement dans le cœur des Égyptiens, mais aussi dans le cœur des enfants d'Israël.

Cet homme de Dieu a livré à Israël les Dix Commandements que le Seigneur lui avait remis au mont Sinaï. Dans la société moderne, les palais de justice de notre pays peuvent enlever ces commandements sacrés de leurs tribunaux, mais jamais du cœur du peuple apostolique.

L'exode des enfants d'Israël de l'emprise de la main de Pharaon en Égypte a montré à Moïse que le Dieu qu'il servait était capable de tout. Toutefois, à cause de sa désobéissance à Dieu, il est mort au mont Nebo. Bien qu'il ait eu la permission de le voir de ses propres yeux, Moïse n'a jamais eu le droit de mettre les pieds dans la Terre promise. Nous avons parlé du péché de la désobéissance. S'agissait-il du rocher ou de l'obéissance de Moïse ? Ce serviteur du Tout-Puissant avait confiance en Dieu pour pourvoir à ses besoins, mais pas assez pour adhérer aux conditions de la provision de Dieu.

« L'Éternel parla à Moïse, et dit : Prends la verge, et convoque l'assemblée, toi et ton frère Aaron. Vous parlerez en leur présence au rocher, et il donnera ses eaux; tu feras sortir pour eux de l'eau du rocher, et tu abreuveras l'assemblée et leur bétail. Moïse prit la verge qui était devant l'Éternel, comme l'Éternel le lui avait ordonné. Moïse et Aaron convoquèrent l'assemblée en face du rocher. Et Moïse leur dit : écoutez donc, rebelles ! Est-ce de ce rocher que nous vous ferons sortir de l'eau ? Puis Moïse leva la main et frappa deux fois le rocher avec sa verge. Il sortit de l'eau en abondance. L'assemblée but, et le bétail aussi. Alors l'Éternel dit à Moïse et à Aaron : Parce que vous n'avez pas cru en moi, pour me sanctifier aux yeux des enfants d'Israël, vous ne ferez point entrer cette assemblée dans le pays que je lui donne. »

Nombres 20 : 7-12

« Moïse monta des plaines de Moab sur le mont Nebo, au sommet du Pisga, vis-à-vis de Jéricho. Et l'Éternel lui fit voir tout le pays… L'Éternel lui dit : C'est là le pays que j'ai juré de donner à Abraham, à Isaac et à Jacob, en disant : Je le donnerai à ta postérité. Je te l'ai fait voir de tes yeux : mais tu n'y entreras point. »

Deutéronome 34 : 1, 4

Les gens entrant dans le ministère apostolique doivent réaliser que sans le pouvoir du Saint-Esprit dans leur vie, ils ne sont pas à l'abri de la désobéissance. Le ministère n'est pas non plus à l'abri du jugement de Dieu. La chaire n'est pas la demeure d'un roi, mais devrait être considérée comme le siège d'un serviteur de confiance.

Cela me fait penser à un prophète qui est tombé en disgrâce auprès du Seigneur.

« Et il cria à l'homme de Dieu qui était venu de Juda : Ainsi parle l'Éternel : Parce que tu as été rebelle à l'ordre de l'Éternel, et que tu n'as pas observé le commandement que l'Éternel, ton Dieu, t'avait donné ; parce que tu es retourné, et que tu as mangé du pain et bu de l'eau dans le lieu dont il t'avait dit : Tu n'y mangeras point de pain et tu n'y boiras point d'eau, ton cadavre n'entrera pas dans le sépulcre de tes pères. Et quand le prophète qu'il avait ramené eut mangé du pain et qu'il eut bu de l'eau, il sella l'âne pour lui. L'homme de Dieu s'en alla ; et il fut rencontré dans le chemin par un lion qui le tua. Son cadavre était étendu dans le chemin ; l'âne resta près de lui, et le lion se tint à côté du cadavre. Et voici, des gens qui passaient virent le cadavre étendu dans le chemin et le lion se tenant à côté du cadavre ; et ils en parlèrent à leur arrivée dans la ville où demeurait le vieux prophète. Lorsque le prophète qui avait ramené du chemin l'homme de Dieu l'eut appris, il dit : C'est l'homme de Dieu qui a été rebelle à l'ordre de l'Éternel, et l'Éternel l'a livré au lion, qui l'a déchiré et l'a fait mourir, selon la parole que l'Éternel lui avait dite. »

I Rois 13 : 21-26

C'est une question de confiance

Quand Dieu parle à l'oint du Seigneur comme il l'avait fait avec Moïse et ce jeune prophète, ils devaient l'écouter. L'homme qui se prenait pour un prophète dans l'histoire de I Rois a menti au plus jeune prophète. Dieu ne mentirait pas à son oint et n'accepterait pas que son oint mente aux autres. Les prophètes de Baal n'avaient rien à voir avec le malheur de ce jeune prophète. Nous pouvons endurer des blessures en son nom dans notre marche avec le Seigneur, mais Dieu n'a jamais prévu qu'ils s'infligent eux-mêmes.

« Alors il lui dit : Viens avec moi à la maison, et tu prendras quelque nourriture. Mais il répondit : Je ne puis ni retourner avec toi ni entrer chez toi. Je ne mangerai point de pain, je ne boirai point d'eau avec toi en ce lieu-ci ; car il m'a été dit, par la parole de l'Éternel : Tu n'y mangeras point de pain et tu n'y boiras point d'eau, et tu ne prendras pas à ton retour le chemin par lequel tu seras allé. Et il lui dit : Moi aussi, je suis prophète comme toi ; et un ange m'a parlé de la part de l'Éternel, et m'a dit : Ramène-le avec toi dans ta maison, et qu'il mange du pain et boive de l'eau. Il lui mentait. »

I Rois 13 : 15-18

Juste parce quelqu'un se proclame prédicateur ou prophète, il n'est pas pour autant qualifié. Il est impératif que nous qui connaissons Dieu par le Saint-Esprit restions branchés sur la direction de son Esprit, avec la confiance qu'il ne nous égarera pas.

« Alors il reprit et me dit : C'est ici la parole que l'Éternel adresse à Zorobabel : Ce n'est ni par la puissance ni par la force, mais c'est par mon Esprit, dit l'Éternel des armées. »

Zacharie 4 : 6

Plus bas dans le tableau, on voit que l'homme qui a pris la place de Moïse a été Josué.

« Josué, fils de Nun, était rempli de l'Esprit de sagesse, car Moïse avait posé ses mains sur lui. Les enfants d'Israël lui obéirent, et se conformèrent aux ordres que l'Éternel avait donnés à Moïse. »

Deutéronome 34 : 9

Nous vivons actuellement dans une société classée R qui a effacé le Seigneur de sa mémoire depuis longtemps. Nous avons prêché contre le mal et des esprits subtils qui engloutissent les foyers par la télévision, mais il existe une chose dans nos foyers aujourd'hui qui menace nos nations plus que jamais. Il s'agit de l'ordinateur qui va droit au cœur de la société. Aussi triste que cela paraisse, il y a même des personnes apostoliques, même des ministres, qui sont pris par la pornographie numérique.

Le Saint-Esprit ne nous donne pas une clé pour explorer les profondeurs de l'immoralité, mais il nous donne le pouvoir de surmonter les choses qui sont immorales. Si nous choisissons de jouer avec Dieu, nous nous retrouverons peut-être un jour à jeter au vent les choses que nous aimons pour un moment de plaisir éphémère.

Josué a pris une décision ferme quand les enfants d'Israël ont choisi de sombrer à nouveau dans les méfaits de l'idolâtrie. Il faisait confiance au Dieu qu'il servait et savait avec certitude que Dieu pouvait tout faire, sauf faillir.

« Maintenant, craignez l'Éternel, et servez-le avec intégrité et fidélité. Faites disparaître les dieux qu'ont servis vos pères de l'autre côté du fleuve et en Égypte, et servez l'Éternel. Et si vous ne trouvez pas bon de servir l'Éternel, choisissez aujourd'hui qui vous voulez servir, ou les dieux que servaient vos pères au-delà du fleuve, ou les dieux des Amoréens dans le pays desquels vous habitez. Moi et ma maison, nous servirons l'Éternel. »

Josué 24 : 14-15

Comme le Seigneur l'avait promis, il a fait pour Josué ce qu'il a fait pour Moïse. La mer Rouge n'a pas été un problème pour Moïse ni la rivière Jourdain du temps de Josué.

Josué a rencontré beaucoup d'obstacles face à l'ennemi. Il comprenait la puissance du Dieu qu'il servait. Il comprenait que c'était le Seigneur qui a arrêté le soleil en raison de ses prières, mais il y avait une chose qu'il ne pouvait pas comprendre. Comment ses frères ont-ils pu se décourager les uns les autres ? Ils avaient la puissance de Dieu de leur côté, et l'ont vu accomplir ce que les autres dieux ne pouvaient pas faire. Comment la division pouvait-elle exister parmi le peuple de Dieu ?

C'est une question de confiance

« Ils prirent dans leurs mains des fruits du pays, et nous les présentèrent ; ils nous firent un rapport, et dirent : C'est un bon pays, que l'Éternel, notre Dieu, nous donne. Mais vous ne voulûtes point y monter, et vous fûtes rebelles à l'ordre de l'Éternel, votre Dieu. Vous murmurâtes dans vos tentes et vous dîtes : C'est parce que l'Éternel nous hait, qu'il nous a fait sortir du pays d'Égypte, afin de nous livrer entre les mains des Amoréens et de nous détruire. Où monterions-nous ? Nos frères nous ont fait perdre courage... »

Deutéronome 1 : 25-28

Dieu veut que son peuple, durant cette dernière étape du parcours de l'Église, ait le même esprit et soit d'un commun accord. Comme le Saint-Esprit oint tous les ministres apostoliques qui portent le nom de Jésus et parlent en langues, étant remplis du Saint-Esprit, nous avons besoin de comprendre que ce n'est pas la volonté de Dieu que nous nous décourageons les uns les autres, mais au contraire, nous devons nous soutenir mutuellement jusqu'à son retour.

Samson était un héros parmi le peuple hébreu. Il ne possédait pas l'Esprit de Dieu en lui comme nous aujourd'hui, mais il a connu une puissance inégalée du Seigneur dans sa vie. Ses parents aimaient et servaient le Seigneur. Ils ne pouvaient pas comprendre pourquoi il voulait fréquenter quelqu'un qui ne servait pas leur Dieu. Plus de trois mille ans plus tard, Dieu nous enseigne toujours à ne pas nous mettre sous un joug inégal avec des non-croyants.

« Ne vous mettez pas avec les infidèles sous un joug étranger. Car quel rapport y a-t-il entre la justice et l'iniquité ? Ou qu'y a-t-il de commun entre la lumière et les ténèbres ? »

II Corinthiens 6 : 14

La vie de Samson ne s'est pas améliorée en ce qui concerne le péché. Le Seigneur a la capacité de nous accorder sa puissance et aussi de l'enlever.

« Elle dit alors : Les Philistins sont sur toi, Samson ! Et il se réveilla de son sommeil, et dit : Je m'en tirerai comme les autres fois, et je me dégagerai. Il ne savait pas que l'Éternel s'était retiré de lui. »

Juges 16 : 20

En passant de la période des patriarches à la période des matriarches dans l'histoire hébraïque, nous trouvons que Saül est devenu le premier roi d'Israël. Il a été oint par le prophète.

« Samuel dit à Saül : C'est moi que l'Éternel a envoyé pour t'oindre roi sur son peuple, sur Israël : écoute donc ce que dit l'Éternel. »

I Samuel 15 : 1

À cause de la désobéissance du roi Saül au Seigneur, son trône allait revenir à David le fils d'Isaï.

« L'Éternel dit à Samuel : Quand cesseras-tu de pleurer sur Saül ? Je l'ai rejeté, afin qu'il ne règne plus sur Israël. Remplis ta corne d'huile, et va ; je t'enverrai chez Isaï, Bethléhémite, car j'ai vu parmi ses fils celui que je désire pour roi. »

I Samuel 16 : 1

« Isaï fit passer sept de ses fils devant Samuel ; et Samuel dit à Isaï : L'Éternel n'a choisi aucun d'eux. Puis Samuel dit à Isaï : Sont-ce là tous tes fils ? Et il répondit : Il reste encore le plus jeune, mais il fait paître les brebis. Alors Samuel dit à Isaï : Envoie-le chercher, car nous ne nous placerons pas avant qu'il ne soit venu ici. Isaï l'envoya chercher. Or il était blond, avec de beaux yeux et une belle figure. L'Éternel dit à Samuel : Lève-toi, oins-le, car c'est lui ! Samuel prit la corne d'huile, et l'oignit au milieu de ses frères. L'Esprit de l'Éternel saisit David, à partir de ce jour et dans la suite. Samuel se leva, et s'en alla à Rama. L'Esprit de l'Éternel se retira de Saül, qui fut agité par un mauvais esprit venant de l'Éternel. »

I Samuel 16 : 10-14

L'Esprit du Seigneur était sur David alors qu'il confrontait le géant philistin Goliath de Gath. Il était un jeune dirigeant quand il est descendu dans la vallée pour faire face à l'ennemi, mais le Seigneur était avec lui. Saül et Jonathan ne savaient pas que Samuel avait déjà oint David comme roi d'Israël.

Un jeune homme pouvait-il détruire un lion avec ses propres mains ? Le même Esprit que Dieu a placé sur Samson était maintenant placé sur le fils d'Isaï. Je sais que nous rencontrons des vallées dans la vie, mais cela fait toute la différence quand l'Esprit du Seigneur est avec nous et nous avons une confiance inébranlable que l'Esprit va nous guider.

David a choisi cinq pierres polies et les a mises dans sa gibecière de berger. Il savait que le Seigneur était avec lui. David n'avait pas peur. C'était probablement la raison pour laquelle il pouvait écrire le Psaume 23 plus tard dans sa vie.

« Quand je marche dans la vallée de l'ombre de la mort, je ne crains aucun mal, car tu es avec moi : ta houlette et ton bâton me rassurent. »

Psaume 23 : 4

« Il ajouta : Viens vers moi, et je donnerai ta chair aux oiseaux du ciel et aux bêtes des champs. David dit au Philistin : Tu marches contre moi avec l'épée, la lance et le javelot ; et moi, je marche contre toi au nom de l'Éternel des armées, du Dieu de l'armée d'Israël, que tu as insultée. »

I Samuel 17 : 44-45

« Et les enfants d'Israël revinrent de la poursuite des Philistins, et pillèrent leur camp. David prit la tête du Philistin et la porta à Jérusalem, et il mit dans sa tente les armes du Philistin. »

I Samuel 17 : 53-54

Dans le chapitre 31 de I Samuel, le barbarisme des Philistins est visible. Après la mort du roi Saül, l'Écriture décrit de manière explicite le terrible traitement de son corps et des corps de ses fils. Pour accentuer leur brutalité, après avoir décapité Saül, ils ont exposé les corps de Saül et de ses fils sur les murs des Philistins. Dans le temple de leurs dieux, ils ont aussi exposé l'armure de Saül que Dieu avait fait oindre par le prophète Samuel.

Quant au roi David, même s'il avait péché souvent devant le Seigneur durant son règne, il est connu dans l'histoire hébraïque comme le roi selon le cœur de Dieu. Il voulait construire un temple pour le Seigneur, mais Dieu a ordonné que son fils Salomon soit le roi d'Israël qui le construirait.

« Quand tes jours seront accomplis et que tu seras couché avec tes pères, j'élèverai ta postérité après toi, celui qui sera sorti de tes entrailles, et j'affermirai son règne. Ce sera lui qui bâtira une maison à mon nom, et j'affermirai pour toujours le trône de son royaume. »

II Samuel 7 : 12-13

Avant de mourir, le roi David a appelé la mère de Salomon, Bath-Schéba, à son chevet, et lui a promis de proclamer, avant de mourir, son fils Salomon comme roi d'Israël et de Juda.

« Le roi David répondit : Appelez-moi Bath-Schéba. Elle entra, et se présenta devant le roi. Et le roi jura, et dit : L'Éternel qui m'a délivré de toutes les détresses est vivant ! Ainsi que je te l'ai juré par l'Éternel, le Dieu d'Israël, en disant : Salomon, ton fils, régnera après moi, et il s'assiéra sur mon trône à ma place, ainsi ferai-je aujourd'hui. »

I Rois 1 : 28-30

Après la mort du roi David, Salomon est effectivement devenu le roi d'Israël comme promis. Il a régné avec force et beaucoup de sagesse. Maintenant que je suis rempli du Saint-Esprit, mon Écriture préférée de la Bible entière a été écrite par ce roi. Salomon a écrit ces paroles dans son livre des Proverbes.

« Confie-toi en l'Éternel de tout ton cœur, et ne t'appuie pas sur ta sagesse ; reconnais-le dans toutes tes voies, et il aplanira tes sentiers. »

Proverbes 3 : 5-6

Salomon a bien bâti le temple pour le Seigneur comme promis, qui a fini par être détruit par le roi Nebucadnetsar de Babylone.

En 586 av. J.-C., le neuvième jour d'Av (selon les comptes juifs), le temple de Salomon a été brûlé par le roi de Babylone. En 70 apr. J.-C., le neuvième jour d'Av, le temple d'Hérode a été brûlé par l'empereur Titus. Ironiquement, les incendies ont eu lieu le même mois (août) et le même jour, en l'espace de 656 ans.

Descendons le tableau jusqu'au roi Achab et sa méchante femme, la reine Jézabel. Ces personnes ont vécu et gouverné le royaume vers 860 av. J.-C.

Comme Samson s'est joué des Philistins non circoncis, Achab s'est joué de ses ennemis. Il marchait avec une femme appelée Jézabel qui rejetait le Dieu d'Abraham et adorait le dieu Baal.

C'est une question de confiance

Jézabel était une princesse phénicienne, fille du roi Ithobaal Ier de Sidon. Cette reine se servait de son contrôle sur son mari le roi Achab pour conduire les Hébreux au péché et pour les soumettre à la tyrannie. Le roi Achab ne faisait pas confiance au Seigneur et n'était pas le prêtre de sa maison comme Jéhovah l'avait prévu ; ainsi, le royaume est tombé entre les mains d'autres dieux. Ces autres dieux, que nous verrons bientôt, étaient incapables d'entendre ou d'exaucer les prières, quand les prophètes les invoquaient.

« À peine Achab aperçut-il Élie qu'il lui dit : Est-ce toi, qui jettes le trouble en Israël ? Élie répondit : Je ne trouble point Israël ; c'est toi, au contraire, et la maison de ton père, puisque vous avez abandonné les commandements de l'Éternel et que tu es allé après les Baals. »

I Rois 18 : 17-18

À travers l'histoire, Dieu a insisté que le mari soit le prêtre de sa maison. Cela plaisait au Seigneur quand les enfants cherchaient la direction spirituelle auprès de leur père. Si le mari refusait d'assumer son rôle chez lui, cela causait la confusion en Israël. La responsabilité incomberait donc à la mère qui n'était pas appelée à la tâche du chef spirituel.

Dieu n'a pas changé sa position dans l'histoire moderne. Les hommes apostoliques sont défiés par l'église d'exercer leurs devoirs chez eux, se fiant à la direction du Saint-Esprit. Si nous n'acceptons pas cette responsabilité appelée par Dieu, dans la crainte et le respect du Seigneur, la confusion et la division tomberont sur notre maison, et la tâche ira à un autre.

« Femmes, que chacune soit soumise à son mari, comme au Seigneur ; car le mari est le chef de la femme, comme Christ est le chef de l'Église qui est son corps, et dont il est le Sauveur. Or, de même que l'Église est soumise à Christ, les femmes aussi doivent l'être à leur mari en toutes choses. Maris, que chacun aime sa femme, comme Christ a aimé l'Église, et s'est livré lui-même pour elle »

Éphésiens 5 : 22-25

Il est prophétisé dans le livre de I Rois que Dieu a honoré l'esprit humble et repentant d'Achab. Il a cependant promis que la maison de ses enfants, qui ne s'humilieraient pas, serait une colline de fumier.

« Il n'y a eu personne qui se soit vendu comme Achab pour faire ce qui est mal aux yeux de l'Éternel, et Jézabel, sa femme, l'y excitait. Il a agi de la manière la plus abominable, en allant après les idoles, comme le faisaient les Amoréens, que l'Éternel chassa devant les enfants d'Israël. Après avoir entendu les paroles d'Élie, Achab déchira ses vêtements, il mit un sac sur son corps, et il jeûna ; il couchait avec ce sac, et il marchait lentement. Et la parole de l'Éternel fut adressée à Élie, le Thischbite, en ces mots : As-tu vu comment Achab s'est humilié devant moi ? Parce qu'il s'est humilié devant moi, je ne ferai pas venir le malheur pendant sa vie ; ce sera pendant la vie de son fils que je ferai venir le malheur sur sa maison. »

I Rois 21 : 25-29

Après le meurtre du roi Achab, les chiens ont léché son sang, comme les chiens lécheraient un jour le sang de sa femme Jézabel, qui l'avait entraîné dans l'idolâtrie.

« Lorsqu'on lava le char à l'étang de Samarie, les chiens léchèrent le sang d'Achab, et les prostituées s'y baignèrent, selon la parole que l'Éternel avait prononcée. »

I Rois 22 : 38

À la mort du roi Achab, la prophétie d'Élie a été exécutée et le jugement de Dieu est tombé sur la maison d'Achab. Jézabel a continué de gouverner Israël par le biais de son fils Achazia. Quand Moab s'est révolté contre Israël, Achazia est tombé et a envoyé un messager pour consulter Baal-Zebub, le dieu d'Ékron, au lieu de faire confiance en Jéhovah, le seul vrai Dieu vivant.

Toute ma vie j'ai entendu dire : « Comme on fait son lit, on se couche. » En vérité, si on fait un lit, toute la famille finira par coucher là-dedans. Le mauvais jugement d'une seule personne peut causer des maux de cœur aux membres de la famille pendant des générations. Si Achab avait rejeté le dieu de sa femme Jézabel, avait fait confiance au Seigneur, et était devenu le prêtre de sa maison selon le désir de Dieu, est-ce que son fils Achazia aurait consulté Baal-Zebub au lieu du Seigneur des armées ? À cause de la décision du père de servir le dieu Baal, le dieu de sa femme Jézabel, Achazia et son frère Joram étaient destinés à se tortiller dans le lit souillé de leur père le roi Achab.

« Instruis l'enfant selon la voie qu'il doit suivre ; et quand il sera vieux, il ne s'en détournera pas. »

Proverbes 22 : 6

Après que le roi Achazia, fils d'Achab, a chuté et a consulté Baal-Zebub, Dieu a envoyé le prophète Élie donner un message au roi à propos de son état physique et spirituel.

« Il lui dit : Ainsi parle l'Éternel : Parce que tu as envoyé des messagers pour consulter Baal-Zebub, dieu d'Ékron, comme s'il n'y avait en Israël point de Dieu dont on puisse consulter la parole, tu ne descendras pas du lit sur lequel tu es monté, car tu mourras. »

II Rois 1 : 16

À la mort de son fils roi Achazia, Jézabel a exercé son contrôle à travers son autre fils Joram qui est devenu roi. À l'insu de Joram, Dieu a parlé à Élie, l'informant qu'il voulait que Jéhu soit oint roi d'Israël.

« Quand il arriva, voici, les chefs de l'armée étaient assis. Il dit : Chef, j'ai un mot à te dire. Et Jéhu dit : Auquel de nous tous ? Il répondit : À toi, chef. Jéhu se leva et entra dans la maison, et le jeune homme répandit l'huile sur sa tête, en lui disant : Ainsi parle l'Éternel, le Dieu d'Israël : Je t'oins roi d'Israël, du peuple de l'Éternel. Tu frapperas la maison d'Achab, ton maître, et je vengerai sur Jézabel le sang de mes serviteurs les prophètes et le sang de tous les serviteurs de l'Éternel. »

II Rois 9 : 5-7

Après que Jéhu a été oint roi par le prophète, Joram le fils de Jézabel a été tué. Le roi Jéhu a alors confronté sa méchante mère, comme c'était prophétisé.

« L'Éternel parle aussi sur Jézabel, et il dit : Les chiens mangeront Jézabel près du rempart de Jizreel. »

I Rois 21 : 23

Dans la langue moderne, le nom Jézabel est souvent utilisé comme synonyme de femmes qui s'adonnent à la promiscuité sexuelle et qui sont contrôlantes. Cette image est illustrée par l'expression « Jézabel peinte ». Juste avant que la reine mère ait été tuée, elle s'est maquillée.

« Jéhu entra dans Jizreel. Jézabel, l'ayant appris, mit du fard à ses yeux, se para la tête, et regarda par la fenêtre. Comme Jéhu franchissait la porte, elle dit : Est-ce la paix, nouveau Zimri, assassin de son maître ? Il leva le visage vers la fenêtre, et dit : Qui est pour moi ? Qui ? Et deux ou trois eunuques le regardèrent en s'approchant de la fenêtre. Il dit : Jetez-la en bas ! Ils la jetèrent, et il rejaillit de son sang sur la muraille et sur les chevaux. Jéhu la foula aux pieds ; puis il entra, mangea et but, et il dit : Allez voir cette maudite, et enterrez-la, car elle est fille de roi. »

II Rois 9 : 30-34

Je me souviens de l'une des premières choses que j'ai remarquées quand le Seigneur m'a fait connaître le pentecôtisme, cela a été que les femmes de l'église ainsi que leurs filles ne se maquillaient pas. Je supposais qu'elles ne voulaient pas l'esprit ou le sort de Jézabel chez elles ou dans leurs services.

Voici les paroles de Martin Luther dans sa troisième thèse qu'il a écrite en 1517 : « Il n'y a pas de repentance intérieure qui ne se manifeste pas extérieurement par des mortifications [*abnégation*] de la chair. »

« Je veux donc que les hommes prient en tout lieu, en élevant des mains pures, sans colère ni mauvaises pensées. Je veux aussi que les femmes, vêtues d'une manière décente, avec pudeur et modestie, ne se parent ni de tresses, ni d'or, ni de perles, ni d'habits somptueux. »

I Timothée 2 : 8-9

Quand les gens levaient leurs mains en louant, j'ai aussi remarqué que les femmes avaient les cheveux non coupés. Elles ne portaient pas de pantalons. Elles portaient toutes des robes modestes.

« La nature elle-même ne vous enseigne-t-elle pas que c'est une honte pour l'homme de porter de longs cheveux, mais que c'est une gloire pour la femme d'en porter, parce que la chevelure lui a été donnée comme voile ? »

I Corinthiens 11 : 14-15

« Une femme ne portera point un habillement d'homme, et un homme ne mettra point des vêtements de femme ; car quiconque fait ces choses est en abomination à l'Éternel, ton Dieu. »

Deutéronome 22 : 5

C'est une question de confiance

Un ensemble pantalon de femme est un vêtement conçu d'après les vêtements d'homme. Les hommes et les femmes apostoliques ne s'habillent pas modestement selon la Parole de Dieu en raison de leur désir d'être sauvés. Ils s'habillent modestement en conformité à la Parole de Dieu parce qu'ils sont sauvés.

Le vrai problème de Jézabel n'était pas son apparence. Le vrai problème était qu'elle adorait et servait le mauvais dieu.

Que ce soit en luttant délibérément contre Dieu ou en choisissant simplement de désobéir à la Parole du Seigneur, si on ne s'adhère pas aux instructions de Dieu, on aura inévitablement des problèmes. Voyons rapidement le cas d'un homme de Dieu qui s'est créé tant de problèmes en se rebellant contre le Seigneur ; cet homme est Jonas.

Chaque pas que Jonas a fait après s'être rebellé contre la Parole de Dieu a été vers le bas. Son refus de faire confiance et d'obéir l'a conduit à une existence solitaire loin de Dieu. Jonas est descendu à Japho pour s'embarquer sur un bateau à destination de Tarsis. Jonas est descendu dans le bateau après avoir payé le prix du voyage. Il est descendu dans les eaux. Il est descendu dans le ventre du poisson.

Tous ceux qui ont fait l'expérience de la vraie présence du Seigneur ont besoin de savoir que, lorsqu'on choisit de se rebeller, on descend. Le péché a conduit Jonas plus loin qu'il ne voulait aller et l'a gardé là plus longtemps qu'il ne voulait rester. Une fois de plus, où était le péché de Jonas ? Était-ce parce qu'il est allé à Tarsis ou parce qu'il ne faisait pas confiance à la voix du Seigneur ? C'était son manque de confiance en la voix du Seigneur. Si Jonas avait fait confiance en Dieu, il aurait pu échapper aux souffrances qui ont résulté de sa désobéissance.

J'ai souffert une grande quantité de troubles dans ma vie avant de connaître le Seigneur. Maintenant, je pense souvent à la chanson « Quel ami fidèle ».

> Quel ami fidèle et tendre
> Nous avons en Jésus-Christ,
> Toujours prêt à nous entendre,
> À répondre à notre cri !

Il connaît nos défaillances,
Nos chutes de chaque jour.
Sévère en ses exigences,
Il est riche en son amour.

Si nous, enfants du Seigneur, pouvons apprendre à faire confiance en lui de tout notre cœur, nous réaliserons rapidement qu'il ne nous égarera jamais. Au cours de mes années marchant avec le Seigneur, il m'a sans cesse appris une chose : Il peut tout faire, sauf faillir.

Chapitre huit

Des révélations puissantes

À mesure que nous avançons, nous allons examiner les prophéties messianiques de l'homme de Dieu appelé Ésaïe. À travers ces lèvres d'argile, le Seigneur ferait prendre conscience au monde qu'il serait incarné et que son être entier serait dans le Christ ou le Messie.

Les prophéties messianiques n'ont pas été créées par un prophète en Israël. Elles sont issues de Dieu et ont été livrées aux humains par des lèvres et des mains d'argile ointes.

L'Éternel des armées a dit au prophète Ésaïe qu'il y aurait des titres attachés à son nom salvateur, afin que son peuple sache exactement qui il était. Il n'y aurait pas de doute en Israël quant à son identité. Quand Ésaïe a été informé que son nom serait « Père éternel », il y avait une raison.

« Car un enfant nous est né, un fils nous est donné, et la domination reposera sur son épaule ; on l'appellera Admirable, Conseiller, Dieu puissant, Père éternel, Prince de la paix. »

Ésaïe 9 : 5

Parce que Jésus était humain et divin, il faut absolument que vous et moi comprenions quand il parlait en tant qu'homme et quand il parlait en tant que Dieu. Le Messie pour notre salut éternel a reconnu et accepté son corps de mortalité, tout en proclamant en même temps la puissance et l'autorité contenues en lui.

« Mais, si c'est par le doigt de Dieu que je chasse les démons, le royaume de Dieu est donc venu vers vous. »

Luc 11 : 20

Les titres sont des droits de propriété ou des appellations indiquant le rang d'une personne dans sa vie. Quand je faisais partie du ministère catholique, on pourrait dire que mon titre était en latin « *Auctor trinitatis, Patris, Fili, Sanctique Spiritus* » (Défenseur de la trinité : Père, Fils et Saint-Esprit). Le titre indiquait qui j'étais.

Après avoir reçu le baptême du Saint-Esprit avec le parler en langues à l'autel d'une église apostolique, ce titre a changé. Maintenant, j'ai un titre différent qui indique qui je suis aujourd'hui. « *Auctor unius, Dei, veri vivique, Iesus Christus* » (Défenseur du seul vrai Dieu vivant : Jésus-Christ).

La connaissance de l'identité de Jésus ne s'obtient qu'à travers la révélation divine. La révélation divine ne vient pas d'un prophète. Elle vient de Dieu, souvent à travers les lèvres d'un prophète.

« Toutes choses m'ont été données par mon Père, et personne ne connaît le Fils, si ce n'est le Père ; personne non plus ne connaît le Père, si ce n'est le Fils et celui à qui le Fils veut le révéler. »

Matthieu 11 : 27

« Philippe lui dit : Seigneur, montre-nous le Père, et cela nous suffit. Jésus lui dit : Il y a si longtemps que je suis avec vous, et tu ne m'as pas connu, Philippe ! Celui qui m'a vu a vu le Père ; comment dis-tu : Montre-nous le Père ? »

Jean 14 : 8-9

« Elle [*la Parole*] était dans le monde, et le monde a été fait par elle, et le monde ne l'a point connue. »

Jean 1 : 10

Au temps de Jésus, les noms n'étaient pas toujours comme nous les connaissons de nos jours. Beaucoup de fois, les gens naissaient, vivaient et mouraient dans le même village. S'il y avait deux hommes avec le nom Pierre, ils auraient des titres attachés à leur nom pour la distinction.

Historiquement, le premier empereur romain converti au christianisme a été Constantin le Grand. Le mot « Grand » était un titre pour décrire Constantin.

Christ n'était pas le nom de famille de Jésus, mais un titre attaché à son nom pour expliquer son identité. Ce n'était pas Marie et Joseph Christ. C'était Jésus le Christ ou Jésus le Messie.

Des révélations puissantes

Le dictionnaire *Webster II New College* décrit le terme Christ : « Christ signifie Messie, la manifestation divine de Dieu, qui est venu en chair pour détruire l'erreur incarnée. »

« Si tu es le Christ… » [*ou, Si tu es le Messie ?*]

Luc 22 : 67

« Ce fut lui qui rencontra le premier son frère Simon, et il lui dit : Nous avons trouvé le Messie (ce qui signifie Christ).

Jean 1 : 41

Par conséquent, « Christ » était un titre donné à Jésus pour que les gens sachent qui il était. Alors, qui était Jésus ? Jésus était-il un homme ? Jésus était-il Dieu ? Jésus était-il le Père ? Jésus était un homme, il était Dieu et il était le Père incarné. Le prophète Ésaïe savait exactement qui le Messie serait.

Pourquoi Dieu aurait-il donné l'instruction à ce prophète de déclarer que le titre « Père éternel » devait être attaché à son nom salvateur, s'il n'était pas le Père éternel incarné ? Jésus le Messie n'est pas venu sur terre pour prouver qu'il était le Père. Il est venu pour déclarer à ses propres enfants qu'il était leur Père. Dieu possédait la capacité de créer l'eau dans la mer et il avait la capacité de marcher sur elle. Il avait la capacité de créer un arbre, et il avait la capacité de choisir d'être pendu à un arbre.

La possibilité de trois personnes distinctes dans la Divinité n'a été considérée que mille ans après la prophétie messianique d'Ésaïe. Il n'y a aucune mention de cette théologie dans l'histoire hébraïque. Une autre prophétie messianique d'Ésaïe a concerné la mort de Jésus, et les meurtrissures qu'il allait subir pour nos transgressions et notre guérison.

« Méprisé et abandonné des hommes, homme de douleur et habitué à la souffrance, semblable à celui dont on détourne le visage, nous l'avons dédaigné, nous n'avons fait de lui aucun cas. Cependant, ce sont nos souffrances qu'il a portées, c'est de nos douleurs qu'il s'est chargé ; et nous l'avons considéré comme puni, frappé de Dieu, et humilié. Mais il était blessé pour nos péchés, brisé pour nos iniquités ;

le châtiment qui nous donne la paix est tombé sur lui, et c'est par ses meurtrissures que nous sommes guéris. »

Ésaïe 53 : 3-5

En croyant que Jésus-Christ ne change jamais, les apostoliques de partout dans le monde croient aujourd'hui qu'il possède le même pouvoir et la même volonté de guérir nos corps en temps de maladie.

Mon cousin, Don Hanscom, un missionnaire au Pakistan, a eu une formidable rencontre avec le Seigneur lors d'un accident subi par son fils qui porte son nom. Don et sa femme Saundra ont non seulement loué Dieu pour son intervention sur le moment, mais le font encore aujourd'hui.

Don avait reçu un appel à être missionnaire. Je me trouvais dans un service l'automne de cette année, à Tilly au Nouveau-Brunswick au Canada, lorsque Saundra s'est levée gracieusement pour témoigner.

Ce jour-là, j'ai été témoin de l'un des plus grands esprits que je n'ai jamais ressentis venant d'un être humain. Tandis que des larmes coulaient sur son visage, elle a dit à l'église que peu importe le coût, elle irait partout où Dieu voulait qu'elle aille. Pendant qu'elle témoignait humblement, il n'y a pas eu un seul œil sec dans la maison.

Don et Saundra sont restés que peu de temps au Pakistan lorsque leur très jeune fils, Don Jr, est monté sur le toit plat de leur maison et est tombé de plusieurs mètres au sol. La tête du garçon a heurté le béton en dessous, causant immédiatement une enflure de manière très disproportionnée.

Il était impossible d'avoir un vol hors du pays. Dans une sorte d'hôpital primitif improvisé, les médecins ont donné très peu d'espoir à la famille. Les saints de Dieu dans le monde entier ont été appelés à prier et les choses ont commencé à arriver. Dieu a entendu les appels de ses sanctifiés. Saundra a rappelé au Seigneur sa décision faite à l'église de Tilly de suivre sa direction, et lui a demandé d'épargner son fils.

Un inconnu est entré dans la chambre et a demandé de prier pour le garçon. Sur-le-champ, le jeune garçon a commencé à se rétablir. Le saignement s'est arrêté et l'enflure a commencé à diminuer. Don Jr est actuellement pasteur d'une église apostolique aux États-Unis.

Don et Saundra ne savaient pas pourquoi leur garçon est tombé du toit, mais ils comprenaient ce que l'inconnu faisait dans la chambre d'hôpital. Ils se sont rappelés d'Hébreux 13 : 2 « N'oubliez pas l'hospitalité ; car en l'exerçant, quelques-uns ont logé des anges, sans le savoir. »

L'histoire révèle tout au long des deux Testaments que le Seigneur s'est toujours rendu visible par l'intermédiaire des opérations miraculeuses de son Esprit dans les pires situations, pour montrer sa puissance sainte et inégale.

Grâce à l'obéissance de Saundra Hanscom, non seulement Dieu a envoyé un ange pour guérir son fils, mais il a aussi permis au ministère des Hanscom au Pakistan de prospérer. Dieu a rempli plus de 100 000 personnes du don du Saint-Esprit, plus de 1 000 églises ont été établies, et il y a maintenant 250 ministres unicitaires dans ce champ de mission. Notre Dieu est si merveilleux !

Considérons le prophète qui a prophétisé l'effusion de l'Esprit de Dieu, Joël. Le message du Seigneur de ce prophète mineur était différent et plus grand que toute autre prophétie antérieure. Le Créateur et le soutien du ciel et de la terre ferait de nos corps des temples pour sa demeure. Ce prophète a apparemment prophétisé en Judée. Le titre « prophète mineur » n'insinue pas que les écritures du prophète étaient moins importantes que celles des « prophètes majeurs » tels qu'Ésaïe ou Jérémie. Le titre « prophète mineur » est seulement dû à la brièveté des écritures du prophète.

« Vous saurez que je suis au milieu d'Israël, que je suis l'Éternel, votre Dieu, et qu'il n'y en a point d'autre, et mon peuple ne sera plus jamais dans la confusion. Après cela, je répandrai mon Esprit sur toute chair ; vos fils et vos filles prophétiseront, vos vieillards auront des songes, et vos jeunes gens des visions. Même sur les serviteurs et sur les servantes, dans ces jours-là, je répandrai mon Esprit. »

Joël 2 : 27-29

Il semble qu'après que le Seigneur a prononcé ce message à Israël à travers ces lèvres d'argile, il a choisi de garder le silence comme il ne l'avait jamais fait auparavant. Cette prophétie devait être la dernière qui allait de nouveau unir l'humanité à la Divinité, l'homme à Dieu. Pendant quatre cents ans du calendrier hébraïque, il a préparé son voyage pour marcher sur les rives de la Galilée. C'était pendant cette période de quatre cents ans que les livres de l'Apocryphe ont été écrits. Cette période de l'histoire est connue sous le nom de la « période intertestamentaire ».

Apocryphe signifie caché ou secret. La plupart des érudits de la Bible n'accordent pas trop d'importance à cette période entre l'Ancien Testament et le Nouveau Testament. C'était durant ces siècles de silence que Dieu a apparemment fermé les fenêtres éternelles du ciel. D'après l'histoire hébraïque, durant cette époque, il n'y a pas eu de prophète en Israël.

Satan, dans son état déchu, ayant la connaissance de l'harmonie à travers les Testaments, aurait aimé déshonorer l'autorité de la Parole de Dieu en la polluant avec des écritures non inspirées. Pour l'Église apostolique, la Bible est la Parole véritable, sainte et non altérée du Seigneur.

Trois des copies principales faites à partir des manuscrits d'origine sont le Codex Sinaiticus, le Codex Alexandrinus, et le Codex Vaticanus. Tandis que le Codex Sinaiticus et le Codex Alexandrinus sont en Grande-Bretagne, le Codex Vaticanus, qui a été probablement écrit au IVe siècle, se trouve aujourd'hui dans la bibliothèque du Vatican à Rome.

Bien que la Vulgate (une traduction latine de la Bible en 400 apr. J.-C. par Jérôme de Bethléhem) ait été utilisée pendant des centaines d'années par les autorités catholiques, les réglementations du Vatican ont énormément changé avec le temps.

La soi-disant Vulgate clémentine, issue par le Pape Clément VIII (1592-1605) en 1592, est devenue le texte biblique faisant autorité de l'Église catholique. Durant le concile de Trente en 1545, l'Église catholique a reconnu onze livres de l'Apocryphe comme étant canoniques. Certains livres de l'Apocryphe apparaissent dans l'édition catholique moderne des Écritures, notamment : Tobie, Judith, I Maccabées, II Maccabées, Sagesse de Salomon, Siracide (Ecclésiastes) et Baruch.

Des révélations puissantes

Les Juifs de la dispersion en Égypte ont inclus les livres de l'Apocryphe dans leur traduction grecque de l'Ancien Testament appelée la Septante. Plus tard, cette traduction a été exclue du canon hébraïque par les Juifs de la Palestine.

Contrairement aux évaluations catholiques de ces écritures, les églises protestantes issues de la Réforme diffèrent nettement. Tout en reconnaissant que les livres contiennent une certaine valeur littéraire et historique, les écrits sont rejetés dans leur ensemble comme étant des œuvres non inspirées qui n'apparaissent pas dans le « Canon hébraïque ancien ». La qualité inférieure de la majorité de ces écritures, par rapport aux livres canoniques, les rend indignes de figurer parmi les Écritures sacrées.

Les livres apocryphes comprennent :

I Esdras	La lettre de Jérémie
II Esdras	Les cantiques des trois jeunes Hébreux
Tobie	L'histoire de Suzanne
Judith	Bel et le dragon
Suppléments d'Esther	Prière de Manassé
Sagesse de Salomon	I Macabées
Ecclésiastes	II Maccabées
Baruch	

Pape Clément VIIII
(1592-1605)

Des révélations puissantes

Tout en faisant preuve de respect à l'égard de tous les catholiques de partout, je dois conclure que les livres de la Sainte Bible comprennent seulement la Parole de Dieu divinement inspirée. Si un écrit n'est pas divinement inspiré, il n'est pas la Parole du Seigneur. Les œuvres théologiques ne sont pas nécessairement les œuvres de Dieu. Les prophètes dans l'histoire hébraïque écrivaient laborieusement à la main sous la direction directe de Dieu lui-même. Ces hommes étaient mortels et cependant inspirés et motivés.

« Car ce n'est pas par une volonté d'homme qu'une prophétie a jamais été apportée, mais c'est poussés par le Saint-Esprit que des hommes ont parlé de la part de Dieu. »

II Pierre 1 : 21

C'est contraire à l'Église apostolique et aux Écritures saintes d'ajouter des livres non inspirés à la Parole de Dieu. Jean de Patmos nous a mis en garde contre ces écrits.

« Je le déclare à quiconque entend les paroles de la prophétie de ce livre : Si quelqu'un y ajoute quelque chose, Dieu le frappera des fléaux décrits dans ce livre. »

Apocalypse 22 : 18

Les reliques ont été dévoilées au fil des années, éclaircissant les activités historiques. L'un de ces artéfacts a été le cercueil en or massif en forme ajustée au roi Toutankhamon, pesant environ 817 kg ; il est l'une des découvertes les plus exquises de l'Égypte. Une autre découverte plus récente a été les Manuscrits de la mer Morte, découverts par un berger arabe au printemps de 1947. Au moment de la découverte, les manuscrits dataient provisoirement d'environ 100 av. J.-C. Ces textes oubliés depuis longtemps ont été trouvés dans les contreforts arides du désert judéen, à l'ouest de la mer Morte.

Bien que les manuscrits originaux de la Bible aient disparu au cours de nombreuses années, nous avons encore la base littéraire de la Sainte Bible. Les « copies les plus anciennes » préparées à partir des manuscrits originaux existent toujours.

Nous devons protéger nos âmes avec l'approche de la fin des temps. Satan n'essaie pas seulement de polluer la Parole de Dieu avec les écrits non inspirés, mais s'engage sournoisement à traquer des mortels potentiellement vulnérables, prêt à les dépouiller de toute connaissance spirituelle. Notre adversaire a courtisé l'humanité dès le début.

« Soyez sobres, veillez. Votre adversaire, le diable, rôde comme un lion rugissant, cherchant qui il dévorera. »

I Pierre 5 : 8

À la fin des quatre cents ans de silence, un enfant est né à Bethléhem en Judée. Cet enfant mortel a été conçu par l'immortalité pour héberger la totalité de Dieu.

« Au sixième mois, l'ange Gabriel fut envoyé par Dieu dans une ville de Galilée, appelée Nazareth, auprès d'une vierge fiancée à un homme de la maison de David, nommé Joseph. Le nom de la vierge était Marie. L'ange entra chez elle, et dit : Je te salue, toi à qui une grâce a été faite ; le Seigneur est avec toi. Troublée par cette parole, Marie se demandait ce que pouvait signifier une telle salutation. L'ange lui dit : Ne crains point, Marie ; car tu as trouvé grâce devant Dieu. Et voici, tu deviendras enceinte, et tu enfanteras un fils, et tu lui donneras le nom de Jésus. »

Luc 1 : 26-31

Ce Jésus était le Messie dont Ésaïe avait parlé à Israël. Il était le Christ prophétisé. J'ai enseigné dans l'Église catholique que Marie était la mère biologique de l'enfant, mais que Joseph n'était pas le père biologique. Marie a été couverte par l'Esprit du Seigneur. Je l'ai enseigné en ce temps-là et je l'enseigne aujourd'hui. Il y a toutefois quelques questions concernant Marie la mère de Jésus qui, à mon avis, doivent être abordées.

Dans l'Église d'où je viens, les gens adoptent une vraie appréciation à l'égard de l'esprit de Marie. Même si cela n'a jamais été mon intention j'ai probablement fait une déesse d'elle, la faisant passer avant Jésus dans ma vie de prière.

Dans les pages suivantes, j'espère pouvoir clarifier qui Marie la mère de Jésus était, et qui elle n'était pas. Elle ne doit pas être vénérée, mais elle ne doit pas non plus être considérée comme n'importe quelle autre femme. Marie aimait le Seigneur et a cherché à lui plaire toute sa vie.

C'était durant la guerre de Corée que le pape Pie XII (1939-1958) a proclamé le 11 novembre 1950 l'assomption de la Vierge Marie, la mère du Messie. La doctrine catholique déclare que Marie ainsi que Hénoc et Élie de l'Ancien Testament, ne sont pas morts, mais ont été emportés au ciel. Le pape Pie XII a rendu cette doctrine nécessaire au salut en déclarant : « Marie, l'Immaculée Mère de Dieu, toujours vierge, après avoir achevé le cours de sa vie terrestre, a été élevée en corps et en âme dans la gloire céleste. »[1]

Au VIIIe siècle, l'empereur Léon, chef de l'empire le puissant du monde, l'Empire romain, a défendu la vénération des images.

« Tu ne te feras point d'image taillée, ni de représentation quelconque des choses qui sont en haut dans les cieux, qui sont en bas Inquisition, et qui sont dans les eaux plus bas que la terre. »

Exode 20 : 4

L'empereur Léon a dû consulter la Parole de Dieu dans son jugement et dans sa déclaration. Ésaïe, le prophète du Seigneur, a dit à Israël que Dieu ne voulait absolument pas partager sa gloire avec des images.

« Je suis l'Éternel, c'est là mon nom ; et je ne donnerai pas ma gloire à un autre, ni mon honneur aux idoles. »

Ésaïe 42 : 8

Le Seigneur dit de son peuple qu'il se comporte comme une prostituée dans le sens qu'il est connu pour avoir adoré d'autres dieux. En ce faisant, le peuple s'est séparé de Jéhovah. Dans le livre d'Ézéchiel, le Seigneur révèle sa désapprobation des gens vénérant les images des hommes.

« Tu as pris ta magnifique parure d'or et d'argent, que je t'avais donnée, et tu en as fait des simulacres d'hommes, auxquels tu t'es prostituée. »

Ézéchiel 16 : 17

---

[1] https://liturgie.catholique.fr/celebrer-dans-le-temps/
les-fetes-et-les-saints/291136-assomption-marie-elevee-gloire-dieu/

Marie, la mère de Jésus, ne doit pas être adorée. Elle est un exemple pour nous, pour savoir et comprendre que les vases qui se sont soumis à Dieu dans cette vie seront honorés dans la prochaine vie.

Contre le jugement de l'empereur, le pape Grégoire III (731-741 apr. J.-C.) a tenu un synode (l'organe directeur suprême de l'Église catholique) en 731 apr. J.-C., avec quatre-vingt-treize évêques. Le pape Grégoire a décrété en faveur de la vénération des images et a déclaré que quiconque trouvé coupable de déshonorer ou de détruire ces images serait excommunié de l'Église.

Le Septième concile œcuménique tenu à Nicée (Turquie) sous les légats du pape Adrien Ier (772-795 apr. J.-C.) a réaffirmé la croyance catholique en la vénération des images. Ce concile a été suivi et approuvé par l'impératrice Irène d'Athènes, la veuve du défunt empereur Léon qui désapprouvait fortement la pratique.

Je voudrais donner un aperçu des liens persistants entre le ministère catholique et la Vierge Marie. Une statue de Marie a été couronnée en 1905 à Saragosse en Espagne : « La Vierge du Pilier. » Sa couronne en or massif et diamants pesait plus que 11 kg. Le 24 janvier 1998, le pape Jean-Paul II a personnellement couronné une statue à Cuba déclarant Marie la « Reine de Cuba ». Des milliers de catholiques ont fait la queue pour embrasser le pied de l'image. Embrasser le pied d'une statue ne rapproche personne de la Divinité, mais plutôt de l'idolâtrie.

Le Dieu de ce grand univers ne veut pas des images d'hommes et de femmes faites en pierre dans sa maison. Il recherche des gens, des gens authentiques, qui rassemblent pour remplir le sanctuaire de louanges au seul potentat béni, le Roi des rois, et le Seigneur de tous les seigneurs.

DES RÉVÉLATIONS PUISSANTES

Pape Adrien Ier
(772-795 apr. J.-C.)

Dans l'Église catholique, il n'y a pas seulement des statues de Marie la mère de Jésus, mais aussi des statues d'autres personnes à travers l'histoire de l'Église représentant des hommes et des femmes du passé. Ces personnes sont appelées des saints. Par exemple, une image de Saint-Joseph représente le mari de Marie. D'autres saints sont Saint-Jérôme, Saint-Pierre et Saint-Paul. La dulie est la révérence offerte aux saints directement par la prière ou à travers les images. Cette pratique provient de l'idée catholique qu'un saint est une personne qui se sacrifie, qui est digne de vénération. Pour ces gens, être mis à part pour Dieu mène souvent à la persécution inspirée de Satan par le monde, au martyr même. Afin de devenir un saint dans l'Église catholique, il faut d'abord être mort. La personne qui est canonisée par le pape comme saint ne peut pas être vivante et selon l'enseignement catholique, elle est digne d'être vénérée.

La théologie de mariologie de l'Église catholique déclare que Marie est la « Mère de Dieu. » « *Theotokos* » est le titre latin qu'on lui a donné au concile d'Éphèse en 431 apr. J.-C., connu sous le nom de Troisième concile œcuménique. Ce concile a décrété que le titre pouvait lui être attribué à juste titre, simplement parce que Jésus a été conçu par le Saint-Esprit. Par conséquent, Jésus était Dieu à partir du moment de sa conception. Les personnes qui portent le nom de Jésus croient en partie à cette déclaration. Jésus était Dieu dès la conception, mais nous ne croyons pas que Dieu ait eu une mère.

Selon l'estimation catholique, la Vierge Marie, qui a rendu possible la naissance du Messie, occupe une position parmi les autorités, plus exaltée que toute autre créature. De plus, puisque sa maternité a été indispensable pour l'activité rédemptrice de Dieu, Marie la « Mère de Dieu » est essentielle à la perfection finale et spirituelle de toutes les créatures. La participation de Marie au salut la rend corédemptrice avec son fils Jésus-Christ. Bien que les œuvres du Messie aient été primordiales et totalement suffisantes, on croit que tous les deux, lui et sa mère Marie, expient nos péchés.

Dans la doctrine catholique, l'Immaculée Conception déclare que Marie, la mère de Jésus le Messie, n'avait pas de péché originel à sa conception, et elle n'a pas acquis les éléments du péché originel au cours de sa vie. Tous les autres humains, par contre, ont le péché originel depuis leur conception à cause de la chute d'Adam. Le Pape Pie IX (1846-1878) a fait de cet article de foi un dogme en 1854. Ce que je vous écris aujourd'hui est la doctrine catholique qui est issue de l'histoire catholique documentée.

J'ai enseigné cette doctrine de 1854 et j'étais sincère dans ma poursuite de la vérité. Pour cette raison, j'ai le plus grand respect à l'égard des catholiques. C'est exactement la raison pour laquelle je veux qu'ils voient par eux-mêmes la vérité que l'histoire et les Écritures saintes apportent.

Marie est souvent invoquée dans l'Église catholique pour intercéder pour les morts. Lors d'un enterrement catholique, on verra les catholiques s'agenouiller devant le cercueil, priant à la Vierge Marie, pour intercéder au nom du défunt.

Bien que Marie n'ait pas participé à la création physique de toute personne, selon cette doctrine elle est, dans un sens, la mère des créatures de Dieu. Son rôle de médiatrice comprend son intercession présente aux pécheurs. Cette théologie est enseignée perpétuellement parmi les catholiques dans le monde entier.

Marie n'a jamais été, n'a jamais voulu, et ne sera jamais une médiatrice entre l'humanité et la Divinité. Sans son implication, des philosophes et théologiens vains promouvant des théologies non bibliques au cours des siècles ont exalté cette femme pour profaner des choses sacrées et divines.

Nul ne savait mieux que cette précieuse servante du Seigneur qu'elle n'était pas une rédemptrice ni une médiatrice. C'est Jésus-Christ qui sauve les perdus de leur iniquité, pas sa mère. Dans le livre de Jean, la voix de celui qui criait dans le désert explique la présence du Messie.

« Le lendemain, il vit Jésus venant à lui, et il dit : Voici l'Agneau de Dieu, qui ôte le péché du monde. »

Jean 1 : 29

Après que Jean de Wiclef, Martin Luther, Jean Hus et d'autres réformateurs religieux du Moyen-Âge ont protesté contre les enseignements de l'Église catholique, on dirait que le pendule de la mariologie a basculé à l'autre extrême. Dans beaucoup d'églises protestantes, Marie a été considérée comme « simplement une autre femme », et pourtant, rien n'aurait pu être moins vrai. Marie, la mère de notre Sauveur n'était pas simplement une autre femme.

Dans Luc 1 : 30, nous lisons qu'un ange envoyé par Dieu a donné un message à la jeune vierge. « L'ange lui dit : Ne crains point, Marie ; car tu as trouvé grâce devant Dieu. »

Dans Luc 1 : 46-47, Marie a réagi à la salutation de sa cousine Élisabeth d'une manière très humble. « Et Marie dit : Mon âme exalte le Seigneur, et mon esprit se réjouit en Dieu, mon Sauveur ».

Mes amis, il ne s'agit pas de la voix d'une femme qui voulait être vénérée, au contraire, c'était une servante humble du Seigneur qui a choisi de soumettre son vase au service de Dieu. Marie ne voulait pas être un obstacle ni faire tomber quelqu'un dans le péché grave de l'idolâtrie. Cette femme repassait les choses de Dieu dans son cœur. Marie savait qui elle était et savait le rôle important qu'elle allait assumer dans la naissance du Messie promis. Elle savait que derrière le voile (le corps) de Jésus était la plénitude de la Divinité.

Si Marie pouvait nous parler aujourd'hui, elle nous dirait de vénérer le seul vrai Dieu vivant, comme cela a été pratiqué avant elle par le judaïsme. Elle a ordonné aux serviteurs lors des noces de Cana en Galilée : « Faites ce qu'il vous dira. » Si c'était possible, de la même façon, ce serait ce que cette femme dirait à l'Église apostolique du Dieu vivant de nos jours.

Marie faisait partie du groupe des 120 dans la chambre haute qui ont reçu le baptême du Saint-Esprit. Est-ce que Marie a été baptisée du Saint-Esprit ? Si la Bible est vraie, elle l'a été. Marie, a-t-elle parlé en langues selon que l'Esprit lui donnait de s'exprimer ? Oui, Marie a parlé en langues selon que l'Esprit lui donnait de s'exprimer, tout comme les 119 autres personnes. Le livre des Actes témoigne de la présence de Marie dans la chambre haute lors de l'effusion de l'Esprit de Dieu, comme le prophète Joël l'avait prophétisé.

« Alors ils retournèrent à Jérusalem, de la montagne appelée des Oliviers, qui est près de Jérusalem, à la distance d'un chemin de sabbat. Quand ils furent arrivés, ils montèrent dans la chambre haute où ils se tenaient d'ordinaire ; c'étaient Pierre, Jean, Jacques, André, Philippe,

Des révélations puissantes

Thomas, Barthélemy, Matthieu, Jacques, fils d'Alphée, Simon le Zélote, et Jude, fils de Jacques. Tous d'un commun accord persévéraient dans la prière, avec les femmes, et *Marie, mère de Jésus,* et avec les frères de Jésus. En ces jours-là, Pierre se leva au milieu des frères, le nombre des personnes réunies étant d'environ cent vingt... »

Actes 1 : 12-15

Lorsque les 120 sont sortis de la chambre en étant ivres du Saint-Esprit, Marie, envahie par l'extraordinaire présence de Dieu, s'est réjouie au milieu d'eux, remerciant le Dieu monothéiste d'Israël de l'opération extraordinaire de son Esprit sur leurs vies.

Le deuxième chapitre du livre des Actes des apôtres enregistre le mouvement du vent et la descente du feu témoignés par la mère de Jésus.

« Le jour de la Pentecôte, ils étaient tous ensemble dans le même lieu. Tout à coup, il vint du ciel un bruit comme celui d'un vent impétueux, et il remplit toute la maison où ils étaient assis. Des langues, semblables à des langues de feu, leur apparurent, séparées les unes des autres, et se posèrent sur chacun d'eux. Et ils furent tous remplis du Saint-Esprit, et se mirent à parler en d'autres langues, selon que l'Esprit leur donnait de s'exprimer. »

Actes 2 : 1-4

Aujourd'hui, je crois, en ce qui concerne l'Église éternelle de Dieu, que Marie était une mère de Sion qui portait le nom de Jésus, étant apostolique, pentecôtiste, parlant en langues, et qui adorait le Seigneur en Esprit et en vérité. La mère de Jésus n'a jamais voulu que les gens la considèrent comme un Sauveur. Marie savait dans son cœur ce qu'Ésaïe a enregistré : Dieu seul est Sauveur.

« C'est moi, moi qui suis l'Éternel, et à part moi il n'y a point de sauveur. »

Ésaïe 43 : 11

Chapitre neuf

Le sacrifice suprême

En regardant vers le côté Anno Domini de l'horloge, les ténèbres sont tombées sur l'Empire romain à mesure que l'humanité écrasait le divin. « *Anno Domini* » en latin médiéval signifie « de l'an de notre Seigneur ». Dans sa version latine plus complète, ce serait « *Anno Domini Nostri Iesu Jesus Christi* », dont la traduction est « de l'an de notre Seigneur Jésus-Christ. »

La mort de Christ n'était comme aucune autre. De plus, le sang de quiconque ne pourrait remplacer son sang royal versé au Golgotha. L'amour du Messie a toujours été inconditionnel, sa loyauté et sa dévotion sans compromis ; et son leadership spirituel et sa direction étaient une source constante d'inspiration.

Les dirigeants juifs ont pourtant considéré que Jésus méritait de mourir, mais ils étaient forcés de le livrer aux Romains pour approuver et procéder à leur exécution prescrite. La réunion du sanhédrin au sujet du jugement de Jésus a enfreint plusieurs règles du fonctionnement normal de l'organisme. La Mishna prescrivait que les procès emportant la peine capitale aient lieu durant le jour. Le verdict ne pouvait être rendu que pendant la journée.

La tradition juive situe l'origine du sanhédrin dans le commandement de Dieu à Moïse de rassembler soixante-dix hommes parmi les anciens d'Israël.

« L'Éternel dit à Moïse : Assemble auprès de moi soixante-dix hommes des anciens d'Israël, de ceux que tu connais comme anciens du peuple et ayant autorité sur lui ; amène-les à la tente d'assignation, et qu'ils s'y présentent avec toi. »

Nombres 11 : 16

Une question importante à propos du fonctionnement du sanhédrin durant la période du Nouveau Testament concerne la possession du droit d'exécution de la peine capitale. Flavius Josèphe mentionne la mort de Jacques, le frère de Jésus, après un procès par le sanhédrin. Il y a également de l'évidence que les non-Juifs pouvaient être mis à mort pour intrusion dans des zones restreintes du temple à Jérusalem. Le Nouveau Testament suggère aussi que le sanhédrin juif n'avait pas l'autorité d'effectuer une exécution.

« Sur quoi Pilate leur dit : Prenez-le vous-mêmes, et jugez-le selon votre loi. Les Juifs lui dirent : Il ne nous est pas permis de mettre quelqu'un à mort. »

Jean 18 : 31

L'effort marathon de juger, de condamner et d'exécuter Jésus-Christ ne serait pas considéré comme un procès légitime en vertu des dispositions enregistrées relatives à la conduite du sanhédrin. Toutefois, le sanhédrin a en fait crucifié Jésus, en le remettant aux Romains impies.

Les derniers jours de notre Seigneur étaient palpitants, à la vue de l'Agneau de Dieu conduit à l'abattoir. Les auteurs du Nouveau Testament ont porté leur attention sur la signification de la crucifixion de Christ. En elle, ils ont compris que l'Éternel des armées a enduré l'ultime humiliation. Sa vie étant remplie d'actions bienveillantes, il a cherché le repos de ses souffrances indirectes, tout en étant constamment poursuivi de manière maléfique par les siens.

Comme il est dit dans Luc 22 : 14-15, Jésus et ses disciples sont partis de Béthanie à Jérusalem. Le Cénacle a eu lieu dans la Vieille Ville de Jérusalem. « L'heure étant venue, il se mit à table, et les apôtres avec lui. Il leur dit : J'ai désiré vivement manger cette Pâque avec vous, avant de souffrir ».

Voici une liste des évènements qui ont conduit à la crucifixion du Messie :

1. Du Cénacle, ils sont allés au jardin de Gethsémané, hors de la cité de Jérusalem.

« Là-dessus, Jésus alla avec eux dans un lieu appelé Gethsémané, et il dit aux disciples : Asseyez-vous ici, pendant que je m'éloignerai pour prier. »

Matthieu 26 : 36

Le sacrifice suprême

2. De Gethsémané, Jésus a été amené au palais du souverain sacrificateur.

« Ceux qui avaient saisi Jésus l'emmenèrent chez le souverain sacrificateur Caïphe, où les scribes et les anciens étaient assemblés. »
Matthieu 26 : 57

3. Du palais de Caïphe, on l'a amené au hall de jugement de Ponce Pilate.

« Ils se levèrent tous, et ils conduisirent Jésus devant Pilate. »
Luc 23 : 1

4. De Pilate, il a été amené au palais du roi Hérode.

« Et, ayant appris qu'il était de la juridiction d'Hérode, il le renvoya à Hérode, qui se trouvait aussi à Jérusalem en ces jours-là. »
Luc 23 : 7

5. Du palais d'Hérode, ils l'ont ramené au hall de jugement de Ponce Pilate.

« Hérode, avec ses gardes, le traita avec mépris ; et, après s'être moqué de lui et l'avoir revêtu d'un habit éclatant, il le renvoya à Pilate. »
Luc 23 : 11

6. Du hall de jugement de Pilate, il a été battu et amené au Golgotha.

« Arrivés au lieu nommé Golgotha, ce qui signifie lieu du crâne »
Matthieu 27 : 33

« Après l'avoir crucifié, ils se partagèrent ses vêtements, en tirant au sort, [afin que s'accomplisse ce qui avait été annoncé par le prophète : Ils se sont partagé mes vêtements, et ils ont tiré au sort ma tunique.] »
Matthieu 27 : 35

Le psalmiste David a prophétisé le partage de ses vêtements dans Psaumes 22 : 19, « Ils se partagent mes vêtements, ils tirent au sort ma tunique ».

C'était ici, au Golgotha, que l'Église monothéiste a été témoin de la mort terrible de leur Seigneur et Sauveur, Jésus-Christ. Ils ont regardé avec stupéfaction le Divin subir des choses qui étaient mortelles. Les tombeaux ont été miraculeusement ouverts à Jérusalem, tandis que le ciel s'assombrissait au-dessus de la terre.

Jésus-Christ est monté au ciel le quarantième jour après sa résurrection (Actes 1 : 3-9), et dix jours avant l'effusion du Saint-Esprit sur les 120 durant la fête de la Pentecôte (Actes 2 : 2).

L'Écriture sainte ne se contredit jamais. À propos des évènements relatifs à la mort du Messie, on peut découvrir une harmonie évidente entre les écritures de l'Ancien Testament et du Nouveau Testament.

Dans Zacharie 12 : 10, il est prophétisé que le côté de Christ serait percé. Ce prophète hébreu a vécu 500 ans avant la naissance de Jésus. « Alors je répandrai sur la maison de David et sur les habitants de Jérusalem, un esprit de grâce et de supplication, et ils tourneront les regards vers moi, celui qu'ils ont percé… »

Le psalmiste roi David a vécu 1 000 ans avant la naissance de Jésus-Christ, et a cependant écrit dans Psaumes 34 : 21 « Il garde tous ses os, aucun d'eux n'est brisé ».

Jean a écrit sur les os non brisés du Seigneur dans Jean 19 : 36, « Ces choses sont arrivées, afin que l'Écriture soit accomplie : Aucun de ses os ne sera brisé. »

Dans le Temple à Jérusalem, il y avait un voile qui séparait Israël de la présence de Dieu. Derrière le voile se trouvait l'arche de l'alliance, et autour de l'arche la gloire *Shekinah* du Seigneur. Dieu voulait que nous sentions sa présence comme Adam et Ève l'avaient sentie dans le jardin d'Éden, et appréciions encore une fois la communion avec lui. Afin que nous puissions entrer dans sa présence, il savait qu'il fallait enlever le voile. Cette exigence a été remplie au Calvaire.

« Jésus poussa de nouveau un grand cri, et rendit l'esprit. Et voici, le voile du temple se déchira en deux, depuis le haut jusqu'en bas… »
Matthieu 27 : 50-51

Lorsque Jésus est monté sur la colline du Golgotha, le voile était dans son esprit. Il pouvait se voir descendre dans nos services à l'église et marcher dans nos maisons pendant que nous l'exaltons. Si le voile était enlevé, le souverain sacrificateur ne serait plus le seul à pouvoir sentir son onction, mais tous ceux qui s'approcheraient avec audace du propitiatoire. Il nous incombe à tous de comprendre l'importance de ce qu'il a accompli pour nous au Calvaire, quand il a ôté le voile.

Maintenant que le voile du Temple a été ôté, les personnes remplies du Saint-Esprit peuvent s'approcher du propitiatoire du Seigneur avec audace. À travers des yeux spirituels, nous pouvons voir des anges et manger de la manne céleste dans nos services à l'église. Nous n'avons plus besoin d'avoir un souverain sacrificateur comme intermédiaire, mais nous pouvons sentir nous-mêmes la gloire *Shekinah* du Seigneur n'importe où, et partout où nous allons.

Je chérirai toujours l'heure à laquelle j'ai senti pour la première fois la présence *Shekinah* du Seigneur. Je sens maintenant sa présence partout où je vais. Il n'y a plus de voile religieux entre lui et moi.

Bien que les Juifs aient gagné la sympathie du monde pour leur dispersion partout Inquisition en 70 apr. J.-C., qui a duré presque deux mille ans, ils ont en quelque sorte causé leur propre malheur. L'ultime a été accompli, ayant malicieusement touché avec les mains charnelles le Messie oint.

Quand Jésus s'est tenu devant Ponce Pilate, le gouverneur romain a essayé de le relâcher. Pilate croyait que cet homme était innocent des accusations portées contre lui. Sa femme a insisté qu'il s'impliquait dans une affaire de sang innocent. Sans la pression des Juifs, il aurait libéré le Messie. Les sacrificateurs de la foi hébraïque ont exigé sa mort, infligeant ainsi le sang de Jésus-Christ sur eux-mêmes et leurs enfants, pendant des siècles à venir.

Même si la mort de Christ a été imputée aux Romains, Matthieu 26 : 3-4 dit que le complot a été orchestré par les chefs juifs. « Alors les principaux sacrificateurs et les anciens du peuple se réunirent dans la cour du souverain sacrificateur, appelé Caïphe ; et ils délibérèrent sur les moyens d'arrêter Jésus par ruse, et de le faire mourir. »

Aaron, le frère de Moïse et de Miriam, était le premier souverain sacrificateur d'Israël. Qui était l'homme appelé Caïphe ?

Caïphe était le souverain sacrificateur à Jérusalem durant les jours du Messie. Cet homme était regardé avec révérence par le peuple juif, ayant l'autorité de s'approcher du propitiatoire de Dieu. Caïphe a prophétisé sur Jésus-Christ, et ne savait pas réellement ce qu'il a prophétisé... ou le savait-il? Nous lisons une étrange prophétie venant de ce chef juif, sans doute connaissant l'Ancien Testament mieux que quiconque.

« Alors les principaux sacrificateurs et les pharisiens assemblèrent le sanhédrin, et dirent : Que ferons-nous ? Car cet homme fait beaucoup de miracles. Si nous le laissons faire, tous croiront en lui, et les Romains viendront détruire et notre ville et notre nation. L'un d'eux, Caïphe, qui était souverain sacrificateur cette année-là, leur dit : Vous n'y comprenez rien ; vous ne réfléchissez pas qu'il est dans votre intérêt qu'un seul homme meure pour le peuple, et que la nation entière ne périsse pas. Or, il ne dit pas cela de lui-même ; mais étant souverain sacrificateur cette année-là, il prophétisa que Jésus devait mourir pour la nation. Et ce n'était pas pour la nation seulement ; c'était aussi afin de réunir en un seul corps les enfants de Dieu dispersés. Dès ce jour, ils résolurent de le faire mourir. »

Jean 11 : 47-53

Est-ce que les Juifs n'ont pas pu comprendre cette prophétie mystérieuse sur la vraie identité de Jésus-Christ, qu'il était en réalité le Messie prédit dans les prophéties messianiques d'autrefois ? Caïphe, qui offrait annuellement un sacrifice au Dieu Tout-Puissant pour le péché d'Israël, a de même réclamé la mort de Jésus.

Les Romains étaient des ennemis perpétuels du peuple juif. Nous voyons dans Luc 23 : 11-12 une amitié anormale juste avant la crucifixion de l'Éternel des armées. « Hérode, avec ses gardes, le traita avec mépris ; et, après s'être moqué de lui et l'avoir revêtu d'un habit éclatant, il le renvoya à Pilate. Ce jour même, Pilate et Hérode devinrent amis, d'ennemis qu'ils étaient auparavant. »

N'est-ce pas étrange que Ponce Pilate, un Romain, devienne tout à coup un ami d'Hérode Antipas, un Juif, juste avant que Christ ait été livré aux mains du peuple ?

Il est vrai que Jésus, le vrai Messie, a été crucifié par les soldats romains impies, mais cette exécution a été mise en œuvre par des groupes irrégulières parmi les autorités juives.

Le sacrifice suprême

Durant les prochaines années, le peuple du Seigneur, lavé par son sang, allait subir un bain de sang sur l'ordre de la nation juive conjointement avec les empereurs romains. Les rues de l'Empire romain seraient salies du sang des saints monothéistes de Dieu et du sang de leur descendants pendant des générations à venir.

Commençons par la famille d'Hérode venant d'Édom et gouvernant en Palestine pendant presque cent cinquante ans. Ce laps de temps se situe environ entre l'an 50 av. J.-C. et l'an 100 apr. J.-C.

Il n'y avait pas qu'un seul gouverneur dans la famille d'Hérode, mais plusieurs. D'abord, il y a eu Hérode le Grand, le père de tous les autres. Puis, Hérode Antipas, son fils. Puis, Agrippa I, petit-fils d'Hérode le Grand, ensuite Agrippa II, l'arrière-petit-fils d'Hérode le Grand. La dynastie d'Hérode a gardé la mainmise pendant des années et des années.

Hérode le Grand a maintenu son règne en Palestine pendant plus de quarante ans, gardant une relation amicale avec les empereurs romains. Hérode le Grand avait dix femmes et un grand nombre d'enfants. Sa cruauté est illustrée par l'histoire du massacre des enfants de Bethléhem, dans un effort total de détruire l'enfant Christ.

Lorsqu'Hérode a entendu des mages d'Orient dire qu'un enfant naîtrait « Roi des Juifs », cela a immédiatement créé une menace au trône de la famille d'Hérode. C'était pour cette raison qu'Hérode, roi des Juifs, a envoyé les mages d'Orient à Bethléhem. C'était pour trouver l'enfant qui devait devenir le roi des Juifs. Hérode n'était pas intéressé de vénérer le Messie comme il l'avait prétendu. Il voulait éliminer la menace que l'enfant Christ représentait pour la famille charnelle d'Hérode.

Dans l'Évangile de Jean, Jésus décrit son règne royal Inquisition. Les attentes des Juifs n'ont cependant pas été satisfaites par Jésus, voyant qu'il était né comme enfant, alors qu'ils s'attendaient à ce que le Messie règne du haut d'un trône. Les Juifs croyaient en la venue du Messie prophétisé. Ils y croient toujours.

Ponce Pilate était le procureur ou gouverneur romain de la Judée et a été confus lorsque Jésus a été amené devant lui.

« Pilate répondit : Moi, suis-je Juif ? Ta nation et les principaux sacrificateurs t'ont livré à moi : qu'as-tu fait ? Mon royaume n'est pas de ce monde, répondit Jésus. Si mon royaume était de ce monde, mes serviteurs auraient combattu pour moi afin que je ne sois pas livré aux Juifs ; mais maintenant mon royaume n'est point d'ici-bas. Pilate lui dit : Tu es donc roi ? Jésus répondit : Tu le dis, je suis roi. Je suis né et je suis venu dans le monde pour rendre témoignage à la vérité. Quiconque est de la vérité écoute ma voix. »

Jean 18 : 35-37

Le peuple juif ne pouvait pas saisir ce qui s'était passé et a fini par prendre Jésus pour un blasphémateur. Dans les dernières heures de dérision, ils l'ont couronné d'une couronne de honte et l'ont appelé, avec l'accord de la famille d'Hérode, « Roi des Juifs ».

Il se peut que la famille Hérode ait été forcée au judaïsme pour des raisons politiques, mais les lois de Dieu n'étaient certainement pas considérées comme obligatoires dans leurs cœurs.

Dans Matthieu 2 : 12-13, l'histoire relate comment un ange du Seigneur a visité Joseph. « Puis, divinement avertis en songe de ne pas retourner vers Hérode, ils regagnèrent leur pays par un autre chemin. Lorsqu'ils furent partis, voici, un ange du Seigneur apparut en songe à Joseph, et dit : Lève-toi, prends le petit enfant et sa mère, fuis en Égypte, et restes-y jusqu'à ce que je te parle ; car Hérode cherchera le petit enfant pour le faire périr. »

Cela perturbe certainement l'esprit d'essayer de comprendre un homme osant se tenir dans le Temple du Tout-Puissant, sous l'étoile de David, et exécuter telles atrocités. Après avoir lu la réaction de cet homme au départ des mages, comment peut-on le considérer, Hérode le Grand, comme un être humain ?

« Alors Hérode, voyant qu'il avait été joué par les mages, se mit dans une grande colère, et il envoya tuer tous les enfants de deux ans et au-dessous qui étaient à Bethléhem et dans tout son territoire, selon la date dont il s'était soigneusement enquis auprès des mages. »

Matthieu 2 : 16

Le sacrifice suprême

Les enfants dans leur innocence ont toujours occupé une place spéciale dans mon cœur. J'ai toujours été un opposant fervent de l'avortement quand j'étais dans l'Église catholique. Je voudrais bien savoir la différence entre Hérode le Grand enfonçant une épée dans les corps des jeunes enfants à Bethléhem, et les cliniques d'avortement où des médecins coupent la tête des bébés prématurés. J'en ai assez de notre gouvernement prenant l'argent de nos impôts pour se débarrasser des enfants non désirés. Ils disent que le bébé n'est pas encore formé. Si nous choisissons de croire en la Bible, Dieu a dit à Jérémie, dans Jérémie 1 : 5, qu'il l'a connu avant de l'avoir formé. Dieu aime les petits enfants.

Deuxièmement est arrivé Hérode Antipas. Ce Juif était le gouverneur sournois et rusé qui a fait décapiter Jean-Baptiste et s'est opposé farouchement aux enseignements de Jésus-Christ de Nazareth.

Jean-Baptiste était le fils d'Élisabeth. Son père était un sacrificateur appelé Zacharie de la région Abia. Élisabeth était âgée et stérile lorsque l'ange Gabriel est apparu miraculeusement à son mari dans le Temple, l'informant de la volonté de Dieu pour leurs vies. Élisabeth allait connaître une conception divine et le fruit de ses entrailles, Jean, serait rempli du Saint-Esprit du ventre de sa mère. La mère de Jean, Élisabeth, et Marie la mère de Jésus étaient cousines.

Matthieu 3 : 13 relate comment Jésus est venu vers Jean pour se faire baptiser dans le Jourdain. « Alors Jésus vint de la Galilée au Jourdain vers Jean, pour être baptisé par lui. »

Parce que Jean-Baptiste a réprimandé l'union entre Hérode Antipas et Hérodias, la colère a envahi le cœur de la future mariée. Immédiatement, pour se venger et remplie d'un esprit vindicatif, Hérodias, a réclamé la vie de Jean-Baptiste.

Dans le livre de Matthieu, on peut lire le complot utilisé par cette femme pour décapiter ce serviteur du Seigneur.

« Car Hérode, qui avait fait arrêter Jean, l'avait lié et mis en prison, à cause d'Hérodias, femme de Philippe, son frère, parce que Jean lui disait : Il ne t'est pas permis de l'avoir pour femme. Il voulait le faire mourir, mais il craignait la foule, parce qu'elle regardait Jean comme un prophète. Or, lorsqu'on célébra l'anniversaire de la naissance d'Hérode, la fille d'Hérodias dansa au milieu des convives, et plut à Hérode, de sorte qu'il promit avec serment de lui donner ce qu'elle demanderait. À l'instigation de sa mère, elle dit : Donne-moi ici, sur un plat, la tête de Jean-Baptiste. Le roi fut attristé ; mais, à cause de ses serments et des convives, il commanda qu'on la lui donne, et il envoya décapiter Jean dans la prison. Sa tête fut apportée sur un plat, et donnée à la jeune fille, qui la porta à sa mère. Les disciples de Jean vinrent prendre son corps, et l'ensevelirent. Et ils allèrent l'annoncer à Jésus. »

Matthieu 14 : 3-12

Dans Luc 9 : 9, Hérode confesse le meurtre brutal de Jean-Baptiste, le prophète du Seigneur, qui criait dans le désert. « Mais Hérode disait : J'ai fait décapiter Jean… »

Comme si ce n'était pas assez terrible qu'Hérode le Grand ait fait tuer les petits enfants à Bethléhem, sa famille tendait maintenant la main charnelle contre l'oint de Dieu. Le bain de sang par l'Empire romain n'a fait que commencer.

Chapitre dix

Marqués pour le martyre

L'un des premiers messages que j'ai entendus dans un service apostolique est tiré de I Chroniques 16 : 21-22 concernant le respect de l'oint du Seigneur. « Mais il ne permit à personne de les opprimer, et il châtia des rois à cause d'eux : Ne touchez pas à mes oints, et ne faites pas de mal à mes prophètes ! »

Après Hérode Antipas est arrivé le roi juif Agrippa Ier qui a ordonné l'exécution de l'apôtre Jacques et emprisonné l'apôtre Pierre, qui s'est levé le jour de la Pentecôte et a proclamé les clés du royaume de Dieu. L'apôtre Jacques, le frère de Jean, a été décapité en 36 apr. J.-C.

« Vers le même temps, le roi Hérode se mit à maltraiter quelques membres de l'Église, et il fit mourir par l'épée Jacques, frère de Jean. »
Actes 12 : 1-2

Les chrétiens ont commencé à succomber au martyre, un par un, mais l'Église monothéiste a continué sa progression. À ceux qui sont sanctifiés, rachetés et lavés du sang du Seigneur, le voilà votre héritage.

Agrippa Ier est connu comme le membre le plus cruel de la famille Hérode. À cause de son style de vie hideux et de l'effusion du sang des apôtres, Dieu a choisi de le tuer. L'évènement est enregistré dans le livre des Actes des apôtres 12 : 21-23. « À un jour fixé, Hérode, revêtu de ses habits royaux, et assis sur son trône, les harangua publiquement. Le peuple s'écria : Voix d'un dieu, et non d'un homme ! Au même instant, un ange du Seigneur le frappa, parce qu'il n'avait pas donné gloire à Dieu. Et il expira, rongé des vers. »

Le dernier membre de la famille Hérode que nous mentionnerons est Agrippa II. Ce jeune homme n'avait que dix-sept ans quand son père a été frappé par la main d'un ange. À cause de son âge, l'empereur romain Claude a refusé de le faire roi de la Palestine. Toutefois, après la mort de l'oncle d'Agrippa II en 50 apr. J.-C., il a été proclamé roi de

Chalcis, une région du Liban. Sous ce monarque, le sang apostolique coulait à flots dans les rues de l'Empire romain.

Lors d'une visite faite à son ami Festus, le gouverneur de la Judée, on a demandé à Agrippa II d'écouter la défense de l'apôtre Paul et son appel à l'empereur.

« Mais Paul en ayant appelé, pour que sa cause soit réservée à la connaissance de l'empereur, j'ai ordonné qu'on le garde jusqu'à ce que je l'envoie à César. Agrippa dit à Festus : Je voudrais aussi entendre cet homme. Demain, répondit Festus, tu l'entendras. Le lendemain donc, Agrippa et Bérénice vinrent en grande pompe, et entrèrent dans la salle d'audience avec les tribuns et les principaux de la ville. Sur l'ordre de Festus, Paul fut amené. »

Actes 25 : 21-23

Il y a eu à l'époque une grande agitation parmi les Juifs qui a provoqué une révolte en 66 apr. J.-C. N'ayant pas réussi de persuader les Juifs de ne pas faire la guerre, Agrippa II s'est détourné de la foi juive et a combattu contre eux avec les Romains.

Tous les apôtres de Christ ont été exécutés sauf un, l'apôtre Jean. Non seulement les apôtres ont subi de grandes persécutions, mais leurs adeptes unicitaires, les disciples de Christ, l'ont été aussi.

Au Grand séminaire de théologie, nous protégions nos sources et perspectives spéciales. Des journées et des nuits ont été consacrées au défi de la recherche sur l'Église. Le sang des martyrs de l'Église du premier siècle a été le thème de nos longues discussions.

Étienne était le premier martyr. À sa mort, cet homme possédait une septuple plénitude du Saint-Esprit.

1. Actes 6 : 5 dit qu'Étienne était plein de foi et du Saint-Esprit. « Cette proposition plut à toute l'assemblée. Ils élurent Étienne, homme plein de foi et d'Esprit-Saint… »
2. Actes 6 : 8 dit qu'il était plein de puissance. « Étienne, plein de grâce et de puissance, faisait des prodiges et de grands miracles parmi le peuple. »
3. Actes 6 : 10 dit qu'il était plein de sagesse. « Mais ils ne pouvaient résister à sa sagesse et à l'Esprit par lequel il parlait. »

4. Actes 6 : 15 dit qu'Étienne était plein de lumière de Dieu. « Tous ceux qui siégeaient au sanhédrin ayant fixé les regards sur Étienne, son visage leur parut comme celui d'un ange. »
5. Actes 7 : 55 témoigne de sa perspicacité spirituelle. « Mais Étienne, rempli du Saint-Esprit, et fixant les regards vers le ciel, vit la gloire de Dieu et Jésus debout à la droite de Dieu. »
6. Actes 7 : 58 dit qu'il était un martyr pour la foi apostolique. « Le traînèrent hors de la ville, et le lapidèrent. Les témoins déposèrent leurs vêtements aux pieds d'un jeune homme nommé Saul. »
7. Actes 7 : 60 parle de cet homme comme étant rempli de l'amour inspiré du Saint-Esprit. « Puis, s'étant mis à genoux, il s'écria d'une voix forte : Seigneur, ne leur impute pas ce péché ! Et, après ces paroles, il s'endormit. »

Le martyre d'Étienne était, le moins qu'on puisse dire, impitoyable. Les chefs juifs, incapables de supporter la sagesse avec laquelle ce martyr unicitaire parlait, l'ont chassé de la ville et l'ont lapidé.

Remarquez le jeune homme appelé Saul qui était présent pour voir le meurtre de cet homme juste. Bien que Saul ait senti qu'il était dans la volonté de Dieu, il a ravagé l'Église chrétienne, jetant des apostoliques en prison.

Dans sa jeunesse, Saul a étudié sous le célèbre rabbin Gamaliel. Même s'il était totalement dévoué au judaïsme, il était loin de Dieu. Il était loin de savoir qu'un jour il donnerait volontiers sa vie pour cette foi pentecôtiste.

En voyageant sur un chemin poussiéreux vers Damas, de manière miraculeuse, le Seigneur a réorienté ses pas. En un seul instant, Dieu peut faire ce que l'homme ne peut pas accomplir au cours d'une vie. En un moment, il a changé ma trajectoire de Rome à Jérusalem.

Dans Matthieu 23 : 37-38, Jésus met en garde les Juifs contre leurs mauvaises actions et le prix qu'ils paieraient pour avoir touché l'oint de leur Seigneur. Faut-il s'étonner que le Seigneur ait parlé d'un ton sérieux en regardant la ville de Jérusalem ? « Jérusalem, Jérusalem, qui tues les prophètes et qui lapides ceux qui te sont envoyés, combien de fois ai-je voulu rassembler tes enfants, comme une poule rassemble ses poussins sous ses ailes, et vous ne l'avez pas voulu ! Voici, votre maison vous sera laissée déserte. »

L'empereur Claude est mort en 54 apr. J.-C. Bien que Claude ait été un dictateur impitoyable, sa méchanceté à l'égard de l'Église apostolique ne serait pas comparable avec celle de son successeur, l'empereur Néron Claudius Drusus Germanicus. L'empereur Néron restera dans l'histoire comme un tyran à l'égard de ses sujets chrétiens. Nous parlons aujourd'hui de notre héritage apostolique.

Le père de Néron est mort quand il était tout-petit. L'empereur Claude a adopté l'enfant et changé son nom à Néron.

En 53 apr. J.-C., Néron s'est marié avec la fille de l'empereur, Octavia. Il a étudié avec des tuteurs grecs qui l'ont encouragé à la musique, la poésie et les sports. Néron est devenu empereur à la suite de la mort mystérieuse de son père Claude, un an après son mariage avec Octavia.

L'empereur Néron a ordonné la mort de beaucoup d'apostoliques durant son court mandat de quatorze ans. Cet homme ne craignait pas Dieu et n'avait aucun respect pour la vie humaine.

Peu après son ascension au trône, il a fait tuer sa mère, insistant qu'elle s'est opposée à son autorité. Il a ensuite fait empoisonner Britannicus, le fils de Claude. En 62 apr. J.-C., il a fait tuer sa femme Octavia, puis a épousé Sabina. Après une courte vie de marié, il est mort de blessures auto-infligées en 68 apr. J.-C.

L'empereur Néron a bâti le « Cirque de Néron », un lieu d'amusement pour lui-même. C'était aussi un endroit pour tuer les croyants unicitaires comme l'était le Colisée.

L'empereur Constantin le Grand a fait bâtir, au IXe siècle l'Église Saint-Pierre au-dessus du Cirque de Néron. Les murs de cet abattoir sont devenus la fondation du Vatican. Vous verrez comment l'esprit de Néron s'est infiltré, au travers des sols en marbre, dans les cœurs de certains papes de Rome et d'Avignon au fil du temps.

Néron était un empereur romain. Les Romains qui vénéraient plusieurs dieux haïssaient le monothéisme. Ils détestaient l'Église apostolique et son expérience pentecôtiste.

Le fait de dire que l'Église du premier siècle était appelée l'Église romaine est une chose impensable. Elle aurait pu être catholique dans le sens que catholique signifie universel, mais n'aurait jamais pu être appelé romaine. Dire que l'Église apostolique soit romaine serait comparable aux Juifs exhibant la croix gammée (swastika) devant leur maison durant la Seconde Guerre mondiale. Pourquoi voudraient-ils s'identifier avec l'ennemi ?

Au cours des années, il y a eu beaucoup de discussion sur le terme « catholique » et le titre « Église catholique romaine ».

Le Magistère ou l'autorité enseignante est entre les mains des papes et de leurs conseillers. Selon la tradition catholique, ils sont les seuls à avoir l'autorité pour apporter des changements authentiques aux canons de l'église. Sans manquer de respect, je ne m'intéresse pas du tout à l'interprétation indépendante de la laïcité catholique ou protestante à travers l'histoire de l'Église chrétienne. Il nous faut nous concentrer uniquement sur les décisions de la hiérarchie de l'Église.

1. *Quand le mot « catholique » a-t-il fait son apparition dans l'histoire de l'Église chrétienne ?*

Le mot « catholique » a été inventé par le théologien et apologiste Ignace, l'évêque d'Antioche à la fin du premier siècle et au début du IIe siècle. Ce n'était qu'au début du IIe siècle que le mot « catholique » s'est fait entendre.

Ce mot « catholique » n'existe pas dans le Nouveau Testament et ne figure pas dans les canons hébraïques anciens. Comme mentionnée, il a été créé par l'évêque Ignace (35-107 apr. J.-C.), pour séparer la « véritable Église chrétienne apostolique » des hérésies juives et gnostiques antérieures du christianisme. À cette période de l'histoire, les dirigeants de l'Église pensaient qu'il était impératif de trouver un nom distinct pour différencier les enseignements. Le gnosticisme remonte à l'époque du philosophe Platon (427-347 av. J.-C.).

Au premier siècle, l'église dans sa simplicité était appelée « son Église » d'après Matthieu 16 : 18. Cette Église **indivisible** enseignait ce que les apôtres oints ont été chargés par le Saint-Esprit d'écrire. Les adhérents étaient appelés chrétiens ou simplement disciples de Christ. À ses débuts, l'Église du premier siècle était ainsi « **L'Église**

chrétienne apostolique » avec son expérience pentecôtiste. Aucun autre adjectif n'a été ajouté à ce titre jusqu'à ce que l'Évêque Ignace ait ajouté le mot « catholique », signifiant universel.

« L'Église chrétienne apostolique pure » était en effet, à cet égard, universelle, du fait qu'elle était **« l'Église de celui qui veut »**. Jésus-Christ a oint son Église de son propre sang et a prévu qu'elle soit pour celui qui la voulait. L'Église devait être pour les personnes liées et libres, pour les riches et les pauvres. Elle était pour les Juifs et pour les Gentils [non-Juifs]. Depuis la fin du premier siècle à ce jour, les théologiens et les apologistes de l'Église ont utilisé le terme « catholique » pour décrire l'église de Christ, l'Église ancienne et indivisible.

Le Vatican n'a pas le monopole sur le mot « catholique ». L'Église d'Angleterre se dit catholique, ainsi que les traditions orthodoxes, parmi tant d'autres. Au cours de l'histoire, l'Église apostolique pure a été intimidée par l'Église de Rome et sans raison. Je répète, sans raison ! **« La vérité apostolique »** ne doit jamais succomber aux esprits intimidants qui émanent des sophismes religieux **créés par l'homme**.

2. *D'où provient le titre « catholique romain » ?*

Le titre « catholique romain » n'a **JAMAIS** été et n'est toujours pas un titre officiel donné à l'Église catholique de Rome. Le mot « romain » a été ajouté au titre de l'Église au premier Concile du Vatican en 1870. Elle n'a jamais réellement été « L'Église catholique romaine. »

Le mot « romain » devait servir comme insulte à l'égard de l'Église de Rome par l'Église en Angleterre, surtout durant le règne de la reine protestante Élisabeth I. Son père, le Roi Henri VIII s'est proclamé chef de l'Église en Angleterre après que le pape Clément VII a refusé de lui accorder l'annulation de son mariage avec sa première femme Catherine d'Aragon.

Le 25 février 1570, le pape Pie V dans la bulle papale *« Regnans in Excelsis »* a déclaré comme hérétique la Reine Élisabeth Ire, la prétendument reine d'Angleterre et servante du crime. Il a libéré tous ses sujets de leur allégeance à son égard, et a excommunié quiconque obéissait à ses ordres.

Ce mot injurieux « romain » a commencé à circuler en Angleterre pour décrire l'église de Rome et montrer qu'elle n'avait aucun lien avec l'Église d'Angleterre qui se disait catholique et continue de le faire de nos jours. Le mot d'insulte romain a évolué comme suit :

- ❖ Romaniste (1515-1525)
- ❖ Romish (1525–1535)
- ❖ Romaniser (1600-1610)
- ❖ Romanisme (1665-1675)
- ❖ Catholicisme romain (1815-1825)

Aujourd'hui, la seule église catholique qui peut être considérée comme authentiquement « romaine » est l'église à Rome. Le mot « romain » a été ajouté à l'église à Rome pour indiquer que l'autorité de la « foi chrétienne » est centrée sur l'évêque de Rome qui est le pape. Le Vatican a toujours visé le contrôle.

En 1302, le pape Boniface VIII a déclaré dans sa bulle papale « *Unam Sanctam* », c'est-à-dire que chaque humain doit être assujetti au pape afin d'obtenir le salut.

Sous la papauté du pape Pie IX, le Premier Concile du Vatican a été convoqué par la bulle papale « *Aeterni Patris* » le 29 juin 1868. C'était durant ce concile œcuménique que le titre « Église catholique romaine » a été proposé comme titre officiel à donner à l'église à Rome. Précédemment, l'église était appelée « Église catholique ».

Au Premier Concile du Vatican, un projet a été présenté pour identifier l'Église catholique comme « *Sancta romana catholica Ecclesia* » (Église catholique romaine sainte). Ce titre a été rejeté après la contestation de 35 évêques anglais. Ils pensaient que le titre « Église catholique romaine » pouvait être interprété comme favorisant la « théorie de la filiale anglicane ».

Ils ont réussi plus tard à insérer un adjectif supplémentaire, et arriver au texte final : « *Sancta catholica apostolica romana Ecclesia* » (Sainte Église catholique apostolique romaine). Le mot « romain » a été appliqué à l'église à Rome il y avait moins de 150 ans.

À la fin du Premier Concile du Vatican en 1870 qui a adopté officiellement le titre « *The Holy Catholic Apostolic Roman Church* » (Sainte Église catholique apostolique romaine) et qui dans le passé, n'a porté que le nom d'Église catholique, le pape Pie IX a fait cette déclaration :

« Nous disons que l'église véritable de Christ doit être apostolique dans son origine, sa doctrine et sa succession. Cela veut dire qu'elle doit nous parvenir des apôtres ; elle doit enseigner la même doctrine que celle enseignée par les apôtres, et l'autorité de ses pasteurs d'enseigner, d'exercer le ministère et de gouverner doit leur être transmise par les apôtres. »

Je suis entièrement d'accord avec cette déclaration faite par le pape Pie IX. En écrivant, j'éprouve une audace du Saint-Esprit. Je me demande alors, pourquoi le pape Pie IX n'a pas prêché Actes 2 : 38 comme Pierre, celui dont il a revendiqué la succession.

Qu'est-ce qui a changé au cours des siècles dans l'Église qui appartient à Dieu et qui est lavée du sang ? Je n'admettrai rien, rien du tout !

Tous, tout au long de l'histoire du christianisme ont prétendu être les vrais successeurs de l'Église du premier siècle, comme l'a fait l'église à Rome, affirmant que tous les autres ont erré dans leurs enseignements. Cette attitude particulière les place tous dans une position défensive. Quiconque prétend être un véritable successeur de l'Église du premier siècle, **DOIT** être préparé à enseigner, à prêcher et à pratiquer la foi apostolique comme les ministres de l'Église du premier siècle l'avaient fait.

L'Église du premier siècle n'était ni une église catholique ni un palais apostolique. Elle était « **l'Église apostolique pure** », avec son expérience pentecôtiste comme de nos jours.

Jamais dans l'histoire de l'Église ointe de Dieu n'avons-nous dit que nous avons raison et que les autres ont tort. Ce que nous disons est que ce qui a été transmis avec autorité aux apôtres par Jésus-Christ est correct et que tout le reste est erroné.

Nous ne votons pas sur la Parole de Dieu. Si le Seigneur voulait que quelque chose y soit ajouté, il aurait dit aux apôtres de le faire. Ce qui a été ajouté ou enlevé de la Bible au cours des années depuis la mort de Christ n'a **PAS** été une réflexion après coup de Dieu.

Le massacre des apostoliques a commencé à se répandre partout dans le monde. L'apôtre Thomas a prêché aux Mèdes et aux Perses. Il a subi une grande persécution à Calomina, une cité en Inde, et a été tué dans cette cité par une fléchette.

Simon, le frère de Jude et de Jacques, le plus jeune, a été crucifié en Égypte durant le règne de l'empereur Trajan, tandis que Simon le Zélote prêchant aussi en Afrique, a été crucifié de la même manière.

Aussi, sous le règne de l'empereur Trajan né à l'époque de Néron, Marc, le premier évêque d'Alexandrie et évangéliste, est mort brûlé. La crypte de la Basilique Saint-Marc est l'un des plus précieux joyaux architecturaux et religieux à Venise. Cette crypte a été bâtie vers 1000 apr. J.-C. pour abriter les restes de Saint-Marc, le saint patron de la ville. Ses restes ont été déplacés de Jérusalem à Venise quand la construction de la crypte a été achevée.

On dit que Barthélemy a traduit le livre de Saint-Matthieu en langue indienne. Ces gens sont devenus missionnaires en promouvant la vraie foi apostolique. En Arménie, après des persécutions diverses et grandes, Barthélemy a été battu et crucifié. En plus de sa crucifixion, il a été vicieusement décapité.

Ce versement de sang dans l'Église apostolique n'a pas été une coïncidence. Elle a été la réalisation d'une prophétie prononcée par Jésus lui-même.

Le martyre de l'apôtre André, le frère de Pierre, a eu lieu à Patras, une cité d'Achaïe. Les criminels les moins considérés dans l'Empire romain étaient exécutés par crucifixion, comme André.

Matthieu, aussi connu sous le nom Lévi, ordonné apôtre du Seigneur Jésus-Christ, a écrit son Évangile en hébreu. Le roi Hyrcan a ordonné à un soldat de le tuer avec une lance.

Philippe a été lapidé ainsi qu'Étienne, mais sans être tué. Après la lapidation, il a été crucifié en Phrygie.

Jacques a été un vrai témoin de Christ aux Juifs et aux Gentils. Il a été jeté du haut des remparts du Temple par les scribes juifs et les pharisiens. La chute ne l'a pas tué, mais il a rendu l'âme après la lapidation par les Juifs. Le sang de Jésus, ainsi que le sang des apôtres oints, a été sur les mains des Juifs et de leurs enfants.

Maintenant, le temps de Paul est arrivé. Actes 23 : 12 relate comment le peuple hébreu a comploté sa mort. « Quand le jour fut venu, les Juifs formèrent un complot, et firent des imprécations contre eux-mêmes, en disant qu'ils s'abstiendraient de manger et de boire jusqu'à ce qu'ils aient tué Paul. »

L'apôtre Paul, même s'il n'était pas associé aux douze apôtres originaux, a souffert sous la persécution de l'empereur Néron. Les soldats sont arrivés, l'ont fait sortir de sa cellule là où il avait probablement écrit à Timothée sa déclaration d'avoir combattu le bon combat. Les soldats l'ont amené avec force hors de la ville à sa place d'exécution. C'était là que l'un des auteurs du Nouveau Testament a été décapité.

Cela semble incompréhensible quand je pense à ce qui s'est passé dans la tête de ce grand homme, quand il a marché sur son dernier chemin de vie. Sans aucun doute, il s'est rappelé du moment où il a vu la lapidation du dirigeant apôtre apostolique Étienne, de son propre baptême du Saint-Esprit, et de la formidable rencontre avec Jésus sur le chemin vers Damas.

Dans le livre de II Timothée 4 : 6-8, Paul a écrit à son fils dans la foi, sachant que son parcours était presque fini. « Car pour moi, je sers déjà de libation, et le moment de mon départ approche. J'ai combattu le bon combat, j'ai achevé la course, j'ai gardé la foi. Désormais, la couronne de justice m'est réservée ; le Seigneur, le juste juge, me la donnera dans ce jour-là, et non seulement à moi, mais encore à tous ceux qui auront aimé son avènement. »

L'empereur Néron a aussi cherché la vie de l'apôtre Pierre. Ce grand dirigeant d'église a été condamné à mort et conduit à la croix. Il est dit que Pierre a demandé aux autorités de le crucifier à l'envers, ne se sentant pas digne d'être tué de la même façon que Jésus-Christ. Les évènements récents ont sans doute traversé son esprit alors qu'il était placé sur la croix. À mesure que les clous perçaient sa chair, il a peut-être pensé à sa paresse dans le jardin de Gethsémané et s'est indubitablement demandé « Aurais-je renié le Seigneur si ma vie de prière avait été dans l'ordre ? »

Bien que Pierre ait probablement senti la piqûre amère du regret, il ne s'est pas découragé. Sûrement dans son moment d'agonie, l'Esprit de Dieu réconfortant s'est emparé de son âme. On ne peut qu'imaginer comment Pierre a pu remémorer cette expérience qui a changé sa vie, ainsi que la multitude de gens qui ont littéralement titubé sous l'influence du Saint-Esprit, le jour de la Pentecôte. Alors que Pierre était suspendu à la croix, il comprenait ce qu'il avait reçu de Dieu. Il savait que le monde qui réclamerait sa vie ne lui a pas donné le Saint-Esprit et n'avait pas le pouvoir de l'enlever. Il était aussi très conscient que l'Église n'a pas été bâtie sur lui, mais sur la puissante révélation de l'identité réelle de Jésus-Christ.

« Et moi, je te dis que tu es Pierre, et que sur ce roc je bâtirai mon Église, et que les portes du séjour des morts ne prévaudront point contre elle. »

Matthieu 16 : 18

L'évangéliste Luc, Mathias, qui a remplacé Judas Iscariote, et Jude, ont aussi souffert le martyre aux premières heures de l'Église primitive.

L'apôtre Jean, le bien-aimé du Seigneur, serait le seul apôtre épargné du martyre. Jean de Patmos a été banni par l'empereur Domitien, qui a succédé à son frère Titus comme empereur romain, et envoyé à l'île de Patmos, une petite île volcanique dans la mer Égée au large de l'Asie Mineure. L'empereur Domitien, comme son frère Titus, était aussi un grand persécuteur de la foi monothéiste apostolique.

C'était sur cette île d'environ 35 km^2 que Saint Jean a rédigé le livre prophétique Apocalypse. La vision que Jean a reçue de l'apocalypse est visiblement transparente dans ce livre dont il est l'auteur. Il a aussi écrit le quatrième Évangile du Nouveau Testament et les trois Épîtres qui portent son nom. La liberté au sein des domaines apostoliques que nous apprécions tant aujourd'hui n'était pas gratuite. Pas gratuite du tout !

On dirait que Satan a retourné le cœur de l'enfer éternel contre l'Église, dans un effort total d'étouffer le mouvement du Saint-Esprit parmi le peuple apostolique. Et pourtant, comme il est écrit dans Matthieu, Satan ne prévaudra pas. Malgré la persécution, l'Église a avancé avec passion et enthousiasme.

L'apôtre Paul, au courant du potentiel de martyre dans l'Empire romain, a envoyé un clair message à Satan et à tous ceux qui choisiraient de suivre Paul.

« Mais dans toutes ces choses nous sommes plus que vainqueurs par celui qui nous a aimés. Car j'ai l'assurance que ni la mort ni la vie, ni les anges ni les dominations, ni les choses présentes ni les choses à venir, ni les puissances, ni la hauteur ni la profondeur, ni aucune autre créature ne pourra nous séparer de l'amour de Dieu manifesté en Jésus-Christ notre Seigneur. »

Romains 8 : 37-39

Tandis que ces paroles résonnaient dans les collines de l'ancienne Judée, l'Église a eu un aperçu de la victoire totale. Bien que l'Église ait été sérieusement blessée, notre héritage pentecôtiste a progressé au nom de Jésus.

Après l'exécution de l'apôtre Paul vers 67 apr. J.-C., le centre du christianisme est passé de Jérusalem aux communautés dans les villes d'Antioche en Syrie, Alexandrie en Égypte et surtout à Rome en Italie.

La grande persécution a été affligée aux chrétiens par les Romains dont l'empire s'étalait dans une grande partie de l'Europe, du Moyen-Orient, et de l'Afrique du Nord. Les Romains croyaient que la loyauté envers l'empereur consistait à vénérer les dieux de l'état et souvent l'empereur lui-même.

Après Néron, Satan a semblé avoir jeté un linceul très sombre sur l'Église apostolique. Les dirigeants d'église intimidés par les Romains ont commencé à s'appuyer sur le bras charnel au lieu du bras éternel de Dieu. Lorsque les dirigeants de l'Église qui compromettaient ont éteint le Saint-Esprit, de fausses doctrines ont essayé d'infiltrer le cœur des apostoliques. Une chose est certaine, s'il a fallu le Saint-Esprit pour inspirer des hommes d'autrefois à écrire la Parole du Seigneur, il faudra le même Saint-Esprit pour inspirer les hommes à comprendre la Parole du Seigneur.

À cette heure de minuit, Dieu veut que le peuple du nom de Jésus comprenne à fond la puissance qui réside dans la vérité apostolique. La vérité dans sa forme la plus pure s'élève au-delà de l'estimation humaine ! Jésus-Christ, le créateur et soutien de toutes choses, étant lui-même la « vérité absolue » n'est pas et ne peut pas être soumis aux limitations mortelles des humains — pas dans notre naissance, ni dans notre mort. Par conséquent, la vérité étant sainte comme le Seigneur est saint, elle est dans sa présence non souillée une « **réalité éternelle suprême** » immanente à toutes choses que lui seul a créées.

Chapitre onze

La Divinité : une seule

Bien que les apostoliques unicitaires aient lutté dans l'Empire, Dieu a continué de remplir les âmes affamées du Saint-Esprit comme l'Esprit leur donnait de s'exprimer en langues. À travers les heures sombres de l'Église apostolique, le linceul de Satan ne pouvait pas étouffer la connaissance de la puissance au nom de Jésus.

À la suite d'une terrible persécution durant les règnes des empereurs Néron (54-68 apr. J.-C.) et Titus (79-81 apr. J.-C.), le vrai peuple apostolique a lutté pour survivre avec leurs convictions unicitaires. Bien que très persécutée, l'Église apostolique a conservé sa vue monothéiste juste comme elle l'avait fait depuis le jour de la Pentecôte.

« La Parole sainte et véritable du Seigneur » est monothéiste dans son ensemble. Dès le commencement dans Genèse 1 : 1 — « Au commencement, Dieu… (aucune mention des personnes) — à la fin dans Apocalypse 22 : 13 — « Je suis l'alpha et l'oméga, le commencement et la fin, le premier et le dernier » (aucune mention de personnes), Dieu n'a pas changé.

Si nous voulons apprécier l'unicité de la Divinité, il est impératif de comprendre qui Jésus-Christ était réellement. L'expression « Père éternel » est un titre. Dieu a dit à Ésaïe que l'enfant Jésus serait appelé Père éternel par son peuple. Le Seigneur m'a montré cette merveilleuse vérité la première fois que j'étais dans une église apostolique. Cette révélation a été merveilleusement claire pour moi.

« Car un enfant nous est né, un fils nous est donné, et la domination reposera sur son épaule ; on l'appellera Admirable, Conseiller, Dieu puissant, Père éternel, Prince de la paix. »

Ésaïe 9 : 5

Pour l'Église apostolique unicitaire, au commencement Jésus était comme suit :

- ❖ Jésus l'Admirable
- ❖ Jésus le Conseiller
- ❖ Jésus le Dieu puissant
- ❖ Jésus le Père éternel
- ❖ Jésus le Prince de la paix

Pourquoi Dieu a-t-il dit à Ésaïe de prophétiser que le nom de l'enfant devait être « Père éternel » s'il n'était pas le Père éternel incarné ? Le Fils est le même que le Père, comme la Parole est la même que l'orateur.

L'évêque Ignace (35-107 apr. J.-C.) était le troisième évêque d'Antioche et témoin des activités dans l'Église apostolique indivisible du premier siècle. Il parle de Dieu manifesté dans la chair humaine.

« Il n'y a qu'un seul médecin à la fois en chair et en esprit, engendré et non engendré, Dieu venu en chair, la vie véritable dans la mort, né de Marie et de Dieu, d'abord possible et maintenant impossible, soit Jésus-Christ notre Seigneur. »

Lettre aux Éphésiens, ch. 7

Jésus-Christ était l'incarnation visible et tangible du Père éternel. Le Créateur et soutien de toutes choses a choisi de toucher la mortalité de manière qui a permis à ce Créateur de s'incarner dans une forme de chair. Ce faisant, le Seigneur a mis la seule tunique humaine de chair qu'il a jamais connue et connaîtra. Sur son trône éternel, les rachetés de la terre qui sont lavés du sang reconnaîtront un jour le « Père » par son corps glorifié, intangible, marqué de clous. « Jésus-Christ » était le « Père » incarné.

L'idée du « nombre de personnes » dans la Divinité n'est pas seulement non biblique, mais manifestement non inspirée, et ne fait qu'offrir une théologie blasphématoire.

Il n'y a qu'un Dieu qui a créé cet univers et le soutient. À travers l'histoire du temps, il s'est manifesté dans trois différentes fonctions lors de trois différentes dispensations.

La Divinité : une seule

« Ainsi parle l'Éternel, ton rédempteur, Celui qui t'a formé dès ta naissance : Moi, l'Éternel, j'ai fait toutes choses, seul j'ai déployé les cieux, seul j'ai étendu la terre. »

Ésaïe 44 : 24

« Au commencement était la Parole [*logos*], et la Parole était avec Dieu, et la Parole était Dieu. Elle était au commencement avec Dieu. Toutes choses ont été **faites par elle** [*Jésus*], et rien de ce qui a été fait n'a été fait sans elle. »

Jean 1 : 1-3

« Elle [*la Parole : Jésus*] était dans le monde, et le monde a été fait par elle, et le monde ne l'a point connue. »

Jean 1 : 10

« En qui nous avons la rédemption, le pardon des péchés. Le Fils est l'image du Dieu invisible, le premier-né de toute la création. Car en lui ont été créées toutes les choses qui sont dans les cieux et Inquisition, les visibles et les invisibles, trônes, dignités, dominations, autorités. Tout a été créé par lui et pour lui. Il [*Jésus*] est avant toutes choses [« *Avant qu'Abraham fût, je suis* », *Jean 8 : 59*], et toutes choses subsistent en lui. Il est la tête du corps de l'Église ; il est le commencement, le premier-né d'entre les morts... »

Colossiens 1 : 14-18

Le Père était dans le monde. Il a marché parmi les hommes en forme de chair, et cependant, ils ne l'ont pas reconnu. Il a été suspendu entre le ciel et la terre sur l'arbre même qu'il avait fait exister par sa parole, mais les siens ne voulaient pourtant pas recevoir. J'ai entendu des gens d'églises confessionnelles dire qu'ils ne voulaient pas nier le Père. Les personnes qui portent le nom de Jésus sont les seules sur cette planète à savoir qui le Père est vraiment.

Dans Hébreux 1 : 3, Paul parle de la déité de Christ, et compare l'unité de Dieu à l'empreinte du Tout-Puissant.

Bien que les lèvres du Messie aient bougé, c'était en fait Dieu qui parlait à travers ces lèvres d'argile mortelles. Quand le Père a choisi l'incarnation, il a aussi choisi de porter le visage mortel de l'humanité. La divinité du Tout-Puissant a été enveloppée dans ce vase de chair.

Jésus a remis au Père son esprit en pendant entre l'humanité et la Divinité pour nos péchés. Dans la résurrection du Messie, le Père s'est revêtu du visage glorifié de son humanité. Jésus a dit à Thomas d'examiner son corps ressuscité.

« Puis il dit à Thomas : Avance ici ton doigt, et regarde mes mains ; avance aussi ta main, et mets-la dans mon côté ; et ne sois pas incrédule, mais crois. »

Jean 20 : 27

Lorsque les rachetés de la terre voient sa gloire, ils le reconnaîtront aussi par les cicatrices dans ses mains, comme Thomas l'a fait. Nous verrons le corps humain de Dieu dans un état glorifié.

« Aujourd'hui nous voyons au moyen d'un miroir, d'une manière obscure, mais alors nous verrons face à face ; aujourd'hui je connais en partie, mais alors je connaîtrai comme j'ai été connu. »

I Corinthiens 13 : 12

Quand on se regarde dans un miroir, on ne voit pas, comme on pourrait le croire, une seconde personne, mais une image exacte de soi-même. Jésus était l'image exacte de la seule et unique personne dans la Divinité.

« Le Fils est le reflet de sa gloire et l'empreinte de sa personne [*au singulier*]... »

Hébreux 1 : 3

La Bible ne fait aucune mention de personnes. Dieu est singulier et unique. Il faut absolument comprendre que Thomas a adoré la même Déité éternelle dans le Nouveau Testament qu'Abraham a adoré sur le mont Sinaï dans l'Ancien Testament.

Si vous avez la révélation de la vraie identité de Jésus-Christ, vous devez chérir cette connaissance qui vous est venue du Seigneur. Même si nous avons l'honneur d'avoir reçu la vérité sur l'unicité de Dieu, il ne faut jamais adopter un esprit hautain. Beaucoup de dénominations proclament une part de la vérité. En tant qu'apostoliques, il faut que nous nous réjouissions dans la partie de vérité détenue par un grand nombre de gens, tout en élevant ces mêmes individus dans la prière pour recevoir la partie qu'ils n'ont pas encore.

La Divinité : une seule

Un clair exemple de cette situation peut être observé dans ce qui est devenu connu sous le nom de la « Définition de Chalcédoine », et demeure aujourd'hui la déclaration orthodoxe la plus élevée, expliquant les deux natures de Christ. Bien qu'elle ait été formulée à partir des esprits des membres d'un concile trinitaire, elle contient une importante vérité à laquelle nous, croyants unicitaires, adhérons aujourd'hui.

En 451 apr. J.-C., le quatrième concile œcuménique, connu sous le nom de Concile de Chalcédoine, a été convoqué par l'empereur d'Orient Marcien, en partie pour définir les deux natures de Christ. Il est alors apparu nécessaire de lutter contre des enseignements tels que le docétisme qui croyait que les souffrances et les aspects humains de Christ étaient imaginaires ou apparents au lieu de faire partie à l'actuelle Incarnation (devenir chair). Cette théologie enseignait que si Christ souffrait, il n'était pas divin.

Pour s'opposer à cette théologie, le concile a formé la « Définition de Chalcédoine » qui déclarait : « L'Incarnation était une union de deux natures distinctement différentes, divine et humaine, chacune complète en soi, sans que l'une ou l'autre perde son identité. »

Bien que le concile ait maintenu la position selon laquelle Jésus était une deuxième personne dans la Divinité, ils ont compris comme l'Église du premier siècle que Christ était « vraiment Dieu et vraiment homme ».

Soyez reconnaissants de la part de vérité maintenue par les autres, mais élevez-les sans arrêt dans la prière jusqu'à ce qu'ils arrivent à connaître la vraie identité de Jésus-Christ. Je prie pour que le peuple apostolique, étant armé de la connaissance de la Parole de Dieu et de la révélation de son unicité, partage avec amour le message entier de l'Évangile avec quiconque veut l'écouter.

Jésus-Christ a été crucifié, les apôtres martyrisés, et l'Église se tenait dans les ombres romaines à cause des lois de l'empereur. Tout en cherchant désespérément la foi, l'Église monothéiste criait doucement : « Où est notre Dieu ? »

Après que le Nouveau Testament a été scellé, beaucoup se sont tournés vers les théologiens, philosophes, et apologistes grecs et latins.

Qu'il soit clairement établi que les apostoliques ne considèrent pas que ces écritures contiennent l'autorité spirituelle. Le peuple du nom de Jésus ne doit jamais utiliser uniquement les écrits post-bibliques, par n'importe quel auteur, de n'importe quelle époque, pour interpréter la doctrine biblique. La révélation personnelle à travers sa Parole éternelle a toujours été la règle de Dieu.

« Le ciel et la terre passeront, mais mes paroles ne passeront point. »
Matthieu 24 : 35

Je ne vais pas insister sur les points forts théologiques de l'histoire de l'Église, mais je tiens à ce que nous sachions que les enseignements erronés concernant la Divinité et la déité absolue de Jésus-Christ ont existé dès le début.

Pendant presque 2 000 ans, des cœurs d'hommes, de femmes et d'enfants visiblement sincères, cherchant à connaître le Dieu monothéiste d'Abraham sont devenus les victimes d'un christianisme créé par l'homme.

Tertullien (155-220 apr. J.-C.) est connu comme le premier Père latin de l'Église, gagnant en notoriété en tant que promoteur et défenseur du faux enseignement de l'unité trine au sein de la Divinité. Il s'est converti au christianisme dans l'Église à Rome. Après la conversion miraculeuse de Tertullien, pour une raison ou une autre, il est devenu très désenchanté par les imperfections de l'Église et a fini par rompre avec elle. Il a ensuite adopté la foi du montanisme avec son esprit d'enthousiasme et ses proclamations audacieuses.

La Divinité : une seule

Tertullien
(155-220 apr. J.-C.)

Au IIIᵉ siècle après Jésus-Christ, **Quintus Septimus Florens Tertullianus** a introduit le mot trinité. Il était le premier auteur latin à utiliser les termes tels que « **personne** » et « **substance** » pour décrire la Divinité.

Cette doctrine que Tertullien a adoptée était considérée comme hérésie par l'Église universelle. Ce que Montan (fondateur de la doctrine) appelait la « nouvelle prophétie » était fondamentalement une convocation à se préparer pour le retour du Seigneur. Avec le temps, leurs prédictions confiantes se sont révélées fausses en raison de leur non-réalisation. Le montanisme peut être comparé à bien des égards aux Adventistes dirigés par William Miller au début des années 1800 qui a prédit le jour et l'heure du retour du Seigneur. À la suite de la déception, Miller a abandonné l'Église qui est devenue plus tard les Adventistes du septième jour.

Le montanisme a perturbé les mariages, favorisé le jeûne prolongé, et a autorisé très peu de gouvernement ecclésiastique. Après une période d'incertitude, en particulier dans l'Église à Rome, le montanisme dans son ensemble a été condamné par les responsables de l'Église.

Pendant mes études au séminaire catholique au Québec, je me sentais poussé de comparer la doctrine trinitaire de Tertullien avec la doctrine trinitaire de l'hindouisme. Selon l'hindouisme, sa doctrine trinitaire s'appelle la trinité hindoue. En concluant mon étude, j'ai constaté que Tertullien n'a jamais vraiment abandonné ses racines païennes. Mon examen de plusieurs de ses écrits m'a suggéré qu'il y avait un pont très solide qui le liait à ses croyances païennes antécédentes. Il a oublié de brûler le pont.

La doctrine trinitaire appelée la trinité hindoue est très similaire à la trinité de Tertullien. La trinité dans la religion hindoue est composée de Brahma, Vishnu et Shiva. Ils sont respectivement le créateur, le préservateur et le destructeur de l'univers. Ils sont aussi alignés comme la divinité transcendante. Ils sont « l'Être », « l'Immanence » et la « Parole ou Saint-Esprit. » Chaque dieu dans la trinité hindoue a son propre consort. Pour Brahma, elle est la déesse de la connaissance ; pour Vishnu, la déesse de l'amour, de la beauté et du plaisir ; pour Shiva, la déesse du pouvoir, de la destruction et de la transformation. Ces trois déesses sont souvent vénérées par la population hindoue en tant que telles ainsi qu'avec leurs conjoints.

La Divinité : une seule

Tertullien était né à une époque tumultueuse pour l'Église primitive. De nouvelles idées surgissaient et l'intolérance religieuse était toujours pratiquée contre les apostoliques unicitaires. L'année de la naissance de Tertullien a suscité le martyre de Polycarpe. Polycarpe (70-155 apr. J.-C.) n'était pas un philosophe ni un théologien, mais un dirigeant pratique et un enseignant doué. Il croyait de tout son cœur au message de Jésus-Christ. Son martyre est particulièrement important pour la compréhension de la position de l'Église primitive à l'époque païenne de l'Empire romain.

Les Romains haïssaient l'Église apostolique et étaient assoiffés de sang pour la mort de tous ceux qui avaient bouleversé leur monde religieux. La mort cruelle de Polycarpe n'était pas une exception. On estime qu'il avait quatre-vingt-six ans quand il a été poignardé, puis brûlé vivant par les Romains. Toutefois, les récits sur la bravoure et l'esprit inflexible de ce vieil homme n'ont fait qu'ajouter la crédibilité à son message apostolique.

L'étudiant le plus célèbre de Polycarpe a été Irénée (130-200 apr. J.-C.), pour qui le souvenir de ce martyr était le lien avec le passé apostolique. Irénée est né en Asie Mineure, et est devenu connu comme le fondateur de la « théologie chrétienne ». En tant qu'évêque de Lyon en Gaule, il était persuadé fermement de l'unicité de Dieu. Sa contribution la plus originale à la théologie a été sa doctrine de récapitulation. Cette doctrine enseignait que le Christ divin est devenu entièrement humain afin de résumer toute l'humanité en lui, et que tout ce qui a été perdu à cause de la désobéissance du premier Adam a été restauré par l'obéissance du second Adam. Irénée croyait que Christ est passé par toutes les étapes de la vie humaine, a résisté à toute tentation, est mort, et il est ressuscité en tant que vainqueur de la mort et du diable.

L'enseignement de « l'unité de Dieu » ou « l'unicité de Dieu » a été très accentué par les théologiens de l'Est à travers les écrits détaillés d'Irénée.

« *Against Heresies* » [Contre les hérésies] est une œuvre composée de cinq volumes écrits par Irénée, contemporain de Tertullien. Quelques extraits sont :

« Il convient alors que je commence par le premier et le plus important chef, c'est-à-dire, Dieu le Créateur, qui a fait les cieux et la terre et tout ce qui s'y trouve, et pour démontrer qu'il n'y a rien au-dessus de lui ou après lui ; ni influencé par quiconque (une autre personne), mais par son libre arbitre. Il a créé toutes choses, puisqu'il est le seul Dieu, le seul Seigneur, le seul Créateur, le seul Père, le seul à tout contenir et ordonnant lui-même l'existence de toutes choses. »

Livre II, Chap. I, VI

« Christ n'était pas non plus un et Jésus un autre : mais la Parole de Dieu qui est le Sauveur de tous et le souverain des cieux et de la terre, qui est JÉSUS.

Le Saint-Esprit et le Christ, étant les mains de Dieu le Père, qui s'étendent de l'infini au fini. »

Livre III, Chap. IX, III

Ces hommes comprenaient la souveraineté de Dieu et n'étaient pas intimidés par les voix déconcertantes du scepticisme qui semblaient émerger au sein de l'Église.

Tertullien a enseigné contre ces célèbres docteurs philosophiques grecs tels que Socrates (470-399 av. J.-C.) et Platon (427-347 av. J.-C.) qui ont fondé « l'Académie d'Athènes », le premier institut d'études supérieures. Il a aussi enseigné contre Aristote (384-322 av. J.-C.).

Tertullien haïssait la philosophie grecque et prenait Platon et Aristote et d'autres penseurs grecs pour des prédécesseurs des hérésies. Par exemple, Platon enseignait l'âme préexistante, ce qui était le contraire de la compréhension et de l'enseignement de Tertullien. Par conséquent, Tertullien l'a pris pour un penseur hérétique.

L'enseignement de Tertullien sur l'âme peut être trouvé dans sa lettre, « *De anima* » (Sur l'âme). Il a adopté la doctrine *traducianisme* qui enseignait le contraire du philosophe grec Platon. Tertullien ne reconnaissait pas que l'âme d'une personne vivante venait de Dieu. Il enseignait que le corps et l'âme venaient des deux parents et ont commencé à la conception.

Tertullien était un homme éduqué, mais il contredisait régulièrement ses propres enseignements et était souvent imprudent dans ses déclarations historiques. Il ignorait aussi la terminologie philosophique.

Tertullien a écrit dans deux parties de ses œuvres des sections « *Ad uxorem* », exposant ses préoccupations après sa mort. Dans son premier livre, il implore sa femme de ne pas se remarier après sa mort, car d'après lui, ce n'était pas convenable pour un chrétien. Dans le deuxième livre, il lui enjoint de se remarier au moins avec un chrétien si elle décide de le faire.

Dans ses écrits « *De pud* », Tertullien répudie ou rejette son propre enseignement antérieur que les clés ont été confiées par Christ à Pierre pour son Église (*Scorpiace, x*) ; puis il déclare (*De pud, xxi*) que le don à Pierre était personnel, et ne pouvait pas être réclamé par l'Église. Tertullien a aussi dit qu'il avait changé d'avis et s'attendait à ce que l'on se moque de lui pour son inconstance.

Même si les dirigeants (papes) de la première Église universelle croyaient en l'Unicité, Tertullien a développé sa doctrine controversée de la sainte trinité qui contredisait l'unité de Dieu dans le christianisme, ainsi que dans le judaïsme.

Tertullien était le premier à utiliser le terme « *trinitas* » (trinité) pour décrire la Divinité. Tertullien a expliqué son concept de tri-unité : Dieu Jéhovah est le Père, Dieu le Fils, et Dieu le Saint-Esprit — trois personnes, un Dieu. Les théologiens sont très convaincus que Tertullien a créé la formule « trois personnes, une substance » telle qu'elle est écrite en latin « *tres Personae, una Substantia.* »

La déviation de cet homme de la distincte unicité de Dieu a contribué à ouvrir la voie au développement futur des doctrines orthodoxe trinitaire et christologique. Tertullien a semé une graine de division au sein du peuple apostolique à ses débuts ; elle a maintenant franchi une grande crevasse d'incompréhension pour beaucoup de gens de foi chrétienne. Souvenons-nous aujourd'hui que les conséquences de nos actions risquent de durer plus longtemps que notre vie.

La doctrine de la trinité n'a jamais été entendue durant les prophéties messianiques, qui apparaissaient comme des étoiles étincelantes brillant d'un espoir sans pareil pendant de nombreuses nuits noires dans l'histoire hébraïque, ni par l'apôtre Paul qui a écrit plus de la moitié du Nouveau Testament.

Le livre de la Genèse commence en insistant qu'il y a un seul vrai Dieu, et cette croyance est maintenue tout au long de l'Ancien Testament. Moïse a défini la nature de Dieu d'une façon clairement monothéiste. Les prophètes écrivains du huitième siècle av. J.-C. et après ont renforcé la théologie du Dieu unique en rappelant sans cesse à Israël les grandes différences qui séparent Yahvé des soi-disant autres dieux. Depuis le début des temps, Dieu a fait pénétrer dans les esprits de son peuple qu'il est unique, le seul Créateur et soutien de l'univers.

Dans le Nouveau Testament, les Écritures sont de même ouvertement monothéistes, sans aucune mention de personnes. L'apôtre Paul a promptement déclaré avec confiance dans I Corinthiens 8 : 4 « qu'il n'y a qu'un seul Dieu ».

Un prisonnier israélien a récemment déterré la bordure d'une mosaïque élaborée (pièce d'art) sur le sol de ce que l'on croit être l'Église apostolique la plus ancienne sur terre. Les archéologues ont daté cette église dans la Terre sainte, remontant au IIIe siècle, des décennies avant que le christianisme ait été déclaré la religion officielle de l'Empire romain auparavant païen du IVe siècle par l'empereur Constantin le Grand.

La mosaïque contient des dessins de poisson, qui étaient un symbole ancien du christianisme bien avant l'utilisation répandue de la croix. Une inscription dans cette pièce d'art mentionne une femme apostolique offrant un autel de prière à l'église. La dédicace au sol révèle les mots « À Dieu Jésus-Christ ».

Ceux dans le monde qui n'ont pas la bienheureuse espérance de la vie éternelle avec leur Créateur servent leurs dieux parce qu'ils sont obligés. Les personnes qui portent le nom de Jésus servent leur Dieu avec joie au cœur parce qu'elles veulent le faire. Les saints apostoliques se sont toujours rassemblés autour de leurs autels d'église qui étaient dédiés un jour à leur « Dieu Jésus-Christ » dans la totalité de sa nature monothéiste.

La Divinité : une seule

Satan s'est servi de la doctrine de Tertullien pour distraire la vision de l'Église du Dieu monothéiste d'Abraham. Toutefois, ceux qui s'accrochent à la vérité divinement révélée concernant la Divinité savent, comme l'atteste l'Écriture sainte, que le Seigneur n'est pas un Dieu de désordre.

En effet, si le désordre et la confusion l'emportent et ne proviennent pas du Seigneur, il faut se demander : « De qui provient la confusion ? » Durant le premier Concile du Vatican, le pape Pie IX (1846-1878), un trinitaire avoué, a utilisé le mot « singulier » dans sa déclaration de foi concernant le « Dieu de la création ». Voici sa déclaration : « Comme il est une substance spirituelle unique, singulière, complètement simple et inchangeable, il faut déclarer qu'en réalité et en essence, il est distinct du monde, suprêmement heureux en lui-même et de lui-même, et est indiciblement plus élevé que tout autre qui existe ou peut être imaginé. »

Étant familier avec les enseignements du trinitarisme, je fais souvent référence aux écrits catholiques, par des auteurs catholiques, pour mieux comprendre ce qui s'est passé aux premiers siècles de l'Église monothéiste de Christ. On peut facilement reconnaître le conflit entre la politique, l'Écriture, la doctrine et la foi qui a surgi au sein de l'Église lorsque cet enseignement trinitaire inconnu a été introduit. La littérature suivante est offerte pour compléter la connaissance publique de ce sujet.

Comme on trouve dans *The New Catholic Encyclopedia* :

1. « Parmi les pères apostoliques, rien n'a ressemblé de loin ou de près à une telle mentalité ou perspective ; parmi les apologistes du second siècle… comme celle de la pluralité dans la Divinité… »

2. « La formulation de 'Dieu en trois personnes n'a pas été solidement établie, certainement pas totalement assimilée [*absorbée*] dans la vie chrétienne et sa profession de foi, avant la fin du quatrième siècle. »

3. « L'Ancien Testament n'envisage évidemment pas l'Esprit de Dieu comme une personne… l'Esprit de Dieu est simplement la puissance de Dieu. »

4. « La majorité des textes du Nouveau Testament révèle l'Esprit de Dieu comme quelque chose, pas comme quelqu'un. On le voit surtout dans le parallélisme entre l'Esprit et la puissance de Dieu. »

The New Catholic Encyclopedia, 1965, « *Spirit of God* », vol.13, p. 574-576

« Il y a peu d'enseignants de la théologie trinitaire dans les séminaires catholiques qui n'aient pas été harcelés à un moment donné par la question : 'Mais comment prêche-t-on la trinité ?' Et si la question est symptomatique (une condition) d'une confusion de la part des étudiants, peut-être qu'elle n'est pas moins symptomatique d'une confusion similaire de la part de leurs professeurs. »

The New Catholic Encyclopedia, « Trinity », p. 304

Le Rév. John L. McKenzie (1910-1991) était un érudit biblique jésuite, spécialisé dans l'enseignement de l'Ancien Testament. Il enseignait à *De Paul University* à Chicago et a reçu la très convoitée « *Cardinal Spellman Award* » en 1967. J'étais un jeune séminariste étudiant la philosophie au Canada quand son prix a été annoncé. Ce prêtre mieux connu sous le nom de Père McKenzie était le premier président de la *Society of Biblical Literature* et ancien président de la *Catholic Biblical Association*. L'héritage de cet homme est bien connu en tant que l'érudit qui a courageusement accusé sa propre église d'avoir altéré dans les premières années l'intention interne des paroles de Jésus afin d'accommoder la violence contre les non catholiques. Bien que ce prêtre catholique, au bout d'une période éprouvante de trois ans, soit tombé sous les lumières éclatantes de la surveillance de l'Église, il est mort et a été enterré avec tous les honneurs, comme un théologien brillant de l'Église catholique. Il avait quatre-vingts ans quand il est mort. Apparemment, durant ses nombreuses années de recherches dans la théologie de l'Ancien Testament, il a découvert le Dieu monothéiste d'Ésaïe.

La Divinité : une seule

Voici une déclaration par le Rév. John McKenzie sur le sujet de la trinité dans son *Dictionary of the Bible*, p. 899.

« La trinité de Dieu est définie par l'Église comme étant la croyance qu'il y a trois personnes en Dieu qui subsistent en une nature. Cette croyance telle qu'elle est définie a été établie seulement aux IVe et Ve siècles, et n'est donc pas explicitement et formellement une croyance biblique. La trinité des personnes dans l'unité de nature est définie dans les termes 'personne et nature', qui sont des termes philosophiques grecs ; en fait, les termes ne figurent pas dans la Bible. Les définitions trinitaires sont apparues à la suite de longues controverses [*avec les apostoliques unicitaires*] où ces termes et d'autres tels que 'essence' et 'substance' étaient appliqués [*par erreur*] à Dieu par certains théologiens de ce temps… »

En toute franchise, il est tout à fait clair pour moi que ce n'est pas les gens qui portent le nom de Jésus qui disent aux trinitaires qu'il n'y a pas trois personnes dans la Divinité, mais plutôt les trinitaires disant aux gens unicitaires qu'il n'y a pas trois personnes dans la Divinité. Dieu n'est pas l'auteur de la confusion. Satan est l'auteur de la confusion. À travers des oreilles spirituelles, j'entends un cri désespéré auquel on n'a pas répondu, des cœurs affamés dans mon Église précédente, voulant connaître Dieu tel qu'il est vraiment. L'énorme responsabilité d'aujourd'hui est divinement et méticuleusement placée entre les mains de ceux qui servent le Dieu monothéiste d'Abraham.

Alors que le rideau tombe sur l'humanité, nous qui connaissons Dieu dans la puissance de sa résurrection devons reconnaître nos responsabilités. La fin en vue, il est impératif que nous rachetions ce qui nous a été attribué durant le temps des mortels. Ce que Dieu a déjà béni, nous devons l'accepter de tout cœur, tandis que ce que Dieu a maudit, il nous faut le rejeter. Ce n'est pas la doctrine de la trinité dont il faut se soucier. Ce qui doit nous préoccuper quotidiennement est le Dieu saint et monothéiste d'Abraham et sa volonté divine pour notre vie.

Jésus le Messie a insisté sur le fait qu'il y a un seul Dieu. Il a soutenu le monothéisme à part entière sans mentionner des personnes dans la Divinité. Comme on le trouve dans le livre de Marc, le Seigneur a cité les écrits de Moïse qui se trouvent dans Deutéronome 6 : 4.

« Jésus répondit : Voici le premier : Écoute, Israël, le Seigneur, notre Dieu, est l'unique Seigneur. »

Marc 12 : 29

Toute la chrétienté a été déchirée par les disputes concernant la trinité depuis sa conception au IIe siècle. La terminologie utilisée par Jésus, « Le Seigneur, notre Dieu, est l'unique Seigneur » serait par la suite interdite par la loi dans l'Empire romain, étant considérée comme contraire à la doctrine trinitaire. Heureusement, il y avait ceux parmi les croyants apostoliques qui ont refusé de laisser la lumière de la Parole de Dieu s'obscurcir.

Praxéas et Sabellius étaient les deux théologiens unicitaires, méprisés par Tertullien au IIe siècle. Dans un effort commun, ils ont attaqué avec vigueur les enseignements trinitaires de Tertullien qui s'infiltraient dans l'Église apostolique pure. Ils étaient persuadés de la compréhension hébraïque de l'unité de Dieu et se sont opposés farouchement à toute tentative de séparer la Divinité.

Praxéas a été très franc dans son opposition aux enseignements de Tertullien. Il est allé à Rome et a imploré le pape de comprendre que l'idée d'une trinité était complètement fausse. Il a insisté qu'il n'y avait pas trois personnes dans la nature divine, mais plutôt trois modes de la même substance divine.

Sabellius, comme Praxéas, a défendu sa foi en l'unicité de Dieu. Sabellius enseignait l'unité de Dieu ou la doctrine de « l'unicité de la Divinité » contre la théologie nouvellement développée du trithéisme promue par Tertullien. Les enseignements de Sabellius soutenant l'unicité de la Divinité deviendraient connus sous le nom de sabellianisme aux alentours du IIIe siècle.

L'animosité de Tertullien à l'égard de la position de Praxéas et de Sabellius sur la Divinité est visible dans ses écrits contre Sabellius et le mouvement qui porterait son nom plus tard. Tertullien a écrit :

« Tout en respectant toujours cette objection, il doit avoir néanmoins une place pour l'examen en vue de l'instruction et de la protection des personnes variées. Sinon, on aurait l'impression

La Divinité : une seule

que chaque opinion perverse n'est pas examinée, mais simplement préjugée et condamnée. C'est exactement le cas de l'hérésie actuelle [*sabellianisme*], qui se considère comme possédant la vérité pure quand elle suppose qu'on ne peut pas croire au Dieu unique autrement qu'en déclarant que le Père, le Fils et l'Esprit sont la même personne. »

La furie de Tertullien envers Sabellius est restée enflammée parce que ce dernier défiait continuellement ses enseignements sur la trinité. Cette persistance enragée du professeur trinitaire, a cependant fini par causer l'excommunication de l'Église du prêtre Sabellius, parce qu'il n'a pas tenu compte de l'opinion orthodoxe. L'ignorance et la frustration ne se traduisent-elles pas souvent par la colère ?

Bien que les enseignements de Tertullien aient été controverses et souvent contradictoires, ses vues ont commencé à attirer un auditoire. Hippolyte (170-236 apr. J.-C.) était un jeune théologien romain vivant à l'époque de Tertullien et était très influencé par ses écrits. Hippolyte est entré en conflit avec l'enseignement unicitaire des papes de son temps, et pour cette raison il était parfois considéré comme le premier antipape de l'Église catholique. Le monothéisme dans son ensemble était habituellement enseigné par les papes catholiques depuis le début du temps de l'humanité.

Toutefois, Hippolyte, influencé par les enseignements de Tertullien, affirmait que le pape Zéphyrin (199-217 apr. J.-C.) devrait approuver un dogme distinctif (la trinité) qui représentait la « personne de Christ » comme étant réellement différente de celle du Père. Le pape Zéphyrin n'y a pas consenti et Hippolyte est devenu furieux que le pape n'ait pas pu visualiser les personnes séparées dans la Divinité. La position de l'Église, même quand les papes supervisaient cette dernière, a été de soutenir l'unicité de Dieu.

En tant que catholique qui étudiait l'histoire de l'Église au Grand séminaire de théologie, je me sentais poussé de remettre en cause notre dogme sur la trinité.

Dans les écrits documentés de l'Église catholique, le pape ou l'évêque Zéphyrin a dit simplement qu'il ne reconnaissait qu'un Dieu, et c'était le Seigneur Jésus-Christ.

Calixte Ier est devenu le chef de l'Église après la mort de Zéphyrin le 20 décembre 217, et a été accusé par Tertullien d'être un adepte et un promoteur de Sabellius qui se prenait pour le gardien de l'unité absolue de Dieu telle qu'elle est reconnue dans le judaïsme.

Dans le Chronographe de 354, la liste des papes dit qu'Hippolyte, le trinitaire, a été finalement réduit au silence pour sa dissidence. L'an 235 apr. J.-C., il a été exilé sur l'île de Sardaigne pour travailler dans les mines, et a été exécuté l'année suivante.

La doctrine de la trinité a lentement commencé à se frayer un chemin dans l'Église, bien que beaucoup aient cru en l'unicité de la Divinité. Ce fait allait ironiquement conduire à Hippolyte, le dissident banni de la doctrine de l'Unicité, étant canonisé comme saint. Les hiérarchies catholiques le considèrent maintenant comme un homme saint digne d'être vénéré.

La théologie trinitaire a peut-être gagné du terrain dans l'esprit de certains responsables d'Église, mais elle a toujours été opposée par la vérité unicitaire du peuple apostolique. Voici quelques exemples de ceux qui, comme Praxéas, disaient que l'idée de la trinité était complètement erronée.

Le modalisme a nié que Dieu le Père, Dieu le Fils et Dieu le Saint-Esprit étaient trois personnes.

Le monarchianisme s'est présenté comme ayant trois différents modes révélant la même personne divine, contrairement à la croyance en trois différentes personnes dans l'unique Divinité. Ce mouvement enseignait que le Père a été révélé comme étant le Créateur et législateur, le Fils a été révélé comme le Rédempteur, et le Saint-Esprit comme le donneur de la grâce ; et ces trois modes étaient tous une exhibition de l'unique Déité divine.

Le trinitarisme a menacé l'unité de Dieu aux yeux du judaïsme et du christianisme tous les deux. Du sein de l'Église Mère, cette doctrine défie la théologie de l'unicité de la Divinité.

Le péché de Tertullien a été de vouloir que le seul vrai Dieu vivant d'Israël partage sa gloire avec d'autres personnes. Le Dieu d'Abraham, d'Isaac et de Jacob n'aurait pas partagé sa gloire avec l'ange Lucifer et ne la partagera pas avec d'autres personnes.

La Divinité : une seule

« Te voilà tombé du ciel, astre brillant, fils de l'aurore ! Tu es abattu à terre, toi, le vainqueur des nations ! Tu disais en ton cœur : Je monterai au ciel, j'élèverai mon trône au-dessus des étoiles de Dieu : je m'assiérai sur la montagne de l'assemblée, à l'extrémité du septentrion ; je monterai sur le sommet des nues, je serai semblable au Très-Haut. Mais tu as été précipité dans le séjour des morts, dans les profondeurs de la fosse. »

Ésaïe 14 : 12-15

Bien que certains y croient et le pratiquent, il est impératif que nous comprenions qu'il n'existe pas une telle chose que le trinitarisme-monothéisme. Le monothéisme a signifié l'Unicité dans son intégralité dès le début des temps.

Doxologie est un terme d'origine grecque qui signifie « gloire » et est une attribution de l'éloge aux « trois personnes de la trinité ». J'ai souvent récité la doxologie pendant mon culte rituel. Une tradition courante médiévale basée sur une fausse lettre de Saint-Jérôme (dans l'édition Bénédictine, Paris, V, 415) dit que le pape Damase Ier (366-384 apr. J.-C.) a introduit le « *Gloria Patri* » qui est :

Gloire au Père

Gloire au Fils et

Gloire au Saint-Esprit.

Tout au long de l'histoire, le Seigneur a mis en garde Israël contre l'idolâtrie et a insisté qu'il ne partagerait pas sa gloire avec un autre. Il a déclaré qu'il était Dieu et qu'il était le seul. Le fait de croire qu'il y a deux autres identités séparées de Dieu, partageant sa gloire, est un blasphème.

Chapitre douze

Le compromis engendre la corruption

J'étais sincère dans mon cœur envers Dieu, mais ma compréhension était erronée. Ma théologie mal interprétée m'avait été transmise à travers des siècles et hélas, elle avait souvent été représentée par un leadership qui cherchait l'avantage personnel au lieu du sacrifice personnel.

Beaucoup des dirigeants de l'Église ont obtenu leur poste de manière politique. Ces dirigeants étaient des théologiens, des papes et des philosophes qui compromettaient la Parole de Dieu et s'appuyaient sur le bras de la chair au lieu du bras éternel du Seigneur. Puisque le pape se proclame successeur véritable de Pierre, ne devrait-il pas enseigner le même message enseigné par Pierre ? Ne devrait-il pas proclamer ce que Pierre avait proclamé dans Actes 2 : 38 ? Ne devrait-il pas rappeler au monde que Dieu est un Dieu jaloux et sous aucune condition il ne partagerait son trône ? Les vrais successeurs de Pierre ne sont pas ceux qui ont volontairement adhéré aux dogmes des hommes. Ses vrais successeurs sont les personnes qui portent le nom de Jésus, qui ont été remplies de l'Esprit de Dieu, et agitent bravement le drapeau lavé par le sang de la vérité apostolique sans compromis.

Le temps passait, et les enseignements de Tertullien circulaient toujours. L'Église apostolique endurait la dure réalité du règne oppressif de l'Empire romain. Pourtant, tenant dans la main leur foi en lambeaux, le peuple apostolique continuait à faire confiance au Dieu qu'il servait, en dépit de leur condition traumatique.

L'empereur Constantin le Grand était le premier empereur romain à se convertir au christianisme. Durant son règne, les chrétiens se sont trouvés en train d'émerger des ténèbres, des ombres menaçantes de l'Empire romain. Les apostoliques étaient maintenant libres d'adorer et étaient considérés comme une entité légale. Cet empereur a donné de l'espoir jamais vu depuis la crucifixion du Messie par les Romains.

La conversion de Constantin représentait une vraie lumière au bout du tunnel très sombre.

Pour célébrer sa conversion au christianisme, Constantin le Grand a fait bâtir l'Église Saint-Pierre à Rome en Italie. L'église a été détruite plus tard et reconstruite comme la Basilique Saint-Pierre, qui est actuellement l'église chrétienne la plus large du monde, couvrant plus de 15 000 m². Elle se dresse comme un mémorial au-dessus de la crypte qui, selon la croyance, contient le corps de l'apôtre Pierre.

L'empereur Constantin a déplacé la capitale de l'Empire romain de Rome à la ville de Byzance en Turquie. Cette ville a été rebaptisée plus tard Constantinople en l'honneur de l'empereur, et de nos jours c'est la ville d'Istanbul. La décision du déplacement serait plus tard la cause d'une confusion extrême et d'une longue division au sein de l'Église catholique. Bien que le pape ait été à l'ouest, à Saint-Pierre à Rome, les sept premiers conciles œcuméniques ont suivi les empereurs à Constantinople dans l'est. Le Premier Concile œcuménique a eu lieu à Nicée en Turquie, à 1 300 km de Rome, mais convenablement situés à 80 km du Palais impérial byzantin de Constantin à Constantinople, aussi connu sous le nom de Palais Sacré de Constantin. La vieille ville de Nicée est maintenant la ville moderne d'Iznik.

L'empereur Constantin était un novice dans le domaine chrétien. Depuis sa naissance, il avait l'habitude de vénérer les dieux du peuple romain. L'influence païenne dans l'Empire romain ainsi que sa mentalité multidieux ont contribué à former sa compréhension de la divinité. Trois personnes, un Dieu, pourquoi pas ? Constantin a convoqué le premier Concile de Nicée en 325 apr. J.-C. pour résoudre la confusion et d'autres questions concernant la Divinité.

Le premier Concile de Nicée organiserait ce qui serait connu sous le nom du Symbole de Nicée, un résumé des articles principaux de la foi chrétienne à l'époque. Ce document, reflétant trois personnes dans la Divinité, rejetterait totalement l'unité de Dieu.

Il semble assez impossible qu'on ait pu soutenir le Symbole de Nicée qui commence en disant « Nous croyons en un Dieu, » tout en insistant qu'il y a trois personnes dans la Divinité.

Le compromis engendre la corruption

À l'origine, le Symbole de Nicée a été adopté sous cette forme :

« Nous croyons en un seul Dieu Père tout-puissant, créateur de toutes les choses visibles et invisibles. Et en un seul Seigneur Jésus-Christ, Fils unique de Dieu, né du Père, [c'est-à-dire de la substance du Père, Dieu de Dieu], lumière de lumière, vrai Dieu de vrai Dieu ; engendré, et non fait, consubstantiel au Père, par qui tout a été fait [ce qui est au ciel et Inquisition] ; qui pour nous, hommes, et pour notre salut est descendu, s'est incarné et s'est fait homme ; a souffert, est ressuscité le troisième jour, est monté aux cieux, et viendra de nouveau juger les vivants et les morts. Et au Saint-Esprit. »[2]

Pour Constantin c'était simple. Le Symbole de Nicée du concile allait promouvoir Dieu le Père, Christ son Fils, et le Saint-Esprit comme étant trois personnes séparées et distinctes, et partageant cependant la même essence divine. Constantin l'a vu comme une résolution raisonnable. Toutefois, cette compréhension grossièrement adoptée de la Divinité ne serait pas prise à la légère par plusieurs dirigeants d'église et théologiens de l'époque, et ne serait pas incontestée.

Il est écrit dans la défense de l'empereur Constantin qu'il n'a pas voté au Concile de Nicée, mais a simplement supervisé le concile. Les empereurs ne votaient pas, ils dictaient. N'oubliez pas qu'à ce point dans l'Empire romain, la mentalité dominante était que les empereurs étaient souvent pris pour des dieux. Dans l'ancien monde, il était coutumier depuis longtemps de payer les honneurs divins aux rois et aux empereurs, du pharaon égyptien qu'on vénérait en tant que fils incarné du dieu soleil Rê, à Alexandre le Grand (356-323 av. J.-C.), roi de la Macédoine, qui se considérait comme divin. À leur tour, les gouverneurs hellénistes exigeaient et recevaient l'honneur divin.

Eusèbe Pamphile de Césarée (263-339 av. J.-C.) est devenu évêque de Césarée de Palestine en 314 av. J.-C., et il est souvent appelé « Père de l'histoire de l'Église ». Eusèbe, bénéficiant de l'amitié de l'empereur, a joué un important rôle dans les affaires durant le premier Concile de Nicée. Voici un extrait des premiers écrits d'Eusèbe décrivant comment la présence de l'empereur a été déifiée quand il est arrivé au concile en grande pompe et puissance.

---

[2] https://fr.wikipedia.org/wiki/Symbole_de_Nic%C3%A9e

« Constantin s'est avancé lui-même à travers l'assemblée, comme un messager céleste envoyé par Dieu, vêtu d'un habit qui scintillait comme des rayons de lumière, reflétant l'éclat d'une tunique de pourpre, et ornée d'une brillante splendeur d'or et de pierres précieuses. »[3]

Il est facile de voir comment l'Empire romain a exercé un contrôle très strict sur l'Église pendant une si longue période. Bien que la conversion de Constantin ait apporté une lueur d'espoir, l'expérience s'est avérée douce-amère pour le peuple apostolique véritable.

Le nouveau converti Constantin était extrêmement peu éduqué en théologie chrétienne, et était considéré par l'Église comme un catéchumène (nouveau chrétien qui étudie les questions et les réponses de la foi). Constantin a peut-être été ignorant de la foi chrétienne, mais il était l'empereur. C'était cet homme puissant avec son autorité politique incontestée qui a présidé le premier Concile de Nicée. L'influence de cet homme en tant qu'empereur de Rome au concile en dit long.

Ce serait très facile pour Constantin d'affirmer sa domination sur le concile. À ce point, les personnes apostoliques remplies du Saint-Esprit voyaient le sang de leurs bien-aimés couler dans les rues romaines, surtout durant les précédents règnes des empereurs Titus et Néron. Constantin a écouté avec satisfaction aux conseils de son concile et a pris sa décision quant à ce sujet.

Il avait maintenant besoin seulement de l'accord de son bon ami le pape Silvestre pour l'établir dans l'Église, ou pas ?

Le pape Silvestre Ier (314-335 apr. J.-C.) entretenait une relation étroite avec l'empereur Constantin. Au fil des années, il s'était habitué à des cadeaux somptueux grâce à sa relation avec Constantin. Il savait que la fortune venant de Constantin constituait beaucoup de bénédictions pour l'Église et ses dirigeants en difficulté à Rome.

Le pape n'a pas assisté au concile, mais a été plutôt représenté par deux légats. Après le Concile de Nicée, avec la bénédiction de l'empereur Constantin, le pape Silvestre Ier a finalement fait de la doctrine trinitaire de Tertullien un dogme de l'Église. Plus de cent ans

---

[3] https://earlychristianbeliefs.org/babylon-the-great-the-religious-harlot/

Le compromis engendre la corruption

après le décès de Tertullien, son terme « *trinitas* » était maintenant solidifié au sein de l'Église catholique. La doctrine trinitaire a été conçue et a vu le jour à la suite d'une union entre des dictatures politiques et le compromis apostolique. Toutefois, à cause de la controverse en cours générée par les apostoliques unicitaires, elle n'a été ratifiée que soixante-six ans plus tard lors du premier Concile de Constantinople en 381 apr. J.-C. Les empereurs contrôlaient les institutions religieuses dans l'Empire, puisque l'empereur était toujours « *Pontifex Maximus* » (le plus grand bâtisseur de ponts), et le grand prêtre de l'ancien collège pontifical romain. Il n'y avait aucune autre autorité plus élevée dans l'Empire romain chrétien. Ce n'était qu'après la chute de l'Empire romain occidental que les évêques de Rome ont été appelés « *Pontifex maximus* ».

Après la conversion de Constantin le Grand au christianisme, l'Église qui s'égarait déjà ne serait plus sous le contrôle des évêques de Rome, mais sous les très puissants empereurs de Constantinople.

Nous ne devons pas reprocher les papes de Rome pour tout ce qui s'est passé aux IIIe et IVe siècles concernant la compréhension de la Divinité. En ce temps, les papes n'étaient pas l'autorité finale dans l'Église gérée par l'État. L'Église apostolique qui est tombée sous la domination romaine est devenue une institution religieuse **faite par l'homme** à cause du compromis apostolique. La doctrine apostolique pure de Jésus-Christ a été vendue à un prix élevé. Les rênes n'étaient plus dans les mains de Pierre, mais celles des empereurs.

Ces empereurs n'étaient pas appelés ou oints du Saint-Esprit, mais des dictateurs qui n'avaient aucun problème d'exiger la soumission de leur peuple. Vers 327 apr. J.-C., l'empereur Constantin Ier a commencé à regretter la décision qui avait été prise au premier Concile œcuménique de Nicée. Cependant, en 381 apr. J.-C., l'empereur byzantin Théodose Ier a convoqué le second Concile œcuménique à Constantinople pour résoudre la controverse en cours sur la doctrine trinitaire. Bien qu'il y ait eu des théologiens de l'est représentés à ce concile, ni le pape Damase Ier ni ses représentants ont été invités à participer à la réunion. Alors, le pape et ses légats n'ont pas participé au concile en 381 apr. J.-C. Dans ce concile œcuménique géré par l'état, l'empereur Théodose

Pape Silvestre Iᵉʳ
(314-335 apr. J.-C.)

Le compromis engendre la corruption

le Grand a solidifié la doctrine trinitaire de Tertullien comme dogme de l'Église, rendant la croyance essentielle au salut d'une personne.

En 381 apr. J.-C., un décret de l'empereur Théodose a été adopté, déclarant : « La doctrine de la trinité doit être la croyance officielle de l'état et tous les sujets doivent s'y adhérer. »

Malgré les années d'objections par les croyants monothéistes de Jésus-Christ, la doctrine controversée de la trinité a été finalement ratifiée 161 ans après la mort de son créateur, Tertullien. L'empereur byzantin Théodose le Grand a fait quelque chose qui, à mon avis, a secoué les cieux. Ce dictateur incontesté s'est prononcé contre l'unicité du Dieu monothéiste d'Abraham.

Le Dieu d'Élie ne change pas et est absolument omniprésent par nature. Constantin le Grand en 325 apr. J.-C. et Théodose le Grand en 381 apr. J.-C. n'étaient pas les seules forces représentées aux deux premiers conciles œcuméniques de l'Église apostolique. Jésus-Christ, qui a formé seul l'univers et tout ce qui s'y trouve (Il était dans le monde et le monde a été fait par lui — Jean 1 : 10), se tenait dans les ombres des conciles pendant que sa souveraineté était pesée dans la balance par ces progénitures des empereurs qui réclamaient le sang de ses apôtres.

Alors que l'empereur Théodose Ier a émergé du second Concile œcuménique à Constantinople en Turquie, l'empire le plus puissant sur terre a connu un déclin rapide. Voyant que Dieu ne change pas, est-ce possible que la colère du Seigneur ait été attisée et prononcée contre l'Empire romain ? Rome était sur le point de tomber !

À ce point de l'histoire, tous les chemins menaient à Rome et ensuite à Constantinople. Rien ne pouvait la faire tomber. Rien, sauf Dieu lui-même. Quand l'empereur occidental Romulus Augustule a été destitué le 4 septembre 476 apr. J.-C., la partie ouest du plus puissant empire dans le monde s'était totalement effondrée. Les barbares se sont assis sur les trônes de ces anciens empereurs.

La chute de l'Empire romain a immédiatement précipité « l'âge des ténèbres » qui a duré 900 ans, une période d'inégalité et de brutalité, suivie par la « Peste noire » au XIVe siècle. L'ancien Empire romain est tombé en ruines. Est-ce que le Seigneur envoyait un message aux empereurs de Constantinople et aux papes impies de Rome concernant sa nature unicitaire comme il l'avait fait aux pharaons impies d'Égypte ?

Quel que soit le cas, la doctrine de la trinité a continué et continue d'être contestée.

L'un des évêques présents au premier Concile de Nicée en 325 apr. J.-C. a été l'évêque Marcel d'Ancyre. Il était connu pour ses positions fermes contre les hérésies. Cet évêque n'a pas seulement écrit contre l'arianisme, l'enseignement d'Arius, mais aussi contre la doctrine trinitaire très controversée de Tertullien.

La croyance inébranlable de cet évêque était que Dieu était un seul comme nous le croyons aujourd'hui. Son enseignement était : « À la création de l'univers, la Parole ou Logos est sortie du Père et a été l'activité de Dieu dans le monde. » (*The Catholic Encyclopedia*, 1913)

Au Concile de Nicée, l'évêque Marcel d'Ancyre a été accusé d'être un partisan du sabellianisme et a été condamné plusieurs fois par l'Église romaine. Les évêques de Jérusalem ont condamné ses œuvres et il a été destitué à Constantinople en 336 apr. J.-C.

La décision à Nicée sur la réfutation de Marcel à propos de la Divinité n'a pas seulement retardé la ratification de la doctrine trinitaire, mais a aussi enflammé le désir de Marcel de promouvoir le monothéisme pur pendant des années à venir.

Cet évêque catholique a finalement été destitué par la faction macédonienne à Constantinople où il a été remplacé par l'évêque Basile en 353 apr. J.-C. L'évêque Eusèbe de Césarée, un bon ami de l'empereur Constantin, a écrit contre Marcel dans deux ouvrages : *Contra Marcellum* (contre Marcel), une exposition de la doctrine de Marcel et *On the Theology of the Church*, une réfutation de Marcel. Athanase lui-même, l'évêque d'Alexandrie, a aussi reconnu ce qui était considéré comme l'hétérodoxie de Marcel (opinions non orthodoxes d'une personne). En 380 apr. J.-C., le pape Damase Ier (366-384 apr. J.-C.) s'est prononcé de même contre lui avec le Second Concile général.

Le compromis engendre la corruption

Constantin préside le Concile de Nicée

Tous ceux dans le monde aimant le pur monothéisme apostolique ne doivent pas se sentir isolés. Beaucoup de gens au cours de l'histoire de l'Église, comme nous le verrons, s'opposaient aux hérésies chrétiennes. Des milliers ont risqué leur réputation et leurs vies même pour protéger ce que nous chérissons dans l'an 2023 dans nos églises comme notre héritage apostolique pur.

Après le concile de Constantin à Nicée, les choses ont commencé à arriver rapidement dans l'Empire romain. En moins d'un an après la signature de la trinité comme dogme de l'Église, l'empereur Constantin a fait tuer son fils Crispus à cause d'une rumeur concernant son fils ayant une liaison sexuelle avec Fausta, la seconde femme de Constantin. Étant informé par sa mère que cette rumeur n'était pas vraie, il a ensuite fait tuer sa femme Fausta pour être la source apparente de la rumeur.

L'empereur Constantin, l'homme qui a convoqué et supervisé le premier Concile de Nicée qui a accepté et continué la doctrine de Tertullien, n'a été baptisé comme chrétien seulement sur son lit de mort.

Lorsque le second fils de Constantin, Constance II (317-361 apr. J.-C.) a pris le contrôle de l'empire, il a adopté une position ferme contre tout ce qui n'était pas lié au christianisme orthodoxe. Constance II a mis en œuvre des dispositions dans le but de sécuriser le statut de la religion d'État de l'empire et encourager l'unité entre l'Église et l'État. Cette union s'avérerait avantageuse pour les deux organismes. L'Église nécessitait le soutien financier disponible seulement de l'état, tandis que l'état nécessitait la sorte d'influence sur ses sujets seulement fournie par l'Église. Le partenariat a permis à Constance II d'imposer sa domination sur l'empire.

Le compromis engendre la corruption

Damase Ier
(366-384 apr. J.-C.)

Il persécutait les païens ainsi que les Hébreux. Des autels de sacrifices des païens ont été détruits et l'usage de certains termes hébreux dans le culte a été interdit. « *Shema Yisrael* » considéré parfois la prière la plus importante dans le judaïsme — « Écoute Israël, Yahvé notre Dieu, Yahvé est un » — a été banni comme étant un rejet de la trinité de Tertullien. La face religieuse de l'empire avait énormément changé sous la dynastie de Constantin. Elle était maintenant « *ecclesia vivit lege romana* » (l'Église existe sous la loi romaine).

La dynastie de Constantin a tourné son dos aux enseignements des apôtres et les dirigeants de l'Église à l'époque ont favorisé une religion lucrative gérée par l'état qui assurerait leur établissement à long terme. En compromettant la vérité pure pour le gain personnel, l'Église risque de subir des conséquences désastreuses d'une diminution de la foi apostolique qu'elle chérissait tant. L'Église apostolique est sainte et doit rejeter tout esprit de compromis, venant de l'extérieur ou de l'intérieur. Il nous faut continuer de nous accrocher à la vérité de la Parole de Dieu telle qu'il nous l'a donnée.

Ces évènements ont eu lieu des siècles après la mort de Jean sur l'île de Patmos, avertissant ses successeurs des jugements de Dieu sur ceux qui changeraient sa Parole ointe.

« Je le déclare à quiconque entend les paroles de la prophétie de ce livre : Si quelqu'un y ajoute quelque chose, Dieu le frappera des fléaux décrits dans ce livre »

Apocalypse 22 : 18

Comme le témoigne l'histoire de l'Église, lorsque les gens choisissent de compromettre la « Parole du Seigneur », les choses ne font qu'empirer. À mesure que le temps avançait, les papes se sont mis à exercer de nouveau le contrôle et l'influence au sein de l'Empire romain auparavant dominant. Toutefois, ces dirigeants d'église, dans plusieurs cas, étaient bien pâles en comparaison avec la gloire et la sagesse des apôtres. Sous peu, les apostoliques unicitaires deviendraient des cibles de la cruauté inimaginable aux mains de ceux qui professaient être chrétiens. Les gens apostoliques se sont

Le compromis engendre la corruption

trouvés éloignés de l'expérience vécue le jour de la Pentecôte. C'était un moment de l'histoire qui donnait à réfléchir pour le peuple de Dieu.

Se mêlant aux affaires politiques, un grand nombre de Saints-Pères de l'Église sont devenus très impies. Permettez-moi de donner mon avis. Je suis maintenant un adepte avide du monothéisme dans son intégralité. De ce fait, pour moi, il n'y a pas deux Pères saints en existence. Le Saint-Père n'est pas assis sur un trône du Vatican à Rome. Le vrai Père saint, le seul Père saint, est assis sur son trône dans les cieux où il oint et gouverne son Église apostolique.

« Mais vous, ne vous faites pas appeler Rabbi ; car un seul est votre Maître, et vous êtes tous frères. Et n'appelez personne Inquisition votre père ; car un seul est votre Père, celui qui est dans les cieux. »

Matthieu 23 : 8-9

Comme je disais, beaucoup de ces hommes sont devenus très impies. Une soif de sang de quiconque s'opposerait à leur règne rappelait sinistrement les hostilités romaines qui avaient réclamé la vie de tant d'apostoliques. Bien que les révisionnistes historiques aimeraient ignorer ces cruautés, le sang des innocents crie encore à travers les âges. Cette information n'est pas partagée pour être vindicative, mais plutôt pour aider ceux qui sont en quête de la vérité à comprendre que le péché ne fait point de favoritisme. Si nous tournons notre dos à la lumière directrice de la Parole de Dieu, nous trébucherons dans des ombres menaçantes des ténèbres, cherchant sans but un remplaçant. Les martyrs unicitaires sont en train de crier : « Protégez votre héritage ».

Pape Félix III
(526-530 apr. J.-C.)

Le compromis engendre la corruption

L'Église catholique avait une connaissance de première main de la manière dont les empereurs romains établissaient le contrôle sur leur peuple. La coopération et la participation de l'Église dans l'Empire romain ont révélé les effets que le pouvoir pouvait être manié par le moyen d'un bras fort d'intolérance.

Le mot hérésie dérive du terme grec « *hairesis* », signifiant refus délibéré de la vérité révélée, et son changement impliquait souvent la mise à mort de l'accusé. Cette accusation était utilisée fréquemment pour susciter la peur et pour forcer l'adhérence au dogme de l'Église. Comme le cœur des hommes faisait défaut, la haine et l'avidité ont produit une corruption sauvage dans l'Église. Cette corruption pour le pouvoir entraînerait l'exécution de beaucoup de personnes.

Le terme martyr est couramment utilisé pour décrire une personne qui sacrifie sa vie afin de faire avancer la croyance ou la cause de beaucoup de gens. Malheureusement, comme les apôtres de Christ, les apostoliques unicitaires deviendraient synonymes de ce terme. La dureté au cours des futurs siècles ne peut être mesurée que par une estimation des vies perdues au nom de « l'épuration » de l'Église.

Le pape Félix III (526-530 apr. J.-C.) a lancé une campagne à Rome contre les ennemis de l'Église catholique, incluant les apostoliques, les Juifs, les Arabes et tous les autres qui s'opposaient aux enseignements catholiques. Toutes les méthodes de torture physique connues ou imaginées ont été utilisées pour forcer les gens à désavouer. Le fait d'être accusé d'hérésie signifiait la mort certaine ou au mieux l'emprisonnement à perpétuité. Les finances, les biens, et les propriétés des hérétiques condamnés étaient souvent donnés à l'Église Mère. Au cours des siècles, cette pratique permettrait à l'Église catholique d'accumuler d'énormes fortunes. Ce que j'écris aujourd'hui est de l'histoire catholique documentée.

La domination du pape sur les états papaux, qui comprenaient une grande partie de l'Italie centrale, s'est produite lorsque le monarque des Francs, le Roi Pépin III a renversé les Lombards au VIIIe siècle.

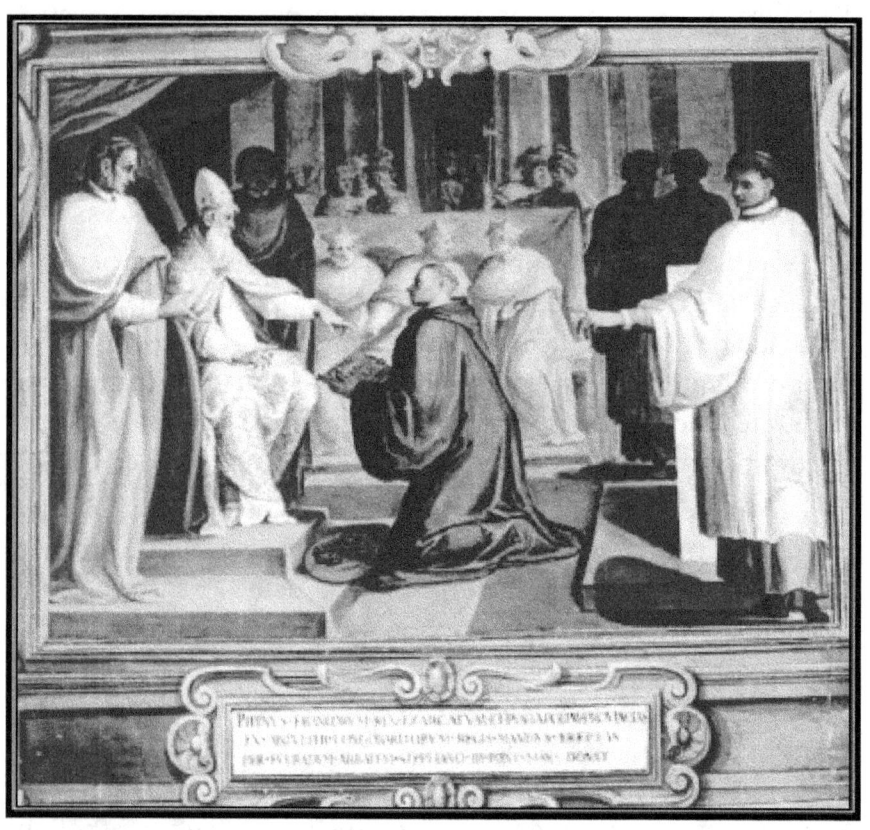

Pape Étienne II
(752-757 apr. J.-C.)

Le compromis engendre la corruption

Le pape Étienne II (752-757 apr. J.-C.) s'est rendu en personne à Paris pour demander de l'aide au monarque contre les envahisseurs lombards qui menaçaient l'établissement de l'Église.

Le pape a été vite satisfait. À cause de la visite personnelle du pape, le Roi Pépin III s'est vu jouant le rôle d'un protecteur ordonné et d'un gardien des catholiques. Le pape Étienne II a reconsacré Pépin comme roi le 6 janvier 754, pendant sa visite du nouveau pays de France. L'empereur Charlemagne, oint le jour de Noël en 800 apr. J.-C. par le pape Léon III, était en fait le fils du Roi Pépin III.

Ce roi français a fait entrer son armée bien entraînée dans le nord de l'Italie. Pourtant, quand les Lombards ont été battus, au lieu de faire la bonne chose en rendant la terre au royaume d'Italie en 756 apr. J.-C., il a opté de la donner au Pape Étienne II et ses successeurs. Le pape était alors non seulement la tête de l'Église, mais aussi le monarque de millions de gens. La terre a été divisée en états papaux contrôlés par des papes durant les 1 100 ans suivants.

Plusieurs siècles plus tard, le roi d'Italie a renversé l'armée du pape et repoussé le pape au Vatican. Cette guerre sanglante a eu lieu en 1860. Le pape Pie IX s'est identifié comme « un prisonnier du Vatican » jusqu'à sa mort en 1878.

La grande domination du Saint-Siège a été vite réduite à une parcelle de terre qui est plus petite que le Central Park de la ville de New York.

Ce cycle de domination a continué à travers des siècles. Lorsque le pape Léon III (795-816 apr. J.-C.) a couronné Charlemagne empereur le jour de Noël en 800 apr. J.-C., il a établi le précédent que nul ne serait empereur sans l'onction du pape. Cet évènement a marqué le début du Saint-Empire romain qui a existé sous une forme ou une autre pendant presque mille ans.

De Rome à Jérusalem

Roi Pépin III
qui a donné la terre italienne au Pape Étienne II

Le compromis engendre la corruption

Pape Léon III
(795-816 apr. J.-C.)

Il s'avérerait que le pouvoir absolu de la position pontificale conduisait beaucoup à la corruption absolue. Hélas, souvent les gens sincères recherchant la vérité ont été soumis à un étalage d'appétits dégoûtants de la part d'hommes impies haut placés dans la direction. Le pape Jean XII (955-963 apr. J.-C.) organisait des orgies de débauche (s'adonnant avec excès aux plaisirs sensuels ou à la satisfaction excessive des appétits physiques) dans le palais du Latran à Rome. L'empereur Otton Ier d'Allemagne, horrifié par les actes des papes, a fait accuser le pape Jean XII devant un tribunal ecclésiastique qui l'a déclaré coupable de toutes les charges. Tout en le destituant, ils ont élu un nouveau pape appelé Léon VIII. Comme réponse à la décision du tribunal ecclésiastique, le pape Jean XII a mutilé des représentants impériaux à Rome, exilé le pape rival Léon VIII vaincu, et s'est rétabli comme saint pape romain de l'Église catholique.

Selon les écrits de Liutprand de Crémone, le pape Jean XII est mort en 963 apr. J.-C. par l'épée, étant surpris dans un moment d'adultère. On ne lui a pas offert le Saint Viaitique (la sainte Eucharistie administrée aux mourants).

Les chrétiens qui avaient du mal à composer avec les conditions au sein de leur Église souffraient maintenant de la confusion. À ce stade, il y avait une longue liste de maladies générées par leur propre compromis apostolique. Le leadership de l'Église catholique a fait plusieurs tentatives de résoudre les problèmes internes, mais l'esprit de compromis interne n'a fait qu'aggraver la division.

Le compromis engendre la corruption

Pape Jean XII
(955-963 apr. J.-C.)

Les sept premiers conciles œcuméniques de l'Église convoqués par les empereurs se sont avérés tout aussi déroutants, puisque l'Église elle-même était devenue confuse. Aucun des conciles n'a été tenu à Rome. Les sept conciles ont tous été organisés à l'est où les empereurs vivaient et gouvernaient l'Empire romain. Ces conciles passaient en revue les sujets allant de la Divinité en 325 apr. J.-C. à la vénération des images dans l'Église au septième concile en 787 apr. J.-C. Tandis que l'empereur Constantin Ier est arrivé en grande pompe et puissance au premier Concile de Nicée avec la Divinité en tête, l'impératrice Irène est aussi entrée en grande pompe et puissance au second Concile de Nicée environ 450 ans plus tard, avec la vénération des images en tête. Les deux souverains ont quitté les conciles remplis de joie. L'Église était définitivement sous le contrôle romain.

Voici une liste des sept premiers conciles œcuméniques et les dates de leur rassemblement :

1. Premier Concile de Nicée — convoqué par l'empereur Constantin Ier en 325 apr. J.-C.
2. Premier Concile de Constantinople — convoqué par l'empereur Théodose Ier en 381 apr. J.-C.
3. Concile d'Éphèse — convoqué par l'empereur Théodose II en 431 apr. J.-C.
4. Concile de Chalcédoine — convoqué par l'empereur Marcien en 451 apr. J.-C.
5. Second Concile de Constantinople — convoqué par l'empereur Justinien en 553 apr. J.-C.
6. Troisième Concile de Constantinople — convoqué par l'empereur Constantin IV en 680 apr. J.-C.
7. Second Concile de Nicée — convoqué par l'impératrice Irène en 787 apr. J.-C.

Durant cet intervalle de temps, l'Église orthodoxe orientale et l'Église catholique occidentale étaient en train de s'éloigner l'une de l'autre. Il y avait une lutte de pouvoir au sein du christianisme orthodoxe pour savoir qui aurait l'autorité sur les églises. Ces conciles ont été convoqués pour aider à rétablir l'entente entre les églises et résoudre les problèmes doctrinaux. Toutefois, ces conciles n'ont pas été toujours acceptés. L'Église orthodoxe orientale a rejeté quatre des sept conciles, tandis que l'Église assyrienne de l'est en a rejeté cinq. Malgré leurs luttes contre la division, durant tout ce temps les saints unicitaires se tenaient unis dans le monothéisme apostolique ; à l'unanimité et avec enthousiasme, ils ont rejeté tous les sept conciles.

L'une des questions principales perturbant l'Église était le pape réclamant l'autorité sur l'Église orientale. Ce problème a entraîné un conflit historique dans les années 800 entre Photius, père de Constantinople, et le pape Nicolas Ier (858-867 apr. J.-C.), au cours duquel ils se sont mutuellement destitués du pouvoir.

En 858 apr. J.-C., l'empereur byzantin Michel III, président de la chancellerie impériale, avait destitué Ignace, patriarche de Constantinople (remarquez l'autorité de l'empereur sur l'Église grecque dans l'est) et l'a remplacé par Photius. Puisque la confusion régnait entre les branches occidentales (latines) à Rome en Italie et les branches orientales (grecques) à Constantinople en Turquie, la division aboutirait finalement au grand schisme est-ouest de l'an 1054. Cette division des églises orthodoxes orientales a forcé les délégués du pape Léon IX (1049-1054) d'excommunier le patriarche de Constantinople. Le patriarche a alors convoqué un concile qui a excommunié les délégués papaux. Cet évènement représentait la grande division orthodoxe-romaine.

Lorsque la pure Église apostolique monothéiste de Jésus-Christ est compromise comme elle l'était au IIe siècle et après, Satan prend le contrôle des âmes immortelles à l'intérieur. Quand le pouvoir de l'humanité augmente au sein de la chrétienté, on éteint l'Esprit de Dieu, et le mal devient imminent.

Le pape Serge III (904-911 apr. J.-C.) était le seul pape dans l'histoire de l'Église catholique à ordonner le meurtre d'un autre pape et à avoir engendré un fils illégitime qui deviendra pape plus tard. Le pontificat du pape Serge III a été qualifié de « lugubre et honteux » par les historiens de l'Église.

**Photius
Patriarche de Constantinople
(815-897 apr. J.-C.)**

LE COMPROMIS ENGENDRE LA CORRUPTION

Pape Nicolas I
(858-867 apr. J.-C.)

Pape Léon V
903 apr. J.-C.

Le compromis engendre la corruption

Pape Serge III
(904-911 apr. J.-C.)

Pape Léon IX
(1049-1054)

Le compromis engendre la corruption

Le pape Serge III, qui avait été précédé par le pape Léon V en 903, est mort en 904; il aurait été maintenu au sol et étranglé à mort dans sa cellule de prison sur ordre du pape Serge. À la fin du mandat du pape Serge III, son fils illégitime est monté au trône papal comme son successeur et s'est fait appeler pape Anastase III. Le pape Anastase a régné sur l'Église de 911 à 913 apr. J.-C. L'histoire suggère qu'il était un bon dirigeant pour son peuple.

L'état du péché dans le christianisme religieux ne s'améliore pas; il ne fait qu'empirer. En janvier 897, le procès ecclésiastique posthume du pape Formose (891-896 apr. J.-C.) a eu lieu à la basilique Saint-Jean-de-Latran à Rome.

Le corps du pape Formose a été exhumé et placé en position assise sur un trône pendant que son successeur, le pape Étienne VI (896-897) lisait les charges contre lui. Ce « Concile cadavérique » a condamné l'homme mort, l'a déshabillé, mutilé son corps, et l'a ensuite jeté dans le Tibre.

Cette action du pape Étienne VI a provoqué la colère des catholiques. Le pape Étienne VI a été à son tour condamné par un tribunal ecclésiastique, jeté en prison, et en août 897, il a été étranglé à mort. Toutes ces choses se sont passées réellement dans l'Église catholique au nom du christianisme religieux **fait par l'homme**.

La résidence du pape peut s'appeler le Palais apostolique, mais en définitive il ne s'agit pas d'un « héritage apostolique ». Avec le temps, nous verrons la grande différence entre le christianisme religieux **fait par l'homme** et le salut apostolique pur.

Nous reconnaissons et nous nous efforcerons avec diligence de faire la distinction entre le christianisme fait par l'homme et la vérité inaltérable de Dieu qui a été cimentée de manière indélébile dans l'esprit et le cœur de ses douze apôtres. Si Dieu a été présent pour l'écriture de sa Parole, ne devrait-il pas être là dans nos vies pour la compréhension de sa Parole ?

Ce que Dieu a personnellement donné aux apôtres n'a pas été fait par l'homme, c'était divinement inspiré. C'est par conséquent, par la « Parole sainte de Dieu » que toute l'humanité sera jugée éternellement.

Cadavre du pape Formose au procès

Chapitre treize

Les violents s'en emparent

En dépit des luttes internes, l'Église catholique a étendu sa main pour proclamer la domination une fois de plus. Beaucoup sont tombés sous les épées des soldats chrétiens. Un effort d'établir l'Église catholique comme autorité religieuse unique était enclenché. Avec leur vue monothéiste de Dieu, les musulmans ainsi que les Juifs étaient considérés comme une menace pour le caractère sacré de l'Église catholique.

L'Islam, la foi musulmane, est le nom donné à la religion prêchée par le prophète Mahomet dans les années 600 apr. J.-C. Mahomet était un Arabe né à la Mecque vers 570 apr. J.-C. Il croyait qu'il avait été envoyé pour avertir et guider son peuple de l'adoration des idoles vers l'Islam.

L'Islam est actuellement l'une des plus larges religions du monde. Les plus grandes communautés sont concentrées au Moyen-Orient, en Afrique du Nord, en Indonésie, au Bangladesh, et au Pakistan. Le symbole de l'Islam est un croissant et une étoile. Ce symbole apparaît sur les drapeaux de plusieurs nations dont la majorité de la population est musulmane. Bien que le christianisme soit la religion prédominante dans le monde, l'Islam est celle qui croît le plus rapidement. Plus de 20 % de la population mondiale suivent les enseignements de Mahomet.

Les musulmans croient que l'Islam (signifiant soumission à Allah) est la religion d'origine depuis la création d'Adam, leur premier prophète. Les prophètes éminents des musulmans comprennent Abraham, Moïse, David, et Jésus le Messie.

Le parcours n'a pas été facile pour Mahomet. La Mecque était un centre d'adoration des idoles en 610 apr. J.-C., lorsque Mohammed a défié le peuple pour la première fois d'abandonner l'idolâtrie et d'embrasser l'Islam. La plupart des Mecquois ont rejeté son message et beaucoup ont commencé à persécuter les premiers musulmans, les forçant à s'enfuir vers Médine vers 622 apr. J.-C. Médine était bien plus accueillante et à partir de cette ville, l'Islam s'est répandu partout dans la péninsule arabique.

Après la mort de Mahomet en 632 apr. J.-C., l'Islam sunnite s'est propagé rapidement depuis l'Arabie sous le leadership des premiers dirigeants « correctement guidés » qui étaient de proches compagnons de Mahomet.

Pour les musulmans, le prophète Mahomet, appelé le « sceau des prophètes » est le dernier des plus de 124 000 prophètes depuis Adam. Son nom signifie « personne louée » et il est honoré par Allah dans le Coran.

Les musulmans croient que l'ange Gabriel a été envoyé à Mahomet à la Mecque, en Arabie Saoudite en 610 apr. J.-C. Durant les vingt-deux années suivantes, l'ange Gabriel envoyé par Allah a révélé des sourates (chapitres) à Mahomet avec l'ordre d'enseigner les autres. Peu après la mort de Mahomet, ses adeptes ont compilé les sourates dans le Coran. Le Coran est considéré divin dans sa forme arabe, qui est récité et mémorisé uniquement dans sa forme d'origine.

Mahomet a prédominé avec son message du monothéisme. L'unicité absolue d'Allah est primordiale pour les musulmans, et le plus grand péché est de l'associer avec une autre entité. Pour les musulmans, Allah crée et soutient toute vie, soit spirituelle soit matérielle. Sa volonté est absolue et ne peut être interrogée par sa création. Les musulmans apprennent que toutes les écritures anciennes étaient corrompues et qu'une seule Écriture sainte et fiable existe, le Coran.

Il n'y a pas de sauveur dans l'Islam. Cela ne laisse pas entendre que le salut n'est pas possible, car les musulmans croient qu'Allah est miséricordieux et compatissant. Le Coran parle des cieux comme étant un beau jardin, un lieu de récompense, *janna*. Le Coran décrit aussi la punition et le feu de l'enfer. Les femmes musulmanes se sentent généralement protégées et satisfaites au sein de leur culture. Le code vestimentaire modeste est conçu pour les protéger, et n'est pas requis chez elles ou en présence seulement d'autres femmes. La polygamie est permise, limitant un homme à avoir quatre femmes et exigeant un traitement équitable pour chacune.

« Il répondit : N'avez-vous pas lu que le créateur, au commencement, fit l'homme et la femme et qu'il dit : C'est pourquoi l'homme quittera son père et sa mère, et s'attachera à sa femme, et les deux deviendront une seule chair. »

Matthieu 19 : 4-5

Les cultures séculières avec une influence chrétienne peuvent embrouiller les musulmans, qui voient à travers le prisme de leurs opinions historiques. Souvent, ils pensent que la « sexualité de Hollywood » est « chrétienne », ou une action militaire est une « croisade ». Pour les musulmans, la croix est un symbole militaire.

Les musulmans essaient de suivre l'exemple de Mahomet connu comme sa *sunna*, ou sa façon d'être dans tous les détails possibles. Les pratiques rituelles de l'Islam sont les piliers de son système religieux : la confession de leur foi, le don des aumônes, la prière, les pèlerinages à la Mecque, et le jeûne.

Presque tous les musulmans appartiennent à une ou deux dénominations, les groupes sunnites ou chiites. Un schisme s'est produit vers la fin du VIIe siècle, à la suite des mésententes concernant le leadership religieux et politique dans la communauté musulmane.

Certains musulmans ajoutent un sixième pilier, la lutte sainte (*djihad*). Cette lutte peut être interne (une lutte dans l'âme pour bien agir), ou externe (un effort contre les infidèles ou les incrédules). L'interprétation du *djihad* peut déterminer la différence entre les musulmans modérés et radicaux.

Nous avons tous vu la tête hideuse de la branche radicale de l'Islam dans la ville de New York le 11 septembre 2001, telle qu'elle est apparue sur la scène de notre théâtre mondial. Les fils radicaux d'Ismaël ont attiré l'attention du monde entier et ont réuni les gens dans la même perspective. L'Église est consciente que le gouvernement global est proche.

De Rome à Jérusalem

Pape Urbain II
(1088-1099)

LES VIOLENTS S'EN EMPARENT

Le pape Urbain II (1088-1099) a co-orchestré la première croisade chrétienne contre les musulmans à Jérusalem avec l'empereur byzantin Alexis (1081-1118). Le pape Urbain II pensait que la population grandissante des musulmans pouvait et devait être réduite au silence par la puissance militaire. Les boucliers des soldats portaient l'emblème de la croix. À ce point, il n'y avait pas eu de séparation entre l'église et l'état depuis le Premier Concile de Nicée.

Le pape Urbain II, réticent à être examiné comme étant celui qui allait provoquer un massacre, a armé ses soldats et sous le prétexte d'un pèlerinage chrétien les a fait marcher résolument à travers la Terre sainte. Sachant que les musulmans prendraient cette démarche pour une agression et réagiraient certainement de la même façon, le pape Urbain II et son armée ont joué le rôle de la victime tout en menant de manière trompeuse une guerre sainte (*djihad*) pour éliminer la menace musulmane. Au fil de l'histoire, la croix s'est transformée en épée.

« Alors Jésus lui dit : Remets ton épée à sa place ; car tous ceux qui prendront l'épée périront par l'épée. »

Matthieu 26 : 52

Un compte-rendu de la position pieuse du pape tendant la main aux frères de Jérusalem a été enregistré, alors qu'il demandait de l'aide de l'Église catholique de l'époque pour détruire le peuple musulman tout en faisant avancer ses soldats.

Au concile de Clermont, dans ses propres mots, le pape Urbain II de sa bulle papale « *bellum sancrum* », a proclamé : « Je, ou plutôt le Seigneur, vous conjure en tant qu'hérauts de Christ de publier ceci partout et de persuader tous les gens de tous rangs, soldats à pied et chevaliers, pauvres et riches, d'apporter promptement de l'aide à ces chrétiens (à Jérusalem) et de détruire cette race ignoble qui se trouvent dans les terres de nos amis. »

Quelle est la différence entre les hommes qui tiraient leur épée pour couper la tête des musulmans à Jérusalem et le marionnettiste qui contrôlait les ficelles ? Nous apprendrons à travers l'histoire catholique que la papauté, au grand dam de ses partisans innocents, a un passé historiquement mouvementé.

De Rome à Jérusalem

La première croisade chrétienne a été la plus réussie sur le plan militaire. L'historien Raymond d'Aguilers a décrit la guerre sainte à Jérusalem par les croisés menée par le pape Urbain II en 1099 de cette façon :

« Certains de nos hommes coupaient la tête de leurs ennemis ; d'autres leur tiraient dessus avec des flèches pour les faire tomber des tours ; d'autres les torturaient plus longuement en les jetant dans les flammes. Des tas de têtes, de mains et de pieds étaient à pleine vue dans les rues de la cité. Il fallait se frayer le chemin sur les corps des hommes et des chevaux. Mais c'était peu de chose par rapport à ce qui s'était passé au temple de Salomon, un lieu où des services religieux étaient ordinairement chantés. Que s'est-il passé là ? Si je dis la vérité, cela dépassera vos capacités de comprendre. Donc, qu'il suffise de dire au moins ceci, que dans le temple et le portique de Salomon, les hommes ont chevauché dans le sang jusqu'aux genoux et aux rênes de la bride. »

La décapitation des êtres humains n'est pas une nouveauté dans l'histoire de notre monde et ce n'est pas fini.

« Et je vis des trônes ; et à ceux qui s'y assirent fut donné le pouvoir de juger. Et je vis les âmes de ceux qui avaient été décapités à cause du témoignage de Jésus et à cause de la parole de Dieu, et de ceux qui n'avaient pas adoré la bête ni son image, et qui n'avaient pas reçu la marque sur leur front et sur leur main. Ils revinrent à la vie, et ils régnèrent avec Christ pendant mille ans. »

Apocalypse 20 : 4

Même si j'étais un catholique fervent et dévoué à la cause de l'Église, j'ai connu des moments durant mes études où j'ai senti le besoin de baisser ma tête dans la honte. L'histoire de l'Église documentée a été souvent regrettable, mais absolument indéniable. Pendant des décennies, l'Église Mère sous couvert du christianisme a infligé des tortures physiques et des manipulations mentales aux suspects hérétiques dans ses prisons secrètes, avec l'espoir de sa propre épuration doctrinale.

Ces scènes étaient celles de Hadès enregistrées dans des pages plus sombres de l'histoire de l'humanité. J'entends des historiens répéter sans cesse qu'il faut tenir compte des circonstances qui entouraient la ville sainte de Jérusalem à ce temps. Maintenant que j'ai le Saint-Esprit et suis baptisé au nom de Jésus, je dois dire : Ne vous laissez pas tromper, il n'y a pas d'excuse pour de telles atrocités commises au nom du christianisme. À travers les âges, les papes pouvaient accéder à la même direction divine que nous aujourd'hui. Non ? Le pape Urbain II est passé de son état mortel le 27 juillet 1099 à l'état immortel de sa vie.

Il nous incombe de comprendre que les deux fils d'Abraham ont tous les deux adoré le Dieu de leur père. Les Juifs, fils d'Isaac, et les musulmans, fils d'Ismaël, adorent et servent en effet la même Déité. Bien que ces fils aient été en désaccord les uns avec les autres dès le départ, ils sont tous soumis au Dieu monothéiste d'Abraham. Dans la langue arabe, « *Allah* » signifie Dieu. En hébreu, « *Yahweh* » signifie Dieu. Ils ne représentent pas des déités différentes comme on pourrait le croire, mais simplement une différente langue. Les théologies entre le judaïsme et l'Islam diffèrent, bien sûr, comme c'est le cas de la théologie du peuple du nom de Jésus. Toutefois, pour l'essentiel, tous les trois adorent et servent le même seul vrai Dieu vivant d'Abraham. Dans la Bible, dans la Torah, et dans le Coran, le fils de Terach est vu comme le père Abraham, le défenseur du monothéisme. La Divinité est unique dans sa nature et toute puissante dans son pouvoir. Le Seigneur est, a toujours été, et sera toujours un seul. La doctrine trinitaire n'a jamais été et ne sera jamais une représentation véritable de Jéhovah. Si l'Église apostolique sous le règne romain n'avait pas privilégié ou succombé à la doctrine de Tertullien, la totalité de la chrétienté aujourd'hui adorerait également le Dieu d'Abraham dans un monothéisme pur et sans tache.

Durant ces derniers jours, si nous voulons bien mettre de côté les hérésies distrayantes, nous serons capables de visualiser réellement le Messie debout à la porte de la chambre haute, faisant signe à son Église lavée du sang pour qu'elle reprenne cette place de la pluie de la première saison, qu'elle revienne à cette terre qui est pure et non souillée par les mains charnelles des hommes mortels. C'est dans cette terre de lait et de miel que l'Esprit du Seigneur coule librement, et c'est dans cette demeure sainte que le Seigneur préparera sa mariée monothéiste pour l'effusion de la pluie de l'arrière-saison.

Les années découlaient péniblement alors que les dirigeants de l'Église faisaient tout pour que ses membres observent les enseignements de la trinité et les différents dogmes **faits par l'homme** au sein de l'Église. On aurait dit que « les esprits méchants dans les lieux célestes » ont caractérisé la voie prise par l'Église catholique. Quand les gens s'asseyaient dans les hauts lieux dans le monde ecclésiastique, Dieu n'est pas toujours dans leurs plans. Le sang du Calvaire appelle l'humanité à couvrir les ego charnels de la nature humaine.

Pierre Valdo était un adversaire acharné de la prospérité et de l'intimidation papales. Il s'est aperçu de la tyrannie dans l'Église catholique et croyait qu'il fallait faire quelque chose. En 1184, Valdo a cherché à obtenir la reconnaissance papale, pensant pouvoir ainsi influencer l'Église de Rome. Il a été cependant immédiatement excommunié de l'Église catholique, étant accusé d'hérésie. Aussitôt après l'élection du pape Innocent III (1198-1216), le 8 janvier 1198, Innocent III a entrepris de faire du pape un chef ecclésiastique du monde avec des pouvoirs politiques séculiers. Il a déclaré que pour le salut, les monarques terrestres devaient se soumettre à leurs papes. Ce chef de l'Église catholique était connu pour sa soif de sang. En 1211, le pape Innocent III, par ses légats, a fait capturer 80 adeptes de Valdo. Ils ont été jugés dans un tribunal ecclésiastique et après avoir été prononcés coupables, tous ont été brûlés sur le bûcher dans un champ pas loin. Cet évènement mené par une foule de religieux a fini par être un très grand feu humain.

L'Église à Rome avait compromis l'enseignement de Pierre et des autres apôtres. Ceux que l'Église considérait comme hérétiques subissaient souvent des violences impitoyables. Quiconque défiait l'enseignement de l'Église Mère était torturé et tué. Une méthode de torture courante consistait à clouer la langue au palais de la bouche. Les hérétiques étaient forcés d'acquiescer, d'une façon ou d'une autre. Ils souffraient toutes forces nécessaires, la plupart du temps coupables d'être simplement en désaccord avec la théologie catholique.

Les violents s'en emparent

Pape Innocent III
(1198-1216)

L'effort d'exterminer la voix de la dissension allait progresser dans les pages tachées de sang de l'histoire. La tension dans l'Église catholique a commencé à se montrer, mais hélas, l'effort de reprendre le contrôle et d'imposer l'autorité conduirait à la mise en place du mot le plus notoire jamais associé au christianisme, l'« Inquisition ».

En 1229, le pape Grégoire IX a formellement interdit la possession ou la lecture de la Bible parmi les membres de la laïcité, selon le canon 14 du Synode de Toulouse.

Canon 14 :

« Il est interdit aussi que les laïcs aient la permission de posséder des livres de l'Ancien et du Nouveau Testaments : sauf quiconque pour des raisons de dévotion souhaiterait avoir le Psautier ou le Bréviaire pour les offices divins ou pour les heures de la Sainte Vierge ; mais nous les interdisons formellement de posséder n'importe quelle traduction de ces livres. »

Des interdictions formelles ont été de même proclamées contre la lecture de la Sainte Bible au Synode de Tarragona en 1233, aussi avec le pape Grégoire IX et au Synode d'Oxford en 1408 avec le pape Grégoire XII président.

Comme punition de lire ces livres, les catholiques étaient toujours traités d'anathème ou excommuniés de l'Église.

L'excommunication est la condamnation la plus sévère, une pénalité spirituelle qui prive le coupable de toute participation aux bénédictions de la société ecclésiastique. On m'a toujours enseigné que l'obéissance au Pape était l'essence même de vivre pour Dieu. Pour la plupart des catholiques, l'excommunication de l'Église signifiait l'excommunication de tout espoir de la vie éternelle avec Dieu.

L'Église apostolique pure encourage fortement les ministres ainsi que les laïcs à lire la Parole sainte du Seigneur pour eux-mêmes. Ce livre divinement inspiré est devenu la « Parole vivante de Dieu » pour moi. Vous pouvez m'enlever ma maison, mais ne m'enlevez pas ma Bible.

En 1231, le pape Grégoire IX (1227-1241) a créé un tribunal spécial pour trouver et enquêter sur tous les suspects d'hérésie et les forcer à renoncer formellement à leurs croyances. Ce nouveau tribunal, dans le but de mettre fin à l'hérésie contre l'Église catholique, était connu sous le nom d'Inquisition papale. L'Inquisition ne s'occupait pas seulement d'éradiquer les hérésies, mais aussi une variété d'offenses qui ne pouvaient être liées qu'indirectement à l'indifférence religieuse.

Le processus de l'Inquisition comprenait une série d'auditions dans lesquelles les dénonciateurs et les défendants témoignaient. Un conseil de défense a été mis en place pour le défendant, un membre du tribunal même, dont le rôle a été de conseiller le défendant et de l'encourager à dire la vérité. L'accusation était dirigée directement par le fisc ou le conseil de surveillance. L'interrogation du défendant était faite en présence du notaire de la *secreto* qui notait méticuleusement les paroles de l'accusé.

Le pape George IX, comme plusieurs avant lui, croyait qu'il devait épurer l'Église des hérétiques. Accompagné de la création de son Inquisition papale, il a promulgué une loi à Rome qui stipulait que les hérétiques condamnés par la cour ecclésiastique devaient être livrés au pouvoir séculier pour recevoir leur punition prévue. Cette « punition prévue » était la mort par le feu ou l'emprisonnement à perpétuité.

La punition la plus sérieuse s'appelait l'assouplissement au bras séculier, impliquant le fait d'être brûlé sur le bûcher. Cette pénalité était la méthode d'exécution préférée de l'Église. Elle était pratiquée pendant des siècles par l'Empire romain et l'Église catholique. Les hérétiques impénitents et ceux qui rechutaient fréquemment se retrouvaient dans l'effroi des flammes d'un jugement par un inquisiteur. L'exécution était toujours publique. Si le coupable a été condamné à mort, on lui accordait une chance de se repentir. Si le condamné s'est repenti, on l'étranglait et jetait son corps dans le feu. S'il refusait de se repentir, il était automatiquement brûlé vivant.

Pape Grégoire IX
(1227-1241)

Les violents s'en emparent

Suspect hérétique torturé

Ceux qui échappaient au jugement des flammes de l'inquisiteur étaient emprisonnés et maltraités dans les pires conditions possibles, durant le reste de leur vie. Beaucoup étaient enfermés au monastère bénédictin de Monte Cassino, situé sur une colline surplombant la ville Cassino en Italie. Il est si regrettable que le pape George IX ait pris cette maison de Dieu pour une chose autre qu'une maison de prière. Elle aurait dû être remplie d'échos de louanges à Dieu, au lieu des appels agonisants à la clémence.

Eberhard II von Truchsess n'était pas uniquement l'archevêque de Salzbourg en Allemagne, dans l'Église catholique, mais portait aussi le titre de Prince impérial de l'Empire romain entre 1200 et 1246. Cet intellectuel n'était pas quelqu'un comme l'abbé Martin Luther de la Réforme protestante critiquant l'autorité papale. La Réforme n'avait pas encore commencé. Cet évêque était une personne très influente et siégeait au cœur même du catholicisme. Il a adopté une position ferme contre les mesures du pape Grégoire IX.

Le pape n'avait pas seulement créé l'Inquisition papale très critiquée, mais était aussi le personnage du XIIIe siècle à cimenter l'institutionnalisation de l'enseignement discriminatoire de l'Église à l'égard des Juifs et les condamnait à une classe inférieure. En 1234, sa «*perpeteia servitus iudaeorum*» (servitude perpétuelle des Juifs) a été soutenue par la loi canonique. Le statut de seconde classe des Juifs ainsi établie a duré 600 ans. Ce stigmate **fait par l'homme** a bien persisté jusqu'au XIXe siècle lorsque le pape Pie IX a qualifié les Juifs de chiens lors d'un discours en 1871 apr. J.-C.

L'archevêque audacieux de Salzbourg a dit que le pape avait l'esprit de l'Antéchrist. Ses proclamations audacieuses allaient finir par causer son excommunication de l'Église catholique.

En 1241 au concile de Greensburg, cet archevêque a déclaré le pape Grégoire IX comme étant «l'homme de perdition appelé l'Antéchrist, qui dit dans sa vantardise extravagante 'Je suis Dieu, je ne peux pas me tromper'».

Les violents s'en emparent

Pape Innocent IV
(1243-1254)

Le pape Innocent IV (1243-1254), successeur du pape Grégoire IX au trône papal, a embrassé de tout cœur le statut inférieur du peuple hébreu ainsi que l'Inquisition papale. En 1245, le pape Innocent IV a excommunié l'archevêque Truchsess, qui est mort soudainement et mystérieusement l'année suivante.

L'histoire de l'Église se souvient du pape Innocent IV surtout pour sa bulle papale « *Ad extipanda* » qui autorisait la pratique de la torture physique pour extirper les confessions des suspects hérétiques.

Après le procès et la condamnation de l'église des suspects hérétiques, l'état assumait à son tour la responsabilité de réaliser l'exécution. Cette partie de la bulle papale du pape Innocent IV lit comme suit :

« Lorsque les personnes reconnues coupables d'hérésie ont été remises au pouvoir civil par l'évêque de ses représentants, ou l'inquisition, le magistrat en chef de la ville les prendra immédiatement et dans un délai maximum de 5 jours, exécutera les lois faites contre elles. »

Ce document papal par le pape Innocent IV a été promulgué ou publié le mercredi 15 mai 1252.

Alors que les efforts de l'Inquisition s'intensifiaient, les hérétiques tombaient l'un après l'autre. L'Église catholique, même si elle se dégradait à l'intérieur, avait une emprise puissante d'une grande portée. Lorsque le pape Boniface VIII (1294-1303) est arrivé au pouvoir, dans le but de maintenir l'unité au sein de l'Église catholique et de dominer partout dans le monde, il a émis une bulle papale en 1302, appelée « *Unam Sanctam* » (une seule Église sainte indivisible). Cette bulle déclarait que pour obtenir le salut, tous les êtres humains devaient se soumettre au pape.

Il incombe aux personnes de partout qui portent le nom de Jésus de comprendre que perpétrer le totalitarisme au sein de l'Église apostolique est totalement inacceptable pour Dieu.

« Un régime totalitaire écrase toutes les institutions autonomes dans son effort d'assiéger l'âme humaine. »

— Arthur M. Schlesinger, Jr.

Pape Boniface VIII
(1294-1303)

En regardant en arrière, je me souviens d'une discussion sur la visite de l'évêque d'Edmundston. J'ai ressenti un avertissement surnaturel dans mon esprit qui était complètement hors norme. L'évêque Gagnon était très respecté par les gens de son diocèse.

De temps en temps, l'évêque (le prince de l'Église catholique) visitait les séminaristes au Grand séminaire de théologie. Le directeur du séminaire avait informé les séminaristes à l'heure du souper qu'il ne serait pas nécessaire de saluer l'évêque sauf si nous le voulions. C'était la période des examens et la plupart des étudiants passaient leurs soirées à étudier.

Je me trouvais dans la bibliothèque centrale, étudiant avec mon ami Gaston quand il m'a demandé si j'avais l'intention de saluer l'évêque. Comme je venais juste de réviser l'histoire sur ces récits terrifiants de torture présumée et d'autres atrocités menées par les papes et les évêques de l'âge des ténèbres, j'ai dit « Non ».

L'évêque de l'église porte une grosse bague en rubis à sa main droite. Quand l'un de ses sujets le salue, il s'agenouille automatiquement sur un genou et embrasse sa bague. Il s'agit d'un signe d'obéissance et de soumission à son autorité.

La question suivante posée par Gaston a été pourquoi je n'allais pas saluer l'évêque. Considérant brièvement les conséquences, j'ai fini par dire qu'à mon avis ce n'était pas éthique de s'agenouiller et d'embrasser la bague d'un autre homme. Son opinion concernant la méthode d'accueil de l'évêque a différé d'environ180 degrés de mes évaluations. Gaston sentait un esprit de rébellion alors qu'il n'était pas d'accord, mais je me sentais en sécurité durant la controverse.

J'ai découvert que Dieu ne parle pas aux pécheurs seulement à travers sa Parole, mais aussi à travers son Esprit. Le Saint-Esprit a le pouvoir de pénétrer l'obscurité totale même quand quelqu'un est lié par le ritualisme **fait par l'homme** et la vénération formelle.

Quelque temps après mon engagement dans la voie apostolique, le Seigneur a parlé à mon cœur à travers sa Parole et m'a rappelé mon hésitation à propos de l'évêque. J'ai lu dans le livre des Actes que Pierre a visité Corneille à Césarée. On peut lire comment Pierre (le premier pape ?) a insisté que Corneille se lève de sa place de vénération.

«Lorsque Pierre entra, Corneille, qui était allé au-devant de lui, tomba à ses pieds et se prosterna. Mais Pierre le releva, en disant : Lève-toi ; moi aussi, je suis un homme. »

Actes 10 : 25-26

« Je tombai à ses pieds pour l'adorer ; mais il me dit : Garde-toi de le faire ! Je suis ton compagnon de service, et celui de tes frères qui ont le témoignage de Jésus. Adore Dieu… »

Apocalypse 19 : 10

Je n'étais pas familier avec ces verset quand j'étais au séminaire. Avec le recul, c'était certainement le Saint-Esprit qui dirigeait mes pas. J'éprouve une grande reconnaissance à l'égard du Seigneur lorsque l'on reconnaît l'artisanat de la Parole écrite, prononcée par le Divin et dirigée par son Esprit.

En dépit des atrocités à travers l'âge des ténèbres et le Moyen Âge, le peuple apostolique dans l'ombre a entretenu un feu spirituel sur l'autel de leur cœur. Les hommes et femmes apostoliques persécutés allaient continué à donner leur sacrifice suprême pour que vous et moi, puissions adorer librement aujourd'hui en toute certitude le Seul, le Souverain, monothéiste — Dieu Jéhovah.

Il existe une différence frappante entre la simplicité du salut apostolique que le Seigneur a personnellement transmis aux douze apôtres et les complications évidentes du christianisme religieux **fait par l'homme** qui est souvent de nature insaisissable.

Les actes maléfiques commis par les papes et les dirigeants religieux, des actes vicieux contre les hérétiques, et le dogme d'Église pas affirmé par l'Écriture sainte avaient fait des dégâts. Beaucoup de gens en Europe avaient fini par rejeter la théologie traditionnelle du trinitarisme et les nombreux dogmes promus par l'Église catholique. L'esprit de compréhension qui était sur le peuple apostolique ne les laisserait pas compromettre la vérité de la Parole de Dieu. Ce refus de compromettre la vérité était en train d'avoir un impact sur ceux qui réfléchissaient aux actions corrompues d'une Église qui s'était égarée. La Réforme avait commencé.

Chapitre quatorze
La Réforme naissante

Au Séminaire de philosophie à Trois-Rivières, l'étude de la Réforme et de la naissance des Églises protestantes était obligatoire et une grande partie de notre programme. La grande partie de l'étude au séminaire a porté sur les philosophes au sein de l'Église Mère, promulguant ses dogmes et traditions, tout en dénonçant les autres, tels que ceux de la Réforme.

J'ai trouvé que ceux qui éprouvent sans cesse le besoin de critiquer les positions théologiques des autres sont souvent peu sûrs de leur propre opinion. À partir du moment des premiers réformateurs à nos jours, les protestants ont tiré un avantage injuste de la parole imprimée. Je déteste le mal et suis consterné par les esprits injustes liés à la propagande religieuse. Soyons assez courtois pour laisser l'histoire documentée parler pour elle-même, de peur d'envoyer le mauvais message d'insécurité.

La Réforme au Moyen Âge était une réaction des dirigeants religieux au sein de l'Église pour contester les dogmes non bibliques, de même que la corruption et l'immoralité existantes dans l'Église et parmi ses prêtres. Un grand nombre de prêtres ordonnés dans l'Église catholique ont quitté la prêtrise durant cette période et sont devenus une partie de la Réforme. Beaucoup de réformateurs ont continué à adhérer aux faux enseignements de la trinité de Tertullien, mais les voix résonnantes de la Réforme ont commencé à sonner l'alarme contre la corruption dans l'Église catholique.

Jean de Wiclef était un éminent philosophe anglais en religion et politique durant le Moyen Âge. Ses efforts de traduire la Bible en anglais et de reconnaître les erreurs au sein de l'Église catholique lui vaudraient d'être connu comme « l'étoile du matin de la Réforme ». Il est né en Angleterre au début de 1320 et est décédé le 31 décembre 1384. Wiclef se sentait poussé à devenir un réformateur à cause des conditions existantes en Europe durant ce temps. Une forme de peste bubonique appelée la « peste noire » avait déjà tué à peu près le quart de la population européenne. Ensuite, il y avait de la violence croissante entre l'Angleterre et la France, qui a abouti à la guerre de Cent Ans. Durant cette période, des luttes violentes pour le pouvoir ont éclaté entre les papes et le clergé d'un côté, et les rois et leurs nobles de l'autre côté. Les deux côtés semblaient corrompus et dominés par leur propre intérêt, et ni l'un ni l'autre ne semblait se soucier des difficultés du peuple commun.

L'idée politique la plus importante de Jean de Wiclef pouvait être résumé dans cet énoncé : « l'autorité est fondée dans la grâce ». Wiclef voulait dire que les souverains injustes ne pouvaient pas revendiquer l'obéissance des gens simplement parce que l'obéissance était la volonté de Dieu. Sa maîtrise des Écritures permettait à Wiclef de voir non seulement la pure folie pratiquée parmi les chefs politiques, mais aussi celle de l'Église catholique qu'il aimait tant. Après cette prise de conscience, il a appliqué son idée aux papes et évêques catholiques. Plusieurs fois, il a été traduit en justice dans les cours romaines ; pourtant, ces tentatives d'étouffer sa dissidence ont échoué en raison de sa popularité parmi le peuple.

À mesure que la popularité de Jean de Wiclef grandissait, le nombre de ses adeptes grandissait aussi. Ceux qui pensaient de la même manière que Wiclef, et suivaient ses enseignements, s'appelaient les Lollards. Ces gens s'avéraient être un problème constant pour le leadership catholique.

En plus d'attirer l'attention sur la corruption du leadership de l'Église, Wiclef a scruté plusieurs de leurs enseignements dogmatiques. Il a refusé la doctrine de la transsubstantiation qu'il considérait comme la base de la revendication de supériorité par le clergé. La transsubstantiation est l'enseignement selon lequel le vin se transforme en sang réel de Christ et le pain en corps réel de Christ durant la messe.

Laissez-moi dire qu'il n'y a pas de miracle de transformation dans cette croyance. La théorie comporte plusieurs conséquences sérieuses. Les faiblesses de la théorie sont évidentes. Elles ne sont pas bibliques, et la croyance tient ou tombe avec une compréhension philosophique particulière.

La Réforme naissante

Pendant que j'étudiais au Grand séminaire de théologie, j'allais à la messe chaque jour — c'est-à-dire au moins sept fois par semaine. Tous les catholiques et tous les ex-catholiques doivent oublier momentanément la tradition religieuse **faite par l'homme** et se poser sérieusement cette question : Personnellement, est-ce que je crois vraiment que je suis en train de boire du sang et de manger la chair de Christ après la consécration de la messe ? Son sang était-il dans la coupe au Cénacle quand il a dit « Ceci est mon sang », ou son sang était-il encore dans son corps mortel et allait couler à Golgotha ? Quand Jésus a levé sa coupe et rompu la miche de pain, est-ce que ces éléments ont réellement été changés en son corps et son sang dans la présence de ses apôtres, ou ces éléments représentaient-ils simplement son corps brisé et son sang qui allait être bientôt sacrifié au Calvaire ?

Jean de Wiclef était un prêtre ordonné du XIVe siècle qui avait défié ses papes et était fortement contre l'enseignement de l'Église sur la communion. Il ne croyait pas du tout au dogme de la transsubstantiation. Wiclef était horrifié par l'idée qu'il y aurait un changement d'éléments durant la communion. Il a enseigné qu'il était question d'une revendication par les prêtes d'un pouvoir spirituel qu'ils ne détenaient pas.

Bien que le défi de Jean de Wiclef à son Église lui ait inévitablement coûté plusieurs années d'ennuis, il n'a jamais été excommunié pour cette raison, et il est mort comme prêtre catholique.

Durant toutes mes années dans l'Église catholique, je ne croyais vraiment que je buvais en fait du sang et mangeais la chair durant la communion. N'est-ce pas satanique de boire du sang ? C'était l'enseignement de mon Église, et comme les autres je l'ai simplement suivi.

La doctrine de la transsubstantiation requiert un mélange de vin et d'eau dans le calice (coupe) durant la messe. En observant cette pratique, j'ai demandé une fois à un prêtre pourquoi on mettait tant de vin dans le calice et juste une ou deux gouttes d'eau (représentant l'eau qui coulait du côté de Christ). Le prêtre a répondu de façon drôle « Préférerais-tu boire de l'eau ou du sang de Jésus ? »

Je ne crois pas qu'on boit le « sang de Jésus » dans un calice. Après une seule expérience à l'autel d'une église apostolique, je me trouve aujourd'hui couvert de sang de l'Agneau. Le sang précieux de l'Agneau immolé à Golgotha a été appliqué sur le linteau de ma vie et la tache du péché a disparu. Ce jour-là n'a pas été la pénitence, mais la vraie repentance.

Bien que Wiclef soit mort comme prêtre catholique avec tous les honneurs, ses enseignements ont continué à sévir dans l'Église Mère. L'Église catholique faisait face maintenant à des obstacles extrêmes. On dirait que le compromis apostolique avait rendu l'unité impossible. N'oublions pas que le compromis apostolique rendra toujours l'unité inatteignable.

Le schisme ou la division entre les catholiques de l'Ouest et les groupes orthodoxes de l'Est perdurait. Un autre schisme est ensuite arrivé pour diviser les églises et l'Ouest contre elles-mêmes pendant presque quarante ans. La papauté de Grégoire XI a été marquée par des conflits. Après sa mort, beaucoup sentaient le besoin d'avoir un pape romain, ou au moins italien.

Les cardinaux se sont rassemblés au Vatican à Rome pour choisir le prochain pape. Pendant qu'ils délibéraient, une agitation civile s'est déclenchée et une foule s'est formée à l'extérieur des portes du Vatican. Même si les cardinaux français représentaient la majorité, ils ont estimé que les circonstances justifiaient un compromis.

Les cardinaux ont choisi un pape italien, Urbain VI (1378-1389). Ces cardinaux ont déclaré plus tard que l'élection n'était pas valide, parce qu'ils étaient contraints de prendre une décision. Six mois plus tard, ils ont élu un pape français, Clément VII, qui était considéré comme un antipape par plusieurs, parce que le pape Urbain était encore assis sur le trône papal à Rome. Toutefois, le pape Clément VII ne serait pas reconnu légitime par tout le monde. La France, l'Écosse et l'Espagne ont reconnu le pape Clément VII ; l'Italie, l'Allemagne, la Pologne, la Hongrie et tout le nord de l'Europe ont soutenu le pape Urbain VI. Les deux papes Urbain et Clément se sont considérés comme légitimes et ont nommé leurs propres cardinaux. Cette rivalité a causé le « Grand schisme de l'Ouest. »

La Réforme naissante

Pape Grégoire XI
(1370-1378)

Ce Grand schisme de l'Ouest a continué et des papes successifs de chaque groupe sont restés en désaccord. Finalement, un concile général a été convoqué à Pise en Italie en 1409, avec l'espoir de réunir encore l'Église. Incroyablement, ce concile a fini par créer un troisième prétendant au trône papal, le pape Alexandre V. Il y avait maintenant trois différents papes sur trois différents trônes en même temps, gouvernant l'Église catholique.

Jean Hus était un partisan de Jean de Wiclef et sentait que cette odieuse démonstration par le leadership, accompagnée de cupidité et de corruption qui s'est apparemment imposée à l'Église catholique, devait prendre fin. Hus a lutté contre les forces à l'œuvre au sein de l'Église catholique, mais a fini par être cérémonieusement destitué de la prêtrise catholique et excommunié en 1411 par le pape Grégoire XII (1406-1415). Cet acte n'a cependant pas empêché Hus de continuer à éclairer l'obscurité qui régnait à l'intérieur.

En 1412, Jean Hus a constamment contesté le rôle du leadership catholique depuis des siècles. Comme Wiclef, Hus pensait que la participation de l'Église dans les meurtres des hérétiques et l'avidité d'argent et de pouvoir ne devraient pas être ignorées. En citant le dernier chapitre du livre *De ecclesia* de Jean de Wiclef, Hus a déclaré qu'aucun pape ou évêque de l'église n'avait le droit de prendre l'épée au nom du christianisme, parce que Jésus a enseigné le contraire ; ils devraient prier pour leurs ennemis et bénir ceux qui les maudissent. Hus a refusé de se taire.

Le pape Grégoire XII a donné l'ordre au cardinal de Saint-Angelo de poursuivre sans pitié Hus. Le sort de la vie de cet homme allait être décidé durant le Concile de Constance (1414-1418), convoqué pour mettre fin au Grand schisme de l'Ouest. Toutefois, le concile avait été convoqué plus spécifiquement pour gérer les problèmes d'hérésie surtout du réformateur intolérable Jean Hus.

L'empereur Sigismond de l'Empire romain a offert une garantie de sécurité à Jean Hus s'il se présentait au Concile de Constance. Hus a d'abord hésité. Mais plus tard, il voulait se faire entendre au concile et a accepté avec réticence.

À son arrivée au concile, Jean Hus s'est aperçu qu'on lui avait donné une garantie superficielle. Les prélats du pape avaient convaincu l'empereur Sigismond qu'il ne pouvait pas être tenu à des promesses faites à un hérétique. Jean Hus a été ordonné, sous serment, de renoncer aux trente articles, dont plusieurs ont été tirés des écrits de Jean de Wiclef. Il a refusé de le faire, à moins que l'Écriture dise que ces enseignements étaient faux. Le concile a rejeté son appel à la Bible comme autorité supérieure.

Comme réponse, Jean Hus a proclamé que Jésus-Christ, et non pas le pape, était le juge suprême. Le 8 décembre 1414, Hus a été détenu et emprisonné dans le donjon d'un monastère dominicain. Des interrogations et des tortures ont duré pendant des mois.

Certaines des dernières paroles de ce réformateur ont été : « Dieu est mon témoin que je n'ai jamais enseigné ce dont je suis accusé par de faux témoins. Dans la vérité de l'Évangile que j'ai écrite, enseignée et prêchée, je mourrai aujourd'hui avec joie. »

Le 6 juillet 1415, l'Église catholique a donné une dernière chance à Hus de se rétracter. Il a encore refusé, disant que puisqu'il ne partageait pas tous les points de vue énoncés, il commettrait un parjure s'il se rétractait. Il a donc été déclaré un archihérétique et un disciple de Wiclef. Son âme a été confiée au diable par le pape Grégoire XII et il a été envoyé aux autorités séculières pour l'exécution.

Ce même jour, on l'a amené à un champ à l'extérieur des murs de la cité et il a été brûlé vif au bûcher. Ce réformateur a été remémoré dans l'histoire pour sa position héroïque. Pendant qu'on le liait avant sa mort, il a dit : « Ce que j'ai prêché de mes lèvres, je le scellerai avec mon sang. »

Jérôme de Prague (1379-1416) était un philosophe, théologien, professeur universitaire, et un partisan de Jean de Wiclef et de Jean Hus. À cause du danger imminent, Jean Hus l'a averti de ne pas participer au Concile de Constance en Allemagne.

Jérôme de Prague était reconnu pour les défis qu'il lançait à l'Église pendant son enseignement public à l'université. Du point de vue théologique, il estimait que plusieurs des enseignements de l'Église étaient faux. Du point de vue moral, il a exprimé du dégoût.

Ne tenant pas compte de l'avertissement de Hus, il s'est senti poussé d'assister au concile de l'Église et d'essayer d'exprimer ses opinions. Toutefois, à son arrivée au concile, il a été immédiatement arrêté et emprisonné à la demande de la hiérarchie de l'Église.

Afin de contrarier les membres de l'opposition, cette hiérarchie de l'Église Mère a choisi l'infâme moyen d'imposer les dogmes fabriqués par l'homme à ceux qui ne les voulaient pas.

Le concile n'a pas décidé à ce moment-là de brûler Jérôme de Prague comme il l'avait fait avec Jean Hus, mais de l'enfermer dans un donjon de son monastère dominicain du XVe siècle pendant un an. Plus tard, le 30 mai 1416, ce réformateur de l'Église a été saisi de sa cellule de prison, a été attaché à un bûcher et brûlé à vif.

À ce moment de l'histoire, les églises protestantes n'existaient pas. La Réforme n'avait pas encore commencé ou avait-elle ? Les protestations qui ont déclenché la grande Réforme au Moyen Âge ne provenaient pas d'une source religieuse extérieure. À cette époque, l'Église catholique jugeait ses propres prêtres et les brûlait au bûcher. La vérité est que la Réforme a démarré de l'âme même du catholicisme.

Presque six cents ans plus tard, en 1999, le pape Jean Paul II a exprimé au monde son « profond regret » pour la mort cruelle de Jean Hus infligée par l'Église catholique.

Comme Hus, les partisans du message de Wiclef ont continué à faire prendre conscience du dysfonctionnement et des enseignements non bibliques qui dévoraient l'Église catholique. Dans un effort d'étouffer les voix des partisans de Wiclef, le pape Martin V (1417-1431) dont l'élection a mis fin au Grand schisme de l'Ouest en 1428, a donné l'ordre à l'évêque anglais d'exhumer les restes de Jean de Wiclef à Lutterworth en Angleterre. Une fois que ses os ont été ramenés, ils ont été brûlés et jetés à la hâte dans la rivière. Cet acte de maltraitance n'a pas servi à grand-chose.

LA RÉFORME NAISSANTE

Pape Martin V
(1417-1431)

Bien que des hommes tels que Wiclef et Hus aient passé leurs vies à informer les gens des erreurs trouvées dans les enseignements catholiques, les dogmes non bibliques ont continué à se développer. L'une des pensées les plus controversées liées à l'Église catholique est l'enseignement du « purgatoire ». Cette croyance non biblique serait le catalyseur qui allait permettre à l'Église catholique de collecter des sommes énormes d'argents de ses partisans dans le monde entier pour reconstruire l'Église Saint-Pierre à Rome.

Le mot purgatoire, du terme latin *« purgare »*, signifie rendre propre ou purifier. La théologie derrière le concept du purgatoire est que Dieu dans sa miséricorde n'enverrait pas une âme dans l'enfer éternel pour un péché véniel. Alors, il doit exister un endroit entre le ciel et l'enfer qui serait utilisé pour purifier l'âme du péché véniel qui n'a pas été encore pardonné par l'Église Mère. Pour les catholiques, cet endroit s'appelle le purgatoire.

Le pape Eugène IV (1431-1447) est arrivé avec son style de vie flamboyant de la Renaissance. Il a dépensé des fortunes à Rome aux dépens des catholiques du monde entier. Ce pape était déterminé de faire de Rome en général, et de la Basilique Saint-Pierre en particulier, des monuments culturels. Beaucoup d'attractions à Rome qui étonnent les visiteurs de nos jours ont été commandées par ce pape. Il était à l'origine des portes en bronze somptueusement travaillées à l'entrée de la Basilique Saint-Pierre.

Bien que la belle influence architecturale de ce pape soit visible dans tout Rome, il a été quand même forcé de s'occuper de beaucoup de problèmes disgracieux de son Église. Le Concile œcuménique de Florence (à l'origine à Bâle en Suisse) a démarré en 1431. Il a été convoqué pour régler plusieurs problèmes confrontés par le leadership de l'Église, et aussi pour gérer les nouveaux enseignements, comme le purgatoire. Le concile a cependant été déplacé à Florence par le pape Eugène IV en 1439, à cause des hostilités parmi les membres du concile. En représailles, les membres du concile qui ont refusé de se rendre à Florence ont tenté de destituer le pape Eugène IV du trône papal. Même si cet acte a entraîné l'élection d'un antipape, il était de courte durée.

La Réforme naissante

C'était ici, en plein milieu du chaos au Concile de Florence, que l'enseignement du purgatoire a trouvé sa place au sein de l'Église Mère. Le pape Eugène IV a été celui qui a fait du purgatoire un dogme de la foi catholique. Les dirigeants catholiques utiliseraient plus tard ce dogme pour raisonner qu'on pouvait payer avec de l'argent pour le péché d'un bien aimé détenu au purgatoire. Ce soi-disant acte de charité et de foi à l'égard des êtres chers inciterait l'Église catholique à prier pour la libération rapide ou le pardon des âmes emprisonnées.

Alors que les caisses de l'Église commençaient à déborder, ce qui serait connu comme « la vente d'indulgences » (demandant de l'argent pour prier pour ceux au purgatoire) a fait penser à beaucoup de gens que l'Église avait atteint un niveau même plus bas. Un frère dominicain appelé Johann Tetzel, d'Allemagne, dirait plus tard : « Dès que la pièce sonne dans le coffre, l'âme du purgatoire jaillit. » L'histoire révélerait que le purgatoire et la vente des indulgences seraient les facteurs majeurs du déclenchement de la Réforme. Le pape Eugène IV est décédé le 23 février 1447.

Les vies des hérétiques et des réformateurs ont eu très peu d'influence sur la doctrine de la trinité. À mesure que l'argent taché de sang humain coulait librement, l'Église catholique a considéré que ses actions durant l'Inquisition papale ont servi Dieu et ont honoré ou récompensé souvent ceux qui ont consenti à faire taire l'opposition de ses enseignements. Mais, à chaque tournant du chemin, l'Église catholique a été confrontée par la vérité de la Parole de Dieu.

Pape Eugène IV
(1431-1447)

Chapitre quinze

Persécuter, traduire en justice, épurer

L'intolérance religieuse était bien vivante au XIVe siècle. Beaucoup de Juifs en Espagne ont subi un coup d'épée furieux, à cause de l'augmentation de l'intolérance de leur enseignement monothéiste. Les pogroms (massacres organisés) de juin 1391 ont été particulièrement sanglants ; à Séville, des centaines de Juifs ont été tués et leurs synagogues complètement détruites. Le nombre de personnes tuées a été tout aussi élevé dans les autres villes telles que Valence et Barcelone. Des vagues d'antijudaïsme ont été encouragées par la prédication de Ferrant Martinz, archidiacre d'Écija. À mesure que cet esprit antisémitique dominait en Espagne, le zèle des monarques pour l'Église catholique s'est accru.

L'Inquisition espagnole a marqué une nouvelle ère de cruauté absolue. Elle a commencé en 1478 et a duré jusqu'en 1834. Cette Inquisition n'a pourtant pas été menée par l'autorité papale. Elle a été établie par les monarques catholiques Ferdinand II d'Aragon et Isabella Ire de Castille. Même si elle n'a pas été officiellement dirigée par l'Église catholique, elle a été certainement approuvée et encouragée par le pape. Le Roi Ferdinand et sa femme Isabella n'avaient aucune pitié pour quiconque dans leur royaume opposé à la doctrine catholique. L'Inquisition, sous le contrôle du monarque, a adopté une approche plus sophistiquée et précise que lorsqu'elle était contrôlée par le pape.

L'élimination systématique de ceux qui s'opposaient à l'Église a continué, tandis que les feux d'épuration déferlaient à travers le pays. La messe était célébrée tous les jours et on entendait les moines chanter les psaumes de David à travers les collines de Castille, alors que la fumée s'élevait des braises humaines.

Durant cette Inquisition lancée par les monarques et encouragée par les papes, il est estimé que 32 000 hommes, femmes et enfants ont été brûlés vifs dans le pays d'Espagne.

De Rome à Jérusalem

Pendant des siècles, les papes de Rome et d'Avignon ont personnellement choisi de garder scellées leurs nombreuses archives au Vatican. Y avait-il une raison de cacher ces écrits historiques ?

L'Inquisition espagnole était en plein essor sous le contrôle des monarques, mais cela n'a pas suffi. Les efforts de la foi catholique pour se débarrasser des hérétiques a continué à amplifier. On pensait que les Juifs, musulmans et sorciers essayaient de détruire la foi catholique par le moyen de la magie et des potions.

Le pape Nicholas V a publié la bulle papale « *Dim Diversas* » le 18 juin 1452 comme réponse à la demande du monarque portugais Alphonse V. Le pape a donné au roi la permission d'attaquer, de conquérir et de soumettre les Sarrasins (synonyme de musulmans), les païens, les Juifs, et d'autres ennemis de Christ partout où ils pouvaient être trouvés. La règle papale conférait un titre de propriété sur toutes les terres, des biens saisis et permettait aux Portugais de prendre les habitants et de les condamner à l'esclavage perpétuel.

Le pape Nicholas V a envoyé le moine franciscain Capistrano comme légat personnel en Allemagne et Silésie avec la mission d'assujettir les « Juifs incrédules ». Les papes catholiques avaient quitté Avignon en France en 1377 et siégeaient maintenant à Rome.

Capistrano avait faussement accusé les Juifs de tuer les enfants chrétiens. Ses sermons enflammés faisaient appel aux préjugés des gens alors que les Hébreux tremblaient devant lui.

Dans la région de Silésie, ce moine catholique était très zélé dans sa mission en tant que représentant du pape. Un rapport a circulé comme quoi un certain homme juif aisé avait commis le péché grave et mortel de blasphème. L'enquête a été supervisée par Capistrano en personne, opportunément pour lui. Par la torture qui était autorisée dans l'Église romaine par le pape Innocent IV dans sa bulle papale ou document *Ad extipanda* environ 200 ans plus tôt, il a réussi à obtenir des confessions fausses des victimes en question. Le résultat, plus de 40 Juifs ont été brûlés au bûcher le 2 juin 1453. D'autres craignant la torture physique, y compris des rabbins, ont choisi de se suicider comme les Juifs de la colline de Masada avaient fait, qui se tenant par la main ont sauté vers la mort en 79 pour échapper aux tortures des légionnaires romains.

Le reste des Juifs de Silésie ont été chassés de la région et forcés de laisser leurs jeunes enfants. Ces enfants, sans choix, ont été forcés de se faire baptiser dans l'Église romaine. Les admirateurs de ce moine franciscain l'ont vite appelé « le fléau des Judéens ».

Bien que de nombreuses personnes innocentes aient été torturées, tourmentées et brûlées vives, mon ancienne Église pensait apparemment que le monde devrait reconnaître Capistrano comme étant un individu saint exécutant la volonté de Dieu. Ce moine franciscain a été canonisé vers la fin du XVIIe siècle et l'Église le considère actuellement comme digne de vénération. On l'appelle actuellement Saint-Jean de Capistrano. Le 23 octobre est le jour de sa fête.

Sous le règne du Roi Fedinand II et de sa femme la Reine Isabella Ire, Thomas de Torquemada est devenu le premier Grand Inquisiteur de l'Espagne. Il était un moine catholique dominicain et confesseur personnel (celui qui écoute les confessions) de la reine de Castille. Il est vite devenu notoire pour ses campagnes zélées contre les Juifs, musulmans, hérétiques et tous les incrédules de sa foi catholique.

Le pape Sixte IV (1471-1484) a désigné ce ministre dominicain pour les royaumes espagnols au début de 1482. L'Inquisiteur est décrit par le chroniqueur espagnol Sébastien de Olmedo comme étant « le marteau des hérétiques ».

Afin d'honorer ses monarques catholiques dévots, il a dirigé une organisation de tribunaux ecclésiastiques qui emprisonnaient, torturaient et brûlaient vif sur le bûcher les gens soupçonnés de non-croyance.

Durant son mandat de Grand Inquisiteur, il a brûlé environ 2 000 êtres humains pendant une période de quinze ans. Il n'a fait preuve d'aucune pitié. Beaucoup de Juifs dans le pays ont été décapités, et d'autres ont fini leurs jours dans un donjon du XVe siècle.

Thomas de Torquemada
(1420-1498)
Prêtre catholique dominicain
Grand Inquisiteur de l'Espagne

Thomas de Torquemada est mort le 16 septembre 1498, à l'âge de 78 ans.

En Pologne, le moine franciscain Bernardin de Feltre qui a été aussi envoyé en mission par le pape pour la même raison, avec son collègue l'archevêque Zbigniew Olésnicki, ont orchestré une menace contre le roi au pouvoir, Casimir IV de Pologne. La menace proposait des souffrances horribles en enfer accompagnées par une prophétie de grands malheurs à son pays s'il ne parvenait pas à abolir les droits civiques et les privilèges sociaux du peuple juif. D'abord, le roi a hésité à persécuter le peuple hébreu. Ironiquement, une guerre a éclaté peu après en Pologne. Cet archevêque et le moine franciscain ont immédiatement profité de la situation pour annoncer publiquement que la prophétie était en train de se réaliser et que Dieu punissait le peuple de la Pologne à cause de la négligence du roi à l'égard de l'Église et de son soutien continu du peuple juif. En conséquence, le roi a cédé aux demandes de son Église en 1454. Le point tournant du monarque de ce pays a entraîné une persécution massive du peuple juif dans toute la Pologne.

Le moine franciscain Bernardin de Feltre a fait subir le même sort au peuple juif dans les régions du sud et du nord de l'Allemagne. À la suite d'aveux fictifs arrachés sous les tortures physiques en particulier à Ratisbonne, un jugement sévère s'est abattu sur les hommes, femmes et enfants hébreux. Ces fils et filles d'Abraham rejetant la possibilité d'une trinité ont choisi d'être massacrés au lieu de renier le monothéisme de la nature de Dieu. Cet abattage d'êtres humains a eu lieu en Allemagne avant même la naissance du réformateur allemand Martin Luther qui haïssait aussi les Juifs.

La chaîne de l'antisémitisme brutal dans l'Église romaine qui s'est étendue sur plusieurs siècles, allait-elle être utilisée presque 500 ans plus tard par un dictateur autrichien pour justifier l'Holocauste juif ?

Après la mort du pape Eugène IV le 23 février 1447, et avant l'élection du pape Nicolas V le 6 mars 1447, un politicien italien, Stefano Porcari, s'est adressé au peuple au sujet de l'autorité tyrannique du pape. Il a exigé l'arrêt de l'abus et a encouragé avec enthousiasme le renversement du régime papal dans la péninsule italienne.

Ce politicien avec ses proclamations audacieuses a continué d'affliger la papauté du pape Nicolas V. Le pape, ne voyant pas la possibilité d'une fin, a finalement ordonné une enquête sur les menaces de Porcari.

Stefano Porcari a été poursuivi, jugé coupable, et le 9 janvier 1453, a été pendu publiquement à la potence au Château Saint-Ange dans la ville de Rome.

De son trône au Vatican, le pape monarque siégeant, Nicolas V, était un tyran de toute personne de toute religion qui s'opposait à la foi catholique. L'épuration ethnique par l'Église catholique est arrivée au nom du christianisme religieux **fait par l'homme**.

Le coût de sécuriser les voies d'accès aux pays tels que l'Inde était financée par les esclaves africains. L'approbation pour l'esclavage a été réaffirmée dans les écrits « *Romanus Pontofex* » du pape Nicolas V en 1455. Ce pape romain est décédé le 24 mars 1455 à l'âge de 57 ans.

Le pape Callixte III (1455-1458) a succédé au pape Nicolas V sur le trône papal le 8 avril 1455.

Dans le document papal « *Inter Caetera* », le pape Callixte a autorisé le peuple portugais à réduire les incrédules de la foi à la servitude.

Cette bulle papale a consenti à l'esclavage des incrédules et a garanti aux Portugais que leur esclavage ne contredisait pas la Parole de Dieu ou l'enseignement de l'Église catholique.

Pape Nicolas V
(1447-1455)

De Rome à Jérusalem

Trente ans plus tard, le pape Innocent VIII (1484-1492) a bénéficié du service rendu par ses 100 esclaves maures au Vatican. Les esclaves du pape étaient appelés « *moro* » c'est-à-dire « hommes à la peau foncée » et lui ont été offerts par le roi espagnol Ferdinand II d'Aragon et son épouse la Reine Isabella Ire de Castille. Le pape Innocent VIII partageait souvent ses esclaves avec ses cardinaux favoris.

En 1992, le pape Jean Paul II a imploré le pardon pendant sa visite au Sénégal (un pays à l'ouest de l'Afrique), pour la participation catholique au commerce des esclaves.

Depuis la période de la peste noire qui a ravagé l'Europe au milieu du XIVe siècle, on pensait pendant longtemps que les sorcières étaient les responsables de ce jugement. Les gens vivant durant cette période dévastatrice ont vu des cargaisons de corps emportés vers l'océan et plongés dans des tombes aquatiques profondes. Ceci a entraîné de nombreuses personnes à nourrir des soupçons de vengeance à l'égard des sorcières pendant des années.

Ce n'était que le 5 décembre 1484 quand le pape Innocent VIII (1484-1492) a émis sa bulle papale appelée « *summus desiderantes affectibus* » (désirant ardemment) que les sorcières ont pleinement attiré le regard intimidant des autorités catholiques. Ce document papal a été créé comme réponse à la requête de l'inquisiteur dominicain Heinrich Kramer (1430-1505) qui cherchait la permission explicite de poursuivre en justice les sorcières en Allemagne.

Le pape a donné son plein accord à l'Inquisition de poursuivre les sorcières et la permission de faire le nécessaire pour s'en débarrasser. Cette bulle papale a exhorté les autorités locales à coopérer avec les inquisiteurs et a menacé d'excommunier ceux qui empêchaient cette opération.

Le pape Innocent VIII a autorisé que son document soit placé au début du livre *Malleus Maleficarum* (le marteau des sorcières) écrit par Heinrich Kramer et publié par les autorités de l'Inquisition catholique en 1485-1486. Une fois la bulle papale placée au début du livre pour que tout le monde puisse la lire, la chasse aux sorcières est devenue une hystérie collective. La littérature se répandrait rapidement et deviendrait le mode d'emploi pour les chasseurs de sorcières et les inquisiteurs à travers l'Europe médiévale.

Persécuter, traduire en justice, épurer

Pape Innocent VIII
(1484-1492)

Voici un extrait du livre d'Heinrich Kramer largement répandu :

« 'Toute méchanceté' n'est que peu de choses par rapport à la méchanceté d'une femme... qu'est-ce qu'une femme sinon un ennemi de l'amitié, une punition inévitable, un mal nécessaire, une tentation naturelle, une calamité désirable, un danger domestique, un délire délectable, une nature malveillante, peinte avec de belles couleurs... les femmes sont par nature des instruments de Satan... elles sont par nature charnelle, un défaut structurel enraciné dans la création d'origine. » (Tiré de *Katz, The Holocaust in Historical Context*, vol.1 pages 438-439.)

On croit que quatre-vingts pour cent des victimes d'Heinrich Kramer étaient des femmes. Durant la chasse aux sorcières qui a suivi surtout aux XVIe et XVIIe siècles, environ 150 000 à 200 000 êtres humains ont été torturés et brûlés au bûcher.

Ces chasses aux sorcières qui visaient apparemment les femmes, ne comportaient souvent que peu, voire aucune preuve substantielle pour étayer les accusations. Ce fait allait conduire plusieurs à qualifier les chasses aux sorcières lancées par Heinrich Kramer de « meurtres de masse sexistes » commis par l'Église.

Certains historiens ont écrit qu'Heinrich Kramer n'a pas collaboré avec le pape Innocent VIII et que la bulle papale « *summus desiderantes affectibus* » était un document papal falsifié. Pourtant, cette vue démontre un manque de connaissance. Je suis très au courant de la hiérarchie catholique et de sa façon d'opérer. Si le pape Innocent VIII n'avait pas totalement soutenu cet inquisiteur et son travail, Heinrich Kramer n'aurait rien fait en Allemagne. Au contraire, le pape a orchestré avec Heinrich Kramer en Allemagne, une élimination systématique des sorcières et des hérétiques. Des dizaines de milliers seraient torturés et massacrés au cours d'une période de vingt années, sous les yeux vigilants de cet inquisiteur catholique, Heinrich Kramer.

Le pape Innocent VIII est décédé le 25 juillet 1492. Ce pape, durant son court mandat de huit ans, n'a pas seulement laissé libre cours aux hommes comme Heinrich Kramer, mais a aussi admis publiquement à Rome qu'il avait ses propres enfants illégitimes vivant avec lui au

Vatican. Ce pape a contribué énormément au déclin du prestige papal au sein de l'Église catholique.

Le pape Alexandre VI (1492-1503) a succédé au pape Innocent VIII au trône papal. En 1456, âgé de vingt-cinq ans, il est devenu cardinal et vice-chancelier l'année suivante du Saint-Siège. Il a rarement manqué une réunion de la Curie romaine.

Dix-sept ans plus tard, il est tombé amoureux de l'une de ses amantes, Vannozza dei Cattanei qui lui a donné quatre enfants, Giouanni, Cesare, Lucrezia et Gioffre. Alexandre a engendré six fils et trois filles, nés de plusieurs amantes. Bien que les mères de cinq de ses enfants soient inconnues, tous les neuf ont obtenu des positions de pouvoir politique et des mariages avantageux grâce au statut privilégié de leur père.

Lorsque le pape Alexandre VI a succédé au pape Innocent VIII au trône papal à Rome, il a éprouvé le besoin de reconnaître les mesures qui ont été prises contre les hérétiques durant les récentes années. Pour la reconnaissance de leur rôle dans l'Inquisition espagnole et d'avoir épurer la foi catholique, le pape Alexandre VI a récompensé le Roi Ferdinand II et son épouse la Reine Isabella Ire de Castille du titre « le/la Catholique ».

Puis, dans un effort de montrer l'approbation continue du Vatican au travail d'Heinrich Kramer en Allemagne, en l'an 1500, le pape Alexandre VI a convoqué Heinrich Kramer en Italie et l'a élevé à la fonction de « nonce », une position de haut rang dans l'Église catholique. Heinrich Kramer continuerait son opération contre les sorcières jusqu'à sa mort en 1505. Il a été enterré avec tous les honneurs en Bohême, le pays où il a reçu les honneurs en tant que nonce du pape Alexandre.

Pape Alexandre VI
(1492-1503)

Persécuter, traduire en justice, épurer

Vannozza dei Cattanei
(1442-1518)

Un nonce pontifical est un représentant personnel ecclésiastique et diplomatique du pape romain qui est le roi du Vatican. Je comprends que beaucoup de catholiques ainsi que non catholiques ne le savent pas ou ne le comprennent pas, mais le pape est un monarque européen très influent. Cela veut dire simplement qu'il a l'entier pouvoir législatif, exécutif et judiciaire sur la Cité du Vatican qui gouverne l'Église catholique à travers le monde. Le pape est le seul monarque absolu en Europe. On m'a dit un jour que les papes du Moyen Âge ressemblaient aux rois. Il y avait des moments dans l'histoire où les rois catholiques recherchaient des papes la direction spirituelle et tremblaient devant eux.

La Cité du Vatican qui s'appelle officiellement « État de la Cité du Vatican » est une cité-État souveraine enclavée, dont le territoire est enserré dans des murailles au sein de la ville de Rome. La Cité du Vatican est une monarchie non héréditaire, élue et gouvernée par l'évêque de Rome — le pape. Les plus hauts fonctionnaires sont tous des ecclésiastes de la foi catholique. Elle est le territoire souverain du Saint-Siège et le lieu de résidence du pape, appelé le Palais apostolique. Les papes ont vécu dans le territoire depuis le retour d'Avignon en 1377. Les basiliques sont patrouillées en interne par des policiers de l'État de la Cité du Vatican et non pas par la police italienne.

Le pape est « *ex-officio* », chef d'état et chef du gouvernement de la Cité du Vatican. Ses fonctions dépendent de sa fonction primordiale d'évêque de l'archidiocèse de Rome. Le terme Saint-Siège ne fait pas référence à l'état du Vatican, mais à la gouvernance spirituelle et pastorale du pape, exercé largement à travers la Curie romaine.

Les papes dans leur rôle séculier ont graduellement fini par gouverner les régions avoisinantes. Aussi, par le biais des états papaux, ils ont gouverné une vaste partie de la péninsule italienne pendant plus de mille ans.

Le Saint-Siège a le service diplomatique et continuellement actif le plus vieux dans le monde, datant au moins de 325 apr. J.-C. avec sa légation au premier Concile de Nicée.

Bien qu'on se réfère au chef de l'Église catholique comme étant le pape, ces évêques de Rome n'ont pas toujours porté le titre. Le premier à porter le titre de pape a été le Patriarche d'Alexandrie, Pape Héraclas (232-249 apr. J.-C.). C'était longtemps avant que ce soit assumé par les évêques catholiques de Rome.

Le besoin de la protection papale était grand. Les papes ont d'abord recruté des mercenaires suisses comme armée partielle, mais la Garde suisse pontificale a été finalement formée par le pape Jules II (1503-1513) le 22 janvier 1506 comme garde du corps personnel du pape, et continue sa fonction jusqu'à ce jour. Ce recrutement est arrangé par un accord spécial entre le Saint-Siège et la Suisse, et est réservé aux citoyens catholiques masculins. Le premier corps a été fondé comme milice.

L'obtention du contrôle par le moyen de la puissance militaire n'était pas une nouvelle idée pour le Vatican. Pendant des siècles, les papes ont étendu leur domination et puissance en ajoutant à leurs armées des hommes des pays alliés à travers l'Europe. Depuis le temps du pape Urbain II en 1090 avec l'invasion de Jérusalem durant sa guerre sainte contre les musulmans, les papes ont toujours eu des armées et ces dernières ont été très puissantes.

Au XVIe siècle, la milice jésuite a été établie. Ces hommes armés étaient extrêmement soumis aux papes et très puissants. On a souvent demandé si les Jésuites étaient vraiment des soldats à un moment donné. Les Jésuites constituent la plus large force masculine au sein de l'Église catholique, et pendant des décennies ils constituaient une armée romaine représentant le Vatican. Le fondateur était Ignace de Loyola (1491-1556), qui était un soldat avant de devenir prêtre. Les Jésuites étaient connus comme soldats de Christ et des fantassins du pape. En fait, le 27 septembre 1540, le pape Paul III confirmerait l'Ordre des Jésuites par la bulle papale « *Regimini mililantis ecclesiae* » (gouvernement de l'Église militante).

Quelle a été la différence entre les soldats jésuites catholiques mal avisés, allant tuer des gens au nom de Jéhovah, et les soldats musulmans mal avisés du bras radical de l'Islam allant tuer des gens au nom d'Allah ? Je dirai aucune.

Pape Jules II
(1503-1513)

La force militaire du Vatican a été soutenue par une économie non commerciale. La prospérité et la puissance du Vatican sont soutenues financièrement par les contributions des catholiques dans le monde entier. Les contributions charitables considérables des millions de membres autour du globe ont permis au Vatican d'être considéré souvent comme l'état le plus riche sur terre.

Malheureusement, une grande partie de cette puissance, de ce prestige et de cette fortune a coûté très cher, mais c'était un prix que l'Église catholique et ses papes étaient prêts à payer. Le sang innocent des hommes et des femmes a coulé à flots, alors que des jugements cruels à travers l'histoire sont tombés sur les apostoliques autant que sur les pécheurs. Je crains que le problème de ces jugements sévères, aux fins de la soi-disante épuration de l'Église, soit pour beaucoup de personnes un sujet de discussion avec le juste Juge lui-même.

Chapitre seize

La gloire et la honte

En regardant vers le haut du tableau, arrêtons-nous et considérons Martin Luther et ses 95 thèses. Martin Luther est né le 10 novembre 1483. Il était un moine catholique en Allemagne, et excellait dans l'Église catholique en tant que théologien et professeur universitaire. Il serait connu dans l'histoire catholique comme le « père du protestantisme ». Bien qu'étant catholique, il croyait en l'enseignement de Tertullien sur la trinité de la Divinité, Martin Luther a reconnu le besoin de réformer son Église. Les idées de ce réformateur ont influencé la Réforme protestante et par essence, ont changé le cours de la civilisation occidentale.

Il a été ordonné à la prêtrise dans l'Église catholique en 1507, et en 1508 il a commencé à enseigner la théologie à l'université de Wittemberg. Le 21 octobre 1512, Luther a été reçu au conseil de la faculté théologique de l'université de Wittemberg, étant nommé à la position de Docteur dans la Bible.

En 1505, le pape Jules II a décidé de démolir la vieille église Saint-Pierre à Rome. L'empereur Constantin Ier avait commandé les travaux en l'honneur de sa conversion au christianisme. À cause de la papauté d'Avignon en France, l'église avait un grand besoin d'être réparée.

Le 18 avril 1506, la pierre angulaire a été posée pour l'édifice de ce qui devait être la nouvelle et la plus grande église chrétienne sur terre. La construction de la basilique Saint-Pierre a été l'œuvre de nombreux artistes et le travail a duré 120 ans.

En l'an 1516, Johann Tetzel, un moine dominicain et commissaire papal en indulgences (une remise de la peine encore due pour un péché commis, mais pardonné par des offrandes charitables des bien-aimés), a été envoyé en Allemagne par Rome pour vendre des indulgences dans le but de collecter de l'argent pour la construction de la basilique Saint-Pierre. La théologie catholique déclarait que la foi seule, soit fiduciaire (tenue en fiducie) soit dogmatique, ne pouvait

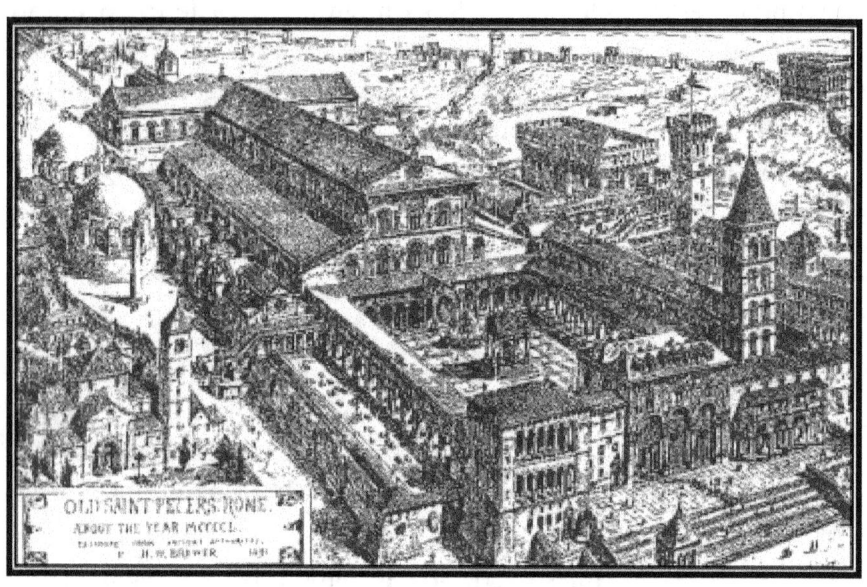

Église Saint-Pierre à Rome
Construite par
l'empereur Constantin Ier au IVe siècle
au-dessus du « Cirque de Néron »

pas justifier l'être humain, mais uniquement une foi active dans la charité et les bonnes œuvres, et cela pouvait être obtenu en offrant de l'argent à l'Église.

Martin Luther pensait que cette pratique de vendre des indulgences était non seulement non biblique, mais aussi complètement contraire à l'éthique. Cette pratique dogmatique allait alimenter le franc-parler de Luther contre son Église. Le 31 octobre 1517, Luther a écrit à l'archevêque de Mainz, protestant la vente des indulgences. Il a inclus dans sa lettre une copie de sa « Contestation de Martin Luther » sur le « Pouvoir et efficacité [*influence des indulgences*] », qui a été décomposée plus tard en ses 95 thèses.

La théologie de Martin Luther a aussi défié l'autorité du pape, affirmant que la Bible était la seule source infaillible de l'autorité religieuse. Il a aussi soutenu que l'interprète principal de l'Écriture sainte doit être l'Écriture elle-même au lieu de n'importe quelle source autre que l'Écriture. Les réformateurs se sont servis de cette analogie du principe de foi pour condamner le catholicisme pour son insistance sur le fait que la Bible doit être interprétée conformément au corpus de la tradition.

Le pape Léon X (1513-1521) était le fils de Laurent de Médicis qui est devenu connu sous le nom de Laurent le Magnifique. Le pape Léon X est né en 1475 avec une cuillère d'argent dans la bouche. Il est devenu cardinal au jeune âge de treize ans. Après être devenu pape en 1513 à l'âge de 37 ans, il a commencé à épuiser la trésorerie papale. Il serait le pape le plus extravagant de la Renaissance et donnerait à la papauté un pouvoir politique important en Europe.

**Martin Luther
Moine augustin catholique
(1483-1546)**

Ayant passé sa jeunesse à la cour de Laurent de Médicis, il était la personnification des idéaux de la Renaissance. Le pape Léon X avait acquis les manières et les goûts de l'une des sociétés les plus brillantes jamais connues en Europe. Cet homme n'était pas seulement le pape de Rome, mais aussi le chef de la famille Médicis qui gouvernait la république florentine. Les guerres avec la France, le soutien somptueux des arts, et la construction de la basilique Saint-Pierre, tout a contribué aux besoins financiers de la papauté. Durant le règne du pape Jules II (1503-1513), les indulgences ont été autorisées pour la construction de la nouvelle église à Rome. Le pape Léon X a certainement encouragé cette chose.

Le pape Léon X a joui d'un style de vie quotidien somptueux. Son éléphant blanc de compagnie Hanno symbolisait sa fortune excessive et son style de vie flamboyant. Il a été cependant défié à cause de sa vie extravagante. Beaucoup pensaient que ses dépenses excessives faisaient du tort à l'Église à Rome. Un groupe de cardinaux, voulant se débarrasser d'un tel pape, ont comploté de l'empoisonner. Quand le pape a appris cette conspiration, il a ordonné une enquête. Le cardinal Petrucci a été prononcé coupable d'avoir orchestré le plan et a été condamné à mort. Par l'intermédiaire des légats du pape Léon X, le cardinal Petrucci a été maintenu au sol et étouffé à mort.

Le pape Léon X, bien que préoccupé par ses divertissements, observait chaque mouvement de Martin Luther. Il espérait que l'enseignement de Luther mourrait de son propre gré, rejetant le théologien comme étant « un Allemand ivre qui changera son opinion une fois sobre. »

Les écrits de Luther ont toutefois circulé largement, atteignant la France, l'Angleterre et l'Italie dès le début de 1519.

Le 30 mai 1519, quand le pape a exigé une explication, Luther a écrit un sommaire et expliqué sa thèse au Vatican. La pape Léon X n'a pas apprécié le défi contre son autorité et a convoqué Luther à Rome.

𝔓ape 𝔏éon X
(1513-1521)

Le 15 juin 1520, le pape a averti Martin Luther par une bulle papale « *Exsurge Domine* » (Lève-toi, ô Seigneur) qu'il risquait l'excommunication, à moins qu'il ne se rétracte dans un délai de soixante jours. Luther a refusé et a été excommunié de l'Église catholique le 3 janvier 1521, selon la bulle « *Decet Romamum Pontificem* » (cela convient au pape romain). Martin Luther a réagi ainsi : « Je ne peux ni ne veux me rétracter en rien, car il n'est ni sûr ni honnête d'agir contre sa propre conscience. » L'excommunication de Luther finirait par créer plus tard l'Église luthérienne.

Le pape Léon, envahi par la colère, a demandé à l'empereur Charles V d'exécuter Martin Luther par le feu. Au lieu de le faire brûler vivant comme hérétique, l'empereur a choisi de l'entendre personnellement. Ceci s'est passé à la « Diète de Worms » en Allemagne. La « Diète de Worms » a eu lieu dans une petite ville allemande située au bord du Rhin, appelée Worms. Les réunions étaient présidées par l'empereur romain en personne, et ont duré du 28 janvier au 25 mai de 1521. Une fois de plus, nous voyons l'influence romaine sur l'Église catholique. L'histoire retient surtout de ces réunions « l'Édit de Worms » qui s'adressait à Martin Luther lui-même, ainsi que les effets de la Réforme protestante.

Martin Luther s'est vu promettre la sécurité par l'empereur. Toutefois, pendant que des conférences avaient lieu pour décider le futur sort de Luther, on a découvert que Martin Luther avait quitté la conférence. Apparemment, il ne voulait pas prendre le même chemin tracé par Jean Hus, qui avait été exécuté par la ruse utilisée par l'Église catholique.

L'empereur a présenté la version définitive de « l'Édit de Worms » le 25 mai 1521, déclarant Martin Luther un hérétique public, interdisant la possession de sa littérature et interdisant quiconque de lui donner de la nourriture ou de l'abriter, et demandant son arrestation. Dans son décret, l'empereur romain Charles V a déclaré :

« Pour cette raison, nous interdisons désormais à quiconque d'oser en paroles ou en actes, de défendre, soutenir ou favoriser ledit Martin Luther. Au contraire, nous voulons qu'il soit poursuivi et puni en tant qu'hérétique notoire comme il le mérite, qu'il soit amené personnellement devant nous, ou qu'il soit gardé en sécurité jusqu'à ce que ceux qui l'ont capturé nous informent, et à la suite nous ordonnerons la procédure appropriée contre ledit Luther. Ceux qui aident à le capturer seront généreusement récompensés pour leur bonne action. »

Ayant réclamé plus tôt la mort de Martin Luther, le pape Léon X était très satisfait de la décision de l'empereur. Les empereurs et les papes collaboraient souvent entre eux dans l'Empire romain, pour répondre aux besoins politiques et religieux du jour.

Entre-temps, Martin Luther s'est trouvé un lieu sûr pour traduire la Bible dans sa langue maternelle allemande. « L'Édit de Worms » avait été rédigé, mais en raison du soutien allemand pour Martin Luther, il n'a jamais été appliqué dans ce pays. Pourtant, dans d'autres pays européens, l'Édit de Worms a été strictement appliqué. Deux moines catholiques, Johannes van Esschen et Hendrik Voes, ont été brûlés au bûcher à Bruxelles le 1er juillet 1523, pour avoir enseigné la doctrine de Martin Luther qui était considéré comme contraire au dogme catholique.

Le rôle de l'Église catholique dans la continuation de la crise ne pouvait pas être ignoré. Le pape Adrien VI, régnant depuis 1522 jusqu'à sa mort l'année suivante, a décrit la condition de l'Église catholique juste avant la réforme de Martin Luther.

« Nous reconnaissons franchement que Dieu permet cette persécution de l'Église à cause du péché des hommes, et en particulier des prélats et du clergé. Nous savons bien que pendant des années des choses qui méritent l'aversion (le dégoût) se sont accumulées autour du Saint-Siège, des choses sacrées ont été mal utilisées, des ordonnances transgressées, de sorte qu'en toute chose il y a eu un changement pour le pire... »

En 1546, Martin Luther a cloué une copie de ses 95 thèses sur la porte du château-église de Wittemberg en Allemagne. Cet évènement est considéré comme l'élément déclencheur de la Réforme protestante.

Pape Adrien VI
(1522-1523)

La première génération du clergé luthérien comprenait surtout des anciens prêtres et moines catholiques, dont la plupart ont suivi l'exemple de Luther en épousant d'anciennes religieuses.

Katherine von Bara (1499-1552) a rejoint un groupe de religieuses qui a abandonné le cloître et s'est réfugiée à Wittemberg, où elle a rencontré Martin Luther et s'est mariée avec lui l'année suivante.

Beaucoup ont entendu parler des 95 thèses de Martin Luther, et pourtant il est rare que quelqu'un puisse les lire. Je voudrais révéler ces écrits pour votre connaissance et facilité. Voici les thèses concernant les indulgences qui ont en fait déclenché la Réforme protestante. Personnellement, je vois Martin Luther comme une épine dans le flanc du catholicisme qui ne pouvait jamais être enlevée.

Martin Luther, 31 octobre 1517[4]

« Par amour pour la vérité et dans le but de la préciser, les thèses suivantes seront soutenues à Wittemberg, sous la présidence du Révérend Père Martin LUTHER, ermite augustin, maître es Arts, docteur et lecteur de la Sainte Théologie. Celui-ci prie ceux qui, étant absents, ne pourraient discuter avec lui, de vouloir bien le faire par lettres.

Au nom de notre Seigneur Jésus-Christ. Amen.

1. En disant : Faites pénitence, notre Maître et Seigneur Jésus-Christ a voulu que la vie entière des fidèles fût une pénitence.
2. Cette parole ne peut pas s'entendre du sacrement de la pénitence, tel qu'il est administré par le prêtre, c'est à dire de la confession et de la satisfaction.
3. Toutefois elle ne signifie pas non plus la seule pénitence intérieure ; celle-ci est nulle, si elle ne produit pas au dehors toutes sortes de mortifications de la chair.
4. C'est pourquoi la peine dure aussi longtemps que dure la haine de soi-même, la vraie pénitence intérieure, c'est à dire jusqu'à l'entrée dans le royaume des cieux.

---

[4] https://info-bible.org/histoire/reforme/95theses-complet.htm

5. Le pape ne veut et ne peut remettre d'autres peines que celles qu'il a imposées lui-même de sa propre autorité ou par l'autorité des canons.
6. Le pape ne peut remettre aucune peine autrement qu'en déclarant et en confirmant que Dieu l'a remise ; à moins qu'il ne s'agisse des cas à lui réservés. Celui qui méprise son pouvoir dans ces cas particuliers reste dans son péché.
7. Dieu ne remet la coulpe à personne sans l'humilier, l'abaisser devant un prêtre, son représentant.
8. Les canons pénitentiels ne s'appliquent qu'aux vivants ; et d'après eux, rien ne doit être imposé aux morts.
9. Voilà pourquoi le pape agit selon le Saint-Esprit en exceptant toujours dans ses décrets l'article de la mort et celui de la nécessité.
10. Les prêtres qui, à l'article de la mort, réservent pour le Purgatoire les canons pénitentiels, agissent mal et d'une façon inintelligente.
11. La transformation des peines canoniques en peines du Purgatoire est une ivraie semée certainement pendant que les évêques dormaient.
12. Jadis les peines canoniques étaient imposées non après, mais avant l'absolution, comme une épreuve de la véritable contrition.
13. La mort délie de tout ; les mourants sont déjà morts aux lois canoniques, et celles-ci ne les atteignent plus.
14. Une piété incomplète, un amour imparfait donnent nécessairement une grande crainte au mourant. Plus l'amour est petit, plus grande est la terreur.
15. Cette crainte, cette épouvante suffit déjà, sans parler des autres peines, à constituer la peine du Purgatoire, car elle approche le plus de l'horreur du désespoir.
16. Il semble qu'entre l'Enfer, le Purgatoire et le Ciel il y ait la même différence qu'entre le désespoir, le quasi-désespoir et la sécurité.

17. Il semble que chez les âmes du Purgatoire l'Amour doive grandir à mesure que l'horreur diminue.

18. Il ne paraît pas qu'on puisse prouver par des raisons, ou par les Écritures que les âmes du Purgatoire soient hors d'état de rien mériter ou de croître dans la charité.

19. Il n'est pas prouvé non plus que toutes les âmes du Purgatoire soient parfaitement assurées de leur béatitude, bien que nous-mêmes nous en ayons une entière assurance.

20. Donc, par la rémission plénière de toutes les peines, le Pape n'entend parler que de celles qu'il a imposées lui-même, et non pas toutes les peines en général.

21. C'est pourquoi les prédicateurs des Indulgences se trompent quand ils disent que les indulgences du Pape délivrent l'homme de toutes les peines et le sauvent.

22. Car le Pape ne saurait remettre aux âmes du Purgatoire d'autres peines que celles qu'elles auraient dû souffrir dans cette vie en vertu des canons.

23. Si la remise entière de toutes les peines peut jamais être accordée, ce ne saurait être qu'en faveur des plus parfaits, c'est-à-dire du plus petit nombre.

24. Ainsi cette magnifique et universelle promesse de la rémission de toutes les peines accordées à tous sans distinction, trompe nécessairement la majeure partie du peuple.

25. Le même pouvoir que le Pape peut avoir, en général, sur le Purgatoire, chaque évêque le possède en particulier dans son diocèse, chaque pasteur dans sa paroisse.

26. Le Pape fait très bien de ne pas donner aux âmes le pardon en vertu du pouvoir des clefs qu'il n'a pas, mais de le donner par le mode de suffrage.

27. Ils prêchent des inventions humaines, ceux qui prétendent qu'aussitôt que l'argent résonne dans leur caisse, l'âme s'envole du Purgatoire.

28. Ce qui est certain, c'est qu'aussitôt que l'argent résonne, l'avarice et la rapacité grandissent. Quant au suffrage de l'Église, il dépend uniquement de la bonne volonté de Dieu.

29. Qui sait si toutes les âmes du Purgatoire désirent être délivrées, témoin de ce qu'on rapporte de Saint Séverin et de Saint Paul Pascal.

30. Nul n'est certain de la vérité de sa contrition; encore moins peut-on l'être de l'entière rémission.

31. Il est aussi rare de trouver un homme qui achète une vraie indulgence qu'un homme vraiment pénitent.

32. Ils seront éternellement damnés avec ceux qui les enseignent, ceux qui pensent que des lettres d'indulgences leur assurent le salut.

33. On ne saurait trop se garder de ces hommes qui disent que les indulgences du Pape sont le don inestimable de Dieu par lequel l'homme est réconcilié avec lui.

34. Car ces grâces des indulgences ne s'appliquent qu'aux peines de la satisfaction sacramentelle établies par les hommes.

35. Ils prêchent une doctrine antichrétienne ceux qui enseignent que pour le rachat des âmes du Purgatoire ou pour obtenir un billet de confession, la contrition n'est pas nécessaire.

36. Tout chrétien vraiment contrit a droit à la rémission entière de la peine et du péché, même sans lettre d'indulgences.

37. Tout vrai chrétien, vivant ou mort, participe à tous les biens de Christ et de l'Église, par la grâce de Dieu, et sans lettres d'indulgences.

38. Néanmoins il ne faut pas mépriser la grâce que le Pape dispense; car elle est, comme je l'ai dit, une déclaration du pardon de Dieu.

39. C'est une chose extraordinairement difficile, même pour les plus habiles théologiens, d'exalter en même temps devant le peuple la puissance des indulgences et la nécessité de la contrition.

40. La vraie contrition recherche et aime les peines; l'indulgence, par sa largeur, en débarrasse, et à l'occasion, les fait haïr.

41. Il faut prêcher avec prudence les indulgences du Pape, afin que le peuple ne vienne pas à s'imaginer qu'elles sont préférables aux bonnes œuvres de la charité.

42. Il faut enseigner aux chrétiens que dans l'intention du Pape, l'achat des indulgences ne saurait être comparé en aucune manière aux œuvres de miséricorde.

43. Il faut enseigner aux chrétiens que celui qui donne aux pauvres ou prête aux nécessiteux fait mieux que s'il achetait des indulgences.

44. Car par l'exercice même de la charité, la charité grandit et l'homme devient meilleur. Les indulgences au contraire n'améliorent pas ; elles ne font qu'affranchir de la peine.

45. Il faut enseigner aux chrétiens que celui qui voyant son prochain dans l'indigence, le délaisse pour acheter des indulgences, ne s'achète pas l'indulgence du Pape, mais l'indignation de Dieu.

46. Il faut enseigner aux chrétiens qu'à moins d'avoir des richesses superflues, leur devoir est d'appliquer ce qu'ils ont aux besoins de leur maison plutôt que de le prodiguer à l'achat des indulgences.

47. Il faut enseigner aux chrétiens que l'achat des indulgences est une chose libre, non commandée.

48. Il faut enseigner aux chrétiens que le Pape ayant plus besoin de prières que d'argent demande, en distribuant ses indulgences plutôt de ferventes prières que de l'argent.

49. Il faut enseigner aux chrétiens que les indulgences du Pape sont bonnes s'ils ne s'y confient pas, mais des plus funestes, si par elles, ils perdent la crainte de Dieu.

50. Il faut enseigner aux chrétiens que si le Pape connaissait les exactions des prédicateurs d'indulgences, il préfèrerait voir la basilique de Saint-Pierre réduite en cendres plutôt qu'édifiée avec la chair, le sang, les os de ses brebis.

51. Il faut enseigner aux chrétiens que le Pape, fidèle à son devoir, distribuerait tout son bien et vendrait au besoin l'Église de Saint-Pierre pour la plupart de ceux auxquels certains prédicateurs d'indulgences enlèvent leur argent.

52. Il est chimérique de se confier aux indulgences pour le salut, quand même le commissaire du Pape ou le Pape lui-même y mettraient leur âme en gage.

53. Ce sont des ennemis de Christ et du Pape, ceux qui à cause de la prédication des indulgences interdisent dans les autres églises la prédication de la parole de Dieu.

54. C'est faire injure à la Parole de Dieu que d'employer dans un sermon autant et même plus de temps à prêcher les indulgences qu'à annoncer cette Parole.

55. Voici quelle doit être nécessairement la pensée du Pape ; si l'on accorde aux indulgences qui sont moindres, une cloche, un honneur, une cérémonie, il faut célébrer l'Évangile qui est plus grand, avec cent cloches, cent honneurs, cent cérémonies.

56. Les trésors de l'Église, d'où le Pape tire ses indulgences, ne sont ni suffisamment définis, ni assez connus du peuple chrétien.

57. Ces trésors ne sont certes pas des biens temporels ; car loin de distribuer des biens temporels, les prédicateurs des indulgences en amassent plutôt.

58. Ce ne sont pas non plus les mérites de Christ et des saints ; car ceux-ci, sans le Pape, mettent la grâce dans l'homme intérieur, et la croix, la mort et l'enfer dans l'homme intérieur.

59. Saint Laurent a dit que les trésors de l'Église sont ses pauvres. En cela il a parlé le langage de son époque.

60. Nous disons sans témérité que ces trésors, ce sont les clefs données à l'Église par les mérites du Christ.

61. Il est clair en effet que pour la remise des peines et des cas réservés, le pouvoir du Pape est insuffisant.

62. Le véritable trésor de l'Église, c'est le très-saint Évangile de la gloire et de la grâce de Dieu.

63. Mais ce trésor est avec raison un objet de haine car par lui les premiers deviennent les derniers.

64. Le trésor des indulgences est avec raison recherché ; car par lui les derniers deviennent les premiers.

65. Les trésors de l'Évangile sont des filets au moyen desquels on pêchait jadis des hommes adonnés aux richesses.

66. Les trésors des indulgences sont des filets avec lesquels on pêche maintenant les richesses des hommes.

67. Les indulgences dont les prédicateurs vantent et exaltent les mérites ont le très grand mérite de rapporter de l'argent.

68. Les grâces qu'elles donnent sont misérables si on les compare à la grâce de Dieu et à la piété de la croix.

69. Le devoir des évêques et des pasteurs est d'admettre avec respect les commissaires des indulgences apostoliques.

70. Mais c'est bien plus encore leur devoir d'ouvrir leurs yeux et leurs oreilles, pour que ceux-ci ne prêchent pas leurs rêves à la place des ordres du Pape.

71. Maudit soit celui qui parle contre la vérité des indulgences apostoliques.

72. Mais béni soit celui qui s'inquiète de la licence et des paroles impudentes des prédicateurs d'indulgences.

73. De même que le Pape excommunie justement ceux qui machinent contre ses indulgences,

74. Il entend à plus forte raison excommunier ceux qui, sous prétexte de défendre les indulgences, machinent contre la sainte charité et contre la vérité.

75. C'est du délire que d'exalter les indulgences du Pape jusqu'à prétendre qu'elles délieraient un homme qui, par impossible, aurait violé la mère de Dieu.

76. Nous prétendons au contraire que, pour ce qui est de la coulpe, les indulgences ne peuvent pas même remettre le moindre des péchés véniels.

77. Dire que Saint Pierre, s'il était Pape de nos jours, ne saurait donner des grâces plus grandes, c'est blasphémer contre Saint Pierre et contre le Pape.

78. Nous disons au contraire que lui ou n'importe quel pape possède des grâces plus hautes, savoir : l'Évangile, les vertus, le don des guérisons, etc... (d'après I Cor. 12).

79. Dire que la croix ornée des armes du Pape égale la croix du Christ, c'est un blasphème.

80. Les évêques, les pasteurs, les théologiens qui laissent prononcer de telles paroles devant le peuple en rendront compte.

81. Cette prédication imprudente des indulgences rend bien difficile aux hommes même les plus doctes, de défendre l'honneur du Pape contre les calomnies ou même contre les questions insidieuses des laïques.

82. Pourquoi, disent-ils, pourquoi le Pape ne délivrent-ils pas d'un seul coup toutes les âmes du Purgatoire, pour les plus justes des motifs, par sainte charité, par compassion pour leurs souffrances, tandis qu'il en délivre à l'infini pour le motif le plus futile, pour un argent indigne, pour la construction de sa basilique ?

83. Pourquoi laisse-t-il subsister les services et les anniversaires des morts ? Pourquoi ne rend-il pas ou ne permet-il pas qu'on reprenne les fondations établies en leur faveur, puisqu'il n'est pas juste de prier pour les rachetés.

84. Et encore : quelle est cette nouvelle sainteté de Dieu et du Pape que, pour de l'argent, ils donnent à un impie, à un ennemi le pouvoir de délivrer une âme pieuse et aimée de Dieu, tandis qu'ils refusent de délivrer cette âme pieuse et aimée, par compassion pour ses souffrances, par amour et gratuitement ?

85. Et encore : pourquoi les canons pénitentiels abrogés de droit et éteints par la mort se rachètent-ils encore pour de l'argent, par la vente d'une indulgence, comme s'ils étaient encore en vigueur ?

86. Et encore : pourquoi le Pape n'édifie-t-il pas la basilique de Saint-Pierre de ses propres deniers, plutôt qu'avec l'argent des pauvres fidèles, puisque ses richesses sont aujourd'hui plus grandes que celles de l'homme le plus opulent ?

87. Encore : pourquoi le Pape remet-il les péchés ou rend-il participants de sa grâce ceux qui par une contrition parfaite ont déjà obtenu une rémission plénière et la complète participation à ces grâces ?

88. Encore : ne serait-il pas d'un plus grand avantage pour l'Église, si le Pape, au lieu de distribuer une seule fois ses indulgences et ses grâces, les distribuait cent fois par jour et à tout fidèle ?

89. C'est pourquoi si par les indulgences le Pape cherche plus le salut des âmes que de l'argent, pourquoi suspend-il les lettres d'indulgences qu'il a données autrefois, puisque celles-ci ont même efficacité ?

90. Vouloir soumettre par la violence ces arguments captieux des laïques, au lieu de les réfuter par de bonnes raisons, c'est exposer l'Église et le Pape à la risée des ennemis et c'est rendre les chrétiens malheureux.

91. Si, par contre, on avait prêché les indulgences selon l'esprit et le sentiment du Pape, il serait facile de répondre à toutes ces objections ; elles n'auraient pas même été faites.

92. Qu'ils disparaissent donc tous, ces prophètes qui disent au peuple de Christ : 'Paix, paix' et il n'y a pas de paix !

93. Bienvenus au contraire les prophètes qui disent au peuple de Christ : 'Croix, croix' et il n'y a pas de croix !

94. Il faut exhorter les chrétiens à s'appliquer à suivre Christ leur chef à travers les peines, la mort et l'enfer.

95. Et à entrer au ciel par beaucoup de tribulations plutôt que de se reposer sur la sécurité d'une fausse paix. »

Les indulgences sont toujours pratiquées dans l'Église catholique, et oui, la basilique Saint-Pierre qui se trouve aujourd'hui dans la ville de Rome en Italie a été construite principalement par des familles catholiques du monde entier qui payaient de l'argent pour des prières faites par les prêtres pour faire sortir les âmes du purgatoire. Les catholiques aiment leur famille et choisissent de sacrifier pour que l'âme des êtres chers échappe les tourments du purgatoire. Les bougies que j'ai personnellement allumées dans l'Église catholique étaient innombrables. En vérité, c'est au pape et à Marin Luther tous les deux de savoir : il n'y a pas de purgatoire. La Bible nous dit qu'il y a un ciel à gagner et un enfer éternel à éviter. Il n'y a pas de juste milieu.

La gloire et la honte

Basilique Saint-Pierre à Rome

En 1519, Martin Luther a remis en cause la doctrine « *Servitus Judaeorum* » (Servitude des Juifs), établie dans la « *Corpus Jeris Civilis* » par Justinien Ier en 529, mais Luther a semblé agir avec précaution en 1523 quand il a écrit : « Jésus-Christ était un Juif ». Dans cet écrit, il a condamné le traitement inhumain des Juifs et a exhorté les chrétiens à les traiter avec bienveillance. À ce stade de sa vie, on aurait dit que Luther désirait que le peuple juif entende la proclamation de l'Évangile et soit influencé à se convertir au christianisme.

Martin Luther ne voulait pas se convertir au judaïsme et à sa doctrine unicitaire, et les Juifs ne voulaient pas se convertir à la doctrine trinitaire de Luther. Ce réformateur du XVIe siècle a contredit ses enseignements et convictions antécédentes concernant le peuple hébreu. Luther a eu apparemment un changement radical du cœur. Sous l'impulsion d'un esprit de haine, il a choisi de les tuer tous. De nos jours, ce serait pris pour de l'épuration ethnique.

En 1543, Luther a publié « Des Juifs et de leurs mensonges » disant que les Juifs sont un « peuple de débauche, c'est-à-dire pas des gens de Dieu, et que leurs fanfaronnades sur leur lignage, la circoncision et leurs lois doivent être considérées comme une cochonnerie… Ils sont remplis d'excréments du diable… dans lesquels ils se vautrent comme des pourceaux. » Quant à la synagogue, c'est une « putain incorrigible et une souillure du diable… ».[5]

Il a ensuite ajouté dans ses écrits que leurs synagogues et écoles devaient être brûlées, leurs livres de prières détruits, leurs rabbins défendus de prêcher, leurs maisons rasées, et leurs biens confisqués. Dans son effort d'éliminer ces gens unicitaires, il a continué à écrire : « Ils ne doivent faire l'objet d'aucune pitié, ni d'aucune bienveillance, ni de protection juridique, et ces vermines venimeuses devraient être incorporées au travail forcé ou chassées à tout jamais. » Martin Luther a aussi préconisé le meurtre des enfants d'Abraham en disant : « Nous sommes nous-mêmes fautifs de ne pas les tuer ».

À l'heure de minuit de la dernière dispensation du temps des mortels, le peuple du nom de Jésus doit veiller à ne pas enrober les pilules amères de sucre. De la même façon que Satan a contrôlé l'âme

---

[5] https://fr.wikipedia.org/wiki/Des_Juifs_et_de_leurs_mensonges

de ce réformateur, il sera capable de prendre le contrôle de l'homme impie (fils de la perdition), l'antéchrist.

D'un monastère catholique à l'église du château de Wittemberg en Allemagne, on dirait que Martin Luther s'est enfoncé davantage dans l'envoûtement religieux rituel. Il s'agissait absolument d'un cycle religieux qui n'avait que peu de signification spirituelle. Quand les Juifs ont refusé d'écouter au Messie, ce dernier aurait pu appeler dix mille anges, mais il a choisi de ne pas les tuer.

Bien que Luther ait pu voir les erreurs dans les enseignements de l'Église catholique, il ne pouvait pas les voir dans son propre enseignement. La théologie de ce réformateur est devenue corrompue par sa propre intolérance du peuple juif.

Seulement deux ans après la mort de Martin Luther, des émeutes à Francfort en Allemagne ont coûté la vie de 3 000 hommes, femmes et enfants juifs, et ont entraîné l'expulsion du reste. On a affirmé que les sentiments antijuifs de Martin Luther ont été une influence principale et persistante pendant des siècles après la Réforme. Il est regrettable que Luther ait voulu s'attaquer à la corruption au sein de l'Église catholique, mais n'a pas considéré la corruption dans son cœur. Peu après un accident vasculaire cérébral, Martin Luther est décédé le 18 février 1546 à l'âge de 62 ans, à Eisleben en Allemagne, sa ville natale.

Beaucoup de débats scientifiques se sont concentrés sur les écrits de Martin Luther sur les Juifs. Ses déclarations concernant la communauté hébraïque ont été utilisées dans la propagande des Nazis entre 1933 et 1945. L'esprit antisémitique de Martin Luther coulait toujours dans les veines de sa nation. Ce fait serait douloureusement réalisé après que le dictateur nazi Adolph Hitler a pris le pouvoir.

Adolph Hitler
(1889-1945)

Hitler a blâmé les Juifs pour les malheurs de l'Allemagne et a personnellement lancé une campagne vicieuse contre eux. C'était ce politicien allemand d'origine autrichienne qui a manipulé la haine des Juifs durant l'Holocauste.

Depuis l'ancienne colline de Massada — où les défenseurs juifs ont mis fin à leurs propres vies en 79 apr. J.-C. pour ne pas se faire prendre par les légionnaires romains vengeurs — jusqu'à l'Holocauste, les Juifs ont subi une persécution intense. En 1935, le gouvernement allemand a annulé la citoyenneté des Juifs et confisqué leurs biens. Les Nazis ont détruit les synagogues comme Martin Luther l'avait préconisé, et envoyé des milliers de Juifs dans des camps de concentration. À Varsovie, en Pologne, les Nazis ont regroupé les Juifs de la ville dans un ghetto. Chaque jour, des centaines d'enfants ont été envoyés dans des camps de concentration. Pendant des années, tous les détails relatifs au fonctionnement de ces camps sont restés nébuleux, leur vraie nature niée sans cesse par la Gestapo.

L'élimination systématique du peuple juif par Hitler a été une sauvagerie brutale au mieux. Ce qu'il a infligé au peuple hébreu dans cette heure de dévastation était immensément inoubliable, et pour beaucoup impardonnable. Avant la fin de la guerre en 1945, l'Holocauste avait éliminé six millions parmi les dix millions estimés de Juifs en Europe. Un million de ces victimes juifs étaient des enfants.

Martin Luther, un Allemand lui-même, a été sans aucun doute un précurseur d'Adolf Hitler. Ces hommes étaient tous les deux antisémitiques, partageant les mêmes esprits maléfiques dans le pays de l'Allemagne. Une graine de haine avait été déjà semée au cœur de la société allemande et Adolf Hitler connaissait bien les circonstances. Si Martin Luther n'avait pas inspiré la haine à l'égard des Juifs au peuple allemand, peut-être que l'Holocauste ne serait jamais arrivé. Ce réformateur protestant est venu au nom du christianisme religieux **fait par l'homme**.

Bien que Martin Luther soit devenu très malavisé par sa haine des Juifs, la réforme au sein de l'Église catholique était en cours. Les adeptes de Wiclef, de Hus, puis de Luther parlaient contre la corruption de l'Église catholique. Pour aggraver l'insulte, le monarque anglais allait bientôt s'opposer aussi à l'Église à Rome.

Chapitre dix-sept

La foi inébranlable

À l'âge de seize ans, Catherine d'Aragon est devenue la femme d'Arthur, prince de Galles, qui était le fils aîné du Roi Henri VII. Arthur est mort cinq mois plus tard et le roi s'est arrangé pour que Catherine épouse son second fils Henri qui devait le succéder au trône. Le fils du roi Henri deviendrait le Roi Henri VIII. Il s'est marié avec Catherine d'Aragon, la veuve de son frère. Catherine était la fille du Roi Ferdinand II et de la Reine Isabella Ire d'Espagne. Ses parents étaient des catholiques fervents, ayant institué l'Inquisition dans leur pays. Catherine a donné naissance à cinq enfants, mais un seul a survécu — Marie, qui est devenue plus tard la Reine Marie Ire d'Angleterre. Henri voulait un fils pour le succéder au trône et a demandé au pape Clément VII (1523-1534) d'annuler son mariage.

Le pape a refusé et Henri, à son tour, s'est écarté de l'Église catholique. À ce point, le Roi Henri VIII s'est proclamé chef de l'Église en Angleterre, en protestation à la décision du pape à propos de son mariage avec Catherine d'Aragon. Après s'être déclaré chef suprême de l'Église en Angleterre, il s'est efforcé de trouver un juste milieu entre le catholicisme et le luthéranisme : l'Église anglaise continuerait à être catholique, mais sans le pape.

Un homme nommé Miles Coverdale a préparé et publié plus tard une Bible et l'a dédiée au Roi Henri VIII en 1535.

Les dix articles d'Henri ont réduit le nombre de sacrements de sept à trois, renié l'efficacité des prières pour les âmes au purgatoire, et condamné les images religieuses et les prières aux saints.

Pape Clément VII
(1523-1534)

La foi inébranlable

Henri VIII a divorcé de Catherine d'Aragon et s'est marié avec Anne Boleyn au début de 1533. Anne a donné une seconde fille à Henri, Élisabeth, devenue plus tard la Reine Élisabeth Ire d'Angleterre. En 1536, le roi a fait décapiter Anne qu'il avait accusée d'infidélité. Sa troisième femme, Jeanne Seymour, est morte sous peu après la naissance d'un fils qu'ils ont appelé Édouard et qui est devenu le Roi Édouard VI après le décès de son père. Henri VIII s'est alors marié avec une princesse allemande, Anne de Clèves. Cette union a vite abouti au divorce. Le roi a alors épousé Catherine Howard, qui en 1542 a été accusée de mauvaise conduite et exécutée. La sixième et dernière femme d'Henri VIII, Catherine Parr le survivrait.

Le Roi Henri VIII n'était pas un vrai réformateur ni chef spirituel, mais un homme qui satisfaisait ses appétits lubriques. Il a été excommunié de l'Église catholique par le pape Paul III (1534-1549). Le Roi Édouard VI, fils d'Henri VIII et de Jeanne Seymour, a succédé à son père sur le trône d'Angleterre. Après sa mort, Marie, la fille d'Henri VIII et de Catherine d'Aragon est devenue la Reine Marie Ire d'Angleterre.

À cette époque, la congrégation du Saint-Office contrôlait l'Inquisition catholique. Les moines dominicains et franciscains assumaient le rôle de juges et travaillaient souvent en secret. Les inquisiteurs ont souvent abusé leur pouvoir. L'Église catholique a redirigé l'Inquisition contre les protestants.

Plus tard, la Reine Marie allait faire preuve de loyauté et de dévotion envers l'Église catholique en essayant de mettre fin à la Réforme protestante et de réunir son pays avec le pape. Cette persécution protestante justifierait son titre infâme de « Marie la Sanglante ». Même si ses efforts de réunir l'Angleterre avec l'Église ont fini par échouer, le pape Jules III (1550-1555) s'est tenu fermement derrière la Reine Marie Ire et son pays. Le pape a désigné son proche, le cardinal Pole, comme son légat à lui et a accordé au cardinal des moyens illimités pour soulager les problèmes de l'Église en Angleterre. Le court règne de cinq ans de Marie s'est avéré catastrophique pour les réformateurs religieux en Angleterre. Cette reine royale est morte à l'âge de quarante-deux ans.

Pape Jules III
(1550 - 1555)

Au fur et à mesure que la Réforme progressait, l'un de ses personnages influents allait apparaître. Jean Calvin (1509-1564) était l'un des dirigeants principaux de la Réforme protestante. Beaucoup des idées de Calvin étaient assez controversées, mais absolument aucun autre réformateur n'a fait autant pour forcer les gens à penser à l'éthique sociale chrétienne. Calvin était le premier dirigeant protestant en Europe à obtenir pour l'Église une indépendance partielle de l'État.

Calvin est né à Noyon en France, près de Compiègne. Il a été éduqué à Paris. Après le décès en 1531 de son père qui était notaire pour l'Église catholique, Calvin a étudié le grec et le latin à l'Université de Paris. Son éducation a ainsi reflété l'influence de la Renaissance libérale et humanistique.

Jean Calvin est souvent considéré comme le responsable de la systématisation de la Réforme, rapprochant la doctrine biblique comme aucun autre réformateur. Il n'était pas un érudit dans une tour d'ivoire, mais plutôt un pasteur qui pensait et écrivait sa théologie, bonne ou mauvaise, en vue de l'édification de l'Église.

Bien que Jean Calvin ait mené une campagne contre la corruption et les nombreux faux enseignements de l'Église catholique, comme Martin Luther il a continué à soutenir la croyance en la trinité de Tertullien. Quoique cette mauvaise compréhension de l'Écriture a été combattue depuis l'introduction du mot « *trinitas* » par Tertullien, ceux qui s'y opposaient ont été souvent pris pour des hérétiques qui divaguaient et méritaient la mort. Il est dit que l'histoire est écrite par les vainqueurs. Dans de nombreuses situations, ceci est peut-être le cas, mais le message unicitaire des croyants monothéistes a refusé d'être arrêté.

Beaucoup des croyants unicitaires ont sacrifié leur vie pour s'opposer à la doctrine trinitaire. Dieu est monothéiste dans son intégralité. Il n'y a pas trois personnes distinctes dans la Divinité. Il est Dieu et il est seul. Ce message de la vérité immortelle, accompagné d'une dévotion totale au Dieu monothéiste, a été exhibé notamment dans la vie et la mort du martyr unicitaire Michel Servet.

Michel Servet (1511-1553) était médecin et théologien espagnol. Il est né à Tadel en Espagne, et a étudié la médecine à Paris en France.

Le pouvoir civil et de l'Église a condamné Servet pour ne pas se conformer, dans ses écrits, à la doctrine trinitaire largement acceptée.

Dans les écrits de Michel Servet, nous voyons sa position évidente sur la doctrine trinitaire : « C'est une intervention du diable, et une fausseté infernale pour la destruction du christianisme entier. »

Satan a vu la destruction au sein de l'Église apostolique pure lorsque cette semence dévorante est tombée de sa main, pour y trouver un abri dans un sol fertile. Est-ce que le cri de Servet dans ses écrits était un avertissement pour ceux d'entre nous qui allaient le succéder ? Devrions-nous prendre l'enseignement de la trinité comme une doctrine de l'Église ou devrions-nous maintenant le prendre pour un esprit qui est descendu des lieux contrôlés par la méchanceté, sur l'Église universelle au IIe siècle ? Est-ce que la doctrine trinitaire de Tertullien a été prise à la légère pendant trop longtemps au sein de la chrétienté ? Quelle est la vraie nature de la trinité ?

Recevons un bref rapport de l'œuvre de Stefan Zweig *The Right to Heresy* concernant la vie et la mort brutale de Michel Servet, un homme avec un désir ardent de dévoiler la vérité de la Parole de Dieu à propos de sa Déité.

Michel Servet a soutenu que même des innovateurs tels que Martin Luther et Jean Calvin n'étaient pas assez révolutionnaires, car ils ne se sont pas écartés du dogme de la trinité.

Avec un esprit sans compromis de la jeunesse, Servet a déclaré à l'âge de vingt ans que le Concile de Nicée en 325 apr. J.-C. avait mal décidé sur la Divinité, et le dogme des trois hypostases éternelles était incompatible avec l'unité de la nature divine. Il croyait que Dieu n'était pas une pluralité, et il n'était pas non plus un parmi d'autres, mais qu'il était seul et unique.

Servet a aussi contredit les enseignements de Calvin sur la sécurité éternelle en disant : « Christ sera avec l'Église seulement si ses membres gardent ses enseignements. »

« … Ainsi parle l'Éternel : Vous m'avez abandonné ; je vous abandonne aussi… »

II Chroniques 12 : 5

Jean Calvin
(1509-1564)

Calvin croyait que le don gratuit du salut n'encourage en aucun cas la continuation du péché, mais au contraire, exige la crucifixion de la nature corrompue de l'homme mortel et une vie de service saint pour Dieu lui-même.

« Et Azaria alla au-devant d'Asa et lui dit : écoutez-moi, Asa, et tout Juda et Benjamin ! L'Éternel est avec vous quand vous êtes avec lui ; si vous le cherchez, vous le trouverez ; mais si vous l'abandonnez, il vous abandonnera. »

II Chroniques 15 : 2

Jean Calvin était aussi un sympathisant vigilant de la doctrine de la prédestination. Servet ne croyait pas à de tels enseignements non bibliques. Il faut que l'Église soit consciente du fait que nous ne sommes pas prédestinés à l'éternité, mais selon la Bible, nous sommes les auteurs de notre destinée éternelle.

Le pouvoir de décision pour notre vie personnelle gît dans nos mains. Il n'est ni contrôlé par Dieu — car nous sommes créés en tant qu'agents moraux libres et vivants — ni par Satan. En réalité, nous devons consentir à accepter la responsabilité de nos actes.

Le succès dans cette vie temporelle et tangible veut dire qu'il faut apprendre à dire *Non*, pour pouvoir dire *Oui* aux choses qui comptent le plus pour nous.

L'horrible histoire de la persécution et du massacre d'Israël n'a-t-elle pas démontré abondamment à tout interprète impartial, connaissant le Dieu immuable d'Abraham, que les alliances de Dieu avec les Juifs étaient conditionnelles ?

Nous ne nous sauvons pas, mais en coopérant sincèrement aux conditions du salut de Dieu, cela rend possible à sa miséricorde et à sa grâce de nous sauver. Quand toutes les Écritures utilisées pour soutenir la doctrine de sécurité éternelle « une fois sauvé, toujours sauvé » (le calvinisme) ont été équitablement examinées, une seule pensée émerge et prédomine : le salut est conditionnel !

Michel Servet peut être aussi bien considéré comme l'une des personnalités les plus remarquables des débuts de la période de la Réforme.

La foi inébranlable

Vu par Michel Servet

Servet était un catholique qui voyait que le pape était adoré comme un dieu par le peuple ; s'agenouiller et embrasser les pieds du pape était une chose courante pour ceux qui avaient une audience avec lui, une pratique observée jusqu'au milieu du XXe siècle. En même temps, Servet voyait la mondanité, le scepticisme, et l'immoralité pratiqués au sein du clergé.

À cette période de l'histoire, l'Église encourageait des attaques politiquement et criminellement motivées contre ses membres. La stabilité était un produit rare alors que la foi déchirée par la guerre des opprimés paraissait presque irrécupérable. Pendant qu'il était à l'université de Toulouse, Servet a vécu une expérience religieuse révolutionnaire. Cette révélation a été si différente de ce qu'on lui avait enseigné, et beaucoup plus simple et inspirante, que c'était comme si un livre était tombé du ciel, contenant toute la sagesse et toute la connaissance. Il se sentait divinement motivé de faire connaître sa nouvelle révélation au monde entier.

Michel Servet est devenu un antitrinitaire qui a été finalement brutalement assassiné à cause de sa compréhension inspirée de la Divinité.

Voici quelques extraits du livre *The Two Treatises of Servetus on the Trinity, a Harvard Theological Study* :

Servet a déclaré que :

1) « Christ était Dieu, partageant la divinité de Dieu en entier ; ceci n'insinue pas qu'il y ait deux Dieux, mais seulement un double usage du terme Dieu, tel qu'il est clairement évident de l'usage hébreu du terme. La doctrine du Saint-Esprit comme un troisième être nous conduit au trithéisme qui n'est pas meilleur que l'athéisme. Une interprétation prudente des textes-preuves habituels montre qu'ils n'enseignent pas une union des trois êtres en un, mais une harmonie entre leurs manifestations. Le Saint-Esprit comme une troisième personne de la Divinité n'est pas connu dans l'Écriture. Il n'est pas un être séparé, mais une activité de Dieu lui-même. La doctrine de la trinité ne peut être ni établie par la logique ni prouvée par l'Écriture, et est en fait inconcevable. »

2) « Christ est un Dieu avec le Père, pas un second Dieu. Christ est descendu du ciel comme la Parole de Dieu, envoyé en tant qu'homme et a revêtu la chair.

Les philosophes font un troisième être du Saint-Esprit, et ceci mène à la pluralité de dieux. L'idée de trois déduite parfois d'Exode 3 : 6 ne doit pas être expliquée comme trois êtres distincts, mais comme une distribution de fonctions. Dans ce passage, Dieu cherchait à empêcher les Juifs de croire en plus d'un Dieu. Le même passage expliqué correctement, ainsi que plusieurs autres, montre que le Saint-Esprit n'est pas un être distinct, mais une activité de Dieu lui-même. L'Ancien Testament et le Nouveau Testament enseignent clairement un seul Dieu. Rien sur les êtres. L'Ancien Testament enseigne à plusieurs reprises qu'il n'y a qu'un Dieu. Les sophistes, suivant aveuglément la tradition, utilisent des termes qu'ils ne comprennent pas, contestant de simples mots. Ils utilisent le terme 'personnes' dans un sens totalement non biblique. La loi juive enseigne l'unité stricte de Dieu.

Le polythéisme est une croyance qui reflète une multitude de déités distinctes et séparées. Le polythéisme caractérise l'hindouisme, le bouddhisme Mahayana, le confucianisme, le taoïsme, et le shintoïsme de l'Est, ainsi que les religions tribales africaines. La majorité des religions dans le monde sont polythéistes, croyant en plusieurs dieux. Dans l'Ancien Monde, les Égyptiens, les Babyloniens et les Assyriens vénéraient une pluralité de dieux, comme l'ont fait les Grecs et les Romains anciens.

Par rapport à tous les trinitaires de partout, il faut poser la question. Est-ce que la théologie du trinitarisme soutient vraiment le monothéisme, ou est-elle simplement une forme abstraite du polythéisme ?

Le trinitarisme enseigne qu'il y a trois personnes distinctes et séparées au ciel. Y a-t-il un seul trône éternel, ou trois ? Y a-t-il une seule Déité qui est au-dessus de tout, ou trois ? Devons-nous vénérer un seul Être éternel, ou trois ? Devons-nous adorer le Saint-Esprit comme une troisième personne, ou devons-nous prendre le Saint-Esprit pour une manifestation de Dieu et adorer Dieu ?

L'Église universelle de Christ, comme pour le judaïsme, est strictement monothéiste, croyant en l'existence d'une seule Déité au ciel qui a créé et maintient l'univers par lui-même. »

3) « La Parole qui existait au commencement était simplement l'expression donnée par Dieu en créant le monde. Christ était ainsi la voix de Dieu devenue chair, avec la fonction de parler pour Dieu. C'était la Parole à l'origine avec Dieu, pas un second être qui est devenu chair. Toutes choses ont été faites par la Parole, comme enseignaient les auteurs anti-nicéens, pas par un être. (Le ministère du Fils n'était pas celui d'une déité à part, mais en fait une activité réelle de Dieu lui-même.) »

4) « Christ était un prophète, quoique Dieu entier était en lui. Christ n'était pas un simple humain, mais la Parole de Dieu, à la fois humain et divin, à la fois homme et Dieu. Bien qu'étant un homme, il était pourtant inséparable de Dieu. Dieu s'est manifesté en trois dispositions. »

I Corinthiens 10 : 1-4 confirme que Jésus-Christ était aussi le Dieu de l'Ancien Testament qui a guidé son peuple sous forme d'une colonne de nuée le jour et une colonne de feu la nuit. « Frères, je ne veux pas que vous ignoriez que nos pères ont tous été sous la nuée, qu'ils ont tous passé au travers de la mer, qu'ils ont tous été baptisés en Moïse dans la nuée et dans la mer, qu'ils ont tous mangé le même aliment spirituel, et qu'ils ont tous bu le même breuvage spirituel, car ils buvaient à un rocher spirituel qui les suivait, et ce rocher était Christ. »

Christ était Élohim, vraiment le Père. Le Père demeure en lui. Toute la nature et la gloire de Dieu sont en lui. L'homme Christ était mélangé, au lieu d'être uni, avec Dieu. La Parole est une disposition de Dieu et partage toutes ses qualités, comme une statue partage celles de la pierre à partir de laquelle elle a été taillée.

La plénitude de Dieu et tous ses attributs demeurent en Christ qui est de la même substance que le Père. Christ n'est pas une créature, mais le Créateur — engendré de la substance de Dieu comme la Parole, en forme de chair. La Parole préexistante a été incarnée ensuite en Jésus en tant que Fils de Dieu.

Michel Servet, incité par un esprit de compréhension, s'est empressé de rendre visite à l'un des plus grands érudits du jour — Martin Bucer. Servet l'a pressé de travailler rapidement sur le dogme erroné de la trinité en ce qui concernait l'Église évangélique. Bucer, à son tour et depuis sa chaire, a dénoncé Servet comme étant « un enfant du diable, et n'a pas hésité de dire que l'hérétique devrait avoir ses intestins arrachés de son corps vivant. »

Avec un sentiment d'urgence, Servet s'est tourné vers Jean Calvin espérant gagner, pour sa thèse antitrinitaire, le soutien du théologien le plus éminent de la Réforme.

Michel Servet allait vite apprendre que ses écrits sur l'unicité de la Divinité, *De Trinitatis Erroribus* (Des erreurs de la trinité), étaient inacceptables par les membres des hiérarchies catholiques et protestantes, y compris Jean Calvin. Les écrits unicitaires de Servet allait bientôt le faire subir un terrible châtiment de la part de ce puissant réformateur protestant, Calvin.

Les réponses de Calvin ont été d'abord données sur un ton de celui qui corrige le dogme. Croyant que c'était son devoir de ramener sur le vrai chemin ceux qui s'étaient égarés, Jean Calvin a fait de son mieux pour persuader Servet de son erreur. « Je vous ai souvent expliqué que vous faites fausse route en ne tenant pas compte de la grande différence entre les trois essences divines. »

Mais, il semblait à Jean Calvin que Michel Servet, pour citer Calvin, avait été possédé par le diable, en refusant d'écouter. Calvin a alors lancé une menace sur la vie de ce ministre du Moyen Âge.

Dans une lettre à Frellon, un libraire, Jean Calvin a écrit : « Il [*Michel Servet*] se déclare prêt à venir si je le souhaite ; mais je ne lui accorderai pas ma confiance ; car s'il vient ici [*à Genève en Suisse*], je ferai en sorte, dans la mesure que j'ai l'autorité sur cette ville, qu'il n'en sortira pas vivant. »

On ignore si Servet a été au courant de cette menace ou si Calvin lui a donné une indication. Il est certain que cet Espagnol a semblé avoir compris qu'il avait éveillé en Calvin « un esprit de haine meurtrière ». Michel Servet a donc écrit encore une autre lettre à Jean Calvin, espérant calmer le leader religieux le plus influent de ce temps.

« Puisque vous insistez », a écrit Servet à Calvin en alarme « que je suis Satan, je suggère de ne pas aller plus loin. Renvoyez-moi mon manuscrit, et que tout se passe bien pour vous. Mais si vous croyez franchement que le pape soit l'antéchrist, [*certains réformateurs associaient l'antéchrist avec la papauté, ainsi que certains théologiens médiévaux*], vous devez aussi être convaincu que la trinité et le baptême des enfants, qui font partie de la doctrine papale, sont des dogmes diaboliques. »

L'évidence attend ceux qui choisissent d'explorer les écrits de Michel Servet. Il détestait avec passion le christianisme **fait par l'homme** et était catégorique à ce sujet. Le baptême des enfants ne faisait pas certainement partie de sa théologie.

Quand j'étais dans l'Église catholique, on m'a appris et j'ai enseigné que le baptême des enfants enlevait le péché originel d'Adam. La vérité est que Jésus-Christ l'a déjà enlevé au Calvaire. Satan n'a aucun pouvoir sur l'enfer ou la mort.

« Je suis le premier et le dernier, et le vivant. J'étais mort ; et voici, je suis vivant aux siècles des siècles. Je tiens les clés de la mort et du séjour des morts. »

Apocalypse 1 : 18

« C'est pourquoi il est écrit : Le premier homme, Adam, devint une âme vivante. Le dernier Adam [*Jésus-Christ*] est devenu un Esprit vivifiant. »

"Et comme tous meurent en Adam, de même aussi tous revivront en Christ. »

I Corinthiens 15 : 45, 22

Ce qu'Adam avait fait dans le jardin d'Éden a été défait par le second Adam au Calvaire. L'eau ne pouvait pas enlever la tâche immortelle sur les humains. Il fallait le sang de l'Agneau pour enlever la tâche.

« Car, comme par la désobéissance d'un seul homme beaucoup ont été rendus pécheurs, de même par l'obéissance d'un seul beaucoup seront rendus justes. Or, la loi est intervenue pour que l'offense abonde, mais là où le péché a abondé, la grâce a surabondé. »

Romains 5 : 19-20

À la naissance, les enfants ne souffrent plus du stigmate de la transgression d'Adam. Ils sont sans péché et purs aux yeux de Dieu. Ils n'ont pas besoin de baptême.

La tradition du baptême des enfants dans l'Église catholique, vue par Michel Servet comme indéfendable, est une tradition immémoriale ou ancienne du catholicisme.

Il y a un seul moyen d'entrer dans l'Église chrétienne pure, et c'est à travers les eaux du baptême et le remplissage du Saint-Esprit. Ces étapes de foi ne peuvent pas être réalisées ni par nos parents ni par un prêtre.

Le Seigneur aime les petits enfants et s'il choisissait d'en prendre un pour être avec lui, cet enfant pur et sans péché tomberait dans l'étreinte des mains marquées de clous de son Père aimant.

Lorsqu'un candidat responsable se tient devant Dieu dans les eaux du baptême, il doit être baptisé au nom de Jésus pour le pardon de ses propres péchés et non pas pour la transgression d'Adam.

Le franc-parler de Michel Servet contre ces dogmes l'a qualifié de radical. Il s'est vite rendu compte que c'était très dangereux de contredire un fanatique des dogmes tel que Calvin, ou de défier un tel homme même sur des points mineurs de la doctrine. À cause de la réputation de ce théologien concernant le manuscrit de Servet sur l'unicité de Dieu, la violence était imminente.

Pour Servet, cela devenait parfaitement clair qu'il risquait la mort aux mains du réformateur Jean Calvin pour sa révélation de la Divinité. Calvin l'a pris pour une source possible du péril spirituel.

Le dirigeant religieux de Genève s'est attelé sur le champ à la tâche de débarrasser le monde de cet hérétique avec ses écrits. Toutefois, ce dictateur religieux devait accepter la responsabilité entière pour continuer sa campagne contre Servet, y compris comploter la mort de Servet pour la seule raison de détester ses convictions. (Cette information est documentée dans l'histoire de l'Église, ainsi que tout autre évènement historique enregistré dans ce livre.)

En 1553, lorsque l'inquisiteur général catholique de France a appris que Michel Servet se cachait à Vienne, il a contacté le cardinal catholique François de Tournon. Servet a été arrêté tout de suite et accusé d'hérésie. Il a réussi à s'échapper et à son tour le pape Jules III, à Rome, l'a condamné « *in absentia* » à mort en brûlant lentement. Sur le chemin de l'Italie, Servet a visité Genève, où il s'est fait arrêter une fois de plus. Ce n'était pas par les cardinaux de l'Église catholique cette fois, mais par Jean Calvin lui-même.

Servet a été enchaîné et emprisonné dans un donjon en pierre du XVe siècle. Pendant qu'on l'amenait de la chaude lumière du jour vers les profondeurs de son isolement, il sentait le froid menaçant de l'obscurité balayer son visage. Froid, affamé et seul, Servet n'allait pas voir le jour pendant deux mois et demi.

Se cacher à Vienne en France ? Bien sûr, il s'est caché. L'entier christianisme religieux **fait par l'homme** voulant le faire mourir par le feu. Michel Servet était inflexible dans son message et a déclaré qu'il y avait une Église apostolique monothéiste vibrante existant en dehors de la religion **faite par l'homme**. Il savait que le pape Jules III, Giovanni Maria Ciocchi del Monte, consentait à ce que les réformateurs soient brûlés en Angleterre, à travers la Reine Marie Ire et son légat le cardinal Pole. Les monarques catholiques brûlaient les gens à travers l'Europe, y compris l'Espagne son propre pays. Où pouvait-il aller et vers qui ?

Martin Luther, Jean Calvin et Michel Servet étaient tous des réformateurs vivant à la même époque au XVIe siècle. Servet parlait aux gens de la dégradation morale du Vatican, tout comme le pape Adrien VI l'avait fait en 1523. Il rejetait la doctrine trinitaire de l'Église et espérait qu'elle serait révoquée, rendant ainsi le christianisme plus attrayant pour le judaïsme et l'Islam qui ont gardé chacun l'unité de Dieu dans leurs enseignements.

Lorsque le pape Jules III a appris que Calvin avait recapturé Michel Servet, il a exigé que Servet soit renvoyé à Rome pour être exécuté. Toutefois, Jean Calvin avait quitté l'Église catholique depuis longtemps et était en train de cultiver sa propre zone d'autorité spirituelle en Suisse. Calvin a rejeté la demande du pape et a plutôt choisi de brûler le ministre unicitaire pour son propre plaisir, à Genève.

Le pape Jules III avait promis aux catholiques une réforme morale dans l'Église, mais il est lui-même entré dans l'histoire portant l'infâme héritage d'un pape hébéphile « *puerorum amoribus implicitus* » (empêtré dans un amour pour les jeunes garçons).

Un jour quand il était cardinal, avant de devenir pape, a pris un jeune garçon de 14 ans des rues de Parme. Le garçon a été promu cardinal à 17 ans et a été en fait adopté par la famille Del Monte. On l'a nommé Innocenzo Ciocchi del Monte. Tous les autres cardinaux savaient ce qui se passait derrière les portes closes de la Villa Giulia du pape.

« Car nous n'avons pas à lutter contre la chair et le sang, mais contre les dominations, contre les autorités, contre les princes de ce monde de ténèbres, contre les esprits méchants dans les lieux célestes. »
Éphésiens 6 : 12

Le cardinal Innocenzo a survécu son amoureux, mais aussitôt après sa mort le 2 novembre 1577, il a été enterré immédiatement à côté du pape Jules III dans le sépulcre familial Del Monte dans l'église de San Pietro à Montorio à Rome.

Je sais d'où Dieu m'a fait sortir. Je le connais que trop bien ! Avec un sérieux sobre, la question doit être posée : Est-ce que je veux que ma foi soit au nom de l'homme, ou au nom de Jésus ? Si vous aviez vécu au XVIe siècle, à l'époque de Michel Servet et aviez choisi le nom de Jésus, vous auriez eu une grande chance d'être condamné par l'Inquisition et brûlé vif au bûcher par ceux qui représentaient le christianisme fabriqué par l'homme.

Le reste de l'histoire de Michel Servet, martyr unicitaire, est un conte d'horreur. Jean Calvin, peut-être tourmenté par la culpabilité après avoir entendu que Servet allait être brûlé vivant et lentement, a fait un dernier effort pour le faire plutôt décapiter. La mort sur le bûcher à petit feu était le mode d'exécution le plus atroce de tous les modes. Le bois vert était délibérément utilisé pour ralentir les flammes et intensifier l'agonie de la victime. Les efforts de Calvin ont été vains, l'exécution était maintenant entre les mains d'autres fonctionnaires.

Tandis que la foule se rassemblait, le 27 octobre 1553, Michel Servet a été tiré de l'obscurité de sa captivité. Son emprisonnement l'avait mis dans un état sale et appauvri. Sentant les griffes acérées et cruelles de la réalité s'abattre sur lui et étant irrémédiablement brisé par Jean Calvin, il a baissé la tête pendant que ses accusateurs lisaient ces paroles :

« Nous te condamnons toi, Michel Servet, à être lié à ton lieu d'exécution, d'être brûlé à vif, et avec toi le manuscrit de ton livre et le volume imprimé, jusqu'à ce que ton corps soit réduit en cendres. Et ainsi tu finiras tes jours pour donner l'exemple aux autres qui voudront répéter ton offense. »

Oh Seigneur, que les flammes de l'enfer soient douces pour les responsables de la mort du martyr unicitaire Michel Servet.

Servet a senti le bois grossièrement taillé lui racler le dos alors qu'il était fermement pressé contre le piquet de bois. La lourde chaîne attachée au piquet a ensuite été enroulée bien serrée quatre ou cinq fois autour du corps décharné de Servet. Il semblait qu'à chaque tour serrante, la mort s'est rapprochée encore plus. Entre les maillons de la chaîne et le corps perdu de Michel Servet étaient placés son livre et manuscrit sur la Divinité, qui avaient été envoyés plus tôt sous scellés à Jean Calvin pour son opinion fraternelle. Finalement, dans un esprit de mépris sévère, une couronne de feuilles a été posée sur son front. Les feuilles ont été trempées dans du soufre et le mélange putride coulait sur le corps du martyr. Le bois a alors été allumé et le meurtre a commencé, tandis que ses bourreaux ont fait résonner dans leur propre esprit une forte voix d'indignation moralisatrice.

Lorsque les flammes de souffrance ont jailli du bois vert, Michel Servet, l'homme qui a refusé de se rétracter, sachant qu'il n'y avait qu'une personne dans la Divinité, a poussé un cri si terrible que plusieurs spectateurs ont caché leurs yeux de la scène pitoyable. La lutte de cet homme contre la mort a duré trente minutes. Une fois que les cris stridents de l'agonie se sont arrêtés, on pouvait voir au-dessus des braises ardentes une masse carbonisée noire et nauséabonde, qui

La foi inébranlable

a perdu toute sa ressemblance humaine. Michel Servet, le martyr unicitaire, avait maintenant donné tout ce qu'il avait pour la vérité qu'il avait proclamée si courageusement.

« Afin que l'épreuve de votre foi, plus précieuse que l'or périssable (qui cependant est éprouvé par le feu), ait pour résultat la louange, la gloire et l'honneur, lorsque Jésus-Christ apparaîtra. »

I Pierre 1 : 7

Où était Jean Calvin durant cette heure terrifiante ? Soit pour montrer son indifférence ou pour s'épargner du choc, il a choisi de rester chez lui. Ce réformateur protestant à Genève est arrivé au nom du christianisme religieux **fait par l'homme**.

L'absence de Calvin ne pouvait pas déplacer le sentiment de culpabilité qui pesait sur lui. Guillaume Farel (1489-1565), un prédicateur fougueux et critique de l'Église catholique qui a été témoin de la mort monstrueuse de Michel Servet a décrit avec ses propres mots : « Le sang de Michel Servet dégouline des mains de Jean Calvin. »

Peut-être que Jean Cavin a senti la piqûre de la vérité dans les paroles de Michel Servet prononcées pour sa défense : « Tuer un homme n'est pas défendre une doctrine, mais c'est tuer un homme. »

Jean Calvin est mort le 27 mai 1564. Il a été enterré hâtivement dans une tombe anonyme dans un cimetière ordinaire, onze ans après la mort cruelle de Michel Servet. Peu avant sa propre mort, ses paroles ont suggéré un avertissement à ceux qui suivraient son dur exemple : « La torture d'une mauvaise conscience est l'enfer d'une âme vivante. »

Emmanuel Swedenborg (1688-1772), un théologien de la Suède, s'est inspiré de l'enseignement de Michel Servet. Il a catégoriquement rejeté l'explication commune de la trinité en tant qu'une trinité de personnes, ce qui n'est certainement pas enseignée par les apôtres de la première Église chrétienne. Par contre, Swedenborg a expliqué comment la trinité existe dans une seule personne, en un seul Dieu, le Seigneur Jésus-Christ.

Michel Servet au bûcher en 1553

Servet, qui a renoncé à sa vie, a adopté une position ferme contre la décision du Concile de Nicée en 325 apr. J.-C. concernant la Divinité, et a eu de sérieux raisonnements contre la doctrine trine de Tertullien. Merci, Seigneur, pour des gens tels que Michel Servet qui ont gardé leur courage et leurs convictions, même dans des situations accablantes. Notre Messie a lui-même prophétisé d'une telle persécution de l'Église monothéiste après sa mort, une persécution qui ne prévaudrait pas.

« … je bâtirai mon Église [*singulier*], et que les portes du séjour des morts ne prévaudront point contre elle… »

Matthieu 16 : 18

Les gens qui s'accrochent à cette foi apostolique du nom de Jésus doivent reconnaître trois points majeurs concernant ces paroles dites par Jésus : 1) Il aura une Église dans ce monde jusqu'à ce qu'il revienne pour elle. 2) Cette Église sera attaquée par Satan à travers des siècles. 3) Les attaques de Lucifer, venues de nombreuses fois au nom du christianisme religieux **fait par l'homme**, ne prévaudront pas contre l'Église monothéiste de Dieu qui est lavée du sang.

Durant le Concile de Trente seulement dix ans après la mort de Michel Servet, le cardinal Carlo Carafa a été trouvé coupable de meurtre et est mort étranglé le 6 mars 1561 par ordre du pape Pie IV (Giovanni Angelo Medici). C'était aussi à ce concile que le pape romain a émis « *limbus infantum* » aux catholiques. Selon cette interprétation, si les enfants meurent sans être baptisés dans l'Église pour enlever le péché originel d'Adam, ils sont maudits.

La théorie « *limbes* » est le lieu où l'état des âmes après la mort qui ne méritent ni le ciel ni l'enfer. C'est une croyance que les âmes de ces enfants sont dans un état permanent sans douleur, mais sans salut et privé de la présence de leur Créateur.

Le pape Pie IV ne pouvait pas ajouter cette définition aux définitions du *Magistère* parce qu'il n'y avait aucune écriture pour la soutenir. La vérité est qu'il n'y a pas de « *limbus infantum* ». Au séminaire, nous avons minimisé cette théorie, même si elle a été enseignée et crue pendant des siècles dans l'Église et a joué un grand rôle dans la tradition religieuse **faite par l'homme**.

Le Concile de Trente a conclu en 1563, et le 26 janvier 1564, le pape Pie IV a ratifié les décrets et les définitions du concile dans la bulle papale « *Benedictus Deus* ». Michel Servet a permis à son sang de brûler pour protéger notre « héritage apostolique » contre le christianisme religieux **fait par l'homme**.

Cela peut paraître ironique, mais une fois pendant que j'exerçais mon ministère en Suisse, on m'a demandé de prêcher dans la ville de Genève. Quel honneur cela a été de prêcher ce message apostolique unicitaire du nom de Jésus sur le même sol qui a été formulé en partie par les cendres de Michel Servet! En me tenant dans cette grande ville, je me suis demandé combien d'hommes et de femmes unicitaires ont été tués et enterrés avec leurs témoignages non écrits, simplement parce que le continent européen et toute la chrétienté étaient devenue étouffée par la tradition trinitaire.

Même si le sang de Servet criait lorsque son corps a été réduit en cendres par les trinitaires, la doctrine de Tertullien sur la Divinité avait trouvé un réconfort au sein de l'Église romaine. La doctrine de la trinité conçue par une personne apostolique mécontente était devenue la TRADITION.

Chapitre dix-huit

Le contrôle des dommages

La Réforme a tout de suite précipité la Contre-Réforme par l'Église catholique. La Contre-Réforme a duré pendant des années et a été lancée par le pape Paul III (1534-1549). Il est né en Italie et est devenu cardinal en 1493. Il était un maître des sciences humaines. Ce pape a convoqué le Concile de Trente en 1545, vingt-cinq ans après le rejet symbolique de l'autorité papale par Martin Luther quand il a brûlé publiquement la bulle papale « *Exsurge Domine* » qui l'a appelé à se rétracter.

Le Concile de Trente, sous la surveillance du pape Paul III, et qui a été conclu par le pape Pie IV (1559-1565) le 3 décembre 1563 : 1) déclarait que l'Église catholique avait le droit exclusif d'interpréter les Écritures saintes ; 2) rejetait les perspectives protestantes du péché et du salut ; 3) accordait aux catholiques le droit de soutenir l'octroi des indulgences ; et 4) disait que l'Écriture et la TRADITION de l'Église étaient des sources également valides de la foi catholique. C'était aussi durant ce concile que le pape Paul III a réaffirmé la doctrine de la transsubstantiation.

La mort monstrueuse des hommes tels que Michel Servet, accompagnée d'enseignements largement observés des réformateurs tels que Wiclef, Hus et Luther ont déclenché cette Contre-Réforme, aussi connue sous le nom de Réforme catholique qui marquait une période de renouveau catholique.

Bien que beaucoup aient protesté comme l'a fait le moine Martin Luther, une rivière de sang humain cramoisi a continué de couler profondément et largement derrière les trônes majestueux des papes de Rome et d'Avignon. L'épuration catholique ne voulait pas cesser, elle a persévéré.

Pape Paul III
(1534-1549)

LE CONTRÔLE DES DOMMAGES

Pape Pie IV
(1559-1565)

Pape Sixte V
(1585-1590)

Les personnes du nom de Jésus qui aiment le monothéisme pur ne doivent pas être trompées. Quand « se repentir » dans Actes 2 : 38 est *remplacé* par « pénitence » dans le christianisme **fait par l'homme**, la Parole de Dieu est alors supplantée par la tradition religieuse. Ainsi, l'Écriture n'est *plus* égale à la tradition religieuse, mais au mieux secondaire à la tradition de l'Église.

« Vous abandonnez le commandement de Dieu, et vous observez la tradition des hommes. »

Marc 7 : 8

Je suis un réaliste. La question à poser est : Est-ce que je veux le christianisme **fait par l'homme** pour moi-même et ma famille, ou est-ce que je veux le salut apostolique pur ?

« Prenez garde que personne ne fasse de vous sa proie par la philosophie et par une vaine tromperie, s'appuyant sur la tradition des hommes, sur les principes élémentaires du monde, et non sur Christ. Car en lui habite corporellement toute la plénitude de la divinité. »

Colossiens 2 : 8-9

L'Écriture sainte et la tradition sont considérées peut-être comme des sources également valides de la foi catholique, mais l'Église apostolique pure de Jésus-Christ croit que la sainte Bible est la vraie Parole de Dieu inaltérée et que rien ne peut être légitimement comparable. Les gens remplis du Saint-Esprit ne suivent pas le christianisme fabriqué par l'homme.

Même si la vraie nature de la Contre-Réforme demeure nébuleuse aujourd'hui, le pape Paul III est entré dans l'histoire avec un héritage extrêmement infâme.

Son nom de naissance est Alessandro Farnèse de la « maison Farnèse », une famille extrêmement puissante sur le plan politique de la péninsule italienne. Il n'a pas seulement engendré quatre enfants illégitimes avec sa maîtresse Silvia Ruffini et nommé l'un d'eux le premier Duc de Parme, mais en 1548, il a autorisé l'achat et la possession d'esclaves musulmans dans les États pontificaux. Il est mort le 10 novembre 1549.

Le Roi Philippe II (1527-1598), un monarque fervent catholique, poursuivait de manière zélée le peuple protestant. Il vivait dans son pays d'Espagne et gouvernait l'un des plus puissants empires jamais connus de l'humanité.

En 1567, le Roi Philippe a envoyé Fernando de Tolède (1508-1583) aux Pays-Bas pour continuer l'épuration de l'Église. Il a vite pris le nom infâme de « duc de Fer », en particulier aux Pays-Bas. En moins de six ans, entre 1567 et 1573, Fernando a fait décapiter pas moins de 18 000 hommes, femmes et enfants au nom du christianisme.

Le pape Sixte V (1585-1590) était en effet l'un des personnages les plus infâmes de la Contre-Réforme. Son nom était Felice Peretti di Montalto. Quand il est devenu le pape suprême de l'Église catholique en 1585, il a aussitôt déclaré une tolérance zéro pour les crimes commis contre les États papaux dans la péninsule italienne. Ce pape impulsif, obstiné, et autocrate s'est avéré dévastateur pour des milliers de gens durant son court mandat de cinq ans.

Selon la légende locale, l'intolérance de ce particulier pape a fait rouler plus de têtes des blocs d'abattage papaux que la quantité de melons dans les marchés romains. Les blocs d'abattage ont été remplacés plus tard par la guillotine papale qui a été largement utilisée au XIXe siècle.

Jésus-Christ, le Dieu monothéiste d'Abraham, m'a personnellement délivré du christianisme religieux **fait par l'homme** et par sa grâce je n'y retournerai pas. Il a placé mes pieds sur un rocher solide au milieu d'un chemin étroit du salut apostolique. Il ne faut pas que l'Église vacille dans ces derniers jours du temps des mortels.

À l'approche de l'heure de minuit, les personnes du nom de Jésus dans le monde entier doivent comprendre leur héritage apostoliqu. Elles doivent également comprendre à quel point elles sont importantes pour Dieu, tout en protégeant méticuleusement leurs âmes, car Satan rôde dans les ombres modernes du christianisme religieux.

Par désespoir, notre terre imbibée de sang continue de crier à l'Église apostolique pure en l'an 2023. Ses gémissements constants et grognements incessants réclament la libération de ses histoires non racontées.

Le contrôle des dommages

Le terme Contre-Réforme, utilisé surtout par les catholiques, soulignait l'opinion que ces réformes avaient été provoquées en grande partie par la propagation des protestants et la menace qu'ils présentaient aux institutions catholiques. Ceux à l'extérieur de l'Église catholique ont pris les efforts qu'elle faisait pour se réformer pour une tentative de freiner la perte de leurs fidèles au profit du protestantisme.

Toutefois, les érudits ont commencé à utiliser le terme « Réforme catholique » vers la seconde moitié du XXe siècle. Ceci a été utilisé pour souligner les tentatives de réformer sur le plan théologique et disciplinaire au sein de l'Église catholique, qui avaient commencé avant la date traditionnelle de la Réforme par Martin Luther. Le terme « Réforme catholique » a été répandu par l'Église catholique dans l'espoir d'identifier les réformes de l'Église comme étant des actions prises par l'Église elle-même et non pas comme des réactions prises contre la Réforme protestante.

Ni la Réforme catholique, ni la récrimination protestante ne pouvait étouffer l'appel du clairon que les apostoliques unicitaires sonnaient sans arrêt contre ceux qui déformaient le seul vrai Dieu vivant d'Abraham. Voici quelques exemples d'antitrinitaires qui ont continué à repousser les vagues du sentiment trinitaire.

Ferenc David (1510-1579) a été décrit par un historien comme un « apôtre noble et pur du christianisme ». Un prêtre catholique a dit de lui avec nostalgie après une rencontre : « Il semble avoir l'Ancien Testament et le Nouveau au bout de ses doigts. »

Après ses études à Wittemberg et Francfort, Ferenc David a été élu évêque de cabinet et nommé au poste convoité de conseiller spirituel personnel du Roi Jean Sigismond (roi de Hongrie). La discussion de David sur la trinité a commencé en 1565, doutant la personnalité du Saint-Esprit, parce qu'il n'a pas réussi à trouver de preuve biblique pour la doctrine trinitaire. À cause de la domination catholique et de l'intolérance calviniste, il était en fait dangereux de promouvoir publiquement la théologie anti-orthodoxe. Ferenc David sentait cependant le besoin d'un changement dans sa pensée théologique. En 1566, il a entendu l'un des professeurs de théologie parler sur « Dieu est un seul en essence, et trois en personnes. » Son opposition à l'enseignement du professeur et son rejet de la doctrine trinitaire allait être la cause d'une persécution atroce durant sa vie.

Après un procès à Alba Iulia (Romanie), accusé de blasphème, manigancé par ses ennemis catholiques et calvinistes, il a été reconnu coupable et condamné à l'emprisonnement à perpétuité sans possibilité de liberté conditionnelle dans la prison De'va. C'était là où il est mort à soixante-neuf ans.

Faustus Socinus (1539-1604) était un théologien antitrinitaire. Après un séjour dans quelques pays européens, il s'est installé en Pologne en 1578 où vivait une forte communauté antitrinitaire. Il a été rapidement reconnu comme leur dirigeant, et à cause de sa croyance sur la Divinité, il a été persécuté par les autorités catholiques ainsi que par la hiérarchie protestante. Il croyait que la compréhension de la Divinité ne se faisait pas par la tradition de l'Église, mais par la révélation divine, citant Luc 10 : 22.

Le Roi Jacques Ier (1566-1625) a succédé à la Reine Marie la Sanglante en Angleterre. Ce monarque s'est présenté au nom du christianisme religieux **fait par l'homme** et n'avait aucune tolérance pour les prédicateurs unicitaires dans son royaume. Le fait d'oser déclarer l'unité du Dieu monothéiste d'Abraham devant les calvinistes ou les monarques européens, ou de défier les papes catholiques d'Avignon ou de Rome, était une invitation du feu dans sa vie.

L'histoire ne démontre pas qu'il y a eu des trinitaires brûlés à mort par des apostoliques unicitaires. Il y a eu cependant beaucoup d'apostoliques unicitaires qui ont été brûlés au bûcher à petit feu par des trinitaires tels que Jean Calvin, juste pour avoir renié la doctrine de la trinité.

Bartholomew Legate (1575-1612), comme d'autres, était un martyr antitrinitaire anglais du XVIIe siècle. Il est né à Essex en Angleterre et a adopté une position ferme contre la doctrine trinitaire dans sa prédication et ses écrits théologiques. Son message unicitaire a entièrement contredit le dogme de la trinité de l'Église catholique, ainsi que celui de l'Église d'Angleterre.

En tant que chef de l'Église d'Angleterre, le Roi Jacques Ier, a argumenté avec Legate sur la Divinité, et l'a personnellement jeté en prison en 1611. Ce monarque trinitaire était le chef de l'entière Église protestante d'Angleterre. En février 1612, on a amené Legate, lié, devant la Haute Cour d'Angleterre, qui l'a condamné à mort par le feu, coupable d'hérésie. Bartholomew Legate a alors été livré, enchaîné, aux autorités séculières pour son exécution.

Le bûcher a toujours été rendu public pour servir d'exemple à ceux qui oseraient répéter l'offense. Bartholomew Legate était très conscient des conséquences de sa décision et de sa position concernant la Divinité quand il s'est tenu devant le roi de son pays. Il a réellement risqué sa vie pour la doctrine pure des apôtres qui a été transmise par notre Seigneur Jésus-Christ. Pendant que les bourreaux empilaient le bois autour de lui, il s'est tenu la tête haute et reconnaissant pour la vérité révélée et a fait ses adieux à sa famille dans cette vie tangible et mortelle.

À l'instar de Michel Servet devant le roi et sa cour, Legate a refusé de se rétracter, et il a été brûlé lentement au bûcher à Smithfield, Angleterre, le 18 mars 1612, à l'âge de 37 ans. L'histoire révèle le caractère et les convictions de ce prédicateur unicitaire appelé Bartholomew Legate : « Un homme qui connaissait bien les Écritures, et dont la vie était irréprochable, a été condamné pour avoir dit que les credos de Nicée et d'Athanase ne contenaient pas une profession de la véritable foi chrétienne. »

En Amérique, des systèmes de croyance monothéiste tels que l'unitarisme ont commencé à venir à la Nouvelle-Angleterre dès 1710. Vers 1750, la plupart des ministres congrégationalistes à Boston et dans ses alentours avaient cessé de considérer la doctrine trinitaire comme une croyance chrétienne fondamentale. Un vrai triomphe pour l'unitarisme sur le trinitarisme en Nouvelle-Angleterre a paru complet avec l'élection de Henry Ware, un adversaire très puissant de la position trinitaire, à la chaire Hollis de Divinité à l'université de Harvard.

Emmanuel Swendenborg (1688-1772) était un philosophe et scientifique suédois qui, à l'âge de 56 ans, a eu un réveil spirituel et a écrit plusieurs livres sur ses opinions théologiques. Ces livres ont été largement lus et très appréciés après sa mort. Il a soutenu qu'il n'y avait pas trois entités séparées dans la Divinité, mais que la trinité était en Jésus.

Finalement, la théologie du mouvement Groningue qui a pris son nom de la faculté théologique de l'Université de Groningue menée par Petrus Hofstede de Grott (1830-1860), avait comme doctrine centrale que Dieu s'était révélé dans toute la création et suprêmement en Jésus afin que l'humanité soit conforme à son image. La théologie de Groningue rejetait totalement la doctrine trinitaire.

En progressant vers le haut du tableau, considérons en particulier les deux conciles du Vatican qui ont changé à jamais l'Église catholique. Bien que la trinité de la Divinité était réfutée par beaucoup, surtout en Amérique, les papes ont quand même continué à apporter le calme dans leur Église.

Il y a eu deux conciles œcuméniques au Vatican de Rome tenus au Palais du Latran. Le Premier Concile au Vatican à Rome a été convoqué par le Pape Pie IX (1846-1878) par la bulle « *Aeterni Patris* » le 29 juin 1868. La première séance a eu lieu dans la basilique Saint-Pierre le 8 décembre 1869 en présence et sous la présidence du pape Pie IX. Ce Premier Concile du Vatican a été le vingtième concile œcuménique de l'Église et le premier rassemblement depuis la clôture du Concile de Trente en 1563 sous la présidence de pape Pie IV (1559-1565).

Les décrets du Premier Concile du Vatican ont été publiés dans des éditions variées simultanées. Plus tard, ils ont été inclus dans le volume sept de « *Collectio Lacensis* » (1892) et dans les volumes quarante-neuf au cinquante-trois de la « *Mansi's Collection* » (1923-1927).

La déclaration préliminaire du Premier Concile du Vatican était : « Pie, évêque, serviteur des serviteurs de Dieu, avec l'approbation du concile sacré, pour un enregistrement permanent. Très révérends pères, cela vous convient-il que, à la louange et à la gloire de la sainte et indivisible trinité, Père, Fils et Saint-Esprit, pour l'augmentation et l'exaltation de la foi et de la religion catholiques, pour le déracinement des erreurs actuelles, pour la réformation du clergé et du peuple chrétien, et pour la paix commune et la concorde de tous, le concile œcuménique saint du Vatican, soit ouvert ? »

Pape Pie IX
(1846-1878)

Le concile a donc été ouvert.

Parmi les articles de la foi catholique, le pape Pie IX a déclaré :

1. « Je reconnais l'Église sainte catholique, apostolique et romaine, la mère et maîtresse de toutes les églises.
2. Je soutiens fermement que le purgatoire existe, et que les âmes détenues sont aidées par les suffrages des fidèles. De même, que les saints régnant avec Christ soient honorés et priés pour, et qu'ils offrent des prières à Dieu pour nous, et que leurs reliques devraient être vénérées. Cette vraie foi catholique, en dehors de laquelle nul ne peut être sauvé, que je confesse en toute liberté et détiens sincèrement, est ce que je maintiendrai fermement et confesserai avec l'aide de Dieu, et je ferai de mon mieux pour que tous les autres fassent la même chose. C'est ce que je, le même Pie IX, promets, fais serment et jure. »

Dans les articles de foi, le pape Pie IX a constamment menacé ses sujets d'excommunication de l'Église catholique s'ils choisissent de désobéir aux décisions de ce concile œcuménique.

Avant de continuer avec le Deuxième Concile du Vatican, voici la déclaration qui a résulté du Premier Concile du Vatican en 1870 concernant l'infaillibilité pontificale avec le pape Pie IX officiant.

« Nous enseignons et définissons que c'est un dogme [*doctrine*] divinement révélé que lorsque le pape parle '*ex-cathedra*', c'est dans l'exercice de sa fonction de pasteur et de docteur de tous les chrétiens, en vertu de son autorité apostolique suprême, il définit une doctrine concernant la foi et les mœurs qui doivent être tenues dans l'Église universelle, par l'assistance divine qui lui a été promise dans le béni Pierre, il possède cette infaillibilité [*incapable d'erreur*] avec laquelle le divin Rédempteur a voulu que son Église soit dotée en définissant une doctrine concernant la foi ou les mœurs, et que par conséquent ces définitions du pape romain sont de lui-même et non du consentement de l'Église irréformable [*ne peut pas changer ou être réformée*]. Alors, si quelqu'un a la témérité [*arrogance*], à Dieu ne plaise, de rejeter notre définition, qu'il soit '*anathème*' [excommunié]. »

Selon la théologie catholique, cette déclaration papale concernant « *ex cathedra* » est une définition dogmatique infaillible par un concile œcuménique.

À cette période de l'histoire, juste avant le Premier Concile du Vatican lorsque le pape Pie IX a déclaré l'infaillibilité du pape, le Saint-Siège exécutait des centaines de personnes. Une grande partie de la péninsule italienne était contrôlée par les papes et leurs cardinaux depuis le palais apostolique de Rome.

Si cela vous arrive de chercher les noms des gens qui ont été condamnés à mort au cours des siècles par les papes, puis-je vous suggérer de commencer avec Giovanni Battista Bugatti ? Ce bourreau payé par le pape, à lui seul a tué personnellement 516 personnes entre 1796 et 1865. Il a soigneusement enregistré leurs noms et les lieux d'exécution avant que la faucheuse ait réclamé leurs têtes coupées.

Je vous avertis que si vous creusez trop profondément dans vos recherches sur l'Église au sujet de ces atrocités, cela risque de perturber. Vous pouvez inconsciemment sentir le sang chaud des hommes et des femmes dégouliner de ces guillotines religieuses installées en Italie par les papes au nom de la justice chrétienne. Charles Dickens a témoigné et écrit sur l'une des exécutions de Bugatti qui a eu lieu le 8 mars 1845 dans son ouvrage « Images d'Italie ».

Voici un enregistrement précis de Bugatti avant sa première exécution pour le pape Pie VI le 22 mars 1796 à l'âge de seize ans :

« J'ai commencé ma profession de bourreau pour sa Sainteté en pendant et dépeçant [*démembrant*] Nicola Gentilucci à Foligna, un jeune homme qui, fou de jalousie, a d'abord tué un prêtre et son cocher, puis a dérobé deux moines après avoir été forcé de fuir. »

Si jamais vous vous trouvez dans la ville de Rome, allez au musée de criminologie situé dans la rue appelée Via del Gonfalone. Vous y verrez la tunique tachée de sang exhibée, portée par Bugatti durant ses nombreuses dernières exécutions quand il avait plus de quatre-vingts ans. Dans ce musée, vous verrez aussi la guillotine papale de presque 4 m de haut et les haches utilisées par Bugatti pour la décapitation.

Ce bourreau catholique était employé par six papes différents pendant plus de soixante-cinq ans : Pape Pie VI, Pape Pie VII, Pape

Léon XII, Pape Pie VIII, Pape Grégoire XVI, et Pape Pie IX. Quand Bugatti a atteint ses 85 ans, le pape Pie IX l'a mis à la retraite. Sa retraite a été payée uniquement par le trésor du Vatican.

En 1864, Bugatti aiguisait encore la guillotine papale lorsque le pape Pie IX préparait sa déclaration de l'infaillibilité (exempté de commettre des erreurs) de la papauté dans « *Aeterni Patris* ». Le pape Pie IX a fait de l'infaillibilité du pape un dogme (nécessaire pour le salut) dans l'Église catholique durant le Premier Concile du Vatican en 1870. Agatino Bellomo a été décapité la même année dans l'État papal de Palestrina le 9 juillet 1870.

Bugatti a été employé comme bourreau papal pour le pape Pie IX pendant presque vingt ans. Le 3 septembre 2000, le pape Jean Paul II a déclaré que le pape Pie IX était « béni », l'étape pénultième vers la sainteté. La béatification du pape Pie IX par Jean Paul II, d'après la tradition catholique, a rendu son âme, ses restes et n'importe lequel de ses biens, dignes de vénération.

Le pape Pie IX était le pape de l'Église catholique qui a régné le plus longtemps. Son mandat a duré du 16 juin 1846 jusqu'au 7 février 1878. Au bout de 122 ans, les restes de ce dirigeant religieux ont été exhumés et placés dans un cercueil de verre dans un but de vénération. Veuillez noter : La vénération des cadavres ne vous rapprochera pas de Dieu. La vénération des restes humains risque de vous rapprocher de l'idolâtrie.

La béatification de ce particulier pape par le Pape Jean Paul II en l'an 2000 a été remise en question et contestée apparemment par tous les pays Inquisition, et ce n'est pas sans cause.

Giovanni Battista Bugatti
(1779-1868)

N'importe qui dans le monde, laïque ou roi, qui ne pensait pas comme le pape Pie IX, était considéré automatiquement par celui-ci un ennemi de la foi catholique. Ce monarque religieux n'était redevable à personne. Peut-être que ce pape s'est vu infaillible. L'esprit antijuif notoire de ce dirigeant était assez évident puisqu'il a cantonné le peuple hébreu dans son pays dans les ghettos.

Le pape Pie IX s'est fortement opposé à « la liberté de religion » et en était inflexible. Son mode de pensée diabolique a continué pendant les trente-deux années de sa papauté. Un jour, on lui a demandé de bénir un groupe de protestants visitant la ville de Rome. Voici ses exactes paroles qu'il avait prononcées sur eux : « Que vous soyez bénis par Celui en l'honneur duquel vous serez brûlés. »

Toute personne connaissant l'histoire de l'Église sait qu'une position antijuive a toujours été la conviction de l'Église et a prospéré en son sein pendant des siècles — plus précisément au moins mille trois cents ans.

Le troisième concile de Tolède (Espagne) ouvert le 4 mai 589 apr. J.-C., sous la direction du pape Pélage II (579-590 apr. J.-C.) a adopté une position ferme contre les Juifs dans l'empire. L'Évêque Léandre de Séville était un théologien de l'époque et le penseur principal derrière le concile. Le 14ᵉ canon du concile a été une catastrophe pour les fils d'Abraham.

En 1215, 626 ans plus tard, au douzième concile œcuménique aussi appelé le Quatrième Concile du Latran, le pape Innocent III (Lotario de'Conti di Segni) a réaffirmé la décision de 589 apr. J.-C. contre les Juifs et les considérait au mieux comme des citoyens de seconde classe.

Dans le 69ᵉ canon de ce concile, le pape Innocent III a déclaré :

« *Sommaire* : Il est interdit de confier des charges publiques aux Juifs. Quiconque y contribue sera puni. Un fonctionnaire juif est interdit d'avoir des relations avec les chrétiens.

Texte : Puisqu'il est absurde qu'un blasphémateur de Christ exerce l'autorité sur les chrétiens, nous renouvelons dans ce concile général ce que le synode de Tolède (589 apr. J.-C.) a sagement édicté à ce sujet, interdisant que les Juifs soient préférés pour les charges publiques, puisque dans cette position ils posent le plus de difficulté pour les chrétiens. Mais si quelqu'un devait leur confier ce genre de charge, après un avertissement précédent, qu'on l'en empêche au moyen d'une punition par le synode provincial que nous ordonnons de célébrer chaque année. Qu'on refuse, toutefois, tout commerce et interaction avec les chrétiens, jusqu'à ce que, selon le jugement de l'évêque, tout ce qu'il a acquis depuis son entrée en fonction soit restitué aux besoins des chrétiens pauvres, et la fonction qu'il a assumée avec irrévérence, qu'il la perde avec honte. La même loi s'applique aux païens aussi. » [Mansi, IX, 995].

Le 23 juin 1858 à Bologne en Italie, un garçon juif âgé de six ans appelé Edgardo Mortara (1851-1940) a été enlevé chez lui sur ordre du pape Pie IX. Les parents d'Edgardo étaient choqués et impuissants alors que l'enfant qui hurlait a été arraché de leurs bras par la police du Vatican. Il s'agit du même pape qui a plus tard déclaré sa perfection infaillible au monde en 1870 au 20e concile œcuménique de Rome. Le pape Pie IX a rendu son dogme concernant la papauté essentielle au salut.

Cet enfant hébreu a été élevé par le pape Pie IX dans sa propre résidence comme un membre baptisé de l'Église catholique. Maintenant que j'ai le Saint-Esprit et fais visiblement partie de l'Église apostolique pure, je me sens obligé de me tenir silencieusement dans les ombres du temps des mortels et d'imaginer seulement l'horrible enlèvement de cet enfant et ce qui s'est passé durant toutes les années derrière les portes majestueuses du Palais de Latran. Aujourd'hui, je n'écris pas sur les incroyables démons de l'Europe médiévale durant l'âge des ténèbres. Ce crime s'est poursuivi jusqu'au XXe siècle.

La nouvelle concernant l'enlèvement de l'enfant s'est vite répandue dans le monde et beaucoup ont réclamé le retour du garçon à sa famille. Les organisations juives se sont unies avec des représentants des pays tels que l'Autriche, l'Allemagne, les États-Unis d'Amérique, le Royaume-Uni et la France pour la libération de l'enfant enlevé. L'appel mondial au pape Pie IX a été complètement rejeté et est resté sans effet.

Prêtre Edgardo Mortara
de l'Ordre augustin
(1851-1940)
Debout à côté de sa mère juive

Le contrôle des dommages

Alors que les Juifs marchaient dans les rues de Rome espérant la libération du petit garçon, la réaction ferme au peuple juif et aux dirigeants mondiaux par le Vatican a été prompte et impitoyable. Au lieu de faire la bonne chose, le pape Pie IX avec sa mentalité antisémitique a choisi d'appeler les enfants d'Abraham « chiens ».

Dans un discours en 1871, un an après sa première déclaration dans l'histoire catholique de l'infaillibilité de la papauté, le pape Pie IX a défendu ses droits d'élever personnellement le jeune homme, âgé maintenant de vingt ans, dans un environnement catholique, disant du peuple juif : « À propos de ces chiens, ils sont trop nombreux en ce moment à Rome, et nous les entendons hurler dans les rues, et ils nous perturbent dans tous les endroits. »

Martin Luther, l'ancien moine catholique, a enseigné à ses concitoyens allemands qu'ils étaient coupables de ne pas avoir tué les Juifs et brûlé leurs synagogues. Est-il impensable que le pape Pie IX fût aussi un précurseur de l'Holocauste juif qui a eu lieu seulement 55 ans plus tard ?

Le totalitarisme (contrôle absolu) du pape Pie IX n'a pas impressionné grand monde dans la péninsule italienne. Ce pape devait être renversé. En 1859, il avait 15 000 soldats dans son armée bien entraînée. Le 18 septembre 1860, à la bataille sanglante de Castelfidardo, le Roi Victor Emmanuel II (1820-1878), roi d'Italie, a saisi les États pontificaux. Après cet évènement, le pape Pie IX l'a immédiatement excommunié de l'Église catholique. Le monarque semblait indifférent par la décision du pape. L'autorité pontificale sur ces états a été agressivement et dramatiquement réduite. Le pape s'est finalement trouvé forcé de retourner au Vatican. Les dix papes qui ont succédé au Pape Pie IX jusqu'à présent sont des monarques, mais uniquement des rois du petit État du Vatican dans la ville de Rome. Le pape Pie IX est mort le 7 février 1878 à 17 h 40.

Roi Victor Emmanuel II d'Italie
(1820-1878)

Le corps du pape Pie IX a été initialement inhumé dans la grotte Saint-Pierre, mais a été déplacé pendant la nuit à la basilique Saint-Laurent, à l'extérieur des murs. Pendant le transfert du corps, les nationalistes italiens ont tenté de voler le corps, espérant de le jeter dans le Tibre comme le corps du Pape Formose a été jeté dans le Tibre par le pape Étienne VI en janvier 897 apr. J.-C.

Quand j'étais jeune séminariste au monastère Oka, je n'avais pas le Saint-Esprit, mais je sentais dans mon esprit que Dieu était en train de m'orienter quelque part où je ne suis jamais allé auparavant dans ma foi chrétienne. J'ai été contraint à un silence sobre pendant mes études des canons de différents conciles d'église à travers les âges. Pourquoi mon Église avait-elle persécuté le peuple juif pendant si longtemps ? Pourquoi y avait-il tant de haine et de discrimination contre le peuple hébreu ? Pourquoi ces manifestions de l'antisémitisme dirigé contre les fils et filles d'Abraham venaient-elles du Vatican ?

En continuant mes recherches, notre propre histoire catholique documentée a compliqué, voire intimidé ma foi. Regardant silencieusement par-dessus mon épaule, mon esprit religieux m'a fait réfléchir à une question troublante. Serait-il possible que l'Église Mère n'ait pas été indirectement responsable, mais en fait directement coupable, de l'Holocauste juif ? Serait-il possible que l'Église n'ait pas été seulement coupable du sang des Juifs au cours de l'histoire, mais aussi du sang innocent de plus de six millions d'hommes, de femmes et d'enfants en une fois ? Quel a été le vrai battement de cœur de l'Holocauste ? Quand toutes les mains seront ouvertes pour le jugement, qui sera responsable du sang ? Est-ce que Adolf Hitler s'y tiendra seul ?

Comment un enfant passe-t-il du statut d'enfant de chœur à celui d'un homme craint dans chaque foyer du judaïsme ? Adolph Hitler n'était ni athée ni agnostique. Il a été élevé comme membre de l'Église catholique en Autriche. Adolph est né le 20 avril 1889 à Braunau am Inn, et allait régulièrement à la messe avec sa famille. Sa mère Klara était une catholique particulièrement fervente jusqu'à sa mort. Hitler a été baptisé en tant que nourrisson et a reçu le sacrement de confirmation à treize ans. Il chantait dans la chorale de l'église et a fréquenté une école de bénédictins. Adolf Hitler, le Führer de l'Allemagne, a mené une vie de catholique et est mort comme tel à Berlin en Allemagne en 1945.

Dans un discours en présence du général Gerhard Engel en 1941, Hitler a déclaré : « Je suis maintenant un catholique comme avant, et le serai toujours. » Cette déclaration a été faite par Hitler quand il avait 52 ans, juste quatre ans avant sa mort. Je connais la loi canonique. Pourquoi n'a-t-il jamais été excommunié de l'Église catholique ? Un pape a le droit d'excommunier un « chef d'État » ainsi que toute autre personne dans l'Église catholique.

Le Roi Henri VIII d'Angleterre a été excommunié de l'Église catholique par le pape Paul III au XVIe siècle à cause de sa désobéissance au Vatican. Napoléon Bonaparte de France a été de même excommunié par le pape Pie VIII en 1809, et Fidel Castro parmi plusieurs autres, a été excommunié par le pape Jean XXIII à cause de ses préférences politiques et convictions.

Selon la foi catholique, une personne peut être excommuniée de son vivant ou post mortem (après la mort). Le pape Pie XII était le pape régnant durant la Seconde Guerre mondiale. Il était d'abord Cardinal Pacelli, qui a en fait négocié avec l'Allemagne au nom du Vatican. Pour une raison quelconque, le pape Pie XII ainsi que les cinq papes après lui, Pape Jean XXIII, Pape Paul VI, Pape Jean Paul I, Pape Jean Paul II, et Pape Benoît XVI (qui a vécu en Allemagne durant les jours de ce dictateur), ont choisi de ne pas excommunier Adolf Hitler de l'Église.

Le cardinal Michael von Faulhaber était l'archevêque de Munich en Allemagne depuis 1917 jusqu'à sa mort en 1952. Le 10 avril 1933, Cardinal Faulhaber a écrit au futur pape Pie XII à Rome l'avisant que défendre les Juifs serait une erreur, parce que cela transformerait l'attaque contre les Juifs à une attaque contre l'Église.

Les négociations entre le Vatican et l'Allemagne n'ont jamais été pour le bien-être des Juifs en Europe. Le pape Pie XII (1939-1958) était très conscient du passé de son Église concernant le peuple hébreu. Il était conscient de la douloureuse vérité des relations entre le catholicisme et le judaïsme.

Le problème du Vatican à l'égard de Hitler a été la constitution « allemand fédéraliste de Weimar » qui a donné aux états allemands l'autorité sur l'éducation et la culture, réduisant ainsi considérablement l'autorité de l'Église dans ces secteurs. Le vrai problème entre le pape Pie XII et Adolf Hitler gisait dans le pouvoir de l'autorité. Il ne s'agissait pas des Juifs, mais du pouvoir.

Lors d'une réunion le 26 avril 1933 avec l'évêque Wilhem Berning d'Osnabruck (représentant de la Conférence des évêques catholiques), après qu'il avait été critiqué par quelques membres dans la communauté européenne, Adolf Hitler a déclaré :

« On m'attaque pour ma façon de gérer la situation juive. L'Église catholique a considéré que les Juifs étaient des pestes pendant quinze cents ans, les mettant dans les ghettos, etc., parce qu'elle a reconnu les Juifs pour ce qu'ils étaient. À l'époque du libéralisme, les dangers ne sont plus reconnus. Je veux retourner au temps où la tradition de quinze cents ans était appliquée [*par l'Église catholique*]. Je ne fais pas passer la race avant la religion, mais je reconnais que les représentants de leur race sont des pestes pour l'état et pour l'Église, et par conséquent je rends peut-être un grand service en les expulsant des écoles et des fonctions publiques. » (Cette déclaration particulière à l'évêque Wilhem Berning d'Osnabruck est tirée du « The Holy Reich » de Richard Stergmann.)

Adolf Hitler avait raison de dire que son Église avait persécuté le peuple juif pendant mille cinq cents ans. Pas que les Juifs, mais tous ceux de n'importe quelle foi osant interroger l'autorité de l'Église Mère. « La théorie de la guerre juste » est une doctrine de l'Église romaine introduite par Saint Augustin d'Hippone (354-430 apr. J.-C.). Martin Luther était un ancien moine augustin qui nourrissait une haine passionnée à l'égard du peuple hébreu.

Saint Thomas d'Aquin (1225-1274) appartenait à l'ordre dominicain et a été inspiré par Saint Augustin. Il était aussi particulièrement influencé par deux papes durant sa vie. Le pape Gégoire IX qui a institué l'Inquisition papale, et le pape Innocent IV qui a autorisé l'utilisation de la torture physique pour extraire des confessions des suspects d'hérésie. Certains écrits du pape Innocent IV se retrouvent dans la *Summa Theologica* d'Aquin.

Dans la *Summa Theolgica*, Thomas d'Aquin a écrit à propos du traitement des hérétiques :

« Concernant les hérétiques, deux points doivent être observés : l'un de leur côté, l'autre du côté de l'Église. De leur côté, il y a le péché et de ce fait, non seulement ils méritent d'être séparés de l'Église par excommunication, mais doivent aussi être coupés du monde par la mort. Car, il est bien plus grave de corrompre la foi qui vivifie l'âme, que de falsifier de l'argent qui soutient la vie temporelle. Par conséquent, si les faux-monnayeurs et les autres malfaiteurs sont immédiatement condamnés à mort par l'autorité séculière, raison de plus pour que les hérétiques, dès qu'ils sont condamnés d'hérésie, d'être non seulement les excommunier, mais même mis à mort. Du côté de l'Église, toutefois, il y a la miséricorde qui considère la conversion de l'errant, alors elle ne condamne pas immédiatement, mais après un premier et un second avertissement comme instruit par l'Apôtre : après cela, si la personne est toujours têtue, l'Église n'espère plus sa conversion, mais considère le salut des autres, en l'excommuniant et le séparant de l'Église, et le livrant au tribunal séculier pour être donc exterminée du monde par la mort. »

(Summa, 11-11, Q-11, Art. 3)

Saint Thomas d'Aquin a justifié sa position théologique selon laquelle l'hérétique et « tous les pécheurs » n'ont pas de droit héréditaire à la vie avec une approche intéressante — « La Bible » :

« Car le salaire du péché, c'est la mort ; mais le don gratuit de Dieu, c'est la vie éternelle en Jésus-Christ notre Seigneur. »

Romains 6 : 23

Thomas d'Aquin
Prêtre catholique dominicain
(1225-1274)

Ce prêtre catholique est considéré dans son Église comme le modèle d'enseignant pour ceux qui étudient la prêtrise — le maître et le patron des écoles catholiques. Lors du Second Concile du Vatican, le pape Paul VI l'a appelé « le docteur angélique ».

Il a été canonisé par le pape Jean XXII le 18 juillet 1323. Cet acte par le pape romain français a rendu son corps, son âme et ses biens personnels dignes de vénération selon la tradition catholique. Thomas d'Aquin est mort le 7 mars 1274, seulement 24 ans après la mort de son mentor le pape Innocent IV.

Un spécial dimanche de ma vie, alors que j'ignorais la vérité apostolique, je me rendais à une grande messe à l'église catholique Saint Thomas Aquinas à Plaster Rock au Nouveau-Brunswick. C'était à ce carrefour que Dieu m'a miraculeusement fait prendre une autre direction. C'était en me dirigeant vers l'église apostolique du village, que j'ai été baptisé au nom de Jésus et ai été rempli du Saint-Esprit. On aurait dit que c'était juste hier matin, mais en réalité, c'était en automne 1972.

Bien que les opinions aient différé de temps en temps, Hitler est resté loyal à son Église durant toute sa présidence.

« Le gouvernement du Reich » qui considère le christianisme comme le fondement inébranlable des mœurs et le code moral de la nation, attache la plus grande valeur aux relations amicales avec le Saint-Siège [*le Vatican*] et s'efforce de les développer.

Dans ces écrits documentés, nous voyons les convictions évidentes de la foi d'Adolf Hitler ainsi que sa haine grandissante à l'égard des fils d'Abraham. Il n'était pas seulement membre de l'Église catholique, mais se prenait aussi pour un prophète.

« Aujourd'hui, je suis une fois de plus un prophète : Au cas où les financiers internationaux des Juifs dans des pays européens et extra-européens réussissent à précipiter encore les nations dans une guerre mondiale, le résultat ne sera pas la bolchévisation de la terre, et par conséquent la victoire du judaïsme, mais l'anéantissement de la race juive en Europe. » (Tiré du discours par Adolf Hitler au Reichstag le 30 janvier 1939)

Le contrôle des dommages

Voici un extrait d'un autre discours par Hitler au Reichstag en 1936 : « Je crois qu'aujourd'hui j'agis au sens du Créateur tout-puissant. En écartant les Juifs, je combats pour l'œuvre du Seigneur. »

Parmi les six millions de Juifs tués durant l'Holocauste, on estime qu'un million étaient des enfants. Un grand nombre de garçons et de filles ont été séparés de leurs parents et transportés par camions aux chambres à gaz d'Hitler. D'autres enfants ont été forcés de s'agenouiller devant des fosses pendant que la Gestapo les fauchait dans les fosses avec leurs armes de guerre automatiques. Beaucoup étaient seulement blessés en tombant et étant poussés dans les tombes ouvertes, n'ont pu que lever les yeux pour voir les bulldozers allemands les couvrir de terre.

Je refuse de nourrir un esprit vindicatif, mais il faut se demander : Est-ce qu'Adolf Hitler a rendu service à son Église, du fait qu'elle a elle-même persécuté les Juifs pendant plus de 1 500 ans, ou était-il une épine dans le pied du pape Pie XII qui s'est trouvé dans une situation embarrassante ?

Adolf Hitler n'était que chancelier, puis président, après avoir pris la place de Paul von Hindenburg le 30 janvier 1933 jusqu'à sa mort auto-infligée le 30 avril 1945, alors qu'un sentiment antijuif profondément ancré était nourri, entretenu et promu par les papes à travers les âges, et cet esprit prospérait dans l'Église catholique pendant des siècles. Ce sentiment n'était pas que dans le cœur de la société allemande, mais aussi dans les autres pays où l'Église Mère était représentée Inquisition. La participation monstrueuse de l'Église dans cette affaire a englobé une multitude de dimensions.

La Seconde Guerre mondiale n'a pas été la première fois que le peuple hébreu a senti la piqûre impitoyable du christianisme religieux **fait par l'homme**. Comme je l'ai écrit, Martin Luther était un dirigeant chrétien allemand qui a vécu au XVIe siècle. Il haïssait les Juifs, mais était considéré comme héros par l'Allemagne nazie. Adolf Hitler se référait souvent aux écrits de Luther pour justifier l'Holocauste. Presque 400 ans avant la naissance d'Hitler, Martin Luther avait enseigné au peuple allemand à brûler les synagogues des juifs. Peu après la mort de Luther, plus de 3 000 Juifs ont été massacrés à Francfort en Allemagne.

Est-ce que l'Église apostolique pure qui est née dans les feux du pouvoir et du zèle a raté quelque chose à propos de l'Holocauste du XXe siècle ? À quel point les placards de l'Holocaustes sont-ils secrets, sombres et froids ?

Satan s'est servi de Tertullien au IIIe siècle, avec sa théologie auparavant inconnue de la trinité, pour distraire les croyants unicitaires de l'adoration du Dieu monothéiste d'Abraham. Cette haine continue des Juifs dans mon Église était-elle le plan de Satan pour débarrasser le monde des fils et des filles unicitaires d'Abraham à travers ceux qui représentent le christianisme religieux **fait par l'homme** ? Le séducteur des nations s'est-il tenu patiemment et silencieusement derrière le rideau sur une scène qui avait été préparée par des gens haut placés, représentant faussement et venant de manière trompeuse au nom de Jésus-Christ ?

Est-ce que l'Holocauste était vraiment causé par Hitler, ou était-il — comme Tertullien et Martin Luther — juste un autre pion dans la main du vrai ennemi de l'Église apostolique de Christ dans ses efforts calculés et continus contre les croyants unicitaires ?

Lors d'une visite du mémorial de l'Holocauste à Jérusalem le 22 mars 2000, le pape Jean Paul II a dit que l'Église catholique était profondément attristée par la haine, les actes de persécution et les manifestations antisémitiques à l'égard des Juifs au cours de l'histoire de son Église par des membres du clergé.

Bien que les excuses soient respectées et si elles sont sincères et honorables, un simple « Nous sommes désolés » suffit-il pour soulager le poids de la redevabilité de l'Église Mère à travers des pages de son passé historique ? Je dirais que non.

Je sais très bien d'où Dieu m'a fait sortir, et je suis si reconnaissant, à cette heure tardive, du fait que je suis maintenant baptisé au nom de Jésus et suis aujourd'hui rempli du Saint-Esprit par la grâce de Dieu.

Une autre scène est en train de se développer à l'est, à l'abri des regards des mortels. L'invisible Église de Jésus-Christ est actuellement en train de regarder droit dans la fin des temps.

Pour mieux comprendre notre héritage apostolique, il est impératif de comprendre ce qui s'est passé dans l'histoire au nom du christianisme religieux **fait par l'homme**. Il est de même impératif de ne pas laisser le sang innocent de millions de gens s'évanouir dans la nuit des temps.

Lorsque l'obscurité de minuit couvre la terre et la dernière bataille entre le bien et le mal est déployée, une autre question troublante survient. Est-ce que le pape de cette heure dévastatrice se sentira gêné de se lier d'amitié avec le judaïsme (le peuple élu de Dieu) ou se penchera-t-il peut-être vers les fils d'Ismaël?

Au Deuxième Concile du Vatican, le 25 janvier 1959, le pape Jean XXIII (1958-1963) a annoncé son intention de convoquer un concile d'Église mondial. Il a dit que le concile permettrait de renouveler ou de mettre à jour la vie religieuse catholique et la doctrine.

La première session du Deuxième Concile du Vatican a démarré le 11 octobre 1962. Cependant, le pape Jean XXIII est mort le 3 juin 1963. Les trois dernières sessions se sont déroulées sous le pape Paul VI (1963-1978), successeur de Jean XXIII. Au séminaire, j'ai entendu plusieurs fois la comparaison de ce pape à un berger d'un troupeau indiscipliné.

Un fait intéressant et pourtant particulier existe à propos du corps du pape Jean XXIII. Plus tard, il serait déclaré «béni» par Jean Paul II (1978-2005) le 3 septembre 2000. Cette action a été prise comme l'étape pénultième vers sa sainteté. Le corps du pape qui avait été bien conservé pendant 37 ans grâce à un cercueil à triple scellement a été exhumé et exposé sur l'autel de Saint-Jérôme pour la vénération. Les restes de ce dirigeant d'église ont été enterrés plus tard dans un nouveau caveau souterrain. Le pape Jean Paul II a personnellement béatifié ou canonisé plus de onze cents personnes durant sa tenure, les rendant, selon la tradition, dignes de vénération.

Le Vatican II était l'un des évènements religieux les plus diffusés du siècle. Les responsables religieux, journalistes et d'autres observateurs, catholiques ou non catholiques, de partout dans le monde, ont signalé et interprété les actions de ce concile. Karl Rahnes, un théologien jésuite, était l'un des penseurs principaux derrière ce concile.

Pape Jean XXIII
(1958-1963)

Le contrôle des dommages

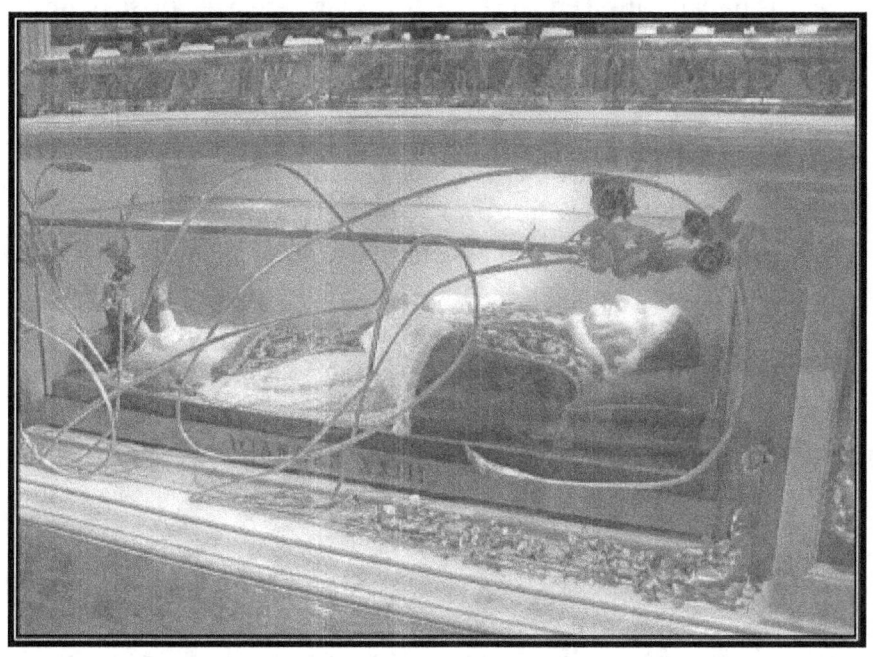

Cadavre du Pape Jean XXIII

Le 7 décembre 1965, l'un des jours de clôture du concile, le pape Paul VI a lu une déclaration enlevant la condamnation à l'excommunication du Patriarche de Constantinople remontant à l'an 1054. Après que le pape Paul VI a lu la déclaration que la condamnation à l'excommunication a été enlevée, une pareille condamnation lue à Istanbul par le Patriarche de Constantinople a supprimé la condamnation à l'excommunication contre un groupe de légats papaux aussi en 1054. Cette déclaration a été prise pour un pas en avant vers la fin de la division encore existante entre l'Église catholique et les églises orthodoxes de l'Est.

En plus de mettre fin à la condamnation à l'excommunication qui datait de plus de 900 ans, le pape Paul VI a personnellement abandonné la tiare pontificale à la clôture de ce concile. Cette tiare a suscité pas mal de controverses au fil des années. Je voudrais faire une petite pause pour parler de ce sujet. Lorsque les papes étaient couronnés à la Cité du Vatican, les mots « *Accipe tiaram tribus caronis ornatam* » ont toujours été prononcés sur le nouveau pape. « Reçois le diadème orné de trois couronnes et sache que tu es Père des princes et rois, le Souverain du monde, le Vicaire de notre Sauveur Jésus-Christ sur terre, à qui reviennent l'honneur et la gloire dans les siècles des siècles. »

« Je vis cette femme ivre du sang des saints et du sang des témoins de Jésus… »

« Et la femme que tu as vue, c'est la grande ville qui a la royauté sur les rois de la terre. »

Apocalypse 17 : 6, 18

Rome est la seule ville sur terre qui a une ville-état fortifiée et souveraine au sein de la ville qui est contrôlée par un monarque religieux. Rome est connue à travers l'histoire comme la ville aux sept collines — ou si vous avez été là personnellement, vous diriez plutôt des montagnes. Les noms de ces grandes collines sont :

- ❖ Aventin
- ❖ Capitole
- ❖ Palatin

- ❖ Viminal
- ❖ Esquilin
- ❖ Quirinal
- ❖ Cælius

La colline Cælius abrite le beau palais du Latran qui était la résidence privée des papes pendant plus 1 100 ans. Ce palais n'a pas seulement été l'hôte de cinq conciles œcuméniques, mais aussi des Accords du Latran signé entre le Saint-Siège et le royaume de l'Italie par le cardinal Gasparri et Benito Mussolini le 11 février 1929.

« — C'est ici l'intelligence qui a de la sagesse. — Les sept têtes sont sept montagnes, sur lesquelles la femme est assise. »

Apocalypse 17 : 9

La tiare papale est aussi comme la triple tiare ou en latin « *triregnum* », c'est-à-dire trois couronnes superposées et ornées de bijoux. Des tiares différentes ont été portées par des papes de Rome et d'Avignon (France) au cours de l'histoire. Une controverse à propos de la tiare papale, concerne l'affirmation selon laquelle les mots « *Vicarius Filii Dei* » (Vicar du Fils de Dieu) existaient sur le côté de l'une des tiares. La controverse porte sur l'affirmation largement faite que la numérotation des mots produit le nombre « 666 » décrit par Jean dans le livre de l'Apocalypse comme étant le numéro de la bête.

« *Vicarius Filii Dei* », en fait, n'est pas l'un des titres du pape. Deux témoins ont dit qu'ils ont vu le pape Grégoire XVI (1831-1846) porter une tiare avec les mots « *Vicarus Filii Dei* » inscrits sur le côté en 1832. Par conséquent, aucune affirmation n'a résisté à un examen approfondi. Ainsi donc, avec tout le respect que je lui dois, il faut oublier la controverse ainsi que l'était le port des tiares par le pape Paul VI à la fin du Second Concile du Vatican à Rome.

Pape Paul VI
(1963-1978)

Pape Célestin V en 1294
recevant sa tiare

Les clés que nous voyons dans certaines photos des papes représentent celles que Jésus avait données à Pierre dans Matthieu 16 : 19. Ces clés n'étaient pas tangibles, vu que l'éternité n'est pas tangible, mais elles étaient données verbalement à Pierre.

Le seul plan de Dieu pour le salut est critique et indéniable. Ce plan a été mis en place par l'apôtre Pierre le jour de la Pentecôte.

« Pierre leur dit : Repentez-vous, et que chacun de vous soit baptisé au nom de Jésus-Christ, pour le pardon de vos péchés ; et vous recevrez le don du Saint-Esprit. »

Actes 2 : 38

Les vrais ministres apostoliques détiennent les clés de la vie éternelle, tandis que Jésus seul détient les clés de l'enfer éternel et de la mort. Si quelqu'un ne possède pas ces clés qui ne viennent que par sa Parole révélée et ointe, cette personne ne qualifie pas et son privilège d'être appelée chrétienne est refusé. Sans le plan de Dieu pour la rédemption, la marche avec le Seigneur sera fragmentée, au mieux.

L'évêque catholique britannique Richard Williamson s'est opposé farouchement à l'esprit libéral du pape Jean XXIII et du pape Paul VI durant le Second Concile du Vatican à Rome. Williamson a non seulement déclaré publiquement que les protestants recevaient leurs ordres du diable, mais il a aussi nié l'Holocauste juif.

Après que le Vatican a souffert des mois d'indignation de la part des protestants, des citoyens allemands ainsi que des Juifs, on a demandé à l'évêque Williamson de revenir sur ses déclarations. Il ne l'a pas fait, et cet évêque a été finalement excommunié pour cette raison.

Le 2 juillet 1988, le pape Paul II a émis la bulle papale « *motu proprio Ecclesia Dei* », réaffirmant l'excommunication de l'évêque Richard Williamson.

L'évêque a été cependant rétabli, vingt et un ans plus tard, comme évêque de l'Église catholique quand le pape Benoît XVI a enlevé son excommunication le 21 janvier 2009. Cet évêque a ensuite reçu l'ordre du Vatican de se distancer sans équivoque et publiquement de ses convictions personnelles à l'égard des affaires historiques ou politiques.

Le contrôle des dommages

Bien que l'Église catholique ait lutté pendant des siècles pour rétablir l'ordre dans la confusion et la corruption, les doctrines faillibles des hommes ont apparemment prouvé une vérité infaillible : compromettre la Parole de Dieu ne peut qu'entraîner des difficultés.

« Une raison saine a pour fruit la grâce, mais la voie des perfides est rude. »

Proverbes 13 : 15

L'Église universelle, telle que Christ l'avait donnée aux apôtres le jour de la Pentecôte, était indubitablement la responsabilité la plus divine et puissante jamais confiée aux humains. Pourtant, les désirs de pouvoir et l'avidité, en peu de temps, ont incité beaucoup de gens à prendre des larges et spacieux chemins spirituels qui les ont menés à leur destruction.

Tertullien a dénoncé toute doctrine chrétienne qu'il considérait comme hérétique, mais a fini en étant considéré lui-même par l'Église comme hérétique. Son schisme de l'Église catholique est probablement la raison pour laquelle on ne s'est jamais souvenu de lui comme Saint Tertullien dans l'histoire de l'Église. L'Église orthodoxe ne canonisait pas les hérétiques. Si le pape Grégoire IX (1217-1241) avait été sur le trône papal à l'époque de Tertullien au lieu du pape Zéphyrin (199-217 apr. J.-C.), Tertullien aurait été brûlé au bûcher comme hérétique. Si Tertullien avait su que sa vue de la Divinité allait causer une telle désolation, se serait-il battu pour le défendre comme il l'avait fait ?

Si Constantin, en tant que converti chrétien, avait pu voir les massives pertes des vies humaines que sa décision allait infliger à d'innombrables générations de chrétiens, aurait-il si nonchalamment cédé à l'idée de trois personnes dans la Divinité ?

Et si ceux qui mutilaient, torturaient et tuaient au nom du Seigneur avaient compris comment l'histoire les jugerait ? S'ils l'avaient su, est-ce que les bourreaux auraient hâtivement brandi leurs haches de vengeance, ou les inquisiteurs auraient-ils rapidement attisé leurs flammes du supplice ? Des hommes comme Heinrich Kramer auraient-ils été à l'aise pour dissimuler leur haine des femmes sous un rictus de zèle religieux pharisaïque ?

Les pages de l'histoire témoignent des dévastations extrêmes provoquées par un esprit de confusion impitoyable. Est-il étonnant que la Parole de Dieu nous rappelle à tous qu'il n'est pas un Dieu de désordre ? Lorsque l'Église catholique s'est alignée avec l'enseignement non biblique de la trinité, elle a choisi de compromettre la Parole de Dieu. C'était à ce moment de l'histoire, seulement deux ou trois cents ans après que Christ a fait naître son Église, que l'homme a commencé à accepter ce qui était agréable à la vue, aux oreilles et au toucher. Ceux qui avaient prospéré aux dépens de l'innocence avaient en effet l'apparence de piété, mais reniant ce que en fait la force.

Dieu va avoir une Église, et étant comme Dieu, singulière et unique, cette Église va avoir la connaissance et la compréhension qu'il est seul, et que nul autre n'est comme lui. Tout comme Dieu a toujours été le seul Dieu, son Église sera monothéiste. Jésus-Christ savait qu'il était le Père, manifesté en chair. Pour cela, Jésus a pu déclarer dans Jean 10 : 30 que « Moi et le Père nous sommes un. » Jésus voulait que ses apôtres à cette époque, comme ses disciples d'aujourd'hui, soient absolument convaincus de la Divinité en lui.

« Jésus lui dit : Il y a si longtemps que je suis avec vous, et tu ne m'as pas connu, Philippe ! Celui qui m'a vu a vu le Père ; comment dis-tu : Montre-nous le Père ? »

Jean 14 : 9

Jésus savait qu'il n'était pas l'une de trois personnes dans la Divinité. Jésus savait qu'il était la Divinité. Tout comme Christ comprenait qu'il était le Père, il comprenait aussi que lui et le Consolateur étaient la même personne. Jésus-Christ n'était pas hésitant à l'égard de son identité. L'Esprit de réconfort qui demeurait en Christ est le même Esprit qui se mouvait au-dessus des eaux dans le livre de Genèse.

« Cependant je vous dis la vérité : il vous est avantageux que je m'en aille, car si je ne m'en vais pas, le consolateur ne viendra pas vers vous ; mais, si je m'en vais, je vous l'enverrai. »

Jean 16 : 7

« Je ne vous laisserai pas orphelins, je viendrai à vous. »

Jean 14 : 18

Le contrôle des dommages

Si les théologiens veulent qu'on les considère comme des théologiens chrétiens, il faut qu'ils puisent de l'Inspiré. Pour comprendre le mystère de la Divinité, il faut être capable de déterminer quand Jésus a parlé en tant qu'homme et quand il a parlé en tant que Dieu. Il était humain ainsi que divin.

« Et la Parole a été faite chair, et elle a habité parmi nous, pleine de grâce et de vérité ; et nous avons contemplé sa gloire, une gloire comme la gloire du Fils unique venu du Père. »

Jean 1 : 14

Jésus le Christ n'était *pas* créé comme un Fils venant du Père. Adam était un fils engendré du Père ainsi qu'Ève, parce qu'il n'y a pas eu d'action biologique. Quand Jean parlait du Fils unique venu du Père, il faisait référence au corps du Messie en tant qu'un temple. Dieu n'avait jamais habité totalement un corps humain. Jésus-Christ serait le seul [temple] engendré du Père pour abriter la totalité de Dieu. Le seul Dieu éternel contrôlait l'univers depuis ce corps humain engendré. Il s'adressait aux vagues depuis son corps mortel et elles lui obéissaient. Il parlait aux morts et ils se tenaient devant lui.

L'ignorance de la vérité a causé beaucoup de calamités pour l'Église catholique, depuis le moment de son compromis. Le passé troublant d'une Église corrompue est mal vu ou tout simplement ignoré par beaucoup. Toutefois, il y a eu des tentatives de reconnaître et de s'excuser des injustices perpétrées par le catholicisme. Bien que les excuses passées du Vatican de Rome pour les crimes contre l'humanité aient été très rares, ou presque non existantes, les excuses des papes plus récents semblent presque plus compulsives que celles d'antan.

Lors d'une visite dans la République tchèque, le pape Jean Paul II a demandé pardon pour la violence de l'Église catholique contre les protestants durant la Contre-Réforme au XVIe siècle.

En l'an 2000, le pape Jean Paul II a demandé pardon pour les péchés des dirigeants catholiques à travers les âges, y compris les torts infligés aux Juifs, aux minorités et aux femmes. Cette déclaration était indubitablement sincère et la confession par l'Église Mère a été profondément appréciée. Elle a cependant été perçue différemment par de nombreux historiens dans le monde. Trop de gens ont considéré la confession du pape comme beaucoup trop peu et beaucoup trop tard.

En 2001, le pape Jean Paul II a présenté des excuses officielles aux peuples indigènes d'Australie, de Nouvelle-Zélande, et des îles du Pacifique, pour les injustices infligées par les missionnaires catholiques.

Lors d'une visite en Grèce, le pape Jean Paul II s'est excusé pour les torts commis contre les chrétiens orthodoxes par les catholiques.

Enfin et surtout, le 19 juillet 2008, le pape Benoît XVI a dit qu'il regrettait énormément ses remarques faites dans son discours reliant l'Islam avec la violence qui a provoqué l'indignation dans le monde musulman. Ce même jour, il a aussi déclaré qu'il était profondément désolé pour les douleurs et les souffrances des victimes d'agressions sexuelles commises sur des enfants par des prêtres catholiques en Australie.

Les sombres recoins du secret concernant les abus sexuels sur les enfants au sein de l'Église catholique ont été révélés seulement ces dernières années grâce à l'examen public. Malheureusement, ce qui a été révélé perturbe la capacité de compréhension de l'esprit. Ce qui paraît être d'abord un cas isolé s'est avéré être un marathon interminable du mal absolu.

Le 20 février 2009, une demande de faillite déposée par un groupe jésuite anciennement connu sous le nom « Société de Jésus » a été signalée dans l'état de l'Oregon, aux États-Unis. L'Église catholique a cité les poursuites pour abus sexuel contre les prêtres comme la cause de ses difficultés financières. Leurs actifs s'élevaient à 4,8 millions de dollars, tandis que leurs passifs approchaient presque 62 millions.

Étant né au Nouveau-Brunswick au Canada, ce pays occupe une spéciale place dans ma vie. Le mercredi 29 avril 2009 à 13 h 21, heure de l'Est, le pape Benoît s'est excusé aux Canadiens qui étaient physiquement et sexuellement agressés dans les pensionnats catholiques. Le pape a exprimé le chagrin pour l'angoisse des victimes et a fait savoir qu'il priait pour leur guérison.

Nous ne parlons pas des recherches sur l'Église catholique. Nous parlons de la documentation actuelle qu'elle détient. Entre les années 1800 et l'an 1970, plus de 150 000 enfants ont été forcés de fréquenter des écoles chrétiennes financées par l'état. Bien que le gouvernement du Canada ait estimé que les écoles chrétiennes seraient dans le meilleur intérêt des enfants, il a admis que l'abus sexuel était répandu.

Le Premier ministre canadien a présenté des excuses officielles au Parlement, disant que le traitement des enfants au cours de ces années était un chapitre très triste de l'histoire du pays. L'Église catholique a payé plus de 80 millions de dollars aux victimes, alors que le gouvernement a donné des milliards de dollars comme compensation.

Il s'agit d'enfants innocents qui non seulement n'avaient aucun endroit pour se cacher, mais ont été dérobés de leur capacité de croire en Dieu et ont toujours la difficulté à croire. Ceci est arrivé dans tous les pays du monde parce que des pédophiles ont toujours été permis d'opérer derrière les cols romains.

Si nous devons progresser au nom du christianisme, il nous faut comprendre ce que Jésus éprouvait à l'égard des enfants et les conséquences pour ceux qui choisissent de les souiller. Ne vous étonnez pas si vous voyez des taches d'eau dans cette particulière page. Je suis assis aujourd'hui et j'écris avec des larmes aux yeux, je suis tiraillé entre la tristesse et la colère. Alors que la regrettable vérité est révélée chaque jour au cœur de l'Église catholique, je frémis en pensant, en tant qu'étudiant de l'histoire de l'Église, aux travestissements infligés aux jeunes garçons et filles non protégés pendant l'âge des ténèbres.

Les difficultés vécues par les papes des années récentes semblent en quelque sorte anodines à la lumière des problèmes actuels confrontés par l'Église Mère. Ce n'est vraiment pas un bon moment pour être pape.

Les pécheurs du monde, dans leur confusion sur le confessionnalisme et le péché révélé qui a été entretenu pendant si longtemps dans l'Église la plus large du monde, crient pour connaître la vérité sur le Dieu d'Abraham.

Le mercredi 20 mai 2009, le juge de la Haute Cour Sean Ryan a dévoilé les 2 600 pages du rapport final de la « *Commission to Inquire into Child Abuse* » [Commission d'enquête de la maltraitance des enfants] en Irlande, qui est basé sur les témoignages des milliers d'anciens élèves et de responsables d'église de plus de 250 institutions gérées par l'Église catholique.

Une enquête férocement controversée, menée pendant neuf années des institutions dirigées par l'Église catholique de l'Irlande, dit que des prêtres et des religieuses terrorisaient des milliers de garçons et de filles dans des écoles style « maison de travail » pendant des décennies. Au fil des années, les inspecteurs du gouvernement n'ont pas réussi à faire cesser les châtiments corporels, les viols et l'humiliation infligés à ces enfants de manière persistante.

Plus de 30 000 enfants de familles dysfonctionnelles étaient envoyés au réseau austère d'écoles industrielles en Irlande, dans des maisons de correction, des orphelinats et des auberges de jeunesse, entre les années 1930 jusqu'à la fermeture des établissements gérés par les catholiques dans les années 1990.

Le rapport a trouvé que les attouchements et les viols étaient endémiques dans les établissements pour garçons, principalement gérés par les Frères chrétiens. Les filles supervisées par les ordres des religieuses, principalement les Sœurs de la Miséricorde, subissaient moins l'agression sexuelle, mais fréquemment des agressions et des humiliations destinées à les dévaloriser.

Les victimes du système ont demandé depuis longtemps que la vérité de leurs expériences soit documentée et rendue publique, afin que les enfants en Irlande n'endurent jamais encore de telles souffrances.

Le rapport en cinq volumes s'accorde presque complètement avec les récits des anciens élèves. Il conclut que les responsables d'église ont toujours protégé d'arrestation les pédophiles de leur ordre en les déplaçant ailleurs, tout simplement.

La commission a déclaré sans équivoque que les hommes et femmes toujours traumatisés, maintenant ayant entre 50 et 80 ans, ont prouvé sans l'ombre d'un doute que le système entier a traité les enfants davantage comme des prisonniers et des esclaves que des personnes ayant des droits légaux et un potentiel humain.

Le gouvernement irlandais a déjà financé un système de compensation parallèle qui a payé une moyenne de 90 000 de dollars à chacune des 12 000 de victimes ou plus.

Les conclusions de la commission ne seront cependant pas utilisées pour des poursuites pénales — en partie parce que les Frères chrétiens ont poursuivi avec succès la commission en 2004 de ne pas divulguer dans le rapport les identités de tous ses membres, morts ou vivants.

Le Vatican, sous le pape Benoît XVI, a refusé de commenter.

En 1941, le Rév. Marcial Maciel Degollado (1920-2008), l'un des prêtres les plus puissants et influents de l'Église catholique, a fondé l'ordre « Légion du Christ ».

Le Rév. Degollado était un prêtre pédophile notoire qui abusait des personnes du sexe masculin pendant des décennies. Le cardinal Ratzinger (devenu plus tard le pape Benoît XVI) était au courant de cet abus. L'abus sexuel par ce prêtre n'était pas non seulement connu, mais intentionnellement passé sous silence par le Vatican pendant des années. Il y avait en fait des prêtres de la Légion du Christ qui sont allés à Rome pour aborder la question de l'abus; Degollado a nié avec véhémence les accusations.

Degollado, mieux connu comme Père Degollado, n'a jamais été excommunié de l'Église ni révoqué de la prêtrise pour ses actes criminels. En 2006, un procès canonique contre lui a été exclu en raison de son âge avancé et de sa mauvaise santé. Par contre, le pape Benoît a invité l'homme de 86 ans à mener une vie dans la prière et la pénitence, loin des yeux du public.

On a estimé que des milliers de personnes ont été traumatisées et continuent de l'être par ce prêtre pédophile notoire. Son mandat de directeur de la *Légion du Christ* a duré presque sept décennies.

Marcial Maciel Degollado est décédé le 30 janvier 2008 à Houston au Texas dans les États-Unis, et est enterré sous la surface de la terre, vêtu de ses vêtements de prêtre.

Deux ans après la mort de Degollado, le Vatican a reconnu son style de vie immoral. Sa vie a été décrite par l'Église catholique le 1er mai 2010 comme étant criminelle et que son « comportement objectivement immoral » a été une « vie sans scrupule et sans sentiment religieux véritable ».

Dès le début du temps, le péché s'est faufilé dans les ombres menaçantes de la vie. Ces œuvres du mal ne se trouvent pas seulement dans chaque foi Inquisition, mais dans chaque branche et niveau de la société moderne. Un camouflage n'a cependant jamais résolu les vrais problèmes. Au contraire, il les a souvent encouragés directement ou indirectement. Il donne simplement à l'offenseur un nouveau départ.

Si un enseignant abuse sexuellement un enfant dans le système scolaire public, le surintendant d'école ne transfère pas cet enseignant à une autre école. Le transfert mettrait immédiatement les autres enfants dans le danger. L'acte criminel est alors signalé aux autorités appropriées et traité dans le système juridique.

Les prédateurs sexuels, dans la prêtrise ou dans votre quartier, font souvent taire leurs victimes par des menaces pour que la victime se sente indigne d'en parler, coupable et honteuse comme si elle-même était coupable de quelque chose de terrible.

La hiérarchie de l'Église était bien au courant des activités des prêtres et des évêques sexuellement abusifs, et ce bien longtemps avant que cette sinistre situation ait été exposée à l'examen public. La réputation de l'Église Mère et de ses dirigeants a évidemment reçu une priorité plus élevée que celle des enfants abusés. Si l'abus sexuel sur un enfant est un crime, qu'est-ce qui constitue alors un crime contre l'humanité?

Ce comportement inapproprié de la part des dirigeants de l'Église lui a valu une forte réaction négative dans le monde qui n'aura jamais de fin.

Un regard dans les yeux tourmentés des jeunes victimes qui ne s'y attendaient pas raconte toute l'histoire de l'ultime activité hypocrite. J'ai entendu parler de la Cour de La Haye aux Pays-Bas. Le droit a été clairement sacrifié pour ce que l'Église considérait une commodité.

Tandis que les confessions et démissions des coupables sont appréciées et honorables, il faut comprendre aussi que les gens versent souvent de vraies larmes quand ils se retrouvent emprisonnés par le verdict de culpabilité d'autres personnes. Je me tiens aujourd'hui dans les ombres, poussé par l'Esprit de Dieu à interroger la sincérité du Vatican concernant l'abus sexuel sur ces enfants.

En avril 2010, l'évêque Roger Vangheluwe, qui a servi le plus longtemps des évêques en Belgique, a démissionné après avoir avoué qu'il avait abusé sexuellement des jeunes de son propre sexe.

La police belge a récemment contourné le pontificat et a perquisitionné les bureaux de l'église, confisqué des ordinateurs, saisi les documents de l'église, et détenu un groupe d'évêques qui se sont rassemblés pour discuter les 500 cas d'abus sexuel impliquant des prêtres catholiques. Le pape n'était pas content du défi non souhaité.

À la place Saint-Pierre du Vatican, le 27 juin 2010, le pape Benoît XVI s'est emporté contre les autorités belges, qualifiant leurs actions à l'égard de l'Église et de ses ministres de déplorables.

Lorsque j'étais dans l'Église catholique, je n'ai jamais remis en question le jugement du pape. C'était juste quelque chose qu'on m'avait dit de ne jamais faire. Je le fais maintenant. Je me sens obligé aujourd'hui de demander au pape ce qu'il veut dire par « déplorable ».

Le 5 février 2014, les Nations Unies ont sévèrement critiqué le Vatican pour ce qu'il a dit qui était une adoption systématique de politiques permettant aux prêtres de violer et d'abuser sexuellement des dizaines de milliers d'enfants.

La dénonciation a dit que le Saint-Siège (le Vatican) avait systématiquement donné la priorité à la prévention de la réputation de l'Église et des présumés coupables sur la protection des enfants victimes. Des personnes bien connues comme étant coupables d'abus sexuel sur les enfants ont été transférées d'une paroisse à une autre ou à un autre pays, dans le but de dissimuler de tels crimes.

À cause d'un code de silence imposé sur tous les membres du clergé par le Vatican sous peine d'excommunication, les cas d'abus sexuel sur les enfants n'ont été que rarement signalés aux autorités.

Ce rapport publié par le Comité des Nations Unies à Genève sur « Les droits de l'enfant » a dit que le Vatican doit « éliminer immédiatement toutes personnes au sein du clergé qui sont connues ou soupçonnées d'abus d'enfants ».

Comme réponse, le Vatican a dit dans une déclaration publiée sur son site web que le rapport contenait des points qui constituaient une tentative « d'interférer avec les enseignements de l'Église catholique. »

Vous allez voir maintenant l'activité de la Curie romaine alors que les cas de Degollado et de Vangheluwe, entre autres, sont clôturés. La loi canonique sera changée pour protéger les enfants catholiques de l'abus sexuel.

Au fil des années, j'ai connu beaucoup de prêtres et d'évêques merveilleux dans la foi catholique. Ces hommes ont absolument consacré et dédié leurs vies entières à l'Église Mère. Je me demande pourtant, que se passe-t-il vraiment avec les prêtres prédateurs qui sont permis par leurs évêques d'opérer derrière les grilles de fer du catholicisme ?

Que se passe-t-il vraiment quand ces prêtres — après avoir béni l'assemblée — se rendent à la sacristie avec leurs enfants de chœur ? Que se passe-t-il vraiment quand la messe est finie et les paroissiens rentrent chez eux ? Après que les beaux vêtements sacerdotaux sont pendus avec soin dans la penderie, que se passe-t-il ?

Est-ce maintenant le moment pour que ces pédophiles religieux satisfassent leurs appétits sexuels ? Est-ce que les enfants de chœur qui pensaient simplement qu'ils faisaient partie de quelque chose saint et pur, deviennent maintenant des victimes de ces prédateurs sans scrupules vers lesquels ils s'étaient tournés pour des conseils spirituels ?

Les évêques qui se tiennent dans les ombres obscures, au courant de telles atrocités, ne peuvent pas refuser la redevabilité. En cachant ce péché, ces évêques sont tout aussi coupables que les pédophiles qui molestaient ces enfants. Une blessure mentale ou émotionnelle infligée à un enfant par la prêtrise est aussi réelle et nuisible qu'une blessure physique. Dieu ne nous a-t-il pas donné à tous une conscience ?

Cela m'intéresserait de savoir ce que ces prêtres confessent aux autres prêtres dans la boîte de confession. Confesseraient-ils qu'ils sont des pédophiles et abusent chaque semaine les enfants dans leurs lieux d'adoration ? Si ces prêtres ordonnés qui ont fait leur vœu perpétuel de chasteté confessent leur perversion sexuelle, est-ce que le prêtre confesseur hésiterait à donner son absolution ? Ou, considérerait-il qu'il s'agisse simplement d'un autre péché qui mérite d'être pardonné ? Y aurait-il une crainte d'excommunication si la situation est révélée ? Je me demande, quelle sorte de pénitence le prêtre confesseur recommanderait pour une telle agression contre les cœurs innocents ?

La vie réelle derrière des portes fermées est assez transparente et n'aveugle en aucune façon l'œil de Dieu qui voit tout. Le Dieu monothéiste d'Abraham, qui est saint, n'a jamais permis que le péché de Sodome et Gomorrhe disparaisse dans la nuit des temps. Pas du temps d'Abraham ni en l'an 2023. Il y a une énorme différence entre le christianisme apostolique pur et le christianisme religieux **fait par l'homme**.

Cette particulière activité au sein de l'Église Mère paraît être un problème continu partout où qu'elle soit représentée Inquisition. Si ces hommes de l'Église catholique avaient tenu compte de la Parole de Dieu, ils auraient su que leur péché non repenti serait exposé un jour.

« Il n'y a rien de caché qui ne doive être découvert, ni de secret qui ne doive être connu. »

Luc 12 : 2

La question de savoir si les ministres devraient avoir la permission de se marier a été posée sans arrêt au cours des années. Une vie de célibat ne fait pas nécessairement de quelqu'un un prédateur sexuel. C'est une vie dépourvue de la puissance de Dieu et de la présence de Dieu qui courtise les profondeurs insondables des ténèbres.

Bien que Pierre (le premier pape ?) ait été un homme marié, Paul, l'apôtre aux Gentils qui a écrit plus de la moitié du Nouveau Testament, a choisi un style de vie de célibat.

« Jésus se rendit ensuite à la maison de Pierre, dont il vit la belle-mère couchée et ayant la fièvre. »

Matthieu 8 : 14

L'apôtre Paul écrivant à l'église de Corinthe :

« Je voudrais que tous les hommes soient comme moi ; mais chacun tient de Dieu un don particulier, l'un d'une manière, l'autre d'une autre. À ceux qui ne sont pas mariés et aux veuves, je dis qu'il leur est bon de rester comme moi. Mais s'ils manquent de maîtrise d'eux-mêmes, qu'ils se marient ; car il vaut mieux se marier que de brûler. »

I Corinthiens 7 : 7-9

Bien que les excuses et les restitutions soient honorables et très appréciées, de tels actes impies ne sont que la partie émergée d'un énorme iceberg historique. Je prie pour que le Prince de la paix apporte la guérison et le réconfort à ceux qui ont été violés et agressés ; que les blessures de leurs âmes troublées soient restaurées par l'amour indéfectible de Dieu.

Chapitre dix-neuf

Diviser et conquérir

Lorsque la Parole de Dieu est compromise ou ignorée, la corruption de l'âme est imminente. L'histoire a prouvé que ceux qui contredisent la Parole de Dieu ne rencontrent que luttes et conflits, et finalement la destruction. Satan a un grand désir d'offrir une imitation bon marché à ceux qui recherchent la face de Dieu. Faut-il s'étonner que Satan, qui a apporté le péché originel de l'orgueil, ait offert son imitation au Concile de Nicée il y a tant d'années ? Lorsque Satan s'est brusquement aperçu que Dieu ne partagerait pas son trône, il a développé de la haine envers Dieu. Donc, Satan dans son complot, a profité du Concile de Nicée pour introduire la confusion dans le cœur de l'Église. Puisque Satan ne pouvait pas être un dieu, il a tenté une fois de plus de retirer la souveraineté de Dieu en présentant une fausse représentation de l'autorité exclusive de Dieu.

Le contrecoup d'une telle manœuvre calculée a fini par entraîner dans son sillage d'innombrables imitations de l'initiale Église universelle de Dieu. La division et la séparation qui ont proliféré au fil des siècles étaient le but de Satan alors qu'il prenait les mesures prévues contre le peuple de Dieu. Comment pouvons-nous nous occuper des affaires de notre Père céleste si nous, en tant qu'enfants de Dieu, nous nous acharnons à réfuter toute autre personne de foi ? Le but de Satan consistait à séparer, et il l'a accompli.

« Comme Jésus connaissait leurs pensées, il leur dit : Tout royaume divisé contre lui-même est dévasté, et toute ville ou maison divisée contre elle-même ne peut subsister. »

Matthieu 12 : 25

Le confessionnalisme n'a jamais été l'idée de Dieu. Dans ces milieux **faits par l'homme** (souvent de simples activités sociales), on peut accueillir ou s'éloigner de leurs traditions, doctrines, théologies, philosophies ou peut-être même de leur christianisme, mais on ne peut pas rétrograder de Dieu avant d'être né d'eau et d'Esprit. Alors que le sang royal du Créateur, et soutien de la vie dans son état le plus pur, coule dans les veines des rachetés, l'ADN contaminé de l'Église Mère coule dans les veines du confessionnalisme. Je peux m'asseoir confortablement dans un temple bouddhiste ou sur les bancs d'églises de différentes dénominations et ne jamais sentir la piqûre de l'intimidation. Ce n'est pas parce que je suis d'accord avec leurs théologies. C'est parce que je suis simplement persuadé de la mienne.

Dieu s'est incarné pour établir une seule vraie Église apostolique. Cette Église n'était pas une église qui protestait comme à l'époque de Martin Luther ni **faite par l'homme** à Rome du temps de la vente des indulgences. L'Église du Seigneur, la vraie Église apostolique, établie sur terre le jour de la Pentecôte, est spirituelle et sans formulaire de demande d'adhésion. Pour rejoindre cette Église lavée par le sang, il faut y être né. C'est-à-dire né d'eau qui est le baptême, et né d'Esprit qui est le baptême du Saint-Esprit.

Je ne peux aider personne dans sa quête de vérité si je ne la connais pas moi-même. De même, nous les apostoliques n'aimons pas réellement les âmes qui ont soif de justice à moins que nous nous appuyions sur la Parole de Dieu et disions la vérité absolue aux gens. Si nous nous disons apostoliques, il ne doit rien y avoir en nous qui ne soit pas apostolique. Les apostoliques purs ne font pas de compromis.

« Il leur dit aussi cette parabole : Un aveugle peut-il conduire un aveugle ? Ne tomberont-ils pas tous deux dans une fosse ? »

Luc 6 : 39

Tandis que les chrétiens désinvoltes continuent d'affaiblir l'Évangile, l'Église du Dieu vivant qui s'accroche à la doctrine des apôtres est en train d'avancer. Tout en louant le Nom qui est au-dessus de tous noms, prions quotidiennement pour que le Seigneur unisse son peuple qui partage une foi du même prix, et nous lie les uns aux autres dans une communion sainte avec des cordes incassables. Les feux du Saint-Esprit ont brûlé dans les autels anciens et les feux du Saint-Esprit brûlent encore aujourd'hui dans les autels apostoliques. Tout en reconnaissant le prix qui a été payé, l'Église apostolique avance dans une véritable fraternité.

L'histoire a révélé les conséquences dévastatrices d'un esprit de compromis sur une église. Depuis peu, on a remarqué que certaines arènes au sein de l'Église apostolique flirtaient avec les esprits des églises mondaines. Ces esprits peuvent aisément être comparés à l'église de Laodicée décrite par Jean de Patmos dans le livre de l'Apocalypse.

« Écris à l'ange de l'Église de Laodicée : Voici ce que dit l'Amen, le témoin fidèle et véritable, le principe de la création de Dieu : Je connais tes œuvres. Je sais que tu n'es ni froid ni bouillant. Puisses-tu être froid ou bouillant ! Ainsi, parce que tu es tiède, et que tu n'es ni froid ni bouillant, je te vomirai de ma bouche. Parce que tu dis : Je suis riche, je me suis enrichi, et je n'ai besoin de rien, et parce que tu ne sais pas que tu es malheureux, misérable, pauvre, aveugle et nu, je te conseille d'acheter de moi de l'or éprouvé par le feu, afin que tu deviennes riche, et des vêtements blancs, afin que tu sois vêtu et que la honte de ta nudité ne paraisse pas, et un collyre pour oindre tes yeux, afin que tu voies. Moi, je reprends et je châtie tous ceux que j'aime. Aie donc du zèle, et repens-toi. »

Apocalypse 3 : 14-19

Quand Dieu m'a rempli du Saint-Esprit et de feu à l'autel d'une église apostolique à l'ancienne, on m'a dit d'être fidèle, que l'esprit de compromis venait du diable et que la désobéissance était aussi coupable de la divination. J'y ai cru. J'aime certainement la vérité de la Parole de Dieu. Je suis fidèle à la doctrine biblique et non, je ne compromettrai pas avec ce monde. Mes pairs, le ferez-vous ? Est-ce que vous vous rétracterez de vos engagements et convictions antérieurs ou demanderez-vous toujours les anciens sentiers, qui représentent la bonne voie ? Nourrir un esprit d'une église mondaine, c'est tracer un chemin de retour à Rome spirituel. J'ai visité Rome et je n'ai aucune intention d'y retourner.

Si nous choisissons ensemble, verbalement ou dans les ombres, de courtiser ce qui a déjà été rejeté par Dieu, nous nous trouverons un jour comme Samson d'antan, consumés un jour dans le sein de notre propre ennemi immortel. Notre héritage apostolique a eu une naissance amère, et de la poussière de la terre le sang des martyrs unicitaires appelle ceux qui oseraient devenir les gardiens d'une espèce menacée.

Après la séparation de Martin Luther de l'Église Mère, beaucoup de réformateurs ont suivi avec leurs propres philosophies et leurs propres théologies. Un grand nombre d'églises et de doctrines ont vu le jour durant la Réforme. Tous ont déclaré être les successeurs de l'Église du premier siècle. Maintenant que j'ai le Saint-Esprit, il est très clair pour moi que si une église, quel que soit son nom, veut s'identifier avec l'Église du premier siècle, il faut qu'elle s'identifie aussi avec l'enseignement de l'Église du premier siècle.

Comme Pierre a présenté les clés du salut le jour de la Pentecôte, nous devons comprendre que la Parole de Dieu ne change pas et qu'il est toujours question de la repentance du péché, du baptême au nom du Seigneur Jésus-Christ pour la rémission du péché, et du remplissage du Saint-Esprit avec l'évidence du parler en langues, comme c'était au début.

À ce stade, je voudrais partager rapidement quelques informations concernant les dénominations chrétiennes variées qui existent actuellement dans le monde.

Les mennonites

Menno Simons (1496-1561) était le fondateur des mennonites au début des années 1500 et à un moment donné, un prêtre de l'Église catholique. Les mennonites appartiennent à un groupe protestant qui est connu pour l'importance qu'il accorde à la sobriété de l'habillement, du style de vie et de l'adoration. Leur credo est le Sermon sur la montagne trouvé dans le cinquième chapitre de Matthieu. Les mennonites croient que la Bible interdit de faire la guerre, de prêter serment, et d'exercer des fonctions qui requièrent la force.

Les premiers mennonites appartenaient à une église organisée à Zurich en Suisse. Ils pensaient que la Réforme n'a pas réformé assez, croyant que la séparation totale de l'Église et de l'État était nécessaire. Les mennonites insistaient sur le baptême pour ceux qui avaient été baptisés quand ils étaient bébés. Ils sont devenus connus sous le nom anabaptistes ou « rebaptiseurs » et ont été persécutés dans plusieurs pays. Les mennonites néerlandais sont partis au nord de l'Allemagne et en Prusse dans les années 1600, et en Ukraine russe dans les années 1700. Les mennonites sont partis en Pennsylvanie aux États-Unis d'Amérique en 1683 après que William Penn (un quaker) leur a offert la liberté religieuse.

Le mode du baptême vient avec la révélation, tout comme la compréhension de la Divinité. Maintenant que nous avons Dieu dans notre vie, il est bien clair que s'il a fallu que le Saint-Esprit inspire les hommes d'antan pour entendre et écrire la Parole de Dieu, il faudra que le même Saint-Esprit inspire les hommes pour lire et comprendre la Parole de Dieu. Une fois que l'on reçoit le Saint-Esprit, le Bon Livre devient la « Parole vivante ». Au cours du IIe siècle, l'Église en Asie Mineure faisait face à une hérésie importante, et a refusé de reconnaître la validité du baptême hérétique. En conséquence, les convertis de l'Église universelle étaient rebaptisés.

Les amish

En 1693, Jacob Amman, un aîné suisse, a fondé l'aile la plus conservatrice des mennonites, les amish. La rupture était due à des désaccords concernant la discipline ecclésiastique. Les amish sont plus stricts dans leurs enseignements que les mennonites, et ils évitent les membres excommuniés.

Les amish enseignent la séparation d'avec le monde. Les membres sont défendus de faire la guerre, de prêter serment, ou d'exercer des fonctions publiques. Leur doctrine requiert l'agriculture et un mode de vie simple.

Leur niveau d'éducation est limité à la huitième année. D'ordinaire, les gens qui se séparent du vieil ordre des amish rejoignent les mennonites qui sont plus libéraux. Les amish sont arrivés aux États-Unis vers 1728. Il n'y a plus de groupe amish en Europe.

L'Église presbytérienne

L'Église presbytérienne est une dénomination protestante et est parfois appelée « Église réformée ». L'Église presbytérienne considère Jean Calvin (l'homme qui a fait brûler le ministre unicitaire

Servet à Genève) comme leur père fondateur. Par conséquent, les enseignements sont basés sur la compréhension que Calvin avait de l'Écriture.

Le culte trin du Père, du Fils et du Saint-Esprit, identiques en substance et égaux en puissance et gloire, est la pierre angulaire du calvinisme. La doctrine de la sécurité éternelle représente ce qu'est le calvinisme. Calvin a réaffirmé que Christ est mort seulement pour les élus et que leur salut était garanti. Il a pensé que les croyants ont besoin d'assurance en plus d'encouragement. Ceci a conduit à la croyance « une fois chrétien, toujours chrétien ». Calvin croyait aussi que Dieu ne laisserait jamais personne tomber, car on est gardé dans la foi par la grande puissance de Dieu. Il croyait que tous les régénérés (convertis) sont éternellement sécurisés, croyant qu'ils ont été prédestinés à la gloire éternelle et ont l'assurance d'aller au ciel. Les convertis succombent en fait aux tentations et pèchent, mais ne perdent pas le salut ou ne souffrent d'aucune séparation de Christ.

Dans II Chroniques 15 : 2, nous lisons que Dieu est juste. Nous attendre à ce que Dieu soit fidèle pendant que nous jouons le rôle d'une prostituée avec d'autres dieux est une chose impensable et au mieux une insulte. Le salut est conditionnel.

Dans ces derniers jours, il ne faut pas que les personnes du nom de Jésus soient séduites par le christianisme religieux **fait par l'homme**. Un jour, nous verrons tous « l'Agneau de Dieu » se transformer en « Lion de la tribu de Juda ». À cette heure, ce sera Oui ou Non. Dieu est juste et s'attend à ce que son peuple soit juste. Il ne change pas d'un siècle à un autre et ne sera pas moqué par sa création.

« Toute leur méchanceté se montre à Guilgal ; c'est là que je les ai pris en aversion. À cause de la malice de leurs œuvres, je les chasserai de ma maison. Je ne les aimerai plus… »

Osée 9 : 15

L'Église anglicane

En 1558, l'Église anglicane ou l'Église d'Angleterre est devenue complètement indépendante de l'Église catholique sous le règne de la Reine Élisabeth Ire, connue comme la « bonne Reine Bess ». Les enseignements anglicans sont basés sur l'Écriture, la tradition et la raison. La troisième révision du *Livre de la Prière Commune* (1559) et les « Trente-neuf articles » (1571) sont utilisés pour guider l'Église sur la doctrine, la discipline et le culte.

Les Trente-neuf articles affirmaient que Dieu est sans corps, sans parties ou passions, adoptant ainsi la doctrine de « l'impassibilité de Dieu ». Cette doctrine particulière déclare que Dieu n'est pas capable d'être influencé ou affecté émotionnellement par qui que ce soit dans la création. Dire que Dieu est complètement différent de nous est aussi absurde que de dire qu'il est complètement comme nous, rendant cette théologie incompréhensible.

Nous trouvons ici une nette contradiction concernant les changements de la Déité dans l'histoire. Le Dieu décrit dans les Écritures saintes n'est pas démuni d'émotions ni de capacité d'aimer et d'éprouver la douleur de l'amour rejeté.

Dans Exode 3 : 7, Dieu a dit à Moïse qu'il entendait les murmures de son peuple, connaissait leurs peines, et dans le huitième verset, il a dit qu'il allait les libérer. « L'Éternel dit : J'ai vu la souffrance de mon peuple qui est en Égypte, et j'ai entendu les cris que lui font pousser ses oppresseurs, car je connais ses douleurs. Je suis descendu pour le délivrer de la main des Égyptiens… »

« Car nous n'avons pas un souverain sacrificateur qui ne puisse compatir à nos faiblesses ; au contraire, il a été tenté comme nous en toutes choses, sans commettre de péché. »

Hébreux 4 : 15

Cette dénomination allait donner naissance à la version *King James* de la Bible, qui est largement utilisée par les anglophones dans le monde. Le Roi Jacques Ier a soutenu l'Église anglicane et a parrainé cette traduction de la Bible en 1611.

Les baptistes

Un membre du clergé de l'Église d'Angleterre appelé John Smyth (1570-1612) était le premier dirigeant baptiste. Au début des années 1600, John Smyth s'est rendu aux Pays-Bas avec plusieurs exilés anglais qui sont devenus plus tard des pèlerins de la Nouvelle-Angleterre.

Pendant son séjour aux Pays-Bas, Smyth et trente-six autres ont formé l'Église baptiste.

Toutefois, la croissance majeure des baptistes ne s'est pas produite en Angleterre avant la révolution puritaine. Le mouvement baptiste s'est développé comme une aile du congrégationalisme anglais durant les années 1600 et comme beaucoup d'autres groupes chrétiens, il s'est opposé au baptême des bébés qui était une tradition de l'Église catholique. Ils croyaient que le baptême était réservé strictement à ceux qui font leur propre déclaration de foi. Le mot « *baptizein* » signifie immerger. Les baptistes croient que le baptême doit être fait par immersion plutôt que par versement ou aspersion.

Les quakers

« Quakers » est le nom donné à la Société Religieuse des Amis. Le quakerisme s'est développé en Angleterre dans les années 1600 sous le leadership de George Fox (1624-1691). Fox a commencé à prêcher en 1647, attirant une variété de chercheurs de religion durant cette période de révolution sociale et politique en Angleterre. Fox a connu un profond changement dans sa vie religieuse en 1652 quand il a dit qu'il avait eu une vision à un endroit appelé Pendle Hill. Il a par la suite fondé sa foi sur l'idée que Dieu parle directement à toute personne. L'expérience de Fox l'a fait voir ce qu'il a appelé la « lumière interne » de Christ qui demeure dans le cœur humain.

Le mot « quaker » était à l'origine une insulte à l'égard de George Fox, qui a dit à un juge anglais de « *quake* » [trembler] à la Parole du Seigneur ». Ce juge, à son tour, a appelé Fox un quaker (trembleur).

Quoique le quakerisme ait été fondé en Angleterre, il a subi de graves persécutions. En 1682, un quaker du nom de William Penn a fondé une colonie en Pennsylvanie aux États-Unis comme refuge pour les quakers anglais constamment persécutés, qui souhaitaient immigrer dans le Nouveau Monde. Les quakers considèrent toute vie comme sacramentelle et n'observent pas de sacrements particuliers.

Les shakers

Même si les enseignements des quakers diffèrent de ceux des shakers, cette secte a aussi démarré en Angleterre en 1772 par Ann Lee (1736-1784). Les principes fondamentaux des shakers comprennent la virginité pure, l'amour, la paix et la justice. Les shakers expriment ces principes à travers la pratique du célibat, la fraternité universelle, la non-violence, et le partage de tous leurs biens et provisions.

Les shakers croient que Dieu est à la fois masculin et féminin et que Ann Lee, appelée « Mère Ann » était la réincarnation de Jésus-Christ. Parce que les shakers ne croient pas au mariage ou à l'enfantement comme les autres, ils dépendent des conversions ou des adoptions pour maintenir leur adhésion.

L'Église méthodiste

John Wesley (1703-1791) était le fondateur de l'Église méthodiste. John était l'un des dix-neuf enfants nés des parents Susanna et Samuel Wesley, un ministre de l'Église d'Angleterre. Samuel a écrit plusieurs livres, y compris *History of the New Testament Attempted in Verse* (1701) et la massive *Dissertation of Job* (1735).

John Wesley est devenu le leader du réveil évangélique et le fondateur de l'Église méthodiste en Grande-Bretagne et en Amérique. Lorsque John avait cinq ans, le presbytère a brûlé et il a été le dernier à être sauvé. Après cela, il s'est pris pour un « tison arraché du feu » par le Seigneur lui-même. En général, Wesley était un théologien pratique. De manière très pragmatique, sa théologie était principalement axée sur ses propres besoins et sur les besoins de ceux qui lui ont été confiés.

Le frère de John Wesley, Charles, a commencé le « *Holy Club* » [club saint], un petit groupe d'étudiants qui se réunissaient à Oxford pour étudier la Bible et prier. Charles a composé plusieurs hymnes au début de l'Église méthodiste qui sont encore très chéris aujourd'hui.

Quelques-uns des hymnes sont « *O For a Thousand Tongues* », « *Jesus Lover of my Soul* », et « *Love Divine, All Loves Excelling* ». John a rejoint le groupe et est devenu plus tard le dirigeant. Leurs efforts consistaient à mener une vie chrétienne à travers une « méthode ». L'Église épiscopale méthodiste a été formée lorsque John Wesley s'est séparé de l'Église d'Angleterre.

L'Armée du salut

L'Holocauste d'Adolf Hitler au XXe siècle a été un évènement sans parallèle dans l'histoire anti-sémitiste. La propagande nazie déclarait que la race humaine devait être épurée en détruisant les Juifs. Plus d'un million d'enfants juifs à eux seuls ont été envoyés dans des chambres à gaz en Europe. C'était pendant cette période que l'Armée du salut a été formée.

William Booth était le fondateur de l'Armée du salut. Avec l'aide de sa femme Catherine, il a démarré la mission chrétienne comme opération de secours à l'est de Londres. La mission en Angleterre a pris le nom « Armée du salut » en 1878. Elle menait une guerre contre la pauvreté et le péché. Catherine Booth est devenue connue sous le nom de « Mère de l'Armée du salut ».

L'un des objectifs de l'Armée du salut est : « Propager la religion chrétienne telle qu'elle est promulguée dans les doctrines religieuses… qui sont professées, crues et enseignées par l'Armée, et en conséquence, l'avancement de l'éducation, le soulagement de la pauvreté et d'autres fins caritatives bénéfiques à la société ou à la communauté de l'humanité dans son ensemble. »

L'Armée du salut croit que ses membres devraient s'abstenir de boire de l'alcool, de fumer, de prendre des drogues illégales, et des jeux d'argent.

Cette dénomination chrétienne croit qu'il y a un seul Dieu qui est infiniment parfait, le Créateur, Conservateur et Gouverneur de toutes choses, et qui est le seul objet digne de vénération religieuse. Toutefois, elle croit aussi qu'il y a trois personnes dans la Divinité : le Père, le Fils et le Saint-Esprit, indivisibles en essence et égaux en puissance et en gloire.

L'Église du Christ

Thomas Campbell (1763-1854) était le fondateur de l'Église du Christ. Les membres de l'Église du Christ croient que la première Église du Christ a été établie le jour de la Pentecôte après la résurrection et l'ascension de Jésus-Christ. Ils affirment que l'Église s'est répandue à travers le monde romain, mais qu'elle a décliné jusqu'aux années

1800. Puis Thomas Campbell, son fils Alexander et leurs associés l'ont rétablie. Thomas Campbell était un ecclésiastique presbytérien d'origine irlandaise qui s'est installé en Pennsylvanie en 1807.

Les convertis à la fois étaient appelés « Disciples du Christ » et certains les appelaient les *campbellites*. Alexander Campbell, le fils de Thomas Campbell, a fondé en 1840 *Bethany College* à la Virginie-Occidentale, servant comme son président pendant vingt ans.

En 1832, les « Disciples du Christ » se sont unis avec « Les Chrétiens » pour former l'Église chrétienne.

L'Église du Christ accepte le Nouveau Testament comme sa seule règle de foi et de pratique. L'Église considère que la Bible entière est inspirée de Dieu, mais croit que l'Ancien Testament n'était contraignant que dans les temps anciens. L'Église du Christ croit et maintient que le Nouveau Testament énonce la foi, la repentance, la confession et le baptême comme conditions du salut.

Cette Église est contre la musique dans l'église, cependant, il convient de noter à cet égard que Dieu a permis à Jean de Patmos de voir les rachetés (les sanctifiés, les saints lavés par le sang) l'adorer avec des instruments pendant qu'ils chantaient un nouveau cantique. Dans le livre de l'Apocalypse, on peut lire une description de cette vision.

« Quand il eut pris le livre, les quatre êtres vivants et les vingt-quatre vieillards se prosternèrent devant l'Agneau, tenant chacun une harpe et des coupes d'or remplies de parfums, qui sont les prières des saints. Et ils chantaient un cantique nouveau, en disant : Tu es digne de prendre le livre, et d'en ouvrir les sceaux ; car tu as été immolé, et tu as racheté pour Dieu par ton sang des hommes de toute tribu, de toute langue, de tout peuple, et de toute nation »

Apocalypse 5 : 8-9

L'Église mormone

Le mormonisme a été établi presque en même temps que l'Église du Christ. Le mormonisme est composé de doctrines et de pratiques de l'Église de Jésus-Christ des saints des derniers jours. De nos jours, les mormons sont divisés en deux groupes principaux : l'Église de Jésus-Christ des saints des derniers jours organisée depuis Salt Lake

City, dans l'Utah aux États-Unis, et l'Église réorganisée de Jésus-Christ des saints des derniers jours, basée à Independence, au Missouri aux États-Unis.

L'Église de Jésus-Christ des saints des derniers jours a été d'abord organisée le 6 avril 1830 à Fayette dans l'État américain de New York, par Joseph Smith (1805-1844).

À Nauvoo, Smith a institué la doctrine de polygamie en 1843. Or, la polygamie est la pratique par lequel un homme a plusieurs femmes, et est pratiquée par l'islam. Beaucoup de mormons n'étaient pas d'accord avec cette doctrine et se sont séparés du groupe. La doctrine a été officiellement interdite en 1890. Ceux qui se sont séparés des mormons en 1844 ont créé un journal qui critiquait Smith. Le journal a été détruit et Joseph Smith a été blâmé pour cela. Joseph et son frère Hyrum ont été emprisonnés à Carthage dans l'Illinois, pour émeutes et trahison. Le 27 juin 1844, une foule a attaqué la prison et a tué Joseph Smith et son frère.

Le mormonisme est basé sur une assertion double. La première est l'affirmation de Joseph Smith qu'il avait reçu des plaques d'or sur lesquelles étaient gravées des Écritures anciennes. (Ces plaques d'or pur auraient moins de 200 ans. Où sont-elles aujourd'hui?) Smith a affirmé qu'il avait traduit ces plaques et les avait publiées en 1830 comme le Livre de mormon.

La seconde est l'affirmation de Joseph Smith qu'il a eu une expérience personnelle avec Jésus et ensuite recevait des révélations continues de Dieu. La nature de ces révélations continues se trouve dans la publication mormone « Doctrine et Alliances ». Le mormonisme affirme être la seule vraie Église parce que ses dirigeants continuent de recevoir des révélations de Dieu.

Sur le sujet de la trinité, John Smith a fait cette déclaration : « J'ai toujours déclaré que Dieu est un personnage distinct, Jésus-Christ un personnage séparé et distinct de Dieu le Père, et le Saint-Esprit est un personnage distinct et un Esprit : et ces trois constituent trois personnages distincts et trois Dieux. » (*Teachings of Joseph Smith*, p. 370)

Fait intéressant : selon la foi hindoue, le mot trinité veut dire trois ; alors que selon la foi trinitaire chrétienne, trinité veut dire un. En tant que croyant monothéiste, ma confusion augmente au fur et à mesure que je m'efforce de comprendre la logique des autres croyances concernant la Divinité.

Les adventistes du septième jour

Les adventistes du septième jour ont été établis à Battle Creek au Michigan aux États-Unis en 1863 par un groupe de personnes qui ont découvert que les enseignements de William Miller (1782-1849), un ministre baptiste, étaient erronés.

Les adventistes ont vu le jour au début des années 1800, lorsque les gens en Amérique et en Europe se sont laissés absorbés par la doctrine de la seconde venue de Christ, voire le jour et l'heure de son retour.

Les enseignements de William Miller n'ont pas été précis, et à la suite de nombreuses déceptions beaucoup de gens, y compris Miller lui-même ont abandonné l'Église.

Les adventistes du septième jour, connus surtout pour leurs ministères de soins de santé, observent le sabbat le samedi, et ont leur siège à Washington DC aux États-Unis.

L'Église du Christ, Scientiste

L'Association des Scientifiques Chrétiens a été fondée par Mary Baker Eddy en 1876, et trois ans plus tard, l'Église du Christ, Scientiste a reçu sa charte. La première Église du Christ, Scientiste de Boston est connue comme « l'église mère » et chaque église locale ou branche opère indépendamment.

Sur le plan théologique, l'Église du Christ, Scientiste est d'accord avec quelques principes du christianisme orthodoxe. Il n'y a pas de clergé ou de prêtrise, ni de prédication. Les lecteurs récitent des sélections de la Bible. Pour eux, Dieu est un Esprit moniste, et il n'y a pas eu d'incarnation physique. Tout ce qui est de la chair est une illusion, comme la maladie, le péché, et la mort. Le ciel et l'enfer sont des états de la pensée du moment, non pas de futurs lieux de demeure. Toutes leurs sources d'autorité sont les écrits de Mary Baker Eddy qui sont considérés comme une révélation divine.

Les Témoins de Jéhovah

L'Église moderne des Témoins de Jéhovah a été lancée en Pennsylvanie dans les années 1870 par Charles Taze Russell (1852-1916). Son entité corporative, la *Watch Tower Bible and Tract Society* [Société de la Tour de garde pour les Bibles et dépliants) a été incorporée en 1884 avec Russell comme président. Sa revue « La Tour de garde » a été d'abord publiée en 1879.

Les Témoins de Jéhovah croient qu'il y a un seul Dieu, appelé Jéhovah. Ils considèrent que Jésus est subalterne à Jéhovah seul, mais ne le considère pas comme divin. Les membres considèrent Abel, le fils d'Adam, comme le premier Témoin de Jéhovah et citent le chapitre de foi d'Hébreux. En plus du onzième chapitre d'Hébreux, ils citent Hébreux 12 : 1 comme leur source. « Nous donc aussi, puisque nous sommes environnés d'une si grande nuée de témoins, rejetons tout fardeau, et le péché qui nous enveloppe si facilement, et courons avec persévérance dans la carrière qui nous est ouverte ».

Ils possèdent un vaste réseau missionnaire dans le monde entier et sont actifs dans la plupart des pays.

Sur la doctrine de la trinité, les témoins de Jéhovah déclarent : « Jamais une doctrine plus trompeuse n'a été avancée que celle de la trinité. Elle n'a pu naître que dans un seul esprit, et cet esprit est celui de Satan le diable. » (*Reconciliation*, 1928, p. 101)

L'Église du Nazaréen

L'Église du Nazaréen est une dénomination protestante. Ce groupe suit les enseignements du méthodisme à son début. Le siège international est situé au « Paseo » à Kansas City au Missouri aux États-Unis, et a été établie à Pilot Point au Texas en 1908.

L'Église du Nazaréen a été le résultat d'une fusion de trois groupes indépendants de la sainteté. La *Nazarene Publishing House* centrale publie beaucoup de livres et de revues religieux, y compris le journal officiel de l'église « *Herald of Holiness* ».

L'Église charismatique

Le mouvement charismatique a eu lieu au sein des Églises historiques établies, vers la fin des années 1950 et le début des années 1960. Le mot charismatique dérive du terme grec « *charisma* » signifiant « don de la grâce ».

Aux États-Unis, un important réveil charismatique a été remarqué lorsque le ministère de Dennis Bennett, un recteur épiscopal de Van Nuys en Californie, a bénéficié d'une publicité nationale.

Le mouvement charismatique, appelé « néo-pentecôtiste » et parfois qualifié de « renouveau charismatique », s'est répandu dans les Églises luthériennes et presbytériennes dans les années 1960, dans l'Église catholique en 1967, puis dans l'Église grecque orthodoxe en 1971.

Ce mouvement a affecté presque toutes les Églises chrétiennes, et le résultat était un large éventail de littérature remettant en question la doctrine et soulevant des questions théologiques tant à l'intérieur qu'à l'extérieur du mouvement. La plupart des charismatiques ont maintenu la croyance traditionnelle en la doctrine trinitaire après avoir quitté les Églises traditionnelles.

À cause des aspects distinctifs tels que le parler en langues (*glossolalie*) et la validité continue des dons spirituels (*charismata*), les charismatiques n'ont pas trouvé de place dans les Églises historiques. Elles quittaient ces Églises librement ou étaient forcées de partir, et organisaient leurs propres églises. Le mouvement charismatique, tout en étant quelque peu lié historiquement ou doctrinalement au pentecôtisme classique, a débordé sur les églises locales interconfessionnelles.

Le Conseil œcuménique des Églises

Ce conseil n'est pas en soi une dénomination, mais plutôt une multitude de dénominations variées. La même année qu'Israël est devenue une nation, le 14 mai 1948 à 16 heures, lorsque David Ben Gourion a lu la déclaration d'indépendance d'Israël qui a été diffusée à partir du Musée de Tel-Aviv, un concile a été convoqué parmi les Églises confessionnelles. En 1948, le « Conseil œcuménique des

Églises » a été fondé à Amsterdam aux Pays-Bas. Les églises membres ont élu six présidents et un comité central composé de 120 membres. Ce conseil, dont le siège est situé à Genève en Suisse, comprend deux cent quatre-vingts-dix Églises protestantes, anglicanes, vieilles-catholiques, et orthodoxes dans l'organisation.

Les églises formant le conseil ont environ quatre cents millions de membres d'une centaine de pays dans le monde. L'Église catholique, sans être membre du concile, travaille avec l'organisation à travers plusieurs programmes.

Les activités de ce conseil, juste pour en mentionner quelques-unes, comprennent : le travail missionnaire ; l'aide aux réfugiés, aux malades et aux défavorisés ; ainsi que la promotion de la paix mondiale dans un effort d'éliminer la pauvreté au sein de la communauté internationale.

Nous avons intérêt à noter que les doctrines de la vraie Église apostolique ne sont pas issues du savoir-faire humain, mais sont divinement instituées.

D'après la *World Christian Encyclopedia* (1982), il a été estimé qu'au début du XXe siècle, le nombre de dénominations religieuses était 1 900. Aujourd'hui, on estime qu'il y en a 22 000. Le confessionnalisme n'est pas biblique. Dans le livre de Jean, on peut lire d'une seule et unique Église.

« J'ai encore d'autres brebis, qui ne sont pas de cette bergerie ; celles-là, il faut que je les amène ; elles entendront ma voix, et il y aura un seul troupeau, un seul berger. »

Jean 10 : 16

L'Église universelle

L'Église universelle est l'Église glorieuse de Dieu qui a été confiée aux humains par Christ en personne le jour de la Pentecôte. Il s'agit de la même Église unique mentionnée dans le livre des Éphésiens qui sera présentée au Seigneur.

« …cette Église glorieuse, sans tache, ni ride, ni rien de semblable… »

Éphésiens 5 : 27

Les pentecôtistes apostoliques, ne revendiquant pas le confessionnalisme, existaient depuis le début. Nous sommes apostoliques parce que nous vivons, croyons et enseignons la doctrine apostolique. Nous sommes pentecôtistes parce que nous avons connu le baptême du Saint-Esprit qui était la force motrice derrière les apôtres à l'époque de l'Église primitive. C'était et c'est le carburant qui fait fonctionner le puissant zèle apostolique. Dès les premières heures de l'Église, les gens ont reçu le baptême du Saint-Esprit et parlé en langues selon que l'Esprit leur donnait de s'exprimer.

Alors que je faisais mes études de prêtrise, j'entendais parler des prêtres catholiques recevant le don du Saint-Esprit et parlant en d'autres langues. Toutefois, je n'ai jamais assisté à une messe pendant laquelle le corps et sang de Jésus étaient offerts alors que le prêtre parlait en langues.

Au début du XXe siècle, il s'est produit une énorme effusion du Saint-Esprit. Le *Bethel Bible College* à Topeka au Kansas aux États-Unis, fondé par Charles F. Parham, a connu une effusion du Saint-Esprit en 1901, et de nouveau à la Mission de la rue Azusa à Los Angeles en Californie, en 1906. De pareilles effusions sont arrivées en Grande-Bretagne en Europe, en Asie et en Amérique latine au début des années 1900.

La Mission sur la rue Azusa était une église méthodiste abandonnée située au n° 312, rue Azusa dans la zone industrielle de Los Angeles. Des réunions quotidiennes se sont tenues pendant trois ans à cet endroit, et étaient marquées par des prières spontanées et la prédication de la Parole de Dieu.

Sous le leadership de Charles Fox Parham, un ancien prédicateur méthodiste, la doctrine fondamentale pentecôtiste de « l'évidence initiale » a été formulée, après qu'une étudiante dans le *Bethel Bible College*, Agnes Ozman, a reçu le Saint-Esprit et parlé dans une langue inconnue en janvier 1901. Ceci n'a pas été cependant une nouvelle doctrine ou une nouvelle expérience, mais a existé dans l'Église universelle depuis le commencement.

Les services de la rue Azusa étaient conduits par William J. Seymour, le fondateur de la *Apostolic Faith Gospel Mission* de la rue

Azusa, un prédicateur de la sainteté de Houston au Texas, et ancien étudiant de Charles Parham. Parmi les pèlerins de la rue Azusa, il y avait G. B. Cashwell (Caroline du Nord), C. H. Mason (Tennessee), Glen Cook (Californie), A. G Argue (Canada), et W.H. Durham (Illinois).

L'effusion du Saint-Esprit s'est répandue en Europe et en Amérique du Sud. De plus, avant 1910, des missions pentecôtistes efficaces ont aussi démarré en Chine, en Afrique et dans plusieurs autres pays dans le monde.

La plus importante croissance de cette effusion spécifique est issue de la Seconde Guerre mondiale. Avec davantage de mobilité et de prospérité, ceux qui professaient avoir le Saint-Esprit se sont mis à pénétrer la classe moyenne et ont perdu le stigmate d'être des membres déshérités de la classe inférieure.

Les pentecôtistes apostoliques purs ne font pas remonter leur héritageau *Bethel Bible College* de Topeka au Kansas, ou à la *Apostolic Fatih Gospel Mission* sur la rue Azusa à Los Angeles en Californie. Bien que l'expérience du Saint-Esprit chez ses derniers ait été réelle et Dieu leur a fait comprendre plus tard le mystère de la Divinité, ces deux évènements étaient des œuvres trinitaires. Le vrai héritage apostolique a commencé le jour de la Pentecôte, quand Dieu a déversé son Esprit et a donné naissance à son Église monothéiste et universelle à Jérusalem.

Pierre, qui s'est tenu devant la foule en ce jour merveilleux, a parlé en langues selon que le Saint-Esprit lui a donné de s'exprimer. Le livre des Actes des apôtres enregistre les évènements arrivés durant l'ère de naissance de l'Église universelle. Comme Pierre l'enseignait à l'époque, l'Église qui appartient à Dieu l'enseigne aujourd'hui. Il s'agit toujours de la repentance, du baptême au nom de Jésus, et du baptême du Saint-Esprit avec l'évidence du parler en d'autres langues selon que l'Esprit donne de s'exprimer, ainsi que d'un style de vie saint et séparé devant le Seigneur.

Beaucoup de noms d'église et d'organisations sont apparus, mais il n'y a qu'une Église. Pour qu'une église se dise apostolique, il faut qu'elle reconnaisse que ce message et la mission des apôtres, tels qu'ils

Diviser et conquérir

sont mentionnés à travers l'Écriture, soient au cœur de ses croyances fondamentales. Nous devons toutefois comprendre que pour tout ce que Dieu a à offrir, Satan a une imitation.

Dans les années 1980, il y avait beaucoup de fausse monnaie en circulation dans tout le pays. Un groupe de banquiers ont convoqué une réunion pour étudier la situation.

Durant la présentation, on a remis un billet de vingt dollars à chacun des centaines de banquiers pour étudier. Après l'examen et les comparaisons pendant un long moment, un banquier a demandé : « Quelle est la différence entre le billet de vingt dollars que vous m'avez donné et le billet de vingt dollars que j'avais ? »

La réponse a été : « Il n'y a aucune différence entre les billets. »

Une deuxième question a été posée : « Je croyais que nous sommes là pour étudier la fausse monnaie ? » La philosophie de l'instructeur était que si l'on étudiait la vraie chose suffisamment longtemps, on reconnaîtrait automatiquement ce qui est faux en le voyant.

Est-ce que vous vous êtes déjà demandé pourquoi Satan est incapable de se tenir en présence de ceux qui lèvent les mains et louent sincèrement le Roi des rois et le Seigneur des seigneurs ? C'est parce que Satan était jadis un vrai adorateur de l'Éternel des armées.

Satan n'a pas toujours été le diable. Aucun être mortel ne connaît mieux la vénération divine que le diable lui-même. Il connaît l'expérience de lever ses mains vers Dieu en offrant des louanges des multitudes célestes. Il connaît l'expérience d'entendre l'écho de sa propre voix crier à travers les chambres du ciel « Saint, saint, saint au Dieu qui est saint. »

Dieu connaît les cœurs humains, et Satan les connaît aussi. Quand vous louez le Seigneur avec sincérité, Satan devient nerveux et se souvient du temps où il louait le Seigneur. Il sait qu'il n'y a pas de rédemption pour lui ni pour les anges déchus. Cela lui rappelle aussi qu'il ne sera plus jamais capable de louer le Seigneur. Par conséquent, dans toutes circonstances, si vous voulez vous débarrasser du tentateur éternel, levez simplement les mains au nom de Jésus et offrez de la vraie louange apostolique à Dieu. La Bible nous dit de résister au diable et il fuira.

« Soumettez-vous donc à Dieu ; résistez au diable, et il fuira loin de vous. »

Jacques 4 : 7

Récemment, un ministre apostolique a dit à son ancien de district qu'il ne pouvait pas agrandir sa congrégation en enseignant ou en prêchant les normes bibliques. Maintenant, ce ministre spécifique et son épouse ne respectent aucune norme et leur congrégation a doublé de taille en très peu de temps. Beaucoup de larges congrégations, même les mégaéglises, ont été bâties aux dépens de l'Évangile de Jésus-Christ.

N'est-ce pas le Saint-Esprit qui donne la croissance ? Dieu n'a jamais, à aucun moment de l'histoire apostolique, appelé qui que ce soit à agrandir une congrégation. Le Seigneur appelle les gens au ministère pour « prêcher sa Parole ».

Si quelqu'un prétend être responsable de l'agrandissement d'une église au lieu de donner à Dieu la gloire, il se peut que cette personne recherche personnellement un moyen d'obtenir un style de vie lucratif, pour ensuite prétendre que ce dernier est une bénédiction pour être dans la volonté de Dieu. Ne vous y trompez pas, les rois de la terre ont leurs mauvais jours dans leurs châteaux de pierre. La « vérité absolue » nous a été confiée. Allons-nous rejeter la possibilité d'en être redevables ?

N'était-ce pas hier que j'ai marché parmi les morts dans un cimetière du monastère Oka, demandant à Dieu de me guider ?

À un autel apostolique à l'ancienne, quand je n'avais aucune norme, on m'a appris des normes bibliques, mais aussi à les aimer. Dites-moi, est-ce que nous demandons toujours les anciens sentiers ?

Satan connaît le pouvoir de Dieu de nous garder sur la bonne voie. De plus, il sait qu'une fois qu'une personne a senti la vraie présence de Dieu, elle ne sera plus pareille.

Ce n'est pas uniquement le fait de s'engager à ce qui est contraire à la Parole de Dieu qui brise notre relation avec lui. Il y a en effet une imitation offerte aux gens dans les domaines apostoliques, mais il faut comprendre clairement que le compromis n'a jamais été acceptable aux yeux de Dieu. Si une personne va dans une salle sombre après avoir été dans la clarté de la lumière, tout est très sombre. Toutefois, plus longtemps elle reste dans cette pièce, plus ses yeux doivent s'adapter à l'obscurité dans la pièce. Tout à coup, cette personne commence à visualiser les objets qui s'y trouvent, une étagère au mur ou peut-être une table ou une chaise.

Attention, cette personne n'a pas vu la lumière, mais s'est plutôt habituée à l'obscurité. Donc, il en est de même pour ceux qui n'arrêtent pas de courtiser le monde spirituel du confessionnalisme. Soudain, on les entend dire « Nous avons vu la lumière ». Ceux qui disent « Sortez de la servitude » sont ceux qui sont dans la servitude. Ils n'ont pas vu la lumière dont ils témoignent, mais par contre ils se sont habitués à l'obscurité du monde religieux. Sans le Seigneur, il n'y a pas d'espoir. Sans Évangile apostolique entier, il n'y a pas d'espoir. Avec Dieu, la sainteté est toujours à la mode. Satan aimerait baptiser l'Église universelle du Seigneur avec une illusion, pour qu'elle croie un mensonge et soit finalement coupée de la présence de Dieu.

Dieu ne compte pas sur notre pouvoir physique de guérir les malades parmi nous ni sur notre zèle physique pour remplir quelqu'un de son Esprit. Quand un ministre frappe une personne sur la tête et déclare qu'elle est guérie, les adeptes devraient évaluer s'il s'agit de l'art du spectacle, pour déterminer si les miracles prononcés sont vraiment légitimes.

L'émotivité n'a jamais guéri qui que ce soit. Il faut un pouvoir authentique du Saint-Esprit. Lorsque nous, les ministres, imposons nos mains sur la tête de quelqu'un, il faut absolument que nous ayons de la compassion pour ce qu'il y a dans cette tête. La compassion est essentielle, pas seulement en raison de ce qu'ils sont, mais de ce que nous sommes.

Personne n'aime les tyrans, surtout ceux qui sont intimidés par eux. Les tyrans exercent leur intimidation parce qu'ils savent qu'ils peuvent le faire. Satan désire être le tyran de l'Église apostolique. Si nous, en tant que membres de l'Église, menons notre vie en deçà des normes et des attentes de Dieu, nous deviendrons alors vulnérables à l'intimidation de Satan et les victimes de nos propres irrégularités et procrastinations. Dieu a été trop bon avec nous pour que nous lui offrions moins que le meilleur de nous-mêmes. Si nous nous tenons fermement à ce qui est clairement décrit dans la Parole de Dieu et demandons quotidiennement les « anciens sentiers », Satan n'aura aucune chance de nous intimider.

Tandis que Satan crache ses projectiles meurtriers aux vulnérables, rassurons-nous qu'il a perdu la bataille lorsque Jésus a gravi la colline du Golgotha. L'Apocalypse parle de l'avenir de Satan.

« Puis je vis descendre du ciel un ange, qui avait la clé de l'abîme et une grande chaîne dans sa main. Il saisit le dragon, le serpent ancien, qui est le diable et Satan, et il le lia pour mille ans. Il le jeta dans l'abîme, ferma et scella l'entrée au-dessus de lui, afin qu'il ne séduise plus les nations… »

Apocalypse 20 : 1-3

L'Église apostolique est mise en garde par l'apôtre Paul contre les doctrines étranges qui compromettent la Parole sainte de Dieu.

« Ne vous laissez pas entraîner par des doctrines diverses et étrangères… »

Hébreux 13 : 9

Rien n'indique que les dénominations disparaîtront bientôt, et on ne dirait pas non plus que quelqu'un est désireux de les justifier sur le plan théologique.

Une carte incomplète peut avoir ses avantages, mais elle ne nous ramènera pas à la maison. Au début de mon parcours, j'ai posé mon pied sur le Rocher, j'ai déployé les voiles, et j'ai posé mes yeux sur une cité dont Dieu est l'architecte et le constructeur. Il faut l'Évangile entier pour aller un jour au paradis.

Dieu n'est pas un Dieu de désordre, et il ne compromettra pas non plus les doctrines de l'Église universelle. La Bible dit de « sortir » du milieu d'eux. Quand j'étais catholique, je n'étais pas pentecôtiste. Maintenant que je suis pentecôtiste, je ne suis pas catholique.

La doctrine prêchée par les apôtres qui leur a été transmise par le Messie est correcte. Tout le reste qui a fait surface à travers les siècles, des théologies et philosophies vaines des hommes mortels, est faux. Si nous choisissons de compromettre en toute liberté sans pénalité sociale apparente, combien d'entre nous jetteront l'éponge alors que nous approchons rapidement de la fin des temps ? À vous de décider.

Chapitre vingt
Les signes de la fin des temps

Les jours où nous vivons sont des temps extrêmement palpitants pour ceux qui se sont préparés pour rencontrer le Seigneur dans les airs. Dans ce chapitre, nous allons réviser juste quelques évènements qui sont arrivés dans l'histoire récente et sont liés à la proche venue du Messie. Je prie pour que ces pages vous inspirent à prendre conscience et à apprécier l'heure tardive dans laquelle nous vivons. Il est temps de prêter attention au monde autour de nous. Je prie pour que ceux qui acceptent sans honte l'Évangile de Jésus-Christ se présentent, agitant victorieusement la bannière glorieuse de la vérité de Dieu pour que tout le monde la voie.

À mesure que nous avançons vers le haut du tableau, je voudrais faire une pause pour parler de l'horrible péché de l'avortement, et de la tâche qu'il a laissé sur nos nations. L'avortement exemplifie le verset de l'Écriture trouvé dans le livre de Matthieu à propos des derniers jours.

« Et, parce que l'iniquité se sera accrue, l'amour du plus grand nombre se refroidira. »

Matthieu 24 : 12

Il n'y a pas de plus grande perte d'amour ou d'insensibilité du cœur que la destruction de la vie d'un enfant pas encore né par une mère, simplement parce que cela facilite sa vie.

Aux États-Unis, l'avortement est une question très délicate, impliquant de grands débats politiques et éthiques. Dans les termes médicales, le mot avortement fait référence à toute grossesse qui ne se termine pas par la naissance vivante, et peut se référer donc à une fausse-couche ou à une naissance prématurée qui n'aboutit pas à un enfant vivant.

Ces deux dernières circonstances sont souvent appelées avortements spontanés si elles se produisent avant vingt semaines de la grossesse. Pourtant, dans le langage courant, l'avortement signifie l'« avortement provoqué » de tout embryon ou fœtus n'importe quand durant la grossesse.

Le rapport officiel de la commission judiciaire du Sénat américain, diffusé en 1983 après un grand nombre d'auditions sur la *Human Life Amendment* [Amendement concernant la vie humaine], a fait une déclaration qui reste essentiellement vrai aujourd'hui :

« Ainsi, la commission judiciaire constate qu'il n'existe aujourd'hui aucune barrière juridique significative de quelque nature que ce soit aux États-Unis d'Amérique qui empêche une femme d'obtenir un avortement pour quelque raison que ce soit, à n'importe quel stade de sa grossesse. »

Lorsque la cour a statué en 1973, la technologie médicale en vigueur à l'époque a suggéré que la viabilité pouvait être possible dès la 24e semaine. Les progrès faits au cours des trois dernières décennies ont permis à des fœtus âgés de quelques semaines moins de 24 semaines de survivre en dehors de l'utérus de la mère.

Jusqu'en 2006, le plus jeune enfant ayant survécu à une naissance prématurée aux États-Unis a été une petite fille née à la *Baptist Hospital* de Miami en Floride à 21 semaines et six jours d'âge gestationnel.

En comparaison avec d'autres pays développés, la période dans laquelle un avortement peut être effectué est plus longue aux États-Unis.

En France, à moins que le fœtus soit sévèrement déformé ou que la santé de la mère soit en danger, tout avortement après les premières douze semaines est illégal. Mon pays natal, le Canada, est plus permissif, autorisant l'avortement durant l'entière grossesse, alors que l'Australie restreint davantage la procédure. Dans beaucoup de pays, le droit de l'avortement a été légalisé par des parlements respectifs, tandis qu'aux États-Unis, le droit à l'avortement a été considéré comme faisant partie du droit constitutionnel à la vie privée par la Cour suprême.

Parce que la déclaration des avortements n'est pas obligatoire, la fiabilité des statistiques varie. Le *Center for Disease Control* (*CDC*) compile ces statistiques régulièrement.

D'après le *CDC*, plus de 854 000 avortements légaux ont été effectués aux États-Unis en l'an 2003. Entre 1973 et 2007, le nombre d'avortements aux États-Unis est estimé à plus de 50 000 000. Une étude faite en 1998 a révélé que les femmes ont donné ces raisons de choisir d'avorter :

> 25,5 % voulaient retarder la procréation
>
> 21,3 % n'avaient pas les moyens d'élever un enfant
>
> 12,2 % étaient trop jeunes et leurs parents étaient contre la grossesse
>
> 10,8 % pensaient que le fait d'avoir un enfant perturberait l'éducation ou la chance d'une carrière
>
> 7,9 % ne voulaient plus d'enfants
>
> 3,3 % donnaient la raison d'un risque pour la santé du fœtus
>
> 2,8 % donnaient la raison d'un risque pour la santé de la mère
>
> 2,1 % avaient d'autres raisons

En 1973, la Cour suprême des États-Unis a décidé que les lois d'État qui interdisaient l'avortement durant les trois premiers mois de grossesse étaient inconstitutionnelles.

La même cour en 1963 a accordé à Madalyn Murray O'Hair, une athée, et à Ed Schempp le droit de déclarer que la prière publique et la lecture de la Bible dans les systèmes scolaires américains étaient inconstitutionnelles. Plus de quarante ans de décadence morale dans nos systèmes scolaires publics devraient être un indicateur évident que la Cour suprême a pris une mauvaise décision.

Un sondage de politique publique effectué en 2002 a trouvé que 44 % des hommes et 42 % des femmes pensaient que « l'avortement devrait être généralement à la portée de ceux qui le désirent ».

En janvier 2006, un sondage de *CBS News* a exploré dans quelles circonstances les Américains croient qu'il faut autoriser l'avortement, en demandant : « Que pensez-vous personnellement de l'avortement ? » Seulement 5 % des Américains interrogés ont dit que cela ne devrait jamais arriver.

Diverses lois contre l'avortement ont commencé à apparaître dans les années 1820. En 1821, le Connecticut a passé une loi visant les apothicaires (pharmaciens) qui vendaient des poisons aux femmes pour l'avortement, et New York a fait de l'avortement après le premier mouvement du bébé un crime; et huit ans plus tard a fait de l'avortement avant le premier mouvement du bébé un délit.

L'avortement était punissable, peu importe si la femme enceinte a subi ou pas un préjudice, et de nombreuses lois antérieures ne punissaient pas seulement les médecins ou avorteurs, mais aussi les femmes qui les embauchaient. De nombreuses premières féministes, y compris Susan B. Anthony et Elizabeth Cady Stanton, se sont opposées à l'avortement pour une variété de raisons. La première a écrit :

« Coupable ? Oui, quel que soit le motif, l'amour de l'aisance, ou un désir d'épargner les souffrances à l'enfant innocent à naître, la femme qui commet l'acte est terriblement coupable. Cela pèsera sur sa conscience toute sa vie. Cela pèsera sur son âme dans la mort; mais, oh! Trois fois coupable est celui qui, pour une gratification égoïste, sans souci de ses prières, indifférent de son sort, la pousse au désespoir qui l'incite à commettre le crime. »

Le mouvement de criminalisation a accéléré au cours des années 1860, et vers 1900, l'avortement est devenu largement illégal dans chaque état de l'union.

Certains groupes de militantes ont cependant développé leurs propres moyens d'avortement aux femmes incapables de trouver l'avortement ailleurs. Par exemple, à Chicago, un groupe connu portant le nom « Jane » opérait une clinique mobile d'avortement dans les années 1960. Les femmes nécessitant la procédure appelaient un numéro désigné et recevaient des instructions pour trouver « Jane ».

En 1973, Doe V. Bolton a étendu le droit de l'avortement jusqu'au moment de la naissance si le médecin « au mieux de son jugement clinique, considérant l'âge de la patiente, sa condition physique, émotionnelle, psychologique et familiale, pense que ce soit nécessaire pour sa santé physique ou mentale ». (Roe c. Wade)

En 1960, un ancien directeur de *Planned Parenthood* a dit :

« L'avortement n'est plus une procédure dangereuse. Ceci ne s'applique pas seulement aux avortements thérapeutiques tels qu'elles sont faites dans les hôpitaux, mais aussi aux soi-disant avortements illégaux faits par les médecins. En 1957, il n'y a eu que 260 morts aux États-Unis causées par des avortements de toutes sortes. Les problèmes qui surviennent sont d'ordinaire dus aux avortements effectués par soi-même, et comprennent environ 8 %. »

Les organisations et personnes contre l'avortement présentent typiquement un ou deux arguments à l'encontre de la disponibilité générale de l'avortement. Certains argumentent qu'à cause de la complexité et de la difficulté de déterminer exactement quand la vie commence, la loi devrait favoriser la protection du fœtus au lieu des droits de la mère à la vie privée. D'autres organisations et gens s'opposant à l'avortement affirment que le fœtus est une entité vivante distincte, et est ainsi une personne et a droit à la protection selon la loi.

En étudiant près de Notre-Dame-du-Cap dans la province du Québec au Canada, j'ai été, parmi d'autres, une forte voix contre l'avortement. L'avortement est assez opposé dans le milieu catholique.

La position des apostoliques, comme a été le cas depuis l'effusion du Saint-Esprit à la fête des prémices (la Pentecôte) est simple. Nous ne tuons pas nos bébés. Nous les aimons.

« La justice élève une nation, mais le péché est la honte des peuples. »

Proverbes 14 : 34

Dieu avait un plan pour ma vie, et il a un plan divin pour la vôtre ; ce plan existe depuis notre conception dans le ventre de notre mère. L'âge d'un embryon ou fœtus ne devrait être jamais utilisé comme facteur par ceux qui cherchent à supprimer la vie humaine.

« Ainsi parle l'Éternel, ton rédempteur, Celui qui t'a formé dès ta naissance : Moi, l'Éternel, j'ai fait toutes choses, seul j'ai déployé les cieux, seul j'ai étendu la terre. »

Ésaïe 44 : 24

Je me demande si les voix de la Cour suprême de notre grande nation seront prêtes à parler au Jugement, pendant que Jésus tire les rideaux du temps et leur révèle les 50 millions petites croix. Nos juges seront-ils prêts à parler lorsque le Juge juste leur demande d'expliquer la devise inscrite sur la monnaie américaine : « En Dieu nous croyons » ?

Le compte à rebours de l'arrivée du Seigneur est proche, voire imminent. Il est impératif que nous, les pentecôtistes apostoliques, reprenions les anciens sentiers qui représentent la bonne voie afin d'y marcher. Dieu veut bénir et oindre tous les dirigeants, surintendants, missionnaires, anciens de district, membres des cinq ministères, et les saints de Dieu dans son troupeau apostolique.

« Leurs maisons passeront à d'autres, les champs et les femmes aussi, quand j'étendrai ma main sur les habitants du pays, dit l'Éternel. Car depuis le plus petit jusqu'au plus grand, tous sont avides de gain ; depuis le prophète jusqu'au sacrificateur, tous usent de tromperie. Ils pansent à la légère la plaie de la fille de mon peuple : Paix ! paix ! disent-ils ; et il n'y a point de paix ; ils seront confus, car ils commettent des abominations ; ils ne rougissent pas, ils ne connaissent pas la honte ; c'est pourquoi ils tomberont avec ceux qui tombent, ils seront renversés quand je les châtierai, dit l'Éternel. Ainsi parle l'Éternel : Placez-vous sur les chemins, regardez, et demandez quels sont les anciens sentiers, quelle est la bonne voie ; marchez-y, et vous trouverez le repos de vos âmes ! Mais ils répondent : Nous n'y marcherons pas. [*C'était la réponse du peuple hébreu. Cela ne doit pas être notre réponse. Nous ne devrions pas être en train de divertir les gens, mais d'accueillir plutôt le Saint-Esprit.*] J'ai mis près de vous des sentinelles : Soyez attentifs au son de la trompette ! [*Une trompette est en train de sonner au mont Sion pour les rachetés.*] Mais ils répondent : Nous n'y serons pas attentifs. C'est pourquoi écoutez, nations ! Sachez ce qui leur arrivera, assemblée des peuples ! Écoute, terre ! Voici, je fais venir sur ce peuple le malheur, fruit de ses pensées ; car ils n'ont point été attentifs à mes paroles, ils ont méprisé ma loi. »

Jérémie 6 : 12-19

C'est le moment de rebâtir les autels dans nos églises qui ont été brisés par les soucis de la vie présente, et de crier au Seigneur pendant qu'ensemble nous secouons les portes de l'enfer. Le sang des martyrs unicitaires durant les âges sombres ne doit pas être oublié. **Il s'agit de notre héritage.** Tandis que nous nous avançons vers Harmaguédon, nous verrons des signes à tous les coins de rue de la vie, qui disent à l'Église de Jésus que la bête de l'Apocalypse approche rapidement, s'il n'est pas déjà là.

Durant la période de la tribulation, personne ne verra une fête. Jésus a dit que pendant que les rachetés de la terre se réjouissent de la présence offerte par le ciel, une horreur tombera Inquisition qui sera plus terrible que ce que l'humanité n'a vu auparavant.

« Aussitôt après ces jours de détresse, le soleil s'obscurcira, la lune ne donnera plus sa lumière, les étoiles tomberont du ciel, et les puissances des cieux seront ébranlées. Alors le signe du Fils de l'homme paraîtra dans le ciel, toutes les tribus de la terre se lamenteront, et elles verront le Fils de l'homme venant sur les nuées du ciel avec puissance et une grande gloire. Il enverra ses anges avec la trompette retentissante, et ils rassembleront ses élus des quatre vents, d'une extrémité des cieux à l'autre. »

Matthieu 24 : 29-31

L'Église apostolique continue comme elle l'a fait depuis sa naissance à Jérusalem. La mise en scène est en cours pour l'Antéchrist, alors que beaucoup sont trouvés endormis en Sion.

« Quand vous entendrez parler de guerres et de soulèvements, ne soyez pas effrayés, car il faut que ces choses arrivent premièrement. Mais ce ne sera pas encore la fin. Alors il leur dit : Une nation s'élèvera contre une nation, et un royaume contre un royaume ; il y aura de grands tremblements de terre, et, en divers lieux, des pestes et des famines ; il y aura des phénomènes terribles, et de grands signes dans le ciel. »

Luc 21 : 9-11

Le 26 décembre 2004, les titres des journaux dans le monde ont rapporté le tsunami le plus meurtrier de l'histoire. Ses vagues ont tué 230 000 personnes dans douze pays de l'océan Indien.

Alors que les proches se démenaient pour comprendre la gravité et les dégâts de leurs pertes, il y a eu une effusion globale de sympathie, avec des gouvernements, des personnes et des entreprises promettant plus de treize milliards de dollars d'aide.

Le Saint-Esprit rappelle au peuple de Dieu la faillibilité vulnérable de la chair humaine, alors qu'il se tient au seuil de la porte de sa venue. Il ne tardera pas.

Hélas, beaucoup de gens ne sont pas bien informés du danger de la colère de Dieu, qui arrivera un jour à ce monde méchant et rebelle. Parce que les gens refusent de se mettre en règle avec Dieu, ils risquent malheureusement d'être abandonnés et catapultés dans les sept années de tribulation qui doivent arriver.

La prophétie de la fin des temps concernant la marque de la bête déclare qu'elle sera une marque globale de l'Antéchrist.

« Si quelqu'un a des oreilles, qu'il entende. Si quelqu'un est destiné à la captivité, il ira en captivité ; si quelqu'un tue par l'épée, il faut qu'il soit tué par l'épée. C'est ici la persévérance et la foi des saints. Puis je vis monter de la terre une autre bête, qui avait deux cornes semblables à celles d'un agneau, et qui parlait comme un dragon. Elle exerçait toute l'autorité de la première bête en sa présence, et elle obligeait la terre et ses habitants à adorer la première bête, dont la blessure mortelle avait été guérie. Elle opérait de grands prodiges, jusqu'à faire descendre du feu du ciel Inquisition, à la vue des hommes. Et elle séduisait les habitants de la terre par les prodiges qu'il lui était donné d'opérer en présence de la bête, disant aux habitants de la terre de faire une image de la bête qui avait été blessée par l'épée et qui vivait. Et il lui fut donné d'animer l'image de la bête, afin que l'image de la bête parle, et qu'elle fasse que tous ceux qui n'adoreraient pas l'image de la bête soient tués. Et elle fit que tous, petits et grands, riches et pauvres, libres et esclaves, reçoivent une marque sur leur main droite ou sur leur front, et que personne ne puisse acheter ni vendre, sans avoir la marque, le nom de la bête ou le nombre de son nom. C'est ici la sagesse. Que celui qui a de l'intelligence calcule le nombre de la bête. Car c'est un nombre d'homme, et son nombre est six cent soixante-six. »

Apocalypse 13 : 9-18

« Et un autre, un troisième ange les suivit, en disant d'une voix forte : Si quelqu'un adore la bête et son image, et reçoit une marque sur son front ou sur sa main, il boira, lui aussi, du vin de la fureur de Dieu, versé sans mélange dans la coupe de sa colère, et il sera tourmenté dans le feu et le soufre, devant les saints anges et devant l'Agneau. »

Apocalypse 14 : 9-10

D'après l'Écriture, le jour viendra où toutes les personnes non sauvées Inquisition seront trompées et recevront une marque sur leurs corps, sur la main droite ou au front. Cette marque représente l'Antéchrist lui-même. Un jour, le monde entier d'incrédules sera uni avec la marque de la bête qui scellera en fait leur sort de destruction éternel.

On dirait qu'une vague de gens, jeunes et vieux, hommes et femmes, font tatouer leur corps. Est-ce que l'humanité est en train d'être préparée inconsciemment par les puissances des ténèbres, pour recevoir la marque de la bête ?

Le premier moyen de savoir que les gens vont bientôt recevoir la marque de la bête est parce que la technologie de le faire est déjà là. Pour la première fois dans l'histoire de l'humanité, la capacité de surveiller et de contrôler tout le monde Inquisition est disponible. Cette technologie est actuellement possible grâce au positionnement par satellite. Les États-Unis ont lancé soixante-six satellites en orbite basse, qui non seulement captent les signaux émis par certains types de puces électroniques, mais l'ont fait avec le personnel militaire en Iraq.

Grâce à la technologie moderne, nous avons maintenant ce qui s'appelle « Internet dans le ciel ». Il s'agit d'un système de 840 satellites à basse altitude dans 21 orbites, avec 40 satellites dans chaque orbite qui crée une couverture électronique virtuelle autour de la planète Terre. On peut maintenant communiquer et surveiller les gens partout, entre le sommet de l'Himalaya et le fond de la mer Morte.

Certaines des plus vastes bases de données sur terre se trouvent en Amérique. Vingt-quatre heures par jour, ils rassemblent et stockent des informations sur nous : des transactions par cartes de crédit, des abonnements aux revues, des numéros de téléphone, des dossiers immobiliers, et des immatriculations de voiture, pour n'en citer que quelques-uns.

Avec cette technologie, ils peuvent fournir un profil complet de chacun d'entre nous, jusqu'à savoir si nous avons un chien ou un chat, aimons camper ou la gastronomie, notre profession, quelle voiture nous conduisons, et même nos lieux de vacances favoris.

En Belgique, des satellites, des bases de données et des dispositifs personnels d'identification sont utilisés pour surveiller les étudiants. Chaque étudiant est obligé de porter une carte à puce. Tout ce que leurs professeurs doivent faire pour savoir si un élève est en retard ou absent consiste à se connecter au système, et ils savent tout de suite où se trouve l'enfant manquant.

Tout ceci a commencé depuis l'attaque terroriste à la ville de New York. Je me demande si l'Église apostolique a négligé quelque chose sur le 11 septembre 2001.

En ce moment, vous pouvez obtenir votre propre implant biométrique. Un implant biométrique est une puce minuscule implantée juste sous la peau. L'avantage est qu'il ne peut pas être perdu ni volé.

Il ne s'agit pas d'une sorte de fantaisie de science-fiction qui pourrait arriver dans quelques siècles. C'est déjà là. Quand cela doit-il arriver ? La Bible dit « à la fin des temps ».

« Plusieurs de ceux qui dorment dans la poussière de la terre se réveilleront, les uns pour la vie éternelle, et les autres pour l'opprobre, pour la honte éternelle. Ceux qui auront été intelligents brilleront comme la splendeur du ciel, et ceux qui auront enseigné la justice à la multitude brilleront comme les étoiles, à toujours et à perpétuité. Toi, Daniel, tiens secrètes ces paroles, et scelle le livre jusqu'au temps de la fin. Plusieurs alors le liront, et la connaissance augmentera. »

Daniel 12 : 2-4

En parlant de la connaissance, une nouvelle puce appelée *Digital Angel* [Ange numérique] a la capacité de non seulement localiser une personne, mais aussi de surveiller ses signes vitaux tels que le rythme cardiaque ou la tension artérielle. Ce dispositif a été approuvé par le *FDA* (*Food and Drug Administration*) des États-Unis en 2002.

J'ai l'impression que quelqu'un prend très au sérieux l'implantation des dispositifs.

Le deuxième moyen de savoir que les gens vont bientôt recevoir la « marque de la bête » est parce que la justification est déjà là. Si Satan va convaincre les gens qu'ils doivent recevoir la marque de la bête, il doit les convaincre que ce serait en fait une bonne chose.

Le troisième moyen de savoir que le monde est prêt à recevoir la « marque de la bête » est parce que les gens sont déjà disposés à le faire. Si Satan va tromper les gens pour les faire recevoir la marque, il faut qu'il y ait des gens prêts à l'essayer.

La mise en œuvre de la technologie de puce électronique est imminente dans notre société. Ce chemin trompeur a été déjà tracé depuis un endroit très sombre.

La première façon dont on prépare les gens pour une invasion de contrôle par puce électronique est en promettant de rendre nos vies plus choyées. N'est-ce pas ce que le monde vise, un mode de vie choyé ?

Vous pouvez avoir des vêtements de bébé ou des chaussures de tennis implantés de puces de repérage. Vous pouvez faire implanter vos vestes qui vous permettent d'écouter votre musique préférée, vérifier les messages téléphoniques, ou dire même à votre four de commencer à cuire votre plat. Cela paraît impossible. Vraiment ? Il y a cinquante ans, l'idée de marcher avec un téléphone sans fil dans l'oreille aurait été absurde.

La deuxième façon dont on prépare les gens à accepter le contrôle par puce électronique est la promesse de rendre nos vies plus productives.

On peut mettre des puces minuscules dans tous les articles manufacturés, afin de créer une chaîne logistique intelligente et autogérée qui suivra les produits depuis l'usine jusqu'au centre de recyclage.

La troisième façon dont on prépare la société pour une invasion de contrôle par puce électronique est de promettre que nos vies seront mieux protégées.

On peut utiliser un implant pour surveiller les personnes libérées conditionnellement sur parole et économiser l'argent pour les coûts de prison. Il est possible d'avoir un implant dans des appareils nucléaires, machines ou barrages pour signaler à l'avance un danger imminent. Ou des implants pour localiser le bétail égaré. Qui ne voudrait pas que ses bien-aimés ou ses biens soient protégés tout le temps dans une société si occupée ? Ne serait-ce pas le bon sens d'avoir une puce implantée ?

La quatrième façon dont on prépare les gens à recevoir la puce est de la placer d'abord dans leurs animaux domestiques. Implanter des puces dans les animaux de compagnie est non seulement une pratique courante, mais devient obligatoire.

Israël est devenu récemment la première nation à exiger que tous les animaux domestiques reçoivent un implant.

La cinquième façon dont on prépare les gens à recevoir un implant de puce est que cela se fait déjà. Il s'agit des dignitaires spéciaux (pour leur protection) et pour localiser les soldats de l'armée.

Durant l'audition du juge John Roberts juste avant de devenir juge de la Cour suprême des États-Unis, Joseph Biden, sénateur à l'époque, lui a dit :

« Et nous serons confrontés à des décisions aux conséquences équivalentes au XXIe siècle. Est-il possible d'implanter une étiquette microscopique dans le corps d'une personne pour tracer tous ses mouvements ? Cette question fait l'objet d'un débat réel. Vous allez statuer sur ce point, croyez-moi, avant la fin de votre mandat. »

Joseph Biden est devenu le président des États-Unis d'Amérique.

L'enlèvement de l'Église est imminent. Les prophéties sur les derniers jours sont en train de se réaliser et l'enlèvement peut avoir lieu à tout moment. L'Église sera retirée par le Messie lui-même avant la Grande tribulation. Ceux qui sont convertis après l'enlèvement seront les martyrs de la période de la tribulation.

L'Église apostolique existant avant la période des sept ans ne joue aucun rôle important durant la Grande tribulation et sera donc enlevée. Jean de Patmos parle du Seigneur demandant à ceux qui sont lavés du sang de monter.

« Après cela, je regardai, et voici, une porte était ouverte dans le ciel. La première voix que j'avais entendue, comme le son d'une trompette, et qui me parlait, dit : Monte ici, et je te ferai voir ce qui doit arriver dans la suite. Aussitôt je fus saisi par l'Esprit, et voici, il y avait un trône dans le ciel, et sur ce trône quelqu'un était assis. »

Apocalypse 4 : 1-2

Tout est en place pour la Grande tribulation qui n'impliquera pas l'Église apostolique du nom de Jésus. À ce moment crucial, que l'Église soit mise en garde et dirigée par l'Esprit de Dieu.

« Alors on [*l'Église*] verra le Fils de l'homme venant sur une nuée avec puissance et une grande gloire. Quand ces choses commenceront à arriver, redressez-vous et levez vos têtes, parce que votre délivrance approche. »

Luc 21 : 27-28

Les théologiens et les penseurs religieux ont essayé pendant des années de prédire le jour de l'arrivée du Seigneur. Les gens religieux prédisent ; les apostoliques lisent leurs Bibles.

« Veillez donc, puisque vous ne savez ni le jour, ni l'heure. »

Matthieu 25 : 13

Nous avons déjà parlé de William Miller qui avait prédit que Jésus-Christ allait venir pour son Église entre le 21 mars 1843 et le 21 mars 1844. Quand cela n'est pas arrivé, il a changé sa date au 22 octobre 1844, expliquant qu'il avait mal calculé l'Écriture, et une fois de plus, Christ n'est pas venu. Beaucoup ont tenté de préciser la seconde venue de Christ. Ces prédictions, au cours des années, ne se sont pas concrétisées.

1. 1975 — William Branham a prophétisé que l'enlèvement aurait lieu en novembre 1975.
2. 1981 — Chuck Smith a prédit de manière dogmatique que Jésus reviendrait probablement vers 1981.
3. 1988 — Publication du livret *88 Reasons Why the Rapture is in 1988* [88 raisons pour lesquelles l'enlèvement arrivera en 1988], par Edgar C. Whisenant.

4. 1989 — Publication de *The Final Shout: Rapture Report 1989* [Le dernier cri : Rapport de l'enlèvement 1989], par Edgar C. Whisenant. D'autres prédictions par cet auteur sont apparues pour 1992 et 1995.

5. 1992 — Le groupe coréen *Mission for the Coming Days* [Mission pour les jours à venir] a prédit que le 28 octobre 1992 serait le jour de l'enlèvement.

6. 1993 — Beaucoup pensaient que le retour du Seigneur serait à l'aube du nouveau millénaire. L'enlèvement devait être en 1993 pour que les sept ans de tribulation aient lieu avant le retour de Christ en 2000.

7. 1994 — Le pasteur John Hinkle de *Christ Church* à Los Angeles a prédit le 9 juin 1994. L'évangéliste de radio Harold Camping a prédit le 27 septembre 1994.

8. 1997 — Stan Johnson du *Prophecy Club* a prédit le 12 septembre 1997.

9. 1998 — Marilyn Agee, dans *The End of the Age* [La fin de l'ère], a prédit le 31 mai 1998.

10. 2011 — Dernier, mais non le moindre, la prédiction révisée de Harold Camping a prévu que la date de l'enlèvement serait le 21 mai 2011.

L'Église pentecôtiste enseigne et prêche que la venue de Dieu pour son épouse n'est pas aussi importante que le fait d'être prêt pour le rencontrer. Si une personne était capable de savoir le jour exact, quel bien cela lui ferait-il si son âme se dirigeait dans le sens opposé ? Quand quelqu'un déclare « Je me prépare pour rencontrer le Seigneur », cela veut dire simplement que cette personne n'est pas prête pour rencontrer le Seigneur. Il faut que nous soyons prêts, nous tenant à la porte.

« Et j'entendis comme la voix d'une foule nombreuse, comme un bruit de grosses eaux, et comme un bruit de forts coups de tonnerre, disant : Alléluia ! Car le Seigneur, notre Dieu tout-puissant, est entré dans son règne. Réjouissons-nous, soyons dans l'allégresse, et donnons-lui gloire ; car les noces de l'Agneau sont venues, son épouse s'est préparée. »

Apocalypse 19 : 6-7

La procrastination apostolique est un péché à cet égard. Nous qui le connaissons dans la puissance du Saint-Esprit, nous nous permettons de laisser passer d'autres choses avant lui. Le Seigneur veut enseigner à son peuple que les choses de la vie qui comptent le plus ne sont pas du tout des choses. Nous ne devons jamais oublier l'avertissement enregistré pour la postérité par Martin Niemöller, le ministre luthérien qui a vécu dans l'Allemagne d'Hitler. Ses paroles nous parviennent au fil des générations.

« En Allemagne, ils sont d'abord venus pour les communistes, et je n'ai pas protesté parce que je n'étais pas communiste. Puis, ils sont venus pour les Juifs et je n'ai pas protesté parce que je n'étais pas Juif. Ensuite, ils sont venus pour les syndicalistes, et je n'ai pas protesté parce que je n'étais pas syndicaliste. Ensuite, ils sont venus pour moi, et il n'y avait plus personne pour protester en ma faveur. »[6]

Il faut que les apostoliques s'unissent au nom de la justice. Que nous, les apostoliques, soyons conscients de ce qui se passe dans le monde où nous vivons ou pas, une chose est certaine, l'heure de minuit a sonné pour l'Église.

« Ne crains rien, car je suis avec toi ; je ramènerai de l'orient ta race, et je te rassemblerai de l'occident. Je dirai au septentrion : Donne ! Et au midi : Ne retiens point ! Fais venir mes fils des pays lointains, et mes filles de l'extrémité de la terre. »

Ésaïe 43 : 5-6

Depuis la destruction du Temple juif à Jérusalem en 70 av. J.-C., le peuple juif a été dispersé à travers le monde. Toutefois, seulement au cours du dernier siècle, des millions de Juifs sont retournés en Israël, accomplissant cette première prophétie.

Les Juifs sont arrivés d'abord de l'orient au début des années 1900 et se sont installés en Israël. De l'occident, au milieu des années 1900,

---

[6] https://encyclopedia.ushmm.org/content/fr/article/martin-niemoeller-first-they-came-for-the-socialists

des centaines de milliers de Juifs des États-Unis ont commencé à partir en Israël. Du nord, durant les années 1980, la Russie a autorisé des centaines de milliers de Juifs à rentrer en Israël. Du sud, l'Éthiopie communiste ne pouvait pas les retenir. En 1991, 14 500 Éthiopiens juifs ont été évacués par avion en Israël. De plus en plus, les Juifs de partout dans le monde retournent dans leur patrie.

Ceci est arrivé exactement comme la Bible le disait. Quand ? Dans les derniers jours.

La deuxième prophétie concernant le peuple juif est qu'Israël redeviendrait une nation.

« En ce jour, le rejeton d'Isaï sera là comme une bannière pour les peuples ; les nations se tourneront vers lui, et la gloire sera sa demeure. Dans ce même temps, le Seigneur étendra une seconde fois sa main, pour racheter le reste de son peuple, dispersé en Assyrie et en Égypte, à Pathros et en Éthiopie, à Elam, à Schinear et à Hamath, et dans les îles de la mer. Il élèvera une bannière pour les nations, il rassemblera les exilés d'Israël, et il recueillera les dispersés de Juda, des quatre extrémités de la terre. »

Ésaïe 11 : 10-12

Depuis 721 av. J.-C., environ 14 peuples différents ont occupé la terre d'Israël. Cependant, comme dit la Bible, la nation d'Israël renaîtrait. Un jour, elle gérerait sa propre indépendance.

Après avoir attendu pendant des siècles, le peuple dispersé partout dans le monde non seulement est revenu sur sa terre, mais est devenu aussi une nation. Le 14 mai 1948, de nulle part et contre tous les obstacles, Israël est né de nouveau. En 1967, le peuple juif a repris la ville de Jérusalem.

Exactement comme il est dit dans la Bible. Quand ? Dans les derniers jours.

Une troisième prophétie sur la fin des temps concernant le peuple juif est qu'Israël naîtrait en un jour.

« Qui a jamais entendu pareille chose ? Qui a jamais vu rien de semblable ? Un pays peut-il naître en un jour ? Une nation est-elle enfantée d'un seul coup ? À peine en travail, Sion a enfanté ses fils ! »

Ésaïe 66 : 8

Vers 926 av. J.-C., le peuple juif est devenu une nation divisée. Les dix tribus au nord s'appelaient Israël, et les deux tribus du sud s'appelaient Juda. Pourtant, quand les Juifs ont retrouvé leur indépendance en 1948, pour la première fois au bout de 2 900 ans, Israël a été à nouveau réuni en une nation.

Une fois de plus, comme il est dit dans la Bible. Quand ? Dans les derniers jours.

La quatrième prophétie sur la fin des temps concernant le peuple juif est que la monnaie d'Israël serait le shekel (sicle).

« Le sicle sera de vingt guéras. La mine aura chez vous vingt sicles, plus vingt-cinq sicles, plus quinze sicles. »

Ézéchiel 45 : 12

La Bible a prédit que dans les sacrifices au futur Temple, le peuple d'Israël paiera les impôts en shekel. Le problème est que le shekel n'était pas la monnaie d'Israël. Toutefois, en juin 1980, le shekel a été rétabli comme monnaie officielle d'Israël et est utilisé à l'heure où j'écris.

Le nouveau shekel israélien est la monnaie d'Israël. Le 26 mai 2008, la Banque internationale a annoncé qu'elle réglera les instructions de paiement dans la nouvelle monnaie de shekel israélienne, rendant ainsi cette monnaie entièrement convertible.

Aussi, comme il est dit dans la Bible. Quand ? Dans les derniers jours.

La cinquième prophétie sur la fin des temps concernant le peuple juif est qu'Israël allait fleurir comme une rose dans le désert.

« Le désert et le pays aride se réjouiront ; la solitude s'égaiera, et fleurira comme un narcisse ; elle se couvrira de fleurs, et tressaillira de joie, avec chants d'allégresse et cris de triomphe ; la gloire du Liban lui sera donnée, la magnificence du Carmel et de Saron. Ils verront la gloire de l'Éternel, la magnificence de notre Dieu.

Ésaïe 35 : 1-2

Lors de sa visite en Israël dans les années 1860, Mark Twain a indiqué qu'Israël était un endroit désertique démuni d'arbres. Presque 2 000 ans de conquêtes étrangères avaient abusé de la terre, la laissant dans un état désertique.

Lorsque les Juifs ont commencé à revenir, ils ont développé un réseau d'irrigation et de dérivation des eaux de la mer de Galilée pour l'acheminer à travers des parties du désert. Israël, un ancien désert, est maintenant le grenier du Moyen-Orient et exporte des fruits et des plantes ornementales partout dans le monde.

Comme il est dit dans la Bible. Quand ? Dans les derniers jours.

La sixième prophétie sur la fin des temps concernant le peuple juif est qu'Israël possédera une puissante armée.

« En ce jour-là, je ferai des chefs de Juda comme un foyer ardent parmi du bois, comme une torche enflammée parmi des gerbes ; ils dévoreront à droite et à gauche tous les peuples d'alentour, et Jérusalem restera à sa place, à Jérusalem. »

Zacharie 12 : 6

Inférieures en nombre et contre toute attente, les forces israéliennes ont stupéfié le monde par leurs victoires durant six guerres.

Juste quelques heures après la déclaration de l'indépendance d'Israël en 1948, l'Égypte, la Syrie, la Jordanie, l'Iraq et le Liban ont tous envahi Israël. Ensemble, la population de tous ces pays dépassait largement celle d'Israël. À la fin de la guerre, le peuple juif avait non seulement gagné, mais avait aussi élargi son territoire de 50 %. Aujourd'hui, Israël est l'une des forces militaires les plus puissantes dans le monde, dotée d'une capacité nucléaire totale.

Oui, comme il est dit dans la Bible. Quand ? Dans les derniers jours.

La septième prophétie sur la fin des temps concernant le peuple juif est qu'Israël sera un centre de conflit pour le monde entier.

« Voici, je ferai de Jérusalem une coupe d'étourdissement pour tous les peuples d'alentour, et aussi pour Juda dans le siège de Jérusalem. En ce jour-là, je ferai de Jérusalem une pierre pesante pour tous les peuples; tous ceux qui la soulèveront seront meurtris; et toutes les nations de la terre s'assembleront contre elle. »

Zacharie 12 : 2-3

Depuis 1948, les batailles pour avoir le contrôle d'Israël n'ont jamais cessé dans le Moyen-Orient. La situation d'Israël au cœur des réserves pétrolières mondiales donne à ce pays une grande importance stratégique pour tous les pays dans le monde. De plus, les trois sièges religieux les plus larges se trouvent à Jérusalem. Israël est devenu un problème international.

Comme il est dit dans la Bible. Quand ? Dans les derniers jours.

Une autre prophétie sur la fin des temps concernant le peuple juif est qu'Israël rebâtira le Temple à Jérusalem.

« On me donna un roseau semblable à une verge, en disant : Lève-toi, et mesure le temple de Dieu, l'autel, et ceux qui y adorent. Mais le parvis extérieur du temple, laisse-le de côté, et ne le mesure pas ; car il a été donné aux nations, et elles fouleront aux pieds la ville sainte pendant quarante-deux mois. »

Apocalypse 11 : 1-2

Le livre de l'Apocalypse révèle clairement que le Temple juif existera durant la période de la tribulation. Il y a aujourd'hui un conflit entre les Juifs et les musulmans à propos du dôme du Rocher où, selon la croyance de certains, se trouvait l'ancien Temple et où le nouveau Temple sera bâti. Peu importe s'il y a du conflit, le pouvoir humain n'arrêtera pas Dieu. La Bible est claire : à la fin des temps, le Temple sera bâti.

« Il fera une solide alliance avec plusieurs pour une semaine, et au milieu de la semaine il fera cesser le sacrifice et l'offrande ; le dévastateur commettra les choses les plus abominables, jusqu'à ce que la ruine et ce qui a été résolu fondent sur le dévastateur. »

Daniel 9 : 27

Le peuple juif n'envisage pas de construire le Temple dans une centaine d'années. Les plans du Temple sont déjà préparés. Un groupe en Israël appelé *Temple Mount Faithful* [Fidèles du mont du Temple] entraîne déjà des sacrificateurs pour servir dans le nouveau Temple.

La plupart des vêtements sacerdotaux ont déjà été reconstitués ainsi que les ustensiles nécessaires pour le culte.

Le projet est si proche à Jérusalem que la menorah d'or a été reconstruite au prix de deux millions de dollars et placée dans la zone du Temple. Même plus récemment, la couronne d'or du souverain sacrificateur juif est déjà achevée et attend d'être posée sur la bonne tête au bon moment pour commencer les services du Temple. Presque tout est prêt pour le nouveau Temple, sauf la vache rousse. Les cendres d'une génisse (vache) rousse sont nécessaires pour la purification.

« L'Éternel parla à Moïse et à Aaron, et dit : Voici ce qui est ordonné par la loi que l'Éternel a prescrite, en disant : Parle aux enfants d'Israël, et qu'ils t'amènent une vache rousse, sans tache, sans défaut corporel, et qui n'ait point porté le joug. Vous la remettrez au sacrificateur Éléazar, qui la fera sortir du camp, et on l'égorgera devant lui. Le sacrificateur Éléazar prendra du sang de la vache avec le doigt, et il en fera sept fois l'aspersion sur le devant de la tente d'assignation. »

Nombres 19 : 1-4

Une génisse rousse est requise pour les rituels de purification ou de nettoyage qui font partie du service du Temple. Depuis la destruction du Temple par les Romains à Jérusalem en 70 av. J.-C., les génisses rousses ont disparu.

Quel est donc le rapport avec une génisse rousse ? Dans le monde hébraïque, nous apprenons que le sort du monde entier dépend du sacrifice de la génisse rousse. Ses cendres rectifient le pire des défauts de l'humanité : le désespoir. La purification par la génisse rousse nous rappelle que l'homme a le potentiel de s'élever au-dessus de son existence physique transitoire.

« On prendra, pour celui qui est impur, de la cendre de la victime expiatoire qui a été brûlée, et on mettra dessus de l'eau vive dans un vase. »

Nombres 19 : 17

J'ai grandi dans une ferme à l'est du Canada. De nos jours, une vache rapporte parfois quatre ou cinq cents dollars. Le 31 juillet 2008, une vache rousse a été vendue à Litchfield au Connecticut à 1 000 000 $. Lorsque la vache d'exposition âgée de quatre ans a défilé devant 800 spectateurs à la ferme Arethusa, les enchères ont commencé à 200 000 $.

La raison de ce prix élevé est due à ses gènes, son potentiel de reproduction et sa couleur rousse rare. Son pédigré, sa structure physique, et le fait d'être rousse la rendent très marchandable. Je me demande si c'était un membre de la foi hébraïque qui l'a achetée.

Le génie génétique et le clonage sont désormais des applications pratiques de la science. Est-ce possible que la composition génétique de cette vache rousse ait déjà été cartographiée ?

Chapitre vingt et un
De retour d'entre les morts

Le sanhédrin doit être en place avant la construction du Temple saint à Jérusalem. Après une absence de mille six cents (1 600) ans, le sanhédrin a été né de nouveau.

Voici quelques extraits récents des journaux juifs :

1. « L'évènement le plus important de l'ère messianique sera la reconstruction du Temple saint. C'est l'acte de reconstruire le Temple qui établira sans l'ombre d'un doute l'identité du Messie. Le Messie sera le roi d'Israël, et un roi ne peut être couronné que par le sanhédrin. La raison pour laquelle il arrivera d'abord à Jérusalem est de se faire reconnaître par le sanhédrin. »

2. Le grand rabbin Berel Lazar croit que la Terre verra bientôt le Messie arriver pour juger l'humanité entière. « Nous savons qu'il est très proche. Le Messie est peut-être déjà né. Le monde d'aujourd'hui est dans un état décrit par nos sages *'hevley mashiah'*, c'est-à-dire le travail qui précède la venue d'un Messie. Nous vivons au bord de l'histoire. On le sent partout. »

3. Le rabbin Yitzhak Kaduri a appelé les Juifs dans le monde entier à retourner en Israël en raison des désastres naturels qui menacent de frapper le monde. « Dans l'avenir, le Saint, qu'il soit béni, provoquera de grands désastres aux pays dans le monde pour adoucir les jugements de la nation d'Israël. J'ordonne la publication de cette déclaration comme avertissement, afin que les Juifs dans les pays du monde soient au courant du danger imminent et reviennent au pays d'Israël pour la construction du Temple et la révélation de notre juste *Mashiach* [Messie]. Le *Mashiach* est déjà en Israël. »

Dans le judaïsme, le sanhédrin est considéré comme la dernière institution qui détenait l'autorité universelle parmi le peuple juif dans la longue chaîne de tradition depuis Moïse à ce jour. Il n'y a pas eu d'autorité reconnue dans la loi juive depuis la dissolution en 358 apr. J.-C. La dissolution du sanhédrin monothéiste a été une réaction directe de l'Empire romain à la décision de l'empereur Constantin concernant la trinité du concile de Nicée en 325 apr. J.-C., seulement 33 ans plus tôt.

Pendant que Gamaliel IV (270-290 apr. J.-C.) était président du sanhédrin, le nom « sanhédrin » a été supprimé. Puis, comme réaction à la position anti-juive de l'empereur Julien (331-363 apr. J.-C.), Théodose Ier (346-395 apr. J.-C.) a interdit au sanhédrin de se réunir et a déclaré l'ordination juive illégale. La loi romaine prévoyait la peine de mort à tout rabbin recevant l'ordination, ainsi que la destruction complète de la ville où l'ordination a eu lieu.

L'empereur Julien était le neveu de l'empereur Constantin et il est né à Constantinople. L'empereur Constantin le Grand a présidé le premier Concile de Nicée et a fait de la doctrine trinitaire un dogme de l'Église. L'empereur Julien a toutefois rejeté le christianisme entier, et il est devenu connu comme « l'Apostat » (l'infidèle) pour avoir essayé de faire arrêter l'adoration de Jésus-Christ dans l'Empire romain.

Gamaliel VI (400-425 apr. J.-C.) a été le dernier président du sanhédrin. À la suite de la mort de ce patriarche juif, qui a été exécuté par Théodose II pour avoir construit des synagogues en dépit du décret impérial, il était illégal d'utiliser le titre *Nasi* (les derniers vestiges du sanhédrin), après 425 apr. J.-C.

Maïmonides et d'autres commentateurs médiévaux ont suggéré que même si la ligne de la *semicha* (ordination biblique) de Moïse a été interrompue en 425 apr. J.-C., si les sages d'Israël s'entendaient sur un seul candidat digne de la *semicha*, il aurait la *semicha*. Il pourrait alors l'accorder aux autres, permettant ainsi de rétablir le sanhédrin.

Maïmonides était l'un des plus grands érudits du Moyen Âge, et sans doute le plus largement accepté parmi le peuple juif depuis la finalisation du Talmud en 500 apr. J.-C. Pour que le troisième et dernier Temple soit construit, il faut que le sanhédrin soit actif.

De retour d'entre les morts

En octobre 2004 (Tishri 5765), un groupe de rabbins représentant des communautés variées en Israël ont organisé une fête à Tibériade, où le sanhédrin originel a été démantelé. Ils soutiennent que cet acte rétablit le corps de manière conforme à la proposition de Maïmonides et aux décisions juridiques du rabbin Yosef Karo. Le sanhédrin a été rétabli dans la nation d'Israël. Les apostoliques dans le monde entier doivent savoir que tout comme le sanhédrin a été rétabli, les cinq ministères seront actifs dans leur intégralité avant la pluie de l'arrière-saison et l'enlèvement de l'Église.

Maïmonides enregistre que c'est une condition absolue et contraignante que le peuple juif établisse un sanhédrin et des tribunaux. Face à la fin de la *semicha* classique (ordination biblique), il propose provisoirement une solution rationaliste pour atteindre le but de rétablir la plus haute cour selon la tradition juive et pour lui accorder la même autorité qu'elle avait auparavant.

Depuis le rétablissement du nouveau sanhédrin juif, plusieurs choses sont arrivées en Israël :

1. Le nouveau sanhédrin a formé un comité pour recueillir des opinions quant à l'exact emplacement du Temple sur le Mont du Temple.
2. Une visite au Mont du Temple, qui a été ajouté par Hérode, a culminé dans une déclaration que « les Juifs devraient commencer à rassembler les matériaux pour la reconstruction du Temple ».
3. Des liens avec divers universitaires et institutions ont été annoncés.
4. Ils se sont opposés au défilé de la *Gay Pride* à Jérusalem en septembre 2006, déclarant que la participation aux opérations de sécurité du défilé serait un acte criminel. (Le défilé a été annulé.)
5. Ils ont sonné le shofar le jour de Rosh Hashanah en septembre 2006, qui était un jour de sabbat. C'était essentiellement une revendication des droits et de l'autorité d'un vrai sanhédrin.

6. En octobre 2007, plusieurs membres du nouveau sanhédrin sont montés au Mont du Temple et y ont offert des prières, apparemment avec le soutien du gouvernement israélien.

Depuis la naissance de l'Église chrétienne, les chrétiens semblent trouver du réconfort dans le fait qu'Israël est son allié. Ce sentiment a récemment été ébranlé. L'Amérique a tourné son dos à Dieu. Nos autels ont été détruits par les soucis de cette vie. Nous, en tant que nation, avons érigé d'autres autels à des dieux qui ne peuvent ni entendre ni exaucer les prières. Sur ces autels, nous les Américains avons offert la moralité et les corps des enfants à naître.

Dieu est à l'origine du sanhédrin. Ni le gouvernement d'Israël ni les fils d'Ismaël n'ont le pouvoir d'arrêter l'opération de l'Esprit de Dieu. George W. Bush, lorsqu'il était président des États-Unis, a déclaré que le peuple juif occupait le territoire palestinien. Comme réponse, le nouveau sanhédrin élu a donné au président Bush, le leader de l'Ouest, un ultimatum lors de sa visite à Jérusalem en janvier 2008.

L'ultimatum a été présenté au président Bush par quelques rabbins les plus respectés en Israël. Le « *Bush Scroll* » [le parchemin Bush] affirme la position ferme de la nation juive. Il dit :

> « Au nom du Seigneur, Dieu Éternel
> À l'Honorable M. George W. Bush,
> Président des États-Unis d'Amérique,
>
> Qui vient chercher la présence du Dieu Très-Haut, à Jérusalem, la cité de Dieu, le site divinement choisi du Temple saint, capitale éternelle de notre terre, 'la joie de la terre entière' (Psaume 43 : 4), qu'il soit reconstruit et établi rapidement et de nos jours, Amen !
>
> L'estimé M. George W. Bush, le prince principal de Méschec et de Tubal (Ézéchiel 38 : 2), chef de l'Occident !

De retour d'entre les morts

À votre arrivée à Jérusalem, vous avez la capacité de faire une déclaration, comme Cyrus le roi de Perse l'avait fait — dont la mémoire est honorée — qui en 538 av. J.-C. a permis aux nations exilées de retourner dans leurs terres et a reconnu le plein droit du peuple juif de rétablir son Temple saint, la 'maison de prière pour tous les peuples' (Ésaïe 56 : 7), et les a appelés à retourner dans leur terre, et à la manière de Lord James Balfour d'Angleterre, qui en 1917 a appelé les Juifs à rétablir une patrie nationale dans la terre d'Israël.

Et donc, si vous désirez véritablement la paix et la bienveillance, et vous seriez compté dans la compagnie des vrais justes, nous vous demandons de déclarer au monde entier le suivant :

'La terre d'Israël a été léguée à la nation d'Israël par le Créateur du monde. Ni moi, en tant que fils de ma foi, ni les musulmans selon leur foi, ne pourrions jamais enlever le moindre grain du don de l'Éternel, qu'il a donné à son peuple Israël, le peuple éternel. Ainsi donc, j'appelle toutes les nations à s'épargner d'un destin tragique certain, en rendant et reconnaissant que cette terre est l'héritage légitime et exclusif du peuple d'Israël, comme c'est écrit dans la Torah d'Israël, qui constitue la base même de notre foi, ainsi que celle de l'Islam ; et est la base pour les décisions de la communauté des nations. Celui qui nie cette vérité met en danger toute vie sur terre.

Je consacrerai toute ma force et mes ressources au rétablissement du peuple juif partout dans sa terre entière. J'encouragerai fortement et donnerai la possibilité aux Juifs du monde entier de se rendre en Israël et de s'y installer, d'y établir le sanctuaire de Dieu à Jérusalem, d'en éloigner les étrangers et ainsi, je crois, j'apporterai une majeure contribution à la paix dans le monde.

Je ne peux pas soutenir simultanément l'établissement d'un état étranger pour une nation étrangère dans la terre d'Israël, et je ne participerai pas à ce mal.'

Ou — que le ciel nous en préserve — vous pouvez choisir la seconde option : aider délibérément à la destruction, sous couvert de la paix.

Vous savez certainement ce que le Dieu d'Israël a fait à l'Égypte, à l'Assyrie et à tous les ennemis depuis des temps immémoriaux : Imaginez-vous que vous serez capable de vous sauver si vous arrivez à mettre en œuvre un plan qui vise à voler la terre du 'peuple de ceux qui ont échappé au glaive' (Jérémie 31 : 2), et à exclure ceux qui ont survécu à l'Holocauste, de voler la terre qui leur a été donnée par le Créateur ?

Tous les traités et initiatives de paix qui ont été basés sur les décisions du gouvernement d'Israël, voire le processus entier d'Oslo, et le Désengagement, et 'l'établissement d'un état terroriste au sein de la terre d'Israël connu sous le nom de Palestine' — lamentablement, tous ces accords sont le résultat d'un manque de foi suffisant aux promesses divines que le Seigneur a faites aux patriarches de notre nation, et à tout ce qui est écrit dans la Torah d'Israël. Comprenez bien ceci : les nations du monde ne peuvent pas excuser leurs actions et leurs décisions en raison de la faiblesse d'Israël et de son gouvernement. Dieu a ordonné que le rôle des nations du monde consiste à renforcer la nation d'Israël. Ceci profitera à l'humanité entière et apportera la paix dans le monde, comme les prophètes l'ont prédit.

Imaginez-vous que vous pouvez échapper aux problèmes en Iran, au Pakistan, en Arabie Saoudite, en Syrie, en Égypte et au Liban, en sacrifiant des Juifs qui sont massacrés quotidiennement par leurs ennemis qui parlent de paix, mais vivent par l'épée ?

À votre arrivée dans notre pays, nous nous attendons à ce que vous rameniez Jonathan Pollard avec vous. Ramenez-le chez lui, en Israël. Il est un émissaire de l'État d'Israël, et il a agi au nom de notre peuple. Autorisez sa libération immédiate tant que vous êtes à Jérusalem, avant de rentrer aux États-Unis. Ce sera une démarche positive qui renforcera la confiance.

Souvenez-vous de notre aïeul Abraham qui a poursuivi les quatre plus grands rois du monde afin de racheter son neveu de la captivité. Nous ne pouvons pas oublier les actes de nos patriarches, dont l'exemple nous guide à travers toutes les générations.

Nous sommes des représentants loyaux du peuple juif, du nouveau congrès juif, et de sa cour de justice le sanhédrin, ainsi que du Temple et des mouvements du Mont du Temple, mais par le présent nous ne faisons que réitérer ce qui est de la connaissance publique.

Aucun gouvernement en Israël et aucun représentant du peuple juif n'a le pouvoir ni le droit d'altérer même de façon infime, notre alliance avec Dieu et les paroles de notre Torah saint, qui sont éternelles, telles qu'elles sont exprimées par les prophètes d'Israël et même par le méchant prophète Balaam : 'Balaam vit Amalek. Il prononça son oracle, et dit : Amalek est la première des nations, mais un jour il sera détruit.' (Nombres 24 : 20) Donc, tout désir, plan ou accord défiant la souveraineté éternelle et la possession active de la nation d'Israël de sa terre entière est complètement sans valeur et n'est pas ancré dans la réalité.

Par conséquent, il vous incombe de déclarer : 'Moi, George Bush, commandant en chef des armées des États-Unis d'Amérique, je donnerai l'ordre à toutes mes troupes de protéger les droits divins de la nation d'Israël, et d'éliminer toute menace contre cette nation.'

Devant vous il y a un choix : Vous pouvez hériter de la vie éternelle, ou être inscrit dans la disgrâce éternelle. Votre sort et celui de tous ceux avec vous pèsent dans la balance avec le destin de notre pays.

'Choisis la vie !' (Deutéronome 30 : 19)

En supplication sincère – Au nom du peuple juif
Rabbin A. Even Yisrael Steinzaltz
Le sanhédrin
Dr Gadi Eshel
Le nouveau congrès juif
Rabbin Chaim Richman
Le Temple saint et les mouvements du Mont du Temple »

Si Dieu tourne le dos à l'Amérique, cette grande nation risque de ne pas avoir demain ce que nous aimons tant aujourd'hui.

Le rabbin Steinzaltz, chef du sanhédrin hébraïque, a été appelé « l'érudit du millénaire ». Dr Eshel est à la tête du nouveau congrès juif et le rabbin Richman représente l'Institut du Temple et les mouvements du Mont du Temple.

Le rouleau a été adressé à l'honorable M. George W. Bush, le prince de Méschec et de Tubal (Ézéchiel 38 : 2).

« La parole de l'Éternel me fut adressée, en ces mots : Fils de l'homme, tourne ta face vers Gog, au pays de Magog, vers le prince de Rosch, de Méschec et de Tubal, et prophétise contre lui ! Tu diras :

De retour d'entre les morts

Ainsi parle le Seigneur, l'Éternel : Voici, j'en veux à toi, Gog, Prince de Rosch, de Méschec et de Tubal ! »

Ézéchiel 38 : 1-3

En incluant une référence à Ézéchiel dans la salutation, les auteurs ont identifié le président Bush comme étant celui appelé Gog dans ce verset. Il semble que le sanhédrin voulait que ce soit vu comme une lettre de Dieu à son adversaire.

Si c'est le cas, la lettre a offert un choix clair au président Bush. En s'adressant à lui en tant que prince de Méschec et de Tubal, ils disaient que Mr Bush était en train d'accomplir ce rôle. Il avait deux choix :

1) Refuser le rôle de Gog et s'opposer aux ennemis d'Israël. Se ranger du côté des vrais justes, au même titre que Cyrus de Perse, qui a autorisé la première unification d'Israël, et Lord Balfour d'Angleterre dont la Déclaration Balfour a ouvert la voie pour la seconde, en défendant le droit d'Israël à la terre que Dieu leur avait donnée.

2) Ou continuer d'accepter le rôle de Gog et de contribuer délibérément à la destruction d'Israël. Sous le couvert de la paix, il deviendrait l'ennemi de Dieu.

Le président George W. Bush, le quarante-troisième président de notre nation, a quitté le Bureau ovale sans signer le « *Bush Scroll* » présenté par le sanhédrin.

Il n'y a jamais eu de moment où des érudits hébraïques aussi distingués ont fait une telle chose de manière aussi publique et évidente.

On décrit le sanhédrin comme une « Maison des érudits ». Ce corps représente les « droits et obligations » de la constitution de la Torah.

Beaucoup d'hommes et de femmes apostoliques rejettent la possibilité que Dieu puisse parler à travers quelqu'un en dehors de l'Église. Ils oublient que l'existence même de la nation d'Israël est l'accomplissement des prophéties, et que sans l'intervention claire et directe de Dieu dans les affaires de cet état moderne, Israël n'existerait pas. La nation d'Israël suit un chemin qui est clairement tracé par les prophètes d'antan. Nous qui sommes dans l'Église avons intérêt à écouter ce que ces rabbins disent sur l'endroit où nous sommes sur ce chemin.

« Jésus dit à ses disciples : Il est impossible qu'il n'arrive pas des scandales ; mais malheur à celui par qui ils arrivent ! »

Luc 17 : 1

Alors que nous les pentecôtistes rebâtissons les autels dans nos églises et chez nous, il nous faut commencer à voir le portrait global.

Le peuple hébraïque a ses yeux posés sur le Mont du Temple. Le sanhédrin a été né de nouveau et le peuple juif croit que son Messie est très proche. Les vêtements sacerdotaux et la couronne pour le souverain sacrificateur sont achevés, et comme par hasard une vache rousse a été vendue aux États-Unis à 1 000 000 $.

Quand toutes ces choses doivent-elles arriver ? La Bible dit dans les derniers jours.

Les gens remplis du Saint-Esprit ne cherchent pas un Messie, mais anticipent avec zèle la seconde venue du Messie ressuscité.

« Sachant avant tout que, dans les derniers jours, il viendra des moqueurs avec leurs railleries, marchant selon leurs propres convoitises, et disant : Où est la promesse de son avènement ? Car, depuis que les pères sont morts, tout demeure comme dès le commencement de la création. »

II Pierre 3 : 3-4

Les apostoliques doivent être avertis que certains des moqueurs mentionnés par Pierre occuperont des chaires apostoliques, pas en paroles, mais en esprit. L'humanité de Dieu pendait entre l'homme mortel et la Divinité. Toute l'humanité a observé notre péché briser le Divin. L'Agneau de Dieu sera un jour le Lion de la tribu de Juda, mettant le feu dans le sein de son épouse qui ne s'éteindra jamais, à l'approche de la pluie de l'arrière-saison.

L'apôtre Paul a exhorté l'Église du Nouveau Testament à ne pas laisser le schisme venir au corps de croyants apostoliques. Il a parlé de la nécessité d'avoir un esprit qui apporte l'unité au lieu de la division. Tous les apostoliques devraient se sentir à l'aise sous le même toit adorant l'Éternel des armées, comme ils le seront autour du trône, regardant les mains cicatrisées du Créateur et soutien de toute vie.

Quel serait l'effet sur nos services si les hommes se trouvaient prosternés devant le Seigneur dans un humble esprit brisé ? Le monde autour de nous serait-il secoué et bouleversé une fois de plus si la vraie Église apostolique quittait des yeux les doctrines des hommes et des diables et se mettait à crier à Dieu pour l'unité apostolique ? Si le peuple de Dieu s'humilie et prie avec ferveur, et cherche désespérément sa face, aucune force existante sur terre ne peut rompre les liens divins qui nous uniront dans la sainte unité apostolique.

De Rome à Jérusalem

Chapitre vingt-deux

On prévoit de la pluie

Dans votre tableau, nous avons atteint maintenant la période de la pluie de l'arrière-saison. La pluie de l'arrière-saison est la grande effusion de l'Esprit de Dieu des derniers jours. Elle comprend la restitution de **l'Église apostolique** à sa juste place. L'énorme réveil des derniers jours se tient derrière la porte, demandant la moisson des âmes avant le grand et terrible jour du Seigneur. Il s'agit de l'effusion du Saint-Esprit sur toute la chair qui nous est promise durant les derniers jours, ainsi que la restauration des dons prophétiques. Notre appel n'a pas de valeur si nous agissons sans amour. Les vrais chrétiens s'aiment les uns les autres. Les vrais fils de Dieu sont ceux conduits par le Saint-Esprit. Les signes et les prodiges s'ensuivront. Nous encourageons les dons et l'Esprit et nous nous efforçons de porter du fruit.

« Ne pensez plus aux événements passés, et ne considérez plus ce qui est ancien. Voici, je vais faire une chose nouvelle, sur le point d'arriver : Ne la connaîtrez-vous pas ? Je mettrai un chemin dans le désert, et des fleuves dans la solitude. Les bêtes des champs me glorifieront, les chacals et les autruches, parce que j'aurai mis des eaux dans le désert, des fleuves dans la solitude, pour abreuver mon peuple, mon élu. »

Ésaïe 43 : 18-20

Comme dans l'âge des ténèbres, les chasseurs d'hérésie sont farouchement anti-pentecôtistes. Nous avons une puissance qu'ils ne peuvent même pas rêver de posséder, car elle provient de la vraie source et est acceptée par la foi avec amour. Les chasseurs d'hérésie ont besoin de s'inspirer un peu de Gamaliel le pharisien :

« Pierre et les apôtres répondirent : Il faut obéir à Dieu plutôt qu'aux hommes. Le Dieu de nos pères a ressuscité Jésus, que vous avez tué, en le pendant au bois. Dieu l'a élevé par sa droite comme Prince et Sauveur, pour donner à Israël la repentance et le pardon des péchés. Nous sommes témoins de ces choses, de même que le Saint Esprit, que Dieu a donné à ceux qui lui obéissent. Furieux de ces paroles, ils voulaient les faire mourir. Mais un pharisien, nommé Gamaliel, docteur de la loi, estimé de tout le peuple, se leva dans le sanhédrin, et ordonna de faire sortir un instant les apôtres. Puis il leur dit : Hommes Israélites, prenez garde à ce que vous allez faire à l'égard de ces gens. Car, il n'y a pas longtemps que parut Theudas, qui se donnait pour quelqu'un, et auquel se rallièrent environ quatre cents hommes : il fut tué, et tous ceux qui l'avaient suivi furent mis en déroute et réduits à rien. Après lui, parut Judas le Galiléen, à l'époque du recensement, et il attira du monde à son parti : il périt aussi, et tous ceux qui l'avaient suivi furent dispersés. Et maintenant, je vous le dis, ne vous occupez plus de ces hommes, et laissez-les aller. Si cette entreprise ou cette œuvre vient des hommes, elle se détruira ; mais si elle vient de Dieu, vous ne pourrez la détruire. Ne courez pas le risque d'avoir combattu contre Dieu. »

Actes 5 : 29-39

Les apostoliques, nous faisons partie du reste de Dieu et il peut tout mettre sous notre contrôle. Notre fidélité à la foi apostolique véritable à tout égard n'est pas seulement notre objectif dans le royaume de Dieu. C'est aussi l'attente du Seigneur.

Avant le déversement de la pluie de l'arrière-saison, je vois un réveil apostolique global qui commencera par les cinq ministères dédiés de Dieu s'humiliant devant lui. Il y a des millions de gens sincères dans le monde qui mettent leur visage au sol pour vénérer des dieux qui ne peuvent ni entendre ni exaucer les prières. Je me dis chaque jour, à mesure que mon parcours dans cette vie se déroule devant moi, que j'ai été absolument et indéniablement sauvé par la grâce de Dieu. Lorsque le Seigneur m'a rempli du Saint-Esprit à un autel à l'ancienne, il y avait plusieurs hommes qui priaient pour moi avec leur visage au sol. Comment le ciel serait-il affecté si nos ministres mettaient de nouveau leur visage au sol pour vénérer le seul vrai Dieu vivant ? Pas par adoration rituelle, mais par soumission au Dieu Tout-Puissant en lui offrant une oblation spontanée.

« C'est par la foi que Moïse, devenu grand, refusa d'être appelé fils de la fille de Pharaon, il préféra être maltraité avec le peuple de Dieu que d›avoir pour un temps la jouissance du péché »

Hébreux 11 : 24-25

Le déversement de la pluie de l'arrière-saison sera donné au reste qui est appelé à sortir de Babylone vers l'unité qui se trouve dans la croyance en l'unicité de Dieu.

Il n'y a pas grand-chose que vous puissiez faire à part prier pour ceux qui pensent que vous êtes hérétique. Parfois, l'amour qui les attire peut mieux chasser les démons que le fait de les confronter. Les religions et le confessionnalisme doivent être conscients. C'est une affaire sérieuse d'opposer activement une véritable opération du Saint-Esprit.

« Quand il eut pris le livre, les quatre êtres vivants et les vingt-quatre vieillards se prosternèrent devant l'Agneau, tenant chacun une harpe et des coupes d'or remplies de parfums, qui sont les prières des saints. Et ils chantaient un cantique nouveau, en disant : Tu es digne de prendre le livre, et d'en ouvrir les sceaux ; car tu as été immolé, et tu as racheté pour Dieu par ton sang des hommes de toute tribu, de toute langue, de tout peuple, et de toute nation ; tu as fait d'eux un royaume et des sacrificateurs pour notre Dieu, et ils régneront Inquisition. »

Apocalypse 5 : 8-10

La prière collective des saints accompagnée de la puissance d'intercession unira les élus pour faire venir l'armée de l'Éternel. La religion chrétienne **faite par l'homme** retournera à sa place initiale, permettant ainsi à l'Église apostolique d'avancer. À la fin, Dieu révélera Satan comme il n'a jamais été vu durant le temps des mortels. L'ennemi possède un royaume spirituel et il est le gouverneur de ce royaume. Dans les yeux du christianisme, du judaïsme et de l'Islam, il sera exposé comme une déité très réelle et très vénérée Inquisition.

Il existe une guerre spirituelle dans l'Église apostolique d'aujourd'hui, et elle est entre les gens charnels et les fils de Dieu. Les gens charnels nous font penser aux façons dont les pharisiens attaquaient Jésus lors de sa première apparition. Nous leur paraissons insensés, mal placés et pas conformes à leur façon traditionnelle de faire les choses. Il faut qu'ils soient avertis que leurs positions exaltées seront menacées durant la pluie de l'arrière-saison.

Il ne faut pas nous impliquer dans la haine de la médisance et des attaques de la part des chrétiens désinvoltes. La guerre civile en cours implique ceux qui font la guerre avec la chair et le sang, mais nous avons la puissance de renverser les forteresses spirituelles, ce même pouvoir qu'ils renient.

Au sein des congrégations apostoliques, les saints désinvoltes qui affaiblissent l'Église sont ceux qui ont souillé les choses sacrées de Dieu. Lorsque quelqu'un jette l'éponge, cela veut simplement dire qu'il arrête d'essayer ; par conséquent, il est exclu de la course, rejetant la victoire éternelle. C'est une chose terrible pour une personne d'entrer dans un lieu saint et de souiller ensuite les choses de Dieu après avoir été baptisé du merveilleux Saint-Esprit.

« Je vous ai fait venir dans un pays semblable à un verger, pour que vous en mangiez les fruits et les meilleures productions ; mais vous êtes venus, et vous avez souillé mon pays, et vous avez fait de mon héritage une abomination. Les sacrificateurs n'ont pas dit : Où est l'Éternel ? Les dépositaires de la loi ne m'ont pas connu, les pasteurs m'ont été infidèles, les prophètes ont prophétisé par Baal, et sont allés après ceux qui ne sont d'aucun secours. C'est pourquoi je veux encore contester avec vous, dit l'Éternel, je veux contester avec les enfants de vos enfants. Passez aux îles de Kittim, et regardez ! Envoyez quelqu'un à Kédar, observez bien, et regardez s'il y a rien de semblable ! Y a-t-il une nation qui change ses dieux, quoiqu'ils ne soient pas des dieux ? Et mon peuple a changé sa gloire contre ce qui n'est d'aucun secours ! Cieux, soyez étonnés de cela : Frémissez d'épouvante et d'horreur ! dit l'Éternel. »

Jérémie 2 : 7-12

Nous devons prier dans le Saint-Esprit que l'ignorance soit remplacée par la vérité, que les yeux aveugles soient ouverts, et que les oreilles commencent à entendre, comme témoins au monde entier de la puissance de Dieu.

On prévoit de la pluie

À travers l'Ancien Testament, Dieu associait les bénédictions de la pluie de la première saison et de l'arrière-saison avec l'obéissance ou la désobéissance du peuple hébreu. Le Seigneur a parlé par l'intermédiaire du prophète Moïse par rapport à la pluie de l'arrière-saison.

« Si vous obéissez à mes commandements que je vous prescris aujourd'hui, si vous aimez l'Éternel, votre Dieu, et si vous le servez de tout votre cœur et de toute votre âme, je donnerai à votre pays la pluie en son temps, la pluie de la première et de l'arrière-saison, et tu recueilleras ton blé, ton moût et ton huile ; je mettrai aussi dans tes champs de l'herbe pour ton bétail, et tu mangeras et te rassasieras. Gardez-vous de laisser séduire votre cœur, de vous détourner, de servir d'autres dieux et de vous prosterner devant eux. La colère de l'Éternel s'enflammerait alors contre vous ; il fermerait les cieux, et il n'y aurait point de pluie ; la terre ne donnerait plus ses produits, et vous péririez promptement dans le bon pays que l'Éternel vous donne. »

Deutéronome 11 : 13-17

Pour montrer la pluie de l'arrière-saison, Jérémie utilise une allégorie d'un homme éloignant une femme, puis la regagnant :

« Il dit : Lorsqu'un homme répudie sa femme, qu'elle le quitte et devient la femme d'un autre, cet homme retourne-t-il encore vers elle ? Le pays même ne serait-il pas souillé ? Et toi, tu t'es prostituée à de nombreux amants, et tu reviendrais à moi ! dit l'Éternel. Lève tes yeux vers les hauteurs, et regarde ! Où ne t'es-tu pas prostituée ! Tu te tenais sur les chemins, comme l'Arabe dans le désert, et tu as souillé le pays par tes prostitutions et par ta méchanceté. Aussi les pluies ont-elles été retenues, et la pluie du printemps a-t-elle manqué ; mais tu as eu le front d'une femme prostituée, tu n'as pas voulu avoir honte. »

Jérémie 3 : 1-3

La conscience de la pluie de l'arrière-saison nous a été donnée et nous avons vu des réveils sporadiques tels que celui de la rue Azusa, mais rien, même pas la pluie de la première saison le jour de la Pentecôte, n'est comparable à la pluie de l'arrière-saison que Dieu réserve à ceux qui ont été lavés par son sang.

L'Église apostolique flirte encore avec l'apostasie et l'insensée Babylone continue de s'opposer à la puissance du Saint-Esprit. Comme l'épouse de Christ s'approche de la période de la pluie de l'arrière-saison, l'ancienne Babylone s'écroulera et les fils de Dieu se manifesteront avec puissance. Les vents de la pluie de l'arrière-saison s'abattent sur les portes de nos églises, et si nous nous repentons de nos péchés et reconnaissons suffisamment Babylone pour sortir d'elle, alors la pluie de l'arrière-saison arrivera. La pluie de l'arrière-saison à son tour fera venir l'Époux.

Le prophète Joël indique les derniers jours pour le déversement de la pluie de l'arrière-saison et les jours de la tribulation qui suivront l'enlèvement de l'Église.

« Et vous, enfants de Sion, soyez dans l'allégresse et réjouissez-vous en l'Éternel, votre Dieu, car il vous donnera la pluie en son temps, il vous enverra la pluie de la première et de l'arrière-saison, comme autrefois. »

« Et vous saurez que je suis au milieu d'Israël, que je suis l'Éternel, votre Dieu, et qu'il n'y en a point d'autre, et mon peuple ne sera plus jamais dans la confusion. Après cela, je répandrai mon Esprit sur toute chair ; vos fils et vos filles prophétiseront, vos vieillards auront des songes, et vos jeunes gens des visions. Même sur les serviteurs et sur les servantes, Dans ces jours-là, je répandrai mon Esprit. Je ferai paraître des prodiges dans les cieux et Inquisition, du sang, du feu, et des colonnes de fumée ; le soleil se changera en ténèbres, et la lune en sang, avant l'arrivée du jour de l'Éternel, de ce jour grand et terrible. »
Joël 2 : 23, 27–31

À la fin de la pluie de l'arrière-saison, une trompette sonnera et la porte de l'Époux s'ouvrira et l'épouse le verra tel qu'il est vraiment. Le judaïsme croit que lorsque le Temple est rebâti à Jérusalem, un Messie viendra.

« Voici, je vous dis un mystère : nous ne mourrons pas tous, mais tous nous serons changés, en un instant, en un clin d'œil, à la dernière trompette. La trompette sonnera, et les morts ressusciteront incorruptibles, et nous, nous serons changés. Car il faut que ce corps corruptible revête l'incorruptibilité, et que ce corps mortel revête l'immortalité.

Lorsque ce corps corruptible aura revêtu l'incorruptibilité, et que ce corps mortel aura revêtu l'immortalité, alors s'accomplira la parole qui est écrite : La mort a été engloutie dans la victoire. Ô mort, où est ta victoire ? Ô mort, où est ton aiguillon ? »

I Corinthiens 15 : 51-55

« Car le Seigneur lui-même, à un signal donné, à la voix d'un archange, et au son de la trompette de Dieu, descendra du ciel, et les morts en Christ ressusciteront premièrement. Ensuite, nous les vivants, qui serons restés, nous serons tous ensemble enlevés avec eux sur des nuées, à la rencontre du Seigneur dans les airs, et ainsi nous serons toujours avec le Seigneur. »

I Thessaloniciens 4 : 16-17

Depuis le début de la foi apostolique, les gens ont adoré au nom de Jésus. Ces hommes, femmes et enfants levaient leurs mains vers le ciel au Dieu monothéiste d'Abraham.

L'*ovant* est un type de geste durant l'adoration où les bras sont levés avec les paumes des mains tournées vers l'extérieur. Cette pratique était courante dans l'Église du premier siècle. Les gestes de l'*ovant* sont illustrés dans les fresques des catacombes romaines datant du IVe siècle et avant.

Remettez vos vêtements de noces de justice, buvez du vin nouveau de son Esprit, oubliant Babylone, levez les mains saintes au nom de Jésus, et préparez-vous pour la pluie de l'arrière-saison. Bien que le nouveau Temple à Jérusalem subisse la Grande tribulation, il n'y aura pas assez d'anges déchus en enfer pour arrêter l'enlèvement des gens qui sont appelés par le nom de Jésus.

Le Seigneur voudrait que son peuple unicitaire sache que ce n'est pas le moment de discuter sur les rois et les présidents de ce monde, et leurs fêtes charnelles. Le Seigneur veut que le peuple de son nom sache que c'est le moment de pousser des cris de joie.

« Lève-toi, Éternel, viens à ton lieu de repos, toi et l'arche de ta majesté ! Que tes sacrificateurs soient revêtus de justice, et que tes fidèles poussent des cris de joie ! »

Psaumes 132 : 8-9

Après l'enlèvement de l'Église, les dirigeants de la terre, une fois pour toutes, se retrouveront en Israël, se préparant pour la pire des guerres. Certaines de ces nations combattront avec le peuple hébraïque et d'autres se rangeront avec leurs adversaires. L'endroit de la bataille s'appelle Harmaguédon, située au nord d'Israël. Cette vaste région de terrain plat dans les collines du centre de la Palestine est capable de contenir des milliers de troupes. La bataille d'Harmaguédon aura un effet exceptionnellement destructeur sur la race humaine. Cette guerre causera une perturbation majeure de la civilisation totale de l'humanité.

Vers 610 av. J.-C., Harmaguédon a été l'endroit d'une ancienne bataille qui a coûté la vie de Josias, roi de Juda. Cette bataille spécifique a eu lieu durant les jours du prophète Jérémie.

« Mais Josias ne se détourna point de lui, et il se déguisa pour l'attaquer, sans écouter les paroles de Néco, qui venaient de la bouche de Dieu. Il s'avança pour combattre dans la vallée de Megiddo. »

II Chroniques 35 : 22

Le mot « Harmaguédon » dérive du mot hébreu « *Har Megiddo* », signifiant colline ou mont de Meguiddo. Il sera l'emplacement de la bataille finale sur terre entre les forces du bien et du mal. Le diable opérera à travers celui connu comme la « bête » ou « l'antéchrist ».

« Ils les rassemblèrent dans le lieu appelé en hébreu Harmaguédon. »

Apocalypse 16 : 16

« Et j'entendis une voix forte qui venait du temple, et qui disait aux sept anges : Allez, et versez Inquisition les sept coupes de la colère de Dieu. Le premier alla, et il versa sa coupe Inquisition. Et un ulcère malin et douloureux frappa les hommes qui avaient la marque de la bête et qui adoraient son image. »

Apocalypse 16 : 1-2

Avec l'approche rapide de la bataille d'Harmaguédon, beaucoup demandent qui orchestrera la mise en place des puissances en ces jours de désolation. Il y a eu de nombreux débats d'érudits concernant l'identité de l'antéchrist et on a pensé pendant longtemps que le pape de l'Église catholique pourrait assumer ce rôle.

Est-ce que le pape sera l'antéchrist décrit dans le livre de l'Apocalypse ? Cette question a été posée maintes fois dans l'histoire du christianisme. J'ai ma propre opinion comme d'autres quant à ce sujet, mais qui sait vraiment ? D'après les écrits de Michel Servet, martyr unicitaire du XVIe siècle, il croyait fermement que le pape de Rome serait l'antéchrist.

Depuis que je suis dans la foi apostolique, on m'a posé des questions à plusieurs reprises sur la possibilité d'une papesse.

La papesse Jeanne, aussi connu sous le nom « *La Papessa* » a supposément régné dans l'Église catholique entre les papes Léon IV et Benoît III au IXe siècle.

Les écrits sur la papesse Jeanne varient au cours de l'histoire. Un récit d'une femme pape a été rédigé par Jean de Mailly dans « *Chronica Universalis Mettensis* ». Il a écrit qu'après avoir accouché, elle a été lapidée par le peuple dans la rue « Via Sacra » à Rome, selon la justice romaine. À l'époque, un jeûne de quatre jours appelé « jeûne de la Papesse » a été instauré. Il est aussi inscrit à cette place « *Petre, Pater Patrum, Papisse Prodito Partum* » (Pierre, Père des Pères, Publie la Parturition de la Papesse).

Un autre récit, par le chroniqueur Martin d'Opava du XIIIe siècle. Il est écrit dans le « *Chronicon Pontificum et Imperatorum* » :

« On prétend qu'en fait une femme appelée Jeanne, qui en tant que jeune fille avait été amené à Athènes, s'est déguisée en homme avec les vêtements d'un amant. Une haute opinion de sa vie et de son éducation s'est développée dans la ville, et elle a été choisie comme pape. Selon la légende, elle est tombée enceinte de son compagnon Frumence pendant son pontificat. Ignorant l'exact moment de la naissance, elle a donné naissance à un enfant durant la procession entre la place Saint-Pierre et le palais du Latran, pendant que son amant observait dans l'ombre. »

Certains historiens et théologiens sont d'accord qu'il existe des preuves historiques de son existence et de son pontificat dans l'Église catholique. D'autres rejettent la possibilité qu'elle ait vraiment existé. Quand j'étais dans la foi catholique, j'ai écarté la possibilité qu'elle ait pu être pape, à cause des noms des papes qui sont énumérés chronologiquement à travers l'histoire. J'ai remis en question la légende en raison de son caractère insoutenable, même s'il n'y a pas de liste officielle de la succession papale.

Je ne sais pas personnellement si elle a vraiment existé dans l'histoire en tant que personne réelle, mais maintenant que j'ai été baptisé au nom de Jésus, je crois que si elle n'était pas le pape entre 855 et 858 apr. J.-C., quelqu'un au sein de l'Église apostolique essayait vraiment de communiquer un message.

À la couverture arrière de ce livre figure une photo de la papesse Jeanne entre le pape Pie Ier et le pape Honoré III, tenant une coupe d'abominations. Cette photo de la papesse du IXe siècle date de bien avant la Réforme avec le moine catholique Martin Luther ou avant l'Inquisition papale avec le pape Grégoire IX. Que la papesse Jeanne ait été réelle ou pas, cette interprétation représente apparemment un appel désespéré de l'intérieur. À travers la photo, quelqu'un essayait d'avertir le peuple monothéiste de Dieu contre la femme et ce qu'elle représente réellement dans le livre de l'Apocalypse de Jean.

Alors que les nuages de la pluie de l'arrière-saison se forment autour de nous, Dieu est en train de parler à son Église. Il parle aujourd'hui à travers ceux qui exercent les cinq ministères et non pas à travers les institutions religieuses **faites par l'homme**. À cette heure de minuit, il nous faut être vigilants à l'égard de toute action politique du plus puissant monarque sur terre.

L'archidiocèse de Reims est un archevêché du rite latin de l'Église catholique de la France.

Dans une tentative d'exposer les maux qui entouraient le trône papal, l'archevêque catholique Arnoul de Reims a accusé le pape Jean XV (985-996 apr. J.-C.) d'être l'Antéchrist. Dans ses écrits, l'archevêque a fait cette déclaration :

« Y a-t-il des personnes assez audacieuses de maintenir que les prêtres du Seigneur de partout dans le monde doivent prendre leur loi des — Monstres de la culpabilité — comme ces hommes marqués du sceau de l'ignominie [*déshonneur*], d'analphabètes, et ignorant autant des choses humaines que divines ? Si, saints pères, nous sommes tenus de peser les vies, les mœurs, et les résultats du candidat le plus humble pour accéder à la fonction sacerdotale, combien plus devrions-nous examiner l'aptitude de celui qui aspire à être le Seigneur et le Maître de tous les prêtres ! Cependant, comment cela se passerait-il pour nous, s'il s'avère que l'homme le plus déficient [*inadéquat*] dans toutes ces qualités, et indigne de la place la plus basse dans le sacerdoce, devrait être choisi pour assumer la position la plus élevée de toutes ? Que diriez-vous de lui, lorsque vous le voyez assis sur le trône scintillant de pourpre et d'or ? Ne doit-il pas être l'Antéchrist s'asseyant dans le temple de Dieu et se proclamant Dieu ? »

L'archevêque très estimé Arnoul de Reims a été emprisonné le 29 mars 990 apr. J.-C. Ce ministre de la foi catholique, qui a été si favorisé à une époque, a été destitué au Synode de Reims dans la basilique de Saint-Bâle en juin 991 apr. J.-C.

Voici une Écriture de Paul au peuple de l'ancienne cité macédonienne Thessalonique, concernant l'Antéchrist ou l'homme de perdition.

« Que personne ne vous séduise d'aucune manière ; car il faut que l'apostasie soit arrivée auparavant, et qu'on ait vu paraître l'homme impie, le fils de la perdition, l'adversaire qui s'élève au-dessus de tout ce qu'on appelle Dieu ou de ce qu'on adore ; il va jusqu'à s'asseoir dans le temple de Dieu, se proclamant lui-même Dieu. »

II Thessaloniciens 2 : 3-4

Même si je ne suis pas sûr à l'égard de l'Antéchrist, je sais qu'il y a des millions de catholiques ainsi que des non-catholiques qui ne comprennent absolument pas la silencieuse influence politique du Vatican. Cette force presque invisible coule quotidiennement du trône papal à travers la terre entière. Je suis aussi conscient du fait que depuis des siècles, les gens au sein de la chrétienté ont assimilé l'Église catholique avec les écritures prophétiques de Jean sur la fin des temps.

« Puis un des sept anges qui tenaient les sept coupes vint, et il m'adressa la parole, en disant : Viens, je te montrerai le jugement de la grande prostituée qui est assise sur les grandes eaux. C'est avec elle que les rois de la terre se sont livrés à la débauche, et c'est du vin de sa débauche que les habitants de la terre se sont enivrés. Il me transporta en esprit dans un désert. Et je vis une femme assise sur une bête écarlate, pleine de noms de blasphème, ayant sept têtes et dix cornes. Cette femme était vêtue de pourpre et d'écarlate, et parée d'or, de pierres précieuses et de perles. Elle tenait dans sa main une coupe d'or, remplie d'abominations et des impuretés de sa prostitution. Sur son front était écrit un nom, un *MYSTÈRE : BABYLONE LA GRANDE, LA MÈRE DES PROSTITUÉES ET DES ABOMINATIONS DE LA TERRE*. Je vis cette femme ivre du sang des saints et du sang des témoins de Jésus... »

Apocalypse 17 : 1-6

Que la papauté et l'Église qu'elle représente remplissent ou pas les rôles supposés n'est pas encore évident. Pourtant, durant les derniers jours avant le retour imminent de Christ pour son Église monothéiste, le pape romain jouera absolument un rôle de premier plan sur la scène politique mondiale. Une simple déclaration du pape a prouvé sa capacité de déclencher une controverse à travers l'Islam et le monde. Un jour, le pape se tiendra comme juge entre les adeptes des deux fils d'Abraham, Isaac et Ismaël. Il ne se tiendra pas au nom de l'unicité du judaïsme, ni au nom de l'unicité de l'Islam, mais plutôt au nom du mensonge trinitaire fondé sur la religion chrétienne **fait par l'homme**, et agira comme médiateur devant les rois et les présidents du monde. L'Harmaguédon commencera en Israël entre les Juifs et les musulmans, alors que les chefs d'État se trouveront vite catapultés dans la « **pire des guerres** ».

L'opération « *Shock and Awe* » (choc et effroi) que nous avons vue en Irak (ancienne Babylone), menée par les États-Unis, pâlira par rapport à la réalité d'Harmaguédon. Cette guerre finale sera au mieux catastrophique. Les gens du nom de Jésus avec leurs convictions monothéistes, ainsi que des gens de l'Islam et du judaïsme qui sont également monothéistes, ne doivent pas se laisser s'endormir, car la scène est prête pour la dernière bataille entre le bien et le mal.

Est-ce qu'un jour l'histoire se répétera comme à l'époque du pape romain Urbain II en 1095, quand il a ordonné le massacre des musulmans dans la cité de Jérusalem, à l'endroit où le pape Benoît XVI s'est récemment tenu devant la nation juive d'Israël ? La population mondiale sera-t-elle aveuglée au nom de la paix, pensant que le pape, le monarque le plus influent sur terre, ne pourrait jamais égarer les gens ?

À n'importe quel moment de l'histoire, il n'y a jamais eu Inquisition un roi ou un président qui s'est tenu devant des publics comme l'ont fait des papes de Rome et d'Avignon. Est-ce possible que la présence satanique demeurant en un homme puisse faire une différence dans sa direction, même s'il est un monarque « religieux » qui est venu au nom du christianisme ?

Aux Philippines, le 15 janvier 1995, le pape Jean Paul II avait une foule d'environ six millions de personnes debout devant lui, silencieusement et respectueusement, dans le parc Luneta à Manille. Cette mer humaine est venue, espérant simplement apercevoir ce monarque royal de Rome alors qu'il professait de boire le sang de Jésus-Christ devant eux.

La Bible nous dit qu'après que Satan réclame l'âme de l'Antéchrist, l'homme de perdition sera capable de faire descendre le feu du ciel. L'apôtre Paul a écrit qu'il avait la pleine conviction de sa foi. Si nous, à qui a été confiée la même pure vérité apostolique, ne restons pas enracinés dans notre croyance, beaucoup dans nos rangs se retrouveraient sans doute à cette heure dévastatrice, à tendre le cou pour l'apercevoir.

À l'époque moderne, on dirait que les papes romains sont devenus plus agressifs verbalement, et sont plus impliqués dans les affaires politiques du monde qui n'ont rien à voir avec l'Église Mère.

Le pape Benoît XVI a apparemment déçu pas mal de gens de la foi juive durant sa récente visite à Jérusalem. Ils affirment que dans son discours, il a manqué de présenter des excuses pour le rôle ou l'absence du rôle de l'Église catholique dans l'Holocauste juif. Pour beaucoup, c'était une occasion perdue, vu que le pape était lui-même un Allemand sous la dictature d'Adolph Hitler. Bien que ses paroles aient semblé apaisantes pour certains, pour les survivants de l'Holocauste en particulier, les cris de plus de six millions d'hommes, de femmes et d'enfants monothéistes pouvaient être clairement entendus au cœur du judaïsme.

De Rome à Jérusalem

Le 13 mai 2009, le pape Benoît XVI a fait cette déclaration politique en se tenant à côté du leader musulman Mahmoud Abbas :

« M. le Président, le Saint-Siège [*le Vatican*], soutient le droit de votre peuple à une patrie palestinienne souveraine Inquisition de vos ancêtres, sécurisée et en paix avec ses voisins, à l'intérieur des frontières internationalement reconnues. »

En juillet 2009, le pape Benoît XVI a demandé une « vraie autorité politique mondiale » à la réunion au sommet G8 en Italie.

Le lundi 24 octobre 2011, la Cité du Vatican a demandé une réorganisation des systèmes financiers mondiaux et a de nouveau proposé l'établissement d'une autorité supranationale (une autorité indépendante en dehors de l'autorité de tout gouvernement national) pour superviser l'économie globale. Une autorité politique mondiale dans notre avenir ? Le peuple du nom de Jésus lors de cette heure de minuit doit se poser une question très sobre : Qui contrôlera les rênes de ce gouvernement mondial unique imminent ?

Tandis que les ténèbres de la dernière heure revendiquent le temps des mortels, le Dieu d'Abraham qui a marché un jour sur les rivages de la terre, ne veut pas seulement que nous identifions et que nous soyons informés du christianisme religieux **fait par l'homme**, mais aussi que nous prenions au sérieux l'heure tardive. Est-ce possible que le bel ange qui un jour va annoncer la fin du temps des mortels soit déjà debout sur notre rivage ?

« Et l'ange, que je voyais debout sur la mer et Inquisition, leva sa main droite vers le ciel, et jura par celui qui vit aux siècles des siècles… qu'il n'y aurait plus de délai. »

Apocalypse 10 : 5-6

Tandis que le rôle du pape continue de se développer sur le plan politique, il faut de même que le peuple apostolique continue de se développer sur le plan spirituel. Si jamais il y a eu un moment dans l'histoire du christianisme pour que les gens s'accrochent à la vérité de sa Parole, c'est bien maintenant. À mesure que l'histoire de l'Apocalypse se déroule sous nos yeux, je prie pour que la grâce de Dieu nous donne la force pour persévérer jusqu'à la fin. Gardons fermement notre foi, abandonnant tout esprit de compromis et toute doctrine de calamité qui sera présentée lorsque le temps de la fin approche.

Il n'y a pas si longtemps, je suis monté à genoux des marches en béton, priant à la Vierge Marie avec mon chapelet. Il me semble que c'était juste hier que je me suis agenouillé dans une boîte de confession devant un prêtre terrestre, demandant pardon de mes péchés. Je sais d'où Dieu m'a fait sortir. Je suis, toutefois, très inquiet pour ceux dans la Pentecôte qui ont tant négligé leur salut. Je crains qu'il y ait des gens assis dans les bancs apostoliques et debout dans les chaires apostoliques qui vont finalement accepter la marque de la bête, à cause de leur amour des choses mondaines. Cela sera dû à « l'esprit de prendre la voie du moindre effort » qui s'est manifesté dans notre culture, accompagné d'un sommeil des saints qui se complaisent dans Sion.

En 2001, j'ai emmené ma famille à *Ground Zéro* dans la ville de New York, pour voir la dévastation des ennemis d'Israël. Pensez-vous que l'attaque du 11 septembre n'était qu'un événement historique ? En raison de la technologie moderne, les fils radicaux d'Ismaël ont attiré l'attention du monde entier. Le monde est préparé. La scène est déjà en place.

Après que la poussière sera retombée à Harmaguédon en Israël, l'Éternel des armées reviendra dans les nuées de gloire avec son épouse éternelle. Après la destruction de la bête, le royaume promis sera établi, avec Jésus et ses saints régnant pendant mille ans.

Puis arrivera le Jugement du « grand trône blanc » qui comprendront tous les âges, oui, même l'âge des ténèbres. Tous seront jugés et les méchants seront jetés dans l'étang de feu. Cet événement est aussi connu dans l'Écriture sous le nom de « seconde mort ».

Après plus de cinquante années d'observation dans l'Église apostolique, j'ai vu l'action de la chair, pareille à celle dont j'ai été témoin précédemment en tant que membre de l'Église catholique. Pourtant, j'ai également vu le mouvement puissant de l'Esprit de Dieu, que je n'avais jamais vu dans l'Église catholique. La chair continue à lutter contre l'Église lavée du sang pendant que cette dernière continue de vaincre la chair au nom de Jésus. Où puis-je aller et vers qui ? Après avoir reçu la révélation de l'identité de Jésus-Christ et embrassé la vérité apostolique absolue, je n'ai absolument nulle autre part où aller.

Par conséquent, ensemble en tant que frères et sœurs dans le Seigneur, nous menons le bon combat de la foi, mettant notre chair sous le sang du Calvaire alors que nous développons laborieusement une identité commune en tant que membres de l'Église qui appartient à Christ. Comme l'institution de Dieu sur terre était unie le jour de la Pentecôte avec de vraies valeurs monothéistes, de même l'Église qui appartient à Dieu sera unie avec de vraies valeurs monothéistes quand il reviendra pour elle. Ce qui rend les apostoliques uniques, et ce qui vous rend si spécial, est précisément le fait que nous sommes prêts à défendre nos valeurs et nos idéaux face à l'adversité.

Jésus, dans son état monothéiste, se tient aux portes de nos églises, frappant avec une flamme éternelle qui ne s'éteindra jamais. Si nos pasteurs rebâtissent les autels qui se sont écroulés au fil des années à cause de nos soucis de la vie présente, le Seigneur placera le feu à l'intérieur. Demandons encore une fois humblement au Dieu d'Israël, les anciens sentiers où se trouve la bonne voie et marchons-y jusqu'à son arrivée. Ce n'est pas le moment de nous endormir. C'est le moment de nous réveiller ! Laissons l'esprit de curiosité céder la place à la foi, et laissons la vaine gloire céder la place au salut. Devant nous, il y a quelque chose de plus grand que ce qui est passé à la rue Azusa. Lorsque Satan dit au monde de s'attendre au pire, le Seigneur dit à son peuple qui est appelé par son nom de lever les yeux et de s'attendre au meilleur.

J'ai découvert que pour les familles apostoliques, le meilleur moyen d'échapper au radar de Satan est de demeurer à genoux ou mieux encore sur leur visage devant le Seigneur. Le sanctuaire dans notre église est un endroit saint, et pourtant au passé nous l'avons permis de devenir un lieu de simples rencontres sociales. Oh, j'aimerais devant Dieu que nos pasteurs, comme autrefois, scellent le sanctuaire. Qu'il soit le lieu pour pleurer avant les services. Que les saints de Dieu y marchent pendant qu'ils préparent la table pour la bonne Parole du Seigneur. Oh, qu'il soit l'endroit pour que les rachetés saisissent les cornes de l'autel, pendant qu'ils plaident le sang du Calvaire sur leurs voisins et leurs proches qui sont perdus. Qu'il soit une place pour que le peuple de Dieu invoque le Nom qui est au-dessus de tout nom. Les lois de la vie sont assez simples. Si nous prêtons attention au salon de clavardage, nous nous retrouverons dans le salon de clavardage. Si nous prêtons attention à la salle de prière, nous nous retrouverons dans la salle de prière.

« Si les objets inanimés qui rendent un son, comme une flûte ou une harpe, ne rendent pas des sons distincts, comment reconnaîtra-t-on ce qui est joué sur la flûte ou sur la harpe ? Et si la trompette rend un son confus, qui se préparera au combat ? »

I Corinthiens 14 : 7-8

Comme le peuple de son nom se tient à la porte de la pluie de l'arrière-saison, le Saint-Esprit nous avertit que Dieu ne fait point de favoritisme. Il n'y a pas de place pour l'apostasie apostolique ou la bureaucratie pentecôtiste. Un conflit d'intérêts parmi les rachetés surgira toujours quand les loyautés d'une personne sont divisées. Dans cette dernière heure, il ne faut pas se laisser bercer par la complaisance.

En 1032, Albéric III le comte de Tusculum, un homme extrêmement influent de l'Empire romain, voulait que le Saint-Siège romain reste dans sa famille. Il a sécurisé le trône pontifical pour son fils qui est devenu le pape Benoît IX (1032-1044). Ce pape avait onze ans quand il est devenu le chef de l'Église catholique. Selon certaines sources, il a mené une vie extrêmement dissolue, et aurait eu peu de qualifications pour la papauté à part ses liens avec une famille socialement puissante.

Le cardinal Pierre Damian (1007-1072) a décrit ce pape dans le « *Liber Gomarrhianus* » comme un « festoyant d'immoralité » et « un démon de l'enfer déguisé comme prêtre ». Dans le *Catholic Encyclopedia*, il est appelé « une honte pour la chaire de Pierre ».

Malgré le fait qu'il était à Rome pendant presque seize années, Pape Benoît IX n'est pas en fait mort en tant que dirigeant du peuple catholique. En mai 1045, il a démissionné de son poste de chef de l'Église et a vendu son trône pour une grosse somme d'or. Cet achat a été fait par son riche parrain Jean Gratien, devenu son successeur sous le nom de pape Grégoire VI.

De Rome à Jérusalem

Pape Benoît IX
(1032-1044)

Il ne faut pas que la vraie Église apostolique entrave la « volonté de Dieu ». Même si le Seigneur a fréquemment pourvu aux postes pastoraux avec des membres de famille, il faut bien comprendre que le ministère résulte d'un appel divin, non pas des dynasties familiales. Tout comme Dieu ne nous a pas appelés à établir des dynasties familiales au sein du ministère, il ne nous a pas appelés non plus à devenir des prédicateurs professionnels. Quand j'étais dans la foi catholique, je n'ai pas pris mon ministère pour une profession, mais pour un service à l'Église Mère. Maintenant que j'ai le Saint-Esprit et j'ai été baptisé au nom de Jésus, je ne considère pas mon ministère comme une profession, mais comme un appel divin. L'avertissement et la fermeté doivent être équilibrés à l'intérieur, car Satan cherche à dérailler notre vision éternelle. L'Église apostolique pure émergera de seharms maux dans ces derniers jours, et par la grâce de Dieu, elle sera plus forte qu'elle ne l'était le jour de la Pentecôte.

Aussi contradictoire que cela puisse paraître, les représentants de la foi apostolique doivent cesser de « vouloir faire quelque chose pour le Seigneur ». Vouloir simplement faire quelque chose pour le Seigneur peut être commodément utilisé comme bouc émissaire par ceux qui ne veulent pas accepter leur responsabilité dans son Royaume. Le fait de vouloir faire quelque chose pour le Seigneur ne veut pas dire que nous sommes prêts à faire n'importe quoi. Cela ne nous coûte pas grand-chose et ne nous oblige à rien. Il ne faut pas confondre les conditions pour le salut avec le travail pour lui. À quel point nos services seraient-ils dynamiques si tous ceux qui affirment son nom mettaient inconditionnellement la main à la charrue ? Il s'agit d'une responsabilité qui ne peut être motivée, assumée et mise en œuvre que par soi-même, pour la gloire de Dieu.

Il nous faut être conscients que l'esprit de Laodicée est proche. Quel que soit le prix, il ne faut pas le laisser nous séduire comme Samson du vieux temps. Quand Dieu m'a rempli du Saint-Esprit, un ministre âgé m'a dit que les pentecôtistes étaient jadis considérés par beaucoup comme étant d'une classe inférieure. Avec notre esprit moderne, riche et complaisant, je me demande si nous n'avons pas aussi commencé à traverser la voie du compromis. Aux yeux de Dieu, vivons-nous actuellement de manière inférieure ? Est-ce toujours la sainteté ou l'enfer ? Franchissons ce grand fossé et une fois de plus, en tant que corps collectif, souvenons-nous et acceptons nos racines humbles, comme nos ancêtres l'ont fait, n'attendant rien en retour ici-bas.

Le monde dans lequel nous vivons est divisé et sans Christ. Il est au mieux désespérément déchiré. La division au sein du peuple apostolique n'apportera pas l'unité que Dieu désire. En tant que ceux qui procurent la paix, Dieu nous appelle, le peuple du nom de Jésus de partout, à mener des vies consacrées. À leur tour, ces vies génèrent le pardon, la réconciliation, l'unité, la communion fraternelle, et des relations harmonieuses.

« Revêtez-vous de toutes les armes de Dieu, afin de pouvoir tenir ferme contre les ruses du diable. Car nous n'avons pas à lutter contre la chair et le sang, mais contre les dominations, contre les autorités, contre les princes de ce monde de ténèbres, contre les esprits méchants dans les lieux célestes. C'est pourquoi, prenez toutes les armes de Dieu, afin de pouvoir résister dans le mauvais jour, et tenir ferme après avoir tout surmonté. Tenez donc ferme : ayez à vos reins la vérité pour ceinture ; revêtez la cuirasse de la justice ; mettez pour chaussures à vos pieds le zèle que donne l'Évangile de paix ; prenez par-dessus tout cela le bouclier de la foi, avec lequel vous pourrez éteindre tous les traits enflammés du malin ; prenez aussi le casque du salut, et l'épée de l'Esprit, qui est la parole de Dieu. »

Éphésiens 6 : 11-17

Dieu m'a donné récemment un rêve, et dans ce rêve, il m'a fait voir trois églises. La première église avait un panneau « Vendu » sur la porte. Cette église représentait les gens apostoliques qui ont abandonné il y a de nombreuses années. La deuxième église avait un panneau « À vendre » sur la porte. Il s'agit de l'Église apostolique qui est dans l'apostasie. La troisième église avait un panneau sur la porte disant « Pas à vendre ». Cette église représentait le peuple apostolique pur qui a posé son pied sur le Rocher, a déployé les voiles, s'est décidé et a les yeux posés sur une cité dont Dieu est l'architecte et le constructeur.

À quel point les ombres menaçantes de Satan, qui sont immédiatement dangereuses et glaciales, tendent-elles constamment la main au peuple du nom de Jésus qui choisit non seulement d'abandonner les anciens sentiers de son héritage apostolique, mais choisit de conduire les autres tout en explorant des nouvelles voies ? Ces nouvelles voies finiront par ramener ceux qui sont lavés du sang aux prisons et chaînes immortelles qui, hier, les rendaient ainsi que leurs proches si malheureux. Ne soyons pas séduits à cette heure tardive. Il ne faut pas regarder en arrière et faire demi-tour, comme l'a fait la femme de Lot. Oh, entendons le cri de Jésus, l'homme de Galilée !

Satan est conscient du fait que le peuple du nom de Jésus représente la force la plus puissante sur terre. Lorsque le Seigneur revient pour son épouse, tous les chrétiens vivants et tous les chrétiens morts seront enlevés pour le rencontrer dans les airs. Alors, Satan attend patiemment dans les ombres, prêt à tendre sa main à ceux parmi nous qui ne tiennent pas fermement la foi. Si nous ne protégeons pas notre âme des maux de cette ère actuelle de l'Église, nous finirons par nous retrouver glissant du sommeil de Sion vers la servitude. À Dieu ne plaise qu'il dise à son Église, en ces derniers jours, comme il l'avait fait dans le jardin de Gethsémané de : « Dormir ».

Ce cycle peut s'avérer coûteux.

1. *De la servitude à la foi spirituelle ;*
2. *De la foi spirituelle au grand courage ;*
3. *Du grand courage à la liberté ;*
4. *De la liberté à l'abondance ;*
5. *De l'abondance à la complaisance ;*
6. *De la complaisance au manque d'intérêt ;*
7. *Du manque d'intérêt à la dépendance ; et*
8. *De la dépendance à la servitude encore une fois.*

À l'époque du roi Achab, sa femme la reine Jézabel a été confrontée par le prophète Élie. Bien que l'autel ait été bâti et prêt, le Seigneur ne s'est pas senti obligé d'envoyer son feu avant qu'un sacrifice n'y soit placé. Le Seigneur ne change pas. Si le peuple du nom de Jésus dans le monde s'unit dans un même accord et place soigneusement son meilleur sacrifice de louange sur les autels des églises, le Seigneur, comme au temps d'Élie, enverra en effet son feu dévorant rempli d'Esprit.

Le 10 avril 1912, le RMS Titanic a quitté Southampton en Angleterre, pour son voyage inaugural à destination de la ville de New York. Le Titanic était le bateau vapeur à passagers le plus large Inquisition. Les ingénieurs de Belfast en Irlande du Nord, qui avaient conçu et supervisé sa construction, étaient absolument persuadés qu'il était insubmersible. Il y avait définitivement un sentiment de sécurité parmi les passagers alors qu'ils montaient à bord de ce navire transatlantique à Southampton. Toutefois, au milieu de la nuit, les vingt canots de sauvetage qui ne pouvaient contenir que 1 178 parmi les 2 223 personnes se sont révélés grossièrement inadéquats.

Le 14 avril 1912, un peu avant minuit, l'alarme a sonné. L'alerte désespérée a été ignorée par la vaste majorité des gens qui faisaient la fête alors que le navire avançait. Le vaisseau était si large et les célébrations étaient si incontrôlables que lorsque l'iceberg a percé le côté du navire, très peu de gens l'ont remarqué. Les lumières se sont éteintes. Vers 3 h le 15 avril 1912, le navire insubmersible reposait à 4 kilomètres sous la surface, au fond de l'océan Atlantique, envoyant 1 517 hommes, femmes et enfants à leurs tombes froides et aquatiques. Seulement 706 personnes ont survécu au désastre. On n'avait pas dit la vérité aux victimes. Le Titanic était en fait submersible.

Nous vivons actuellement comme aux jours de Noé. Juste avant minuit, un signal doit être annoncé. Ne vous laissez pas séduire par les déclarations du navire vantard du compromis qui navigue sur les grandes eaux du temps des mortels. Certains riront et se moqueront du signal comme ils l'ont fait aux jours du prophète Noé, mais avec le temps, leurs navires s'avéreront submersibles.

À mes frères et sœurs dans l'Église apostolique et à tous mes frères et sœurs qui chérissent ce message apostolique, une alarme a sonné dans Sion. Alors que l'Église apostolique ressent l'urgence d'utiliser le temps qui lui est imparti, les pécheurs dans tous les pays du monde connaissent un esprit agité. ***La ligne d'arrivée est en vue !*** Serait-ce le dernier appel à l'autel de Dieu avant son retour imminent ? Nous qui le connaissons dans la puissance de sa résurrection devons nous souvenir du fait que Jésus ne revient pas pour une épouse qu'il a préparée. Jésus revient pour la mariée qui s'est apprêtée elle-même.

Pour comprendre le ciel et l'enfer, il ne faut pas seulement s'identifier avec le Seigneur lui-même, mais il faut être capable de s'identifier.

Nous sommes venus de Dieu, qui est éternel, et retournerons un jour à Dieu, qui est éternel. Par conséquent, nous sommes des êtres éternels, vivant une expérience courte et tangible.

Ayant une compréhension claire des dangers de la complaisance, soyons des gardiens fidèles d'une espèce en danger pendant que nous naviguons les eaux troubles et compromettantes du temps des mortels.

« Vous qui ne savez pas ce qui arrivera demain ! Car, qu'est-ce que votre vie ? Vous êtes une vapeur qui paraît pour un peu de temps, et qui ensuite disparaît. »

Jacques 4 : 14

C'est notre moment ! L'heure de la pluie de l'arrière-saison est sur l'Église apostolique. Tandis que des nuages remplis de pluie se forment autour de nous, l'épouse de Christ se présentera avec des cris de louange spontanés. Après avoir subi des siècles de culte rituel et formel créé par des doctrines, traditions, dogmes et théologies **faits par l'homme**, les affamés au sein du christianisme religieux **fait par l'homme** sortiront de Babylone et de ses filles. Les affamés abandonneront la justice des hommes et accueilleront avec enthousiasme la justice de Dieu.

« Réjouissons-nous, soyons dans l'allégresse, et donnons-lui gloire ; car les noces de l'Agneau sont venues, son épouse s'est préparée, et il lui a été donné de se revêtir d'un fin lin, éclatant, pur ; car le fin lin, ce sont les œuvres justes des saints. »

Apocalypse 19 : 7-8

Saints, accrochez-vous fermement à votre foi **apostolique**. Avant la pluie de l'arrière-saison, il y aura une apostasie. La mère de Babylone arrivant au nom du christianisme et ses filles tomberont dans la dévastation, tandis que l'Église apostolique de Jésus-Christ ressortira comme de l'or pur. Maintenant n'est pas le moment de compromettre notre doctrine monothéiste. Ce n'est pas non plus le moment d'accepter la ségrégation parmi les rachetés du Seigneur, ni le temps de faire des compromis avec les esprits du monde religieux chrétien autour de nous. Si vous êtes assez privilégié d'être un vrai chrétien, vous avez de la faveur.

J'ai un ami qui était un archevêque catholique indépendant. Il n'appartenait pas au Vatican de Rome comme moi, mais l'Esprit de Dieu l'a aussi conduit à un autel de repentance apostolique. Dans sa 71e année de vie, Dieu a conduit son cœur affamé à un autel à l'ancienne d'une église apostolique où il s'est repenti, s'est fait baptiser au nom de Jésus et a reçu le Saint-Esprit. Il a depuis abandonné sa tradition catholique et sert actuellement le Seigneur dans la beauté de la sainteté. Une telle chose peut-elle arriver ? C'est déjà arrivé !

Pendant mes études dans l'Église catholique, j'étais petit à petit devenu une créature de l'institution du christianisme religieux **fait par l'homme**. Les gens dans le monde entier sont absolument fatigués des fabrications chrétiennes hypocrites de l'homme.

Le pape actuel de Rome semble avoir un esprit humble et sincère. Dieu réagit à la sincérité ! S'il est disposé à mettre de côté la tradition de l'Église et à se soumettre au message de Pierre dans Actes 2 : 38, le Seigneur le remplira du Saint-Esprit. Si Dieu l'a fait pour l'ancien archevêque et pour moi, il peut le faire pour le pape. Le pape pourra seulement alors se tenir devant les gens et déclarer en toute sincérité qu'il est le vrai successeur de l'apôtre Pierre.

Mon parcours m'a fait passer des ombres étendues de la captivité religieuse à l'aube radieuse de l'espérance en Jésus-Christ. Mes yeux ne sont plus fixés sur le Vatican à Rome, mais sur la cité de Dieu. Avec mes frères et sœurs dans le Seigneur qui sont remplis du Saint-Esprit, j'ai hâte d'arriver à ma destination finale — la nouvelle Jérusalem. Saints, il est temps de rentrer au bercail.

« *Fidelis usque ad mortem* »
Fidèle jusqu'à la mort

La fin

Glossaire de la terminologie catholique

Je me sens obligé d'offrir une liste de termes catholiques qui pourra servir aux personnes du nom de Jésus qui désirent discuter avec des membres de la foi catholique, selon leurs propres termes. Ils sont présentés par ordre alphabétique.

1. *Absolution* — l'acte d'absoudre les péchés d'une personne par Dieu, par la médiation d'un prêtre.

2. *Adoration eucharistique* — il s'agit d'une pratique où le saint sacrement de l'Eucharistie est exposé dans un ostensoir (un réceptacle pour exposer l'hostie consacrée, le corps de Christ).

3. *Ange gardien* — un ange personnel accordé à chaque personne pour la protéger et la guider jusqu'à ce qu'elle entre au paradis. L'ange est désigné par Dieu.

4. *Annonciation* — lorsque l'ange Gabriel a annoncé à Marie qu'elle serait la mère biologique du Messie.

5. *Assomption* — l'élévation à la gloire du corps et de l'âme de Marie, par Dieu. La doctrine catholique enseigne que la mère de Jésus a été élevée au paradis, corps et âme. Cette croyance est faite dogme par le pape Pie XII en 1950 en exécutant *ex-cathedra*.

6. *Baptême* — l'un des sept sacrements, qui enlève le péché originel et le péché réel. Le baptême est administré aux bébés, mais pas seulement limité à eux.

7. *Carême* — une période de 40 jours entre le mercredi des Cendres (imposition des cendres sur le front des membres de l'Église, représentant que nous sommes faits de la terre) et le dimanche de Pâques. Le jeûne ainsi que les prières font partie du carême.

8. *Chapelet* — un cordon enfilé de grains composé de cinq séries de dix petits grains avec un grain plus grand entre les séries pour les séparer. Il contient aussi un crucifix, et sert à réciter des prières à la Vierge Marie (voir « Rosaire »).

9. *Chemin de croix* — illustre les quatorze évènements de la passion et la mort de Jésus, qui apparaissent généralement aux murs des églises catholiques.

10. *Confession* — quand une personne dit ses péchés à un prêtre, à travers lequel Dieu pardonne.

11. *Confessionnal* — un petit compartiment ou cabine où le prêtre entend en privé les péchés du pécheur.

12. *Confirmation* — une cérémonie faite par un évêque (prince de l'Église) pour renforcer une personne et lui permet de résister au péché. La cérémonie se fait généralement à l'âge de douze ans. L'évêque trempe son pouce droit dans l'huile sainte et oint la personne sur son front en faisant le signe de la croix. Tout en faisant ce signe de la croix, il prononce : « Sois scellé par le don du Saint-Esprit ».

13. *Consécration* — un moment durant la messe où on croit que Dieu, à travers le prêtre, change le pain et le vin en corps et sang de Jésus.

14. *Contrition* — peine profonde pour avoir péché, avec un esprit profond de repentance pour ce péché.

15. *Couvent* — un groupe de religieuses généralement regroupées dans un bâtiment où elles vivent et exécutent des devoirs ascétiques (reniement de soi) au service de la foi catholique.

16. *Diocèse* — un territoire composé de plusieurs paroisses placé sous l'autorité d'un évêque.

17. *Dulie* — l'honneur accordé aux saints (personnes décédées) et aux anges.

18. *Eau bénite* — l'eau qui a été bénie par un membre du ministère. Elle est utilisée pour apporter une bénédiction à une personne.

19. *Encyclique* — une lettre écrite par le pape adressée à ses évêques.

Glossaire de la terminologie catholique

20. *Eucharistie* — les éléments du repas de communion où il est cru que le pain et le vin sont le corps et le sang de Jésus-Christ. L'acte de transsubstantiation (changer les éléments) est le point culminant de la messe. Cet acte a été fait un dogme en 1215 par le pape Innocent III.

21. *Évêque* — chef d'un diocèse et considéré comme un successeur des apôtres.

22. *Excommunier* — la punition consistant à interdire une personne de recevoir les sacrements et à l'exclure de l'Église.

23. *Extrême-onction* — un sacrement donné à une personne qui est mourante. Il est l'un des sept sacrements dans l'Église et vise à renforcer l'âme de la personne et à aider son amour à être pur afin qu'elle puisse aller au paradis. Ce sacrement est administré par la prière et l'onction d'huile. Il est aussi connu comme sacrement des malades ou l'onction des malades.

24. *Grâce habituelle* — une disposition permanente de vivre et d'agir selon l'appel de Dieu.

25. *Grâce réelle* — L'intervention de Dieu, que ce soit au début de la conversion ou durant l'œuvre de sanctification.

26. *Grâce sanctifiante* — une disposition stable et surnaturelle qui perfectionne l'âme elle-même, lui permettant de vivre avec Dieu et d'agir par son amour.

27. *Hérésie* — le reniement des vérités qui sont enseignées dans l'Église.

28. *Hostie* — le pain qu'on croit se transforme en corps de Christ.

29. *Hyperdulie* — honneur et louange donnés seulement à la Sainte Vierge Marie.

30. *Immaculée Conception* — l'enseignement selon lequel la Vierge Marie a été conçue exempte du péché originel.

31. *Imprimatur* — permission nécessaire pour imprimer certaines sortes de livres.

32. *Indulgence partielle* — une indulgence qui libère une partie du châtiment temporel dû au pécheur.

33. *Indulgences* — Les indulgences reflètent les moyens par lesquels l'Église catholique enlève quelques ou tous les châtiments qu'un chrétien mérite dans cette vie ou au purgatoire à cause de ses péchés, même si ces péchés ont été pardonnés par le ministre.

34. *Indulgences plénières* — indulgences qui remettent tous les châtiments temporels dus du pécheur.

35. *Inquisition* — le tribunal établi par l'Église catholique durant la papauté du pape Grégoire IX au XIXe siècle. Il a été mis en place dans le but d'éliminer les hérétiques.

36. *Laïcité* — membres de la foi catholique qui ne font pas partie du clergé.

37. *Latrie* — louange et honneur dus à Dieu seul.

38. *Légat* — un représentant officiel du pape. Un légat peut être un ambassadeur pour le pape, mais d'ordinaire une telle personne s'appelle nonce. Un nonce du pape est officiellement connu sous le nom de « nonce apostolique ».

39. *Limbes* — l'endroit d'existence pour ceux qui ne méritent ni le paradis ni l'enfer. Les limbes ne sont pas un dogme d'église.

40. *Madone* — un autre titre donné à la Vierge Marie.

41. *Magistère* — l'autorité divinement désignée dans la foi catholique, composée du pape et des évêques dont le but est d'enseigner et d'établir sans erreur la vraie foi apostolique. D'après le catholicisme, seul le Magistère a le droit d'interpréter la Parole de Dieu.

42. *Messe* — La messe est simplement une reconstitution du sacrifice de Christ au Calvaire dans une cérémonie faite par le clergé. Ce service implique la consécration.

43. *Moine* — une personne pratiquant un style de vie religieux strict et ascétique. Ce style de vie est normalement pratiqué dans un monastère avec d'autres moines.

44. *Ordination* — recevoir le sacrement des saints ordres.

45. *Ostensoir* — un socle en argent ou en or contenant une fenêtre circulaire entouré de rayons de soleil. Derrière la fenêtre est placé une hostie qui est l'Eucharistie, ou selon leur croyance, le corps de Christ. L'ostensoir est utilisé pour vénérer l'Eucharistie.

46. *Pape* — selon la foi catholique, il est le successeur visible de Pierre.

47. *Paroisse* — une zone d'un diocèse avec le prêtre à la tête.

48. *Passion* — les souffrances de Christ depuis le Cénacle à la crucifixion.

49. *Péché mortel* — une transgression sérieuse et délibérée des lois de Dieu. Il implique la pleine connaissance et l'intention de commettre le péché. Si on ne se repent pas de ce péché, l'âme peut être condamnée éternellement à l'enfer.

50. *Péché originel* — le péché hérité d'Adam dans le jardin d'Éden.

51. *Péché réel* — tout péché commis par une personne, véniel ou mortel.

52. *Péché véniel* — un péché qui n'est pas aussi grave que le péché mortel qui risque d'envoyer l'âme en enfer.

53. *Péchés capitaux* — les sept causes de tous les péchés : l'orgueil, l'avarice, la luxure, la colère, la gourmandise, la jalousie, et la paresse.

54. *Peine temporelle* — les souffrances survenant soit dans cette vie soit au purgatoire, qui suppriment la punition des péchés déjà pardonnés.

55. *Pénitence* — un moyen d'effacer tous les péchés commis après le baptême. Les moyens sont assignés par un prêtre et sont généralement des prières ou des actions spéciales.

56. *Pierre* — est considéré comme le premier pape de l'Église par les catholiques.

57. *Plénier* — signifie entier ou complet.

58. *Pontife souverain* — le pape qui est aussi le monarque du Vatican.

59. *Présomption* — l'enseignement selon lequel une personne peut se sauver en dehors de l'œuvre de Dieu et/ou que les œuvres d'une personne ne sont pas nécessaires pour le salut.

60. *Prêtre* — celui qui sert de médiateur entre l'humanité et la Divinité, et administre les sacrements et les grâces du Seigneur. Il a reçu le sacrement des saints ordres.

61. *Purgatoire* — un endroit de punition où le chrétien est lavé du péché avant de pouvoir entrer au paradis. Cet enseignement a été rendu un dogme par le pape Eugène IV au XVe siècle.

62. *Relique* — une partie du corps d'un saint, y compris les vêtements, les bijoux, ou des fragments humains. Ces reliques sont considérées comme saints et sont vénérées.

63. *Religieuse* — une femme catholique qui fait volontairement des vœux de pauvreté, de chasteté, et d'obéissance et vit généralement dans un couvent.

64. *Rémission des péchés* — le pardon des péchés par le biais des sacrements du baptême ou la pénitence.

65. *Réparation* — réparer les dégâts faits contre quelqu'un ou ses biens.

66. *Rite* — les paroles et les actes accomplis durant une cérémonie religieuse. Un exemple serait durant la messe.

67. *Rosaire* — Série de prières récitées à la Vierge Marie, en / égrenant le chapelet (voir « Chapelet »).

68. *Sacrement* — un signe extérieur institué par Christ pour donner la grâce, d'après l'enseignement catholique.

69. *Sacramentaux* — prières, actions, ou objets spéciaux utilisés pour obtenir des avantages spirituels de la part de Dieu.

70. *Saint* — quelqu'un qui est considéré comme une personne très sainte. Un saint est généralement un défunt de plusieurs années qui a été canonisé par l'Église. Un saint ne subit jamais les souffrances du purgatoire.

71. *Saint chrême* — l'huile spéciale utilisée pour les sacrements du baptême, de la conformation et des saints ordres.

GLOSSAIRE DE LA TERMINOLOGIE CATHOLIQUE

72. <u>*Saint sacrement*</u> — les éléments du repas de communion, pain et vin ; les catholiques croient qu'ils deviennent littéralement le corps et le sang de Jésus-Christ.

73. <u>*Saint Siège*</u> — le siège de l'autorité finale pour toute la foi catholique. Il se trouve au Vatican à Rome sous la direction du pape.

74. <u>*Saints ordres*</u> — l'un des sept sacrements où les ministres reçoivent le pouvoir et l'autorité donnés par un évêque pour offrir un sacrifice et pardonner le péché.

75. <u>*Scapulaire*</u> — deux petits carrés de tissu rejoints par un cordon. Il contient les indulgences.

76. <u>*Signe de la croix*</u> — un sacramental. Il s'agit d'un mouvement de la main droite, du front vers la poitrine, puis vers l'épaule gauche ensuite l'épaule droite.

77. <u>*Tradition*</u> — transmission au cours des siècles de bouche à oreille de l'enseignement de Jésus. Elle a commencé avec les apôtres et continue sans interruption jusqu'à l'évêché actuel de la foi catholique.

78. <u>*Transsubstantiation*</u> — l'enseignement selon lequel le pain et le vin du repas de la communion se transforment réellement en corps et sang du Seigneur Jésus lors de la consécration durant la messe.

79. <u>*Vénérer*</u> — honorer, admirer et respecter.

80. <u>*Viatique*</u> — la communion donnée aux mourants.

81. <u>*Vicaire de Christ*</u> — le pape.

Ouvrages de référence

1. *Wikipedia Encyclopedia.*
2. *The Concise Evangelical Dictionary of Theology* de Walter A. Elwell. Baker Publishing Group, 1991.
3. *The Two Theatises of Servetus on the Trinity. A Harvard Theological Study.* Oxford University Press, 1932.
4. *The Right to Heresy* de Stefan Zweig. The Viking Press, 1936.
5. La Bible, *Nouvelle Édition de Genève,* 1979.
6. *The Catholic Encyclopedia.* Robert Appleton Company, 1907.
7. *The New Catholic Encyclopedia.* McGraw Hill, 1967.
8. *The Chronography of 354.*
9. *Discourses on the Apostles Creed* de Clement Henry Crock. Joseph F. Wagner, Incorporated, 1938.
10. *The Dictionary of the Bible* de John L. McKenzie, S. J. Simon and Schuster, 1995.

La pire des guerres

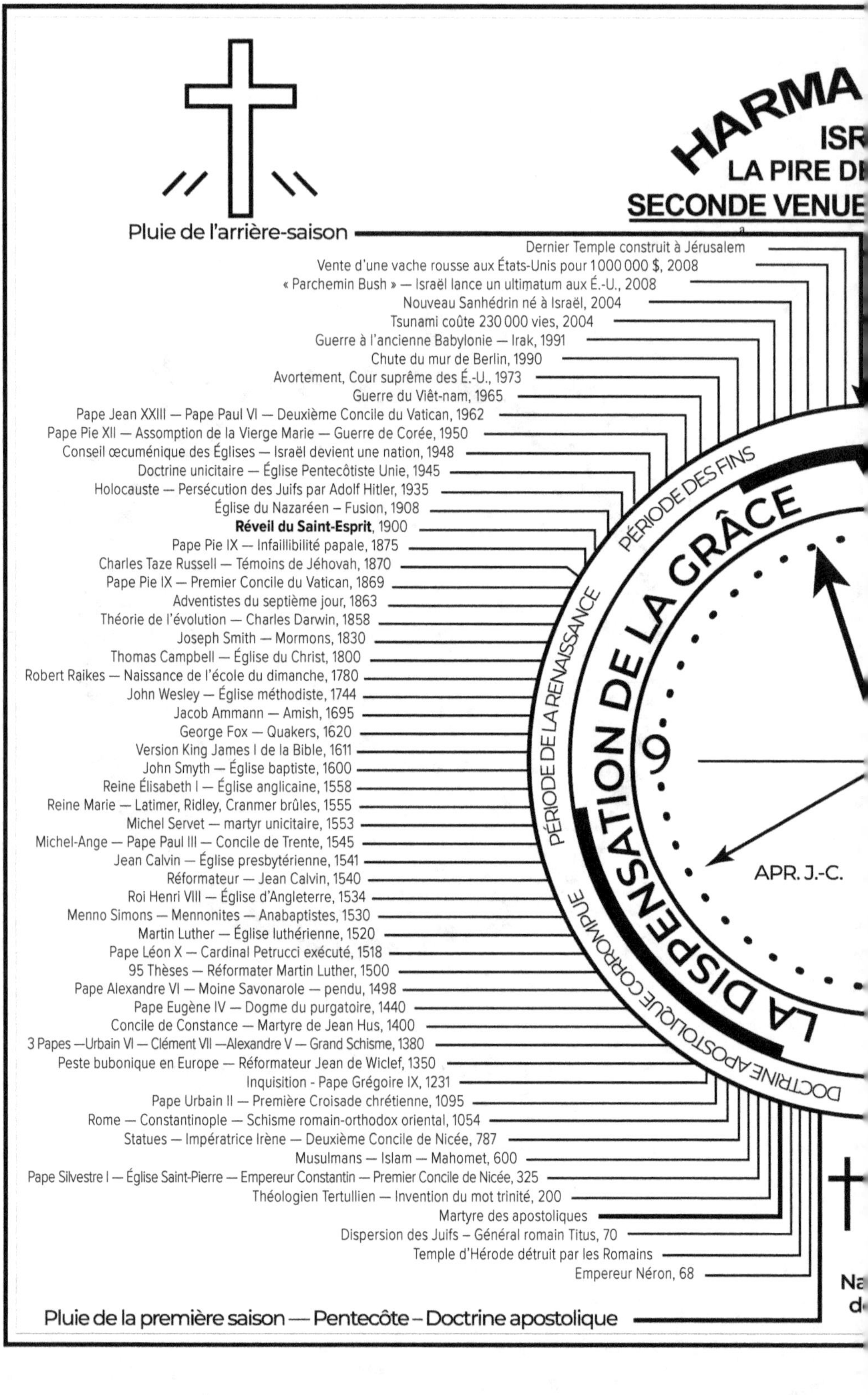

Pluie de l'arrière-saison

HARMA
ISR
LA PIRE DE
SECONDE VENUE

PÉRIODE DES FINS

LA DISPENSATION DE LA GRÂCE

PÉRIODE DE LA RENAISSANCE

DOCTRINE APOSTOLIQUE CORROMPUE

APR. J.-C.

- Dernier Temple construit à Jérusalem
- Vente d'une vache rousse aux États-Unis pour 1 000 000 $, 2008
- « Parchemin Bush » — Israël lance un ultimatum aux É.-U., 2008
- Nouveau Sanhédrin né à Israël, 2004
- Tsunami coûte 230 000 vies, 2004
- Guerre à l'ancienne Babylonie — Irak, 1991
- Chute du mur de Berlin, 1990
- Avortement, Cour suprême des É.-U., 1973
- Guerre du Viêt-nam, 1965
- Pape Jean XXIII — Pape Paul VI — Deuxième Concile du Vatican, 1962
- Pape Pie XII — Assomption de la Vierge Marie — Guerre de Corée, 1950
- Conseil œcuménique des Églises — Israël devient une nation, 1948
- Doctrine unicitaire — Église Pentecôtiste Unie, 1945
- Holocauste — Persécution des Juifs par Adolf Hitler, 1935
- Église du Nazaréen — Fusion, 1908
- **Réveil du Saint-Esprit**, 1900
- Pape Pie IX — Infaillibilité papale, 1875
- Charles Taze Russell — Témoins de Jéhovah, 1870
- Pape Pie IX — Premier Concile du Vatican, 1869
- Adventistes du septième jour, 1863
- Théorie de l'évolution — Charles Darwin, 1858
- Joseph Smith — Mormons, 1830
- Thomas Campbell — Église du Christ, 1800
- Robert Raikes — Naissance de l'école du dimanche, 1780
- John Wesley — Église méthodiste, 1744
- Jacob Ammann — Amish, 1695
- George Fox — Quakers, 1620
- Version King James I de la Bible, 1611
- John Smyth — Église baptiste, 1600
- Reine Élisabeth I — Église anglicane, 1558
- Reine Marie — Latimer, Ridley, Cranmer brûlés, 1555
- Michel Servet — martyr unicitaire, 1553
- Michel-Ange — Pape Paul III — Concile de Trente, 1545
- Jean Calvin — Église presbytérienne, 1541
- Réformateur — Jean Calvin, 1540
- Roi Henri VIII — Église d'Angleterre, 1534
- Menno Simons — Mennonites — Anabaptistes, 1530
- Martin Luther — Église luthérienne, 1520
- Pape Léon X — Cardinal Petrucci exécuté, 1518
- 95 Thèses — Réformater Martin Luther, 1500
- Pape Alexandre VI — Moine Savonarole — pendu, 1498
- Pape Eugène IV — Dogme du purgatoire, 1440
- Concile de Constance — Martyre de Jean Hus, 1400
- 3 Papes —Urbain VI — Clément VII —Alexandre V — Grand Schisme, 1380
- Peste bubonique en Europe — Réformateur Jean de Wiclef, 1350
- Inquisition - Pape Grégoire IX, 1231
- Pape Urbain II — Première Croisade chrétienne, 1095
- Rome — Constantinople — Schisme romain-orthodox oriental, 1054
- Statues — Impératrice Irène — Deuxième Concile de Nicée, 787
- Musulmans — Islam — Mahomet, 600
- Pape Silvestre I — Église Saint-Pierre — Empereur Constantin — Premier Concile de Nicée, 325
- Théologien Tertullien — Invention du mot trinité, 200
- Martyre des apostoliques
- Dispersion des Juifs — Général romain Titus, 70
- Temple d'Hérode détruit par les Romains
- Empereur Néron, 68

Pluie de la première saison — Pentecôte – Doctrine apostolique

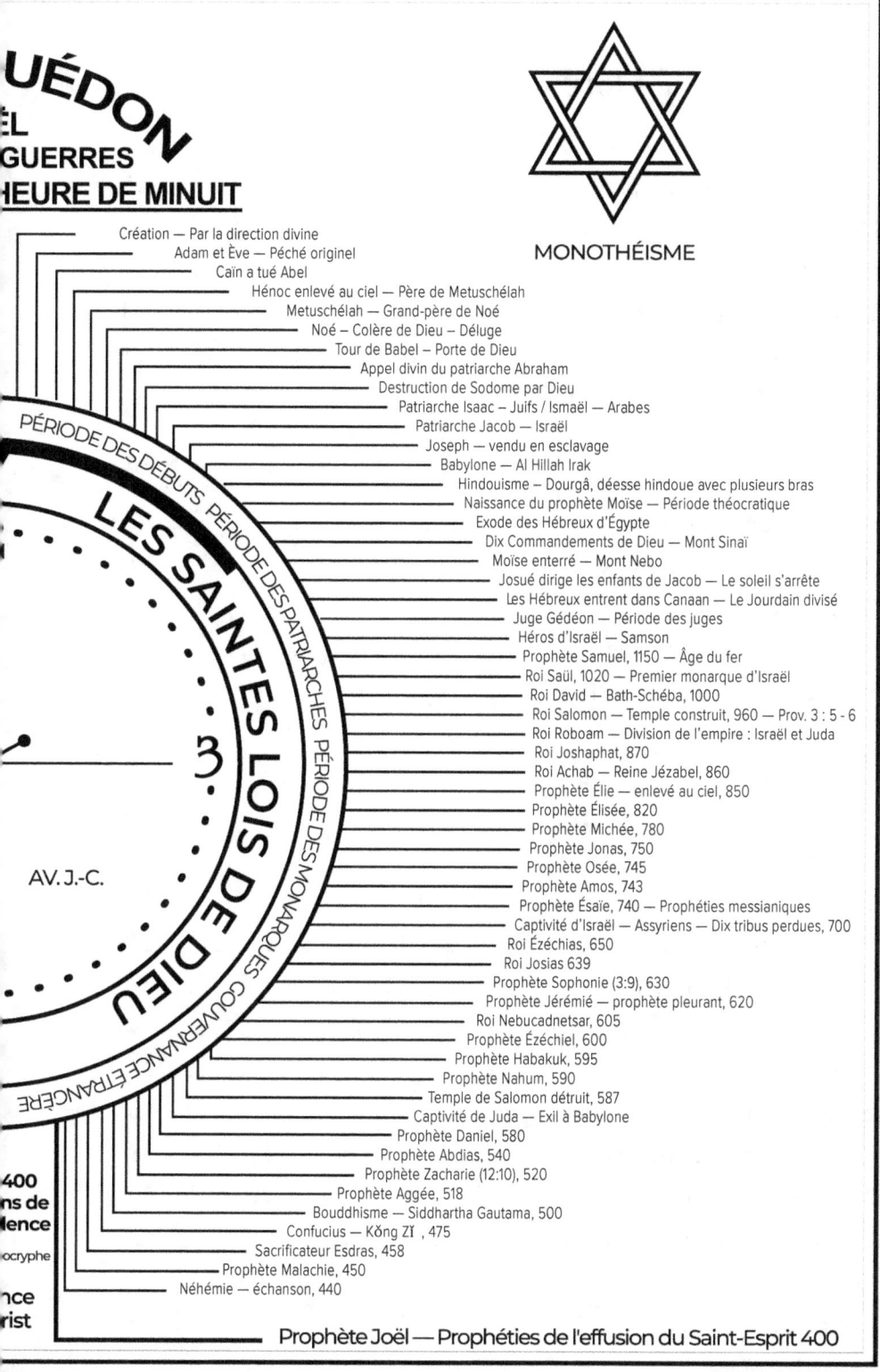

Table des matières

À propos de l'auteur vii
Dédicace ix
Préface xi
1. Chez soi et au-delà 1
2. L'intervention divine 9
3. Debout dans un carrefour 29
4. La religion chrétienne contre le salut apostolique 47
5. Mes clés en or 63
6. Sa volonté souveraine 77
7. C'est une question de confiance 93
8. Des révélations puissantes 107
9. Le sacrifice suprême 125
10. Marqués pour le martyre 135
11. La Divinité : une seule 149
12. Le compromis engendre la corruption 169
13. Les violents s'en emparent 199
14. La Réforme naissante 219
15. Persécuter, traduire en justice, épurer 231
16. La gloire et la honte 249
17. La foi inébranlable 273
18. Le contrôle des dommages 295
19. Diviser et conquérir 343
20. Les signes de la fin des temps 365
21. De retour d'entre les morts 387
22. On prévoit de la pluie 399
Glossaire de la terminologie catholique 423
Ouvrages de référence 430
Tableau 432

www.ingramcontent.com/pod-product-compliance
Lightning Source LLC
Chambersburg PA
CBHW070043080526
44586CB00013B/892